중국어의
비밀

중국어의 비밀

1판 1쇄 펴냄 2012년 1월 13일
1판 12쇄 펴냄 2023년 9월 15일

지은이 박종한 · 양세욱 · 김석영

주간 김현숙 | **편집** 김주희, 이나연
디자인 이현정, 전미혜
영업·제작 백국현 | **관리** 오유나

펴낸곳 궁리출판 | **펴낸이** 이갑수

등록 1999년 3월 29일 제300-2004-162호
주소 10881 경기도 파주시 회동길 325-12
전화 031-955-9818 | **팩스** 031-955-9848
홈페이지 www.kungree.com | **전자우편** kungree@kungree.com
페이스북 /kungreepress | **트위터** @kungreepress
인스타그램 /kungree_press

ⓒ 박종한 · 양세욱 · 김석영, 2012.

ISBN 978-89-5820-204-2   93720

중국어의 비밀

| 한국인을 위한 중국어 사용설명서 |

박종한 · 양세욱 · 김석영 지음

궁리
KungRee

일러두기

* 중국 인명과 지명의 표기는 대체로 『외래어 표기법』(국립국어원, 1986)을 따랐다. 소수민족, 방언 명칭 등 일부 고유명사는 일관성과 가독성을 고려하여 한자음으로 표기하였다.
* 중국어는 간화자로 표기하되, 13장의 고전중국어 예문은 번체자(정자)로 표기하였다.
* 한자가 필요한 용어는 ( ) 안에 한자를 병기하되, 중국어는 간화자로 한자어는 번체자로 표기하였다.
* 인용한 글과 자료는 출처를 밝혀두었다. 출처가 불명확하거나 아이디어를 빌려온 글과 자료에 대해서는 책 말미의 참고문헌으로 대신하였다.

연애에 빠진 이들은 상대를 이해하기 위해 할 수 있는 모든 시도를 하기 마련이다. 이러저러한 기회를 만들어 상대와 함께하는 시간을 최대한 확보하려 할 뿐 아니라 틈틈이 연애 관련 서적을 탐독하는 노력도 마다하지 않는다. 어디 연애뿐이랴. 한 분야의 애호가나 프로를 자처하는 이들 치고 전문 서적을 통한 이론 무장을 게을리 하는 이들은 드물다.

중국어 학습도 마찬가지다. 중국어에 재미를 붙이면 알고 싶은 것들이 갈수록 늘어난다. 중국어 발음이나 회화에 어느 정도 자신감이 생기고 나면 중국 젊은이들의 최신 유행어를 실시간으로 전달받고 싶어지거나, 중국어 사전을 통째로 암기하고 싶은 욕심이 생겨나기도 한다. 중국어를 표기하는 문자인 한자나 중국어 문장의 구성원리인 문법을 체계적으로 공부할 필요를 느끼게 되고, 때로는 표준어의 기초방언인 베이징말뿐만 아니라 상하이나 광저우 같은 다른 지역의 방언까지 두루 알아두었으면 하는 의욕이 생겨나기도 한다. 그러니까『중국어의 비밀』은 중국어와 이미 사랑에 빠졌거나, 이제 막 사랑에 빠지려고 하는 이들을 위한 이론적 안내서이다.

그동안 중국어에 대한 안내서가 없었던 것은 아니다. '중국어학개론', '중국어란 무엇인가' 등의 제목을 단 국내 학자들의 책들이 이미 여러 권 출간되었고, 중국이나 미국에서 출간된 책들의 번역서도 드물지 않다. 이런 상황에서 새로운 중국어 안내서를 출간하게 된 배경은 다음과 같다. 첫째,『중국어의 비밀』은 출간된 다른 어떤 안내서들보다 다양한 영역을 다루기 위해 노력하였다. 둘째,『중국어의 비밀』은 중국어에 대한 국내외의 최신 연구성과를 보다 쉬운 언어로 소개하기 위해 노력하였다. 셋째, 무엇보다『중국어의 비밀』은 중국어를 학습하는 한국인의 입장에서 중국어를 설명하기 위해 노력하였다.

이 책에서 다루고 있는 내용들은 다음과 같다.

1장에서는 세계 속에서 차지하는 중국과 중국어의 위상은 어떠한가, '중국어'라는 말의 의미와 범위는 어떠한가, 유형론적 관점에서 볼 때 중국어는 어떤 특성을 지니고 있는가, 중국 밖에서 사용되고 있는 중국어의 현황은 어떠한가에 대해 기술하였다.

2장과 3장에서는 한자에 대해 서술하였다. 2장에서는 현재 중국에서 사용하는 한자의 성격과 의미, 독음, 구조 등에 대해 기술하였고, 3장에서는 한자의 기원과 역사적 변화, 간화자의 탄생과정, 한자가 예술과 상업 분야를 넘나들며 다양하게 응용되는 사례 등에 대해 살펴보았다.

4장은 크게 두 부분으로 구성되어 있다. 전반부에서는 중국어 단어의 내부 구조에 대해 기술하였고, 후반부에서는 중국어의 줄임말과 어휘의 분류, 성어(成语), 관용어(慣用语), 속담(谚语), 끝줄임말(歇后语) 등 관용적인 표현들에 대해 기술하였다.

5장에서는 단어의 의미 문제를 다루었다. '의미란 무엇인가'에 대한 논의를 바탕으로, 단어의 다의성, 동음관계, 동의관계, 반의관계 및 낱말밭과 하의관계 등에 대해 기술하였다.

6장에서는 중국어가 실제로 사용되는 현장에서 만들어지는 문장의 의미, 즉 화용론(pragmatics)에 속하는 문제들을 다루었다. 이 안에는 대화상의 함축, 전제, 직시, 중의성 등과 관련된 여러 가지 흥미로운 현상들이 포함된다.

7장과 8장에서는 문법에 대해 기술하였다. 7장에서는 중국어 문법의 기초가 되는 어순과 품사, 품사의 문법적 기능과 품사 전환 등에 대해 다루었다. 중국어의 흥미로운 현상 가운데 하나인 '이합사'(离合词)도 이 장에서 기술하였다. 8장에서는 중국어를 이해하는 데 필요한 문법원리 네 가지를 제안하였다. 한정성 효과, 시간순서원리, 선택제약, 문법화가 그것인데, 이 원리들은 중국어 학습자들이 보다 심원한 중국어 문법의 세계로 들어가는 데 필요한 비밀 열쇠가 될 것이다.

9장과 10장에서는 중국어의 발음에 대해 서술하였다. 9장에서는 성모, 운모, 성조, 음절 등 중국어 발음의 기초지식을 정리하였고, 10장에서는 음운변동과 성조의 변화, 강세 및 휴지 등을 다루었다. 이 두 장을 꼼꼼히 읽으면 중국어 발음에 관한 의문의 상당 부분이 해결될 수 있으리라 믿는다.

11장에서는 중국어의 다양한 방언에 대해 기술하였다. 방언을 알아야 하는 이유는 무엇인가, 방언은 어떻게 구분되는가, 방언의 음운 · 어휘 · 문법의 차이는 어떠한가, 현재의 방언은 어떻게 형성되었는가, 등에 대한 탐색과정을 이 장에서 소개하였다.

12장은 중국어에 대한 사회언어학적 접근의 결과물이다. 사회언어학(sociolinguistics)은 언어를 둘러싼 사회적 요인이나 언어의 사회적 속성에 대한 고찰을 통해 언어변이와 언어변화를 설명하고자 하는 언어학의 한 분야이다. 나이 · 성별 · 직업 · 계층에 따른 언어의 변이, 이중언어와 코드전환, 중국의 언어정책 등에 대한 흥미로운 사항들을 이 장에 기술하였다.

마지막으로 13장에서는 중국어의 역사를 통시적으로 살펴보았다. 중국어의 음운, 문법, 어휘가 역사적으로 어떤 변화과정을 거쳐 현대중국어에 이르렀는지를 서술하였고, 한국어와의 중국어의 언어교류의 양상에 대한 서술도 이 장에 포함되었다.

　『중국어의 비밀』은 이전의 중국어 개론서와 비교하여 더욱 다양한 정보와 깊이 있는 지식을 다루고 있다. 새롭고 흥미로운 중국어 현상을 하나라도 더 소개하고 싶어 저자들이 부린 과욕의 결과이다. 독자들께서는 이 책을 읽으면서 당장 필요하지는 않다고 여겨지는 부분이 있으면 훗날을 기약하며 가볍게 건너뛰어도 좋을 것이다.

　"아름드리 나무도 털끝 같은 싹에서 자라고, 구층 누대도 한 줌 흙이 쌓여 올라가고, 천릿길도 발밑에 시작된다."(合抱之木. 生於毫末. 九層之臺. 起於累土. 千里之行. 始於足下.) 『노자』 64장에 나오는 말인데, 짧게 줄이면 '천릿길도 한 걸음부터'가 되지 않을까?

　자, 이제 가벼운 마음으로 중국어의 비밀을 캐기 위한 여행을 떠나보자.

차
례

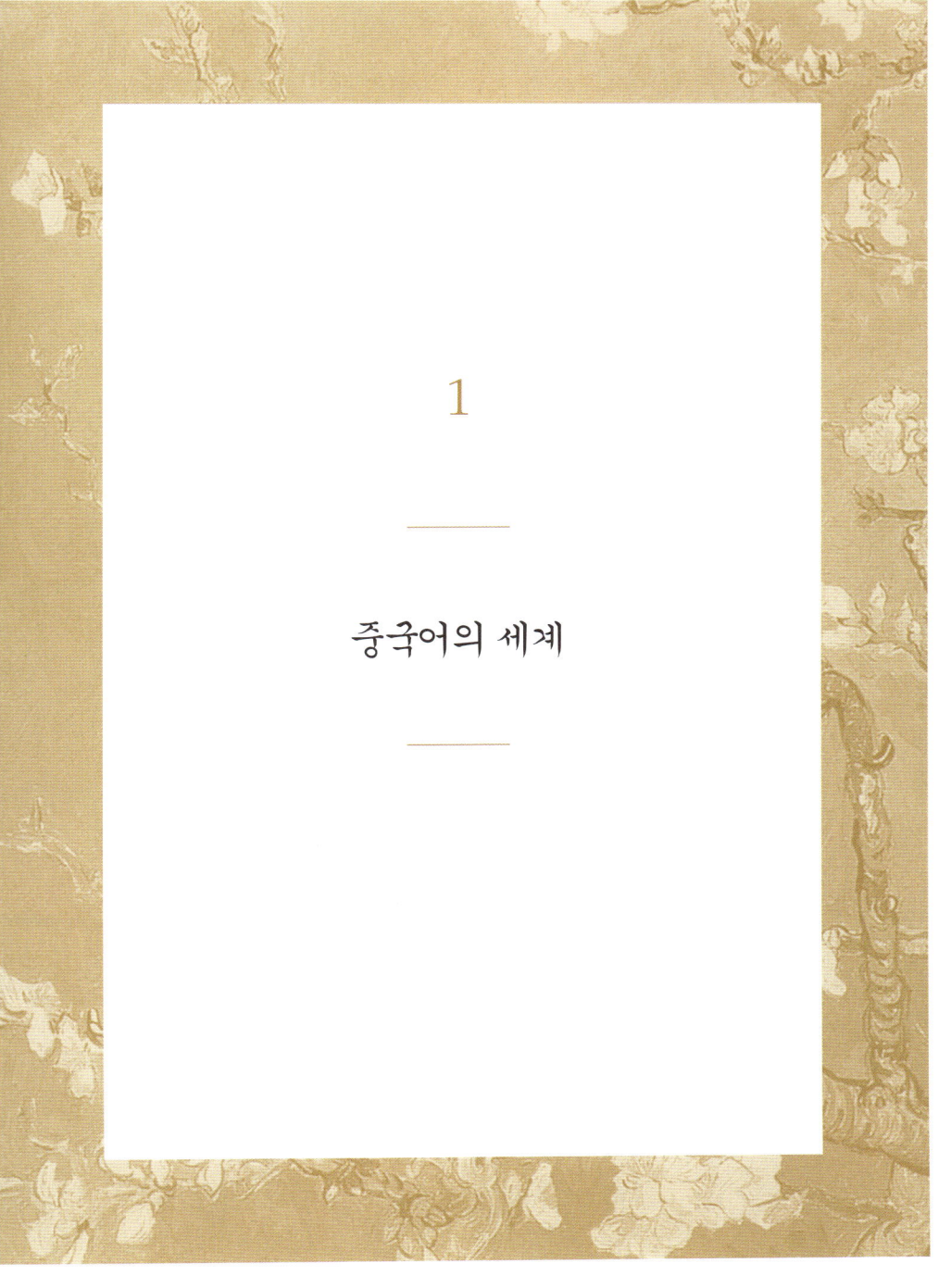

1

중국어의 세계

중국어는 현재 사용되는 언어들 가운데 사용인구가 가장 많은 언어이다. 중국어는 중화인민공화국(중국)과 중화민국(타이완)에 사는 사람 대부분이 사용하는 언어이며, 말레이시아·인도네시아 등 동남아시아 지역을 비롯하여 세계 각지에 널리 퍼져 있는 화교들의 주요 언어이기도 하다. 싱가포르의 경우 말레이어·영어·타밀어와 더불어 네 개의 공식어(official language) 가운데 하나가 중국어이다. 중국어는 또한 기원전 약 1300년 무렵부터 오늘날까지 동일한 계통의 문자로 기록된 문헌자료가 지속적으로 남아 있는 유일한 언어이며, 무엇보다 두 천년기에 걸쳐 한국어에 큰 영향을 미쳐온 언어이다. 최근 한국과 중국, 두 나라의 정치·경제·문화적 교류가 복원되면서 중국어는 다시 한국인의 삶에 중요한 변수로 빠르게 자리잡고 있다.

중국어를 찾아 떠나는 본격적인 여정에 앞서 중국어의 위상과 사용현황, 중국어라는 말의 의미, 중국어의 유형적 특징, 중국 밖의 중국어 분포상황과 특징 등에 대해 살펴보기로 하자.

| 1 | 세계 속의 중국어

세계에 부는 중국어 학습 열기

최근 지구촌에 불고 있는 중국어 학습 열기가 심상치 않다. 일시적인 유행을 넘어 세계의 언어지형도를 바꿀 기세다. 중국에 경제적으로 크게 의존하고 있는 한국만의 일이 아니다. 미국의 초·중등학교에서 중국어를 배우는 학생은 5만 명을 넘어 계속 증가하고 있으며, 영국에서는 한 사립학교가 중국어를 전 학년 필수과목으로 채택해 화제가 되기도 했다. "21세기에 경제대국으로 부상하고 있는 중국이 제기할 도전에 학생들을 준비시키려고 중국어를 필수과목으로 가르치기로 했다"는 것이 영국 브라이튼 칼리지 리처드 케언스 교장의 말이다.

이처럼 세계에 불고 있는 중국어 학습 열풍에는 자국의 언어와 문화를 세계에 유포하기 위해 정부 차원에서 대대적인 지원사업을 벌이고 있는 중국의 문화전략도 한 몫을 하고 있다. 2010년 10월 현재 세계 91개국에 322개가 세워진 공자학원이 대표적인 사례일 것이다.

몇 해 전 영국 셰필드대학의 '사회 및 공간 불평등 연구 그룹'(SASI)은 미국 미시간대학의 마크 뉴먼 교수와 함께 세계은행, 미국의 중앙정보국(CIA), 유엔무역개발회의(UNCTAD), 유엔환경계획(UNEP) 등 아홉 개 기관의 자료를 바탕으로 세계 각국의 국내총생산(GDP) 규모를 추정, 영토 크기로 표현한 '2015년 세계경제지도'를 제작·발표한 바 있다. 2015년의 경제영토는 과거 특정 시점의 경제력에 최근의 성장 추세를 감안해 추산한 것이다. 이에 따르면 중국은 2015년이 되면 GDP가 약 18조 6,900억 달러를 기록, 미국(약 12조 5,500억 달러)을 뛰어넘어 세계 최대의 경제대국이 될 것이며, 미국은 2위로 처지고 일본·인도·프랑스·독일이 그 뒤를 이을 것

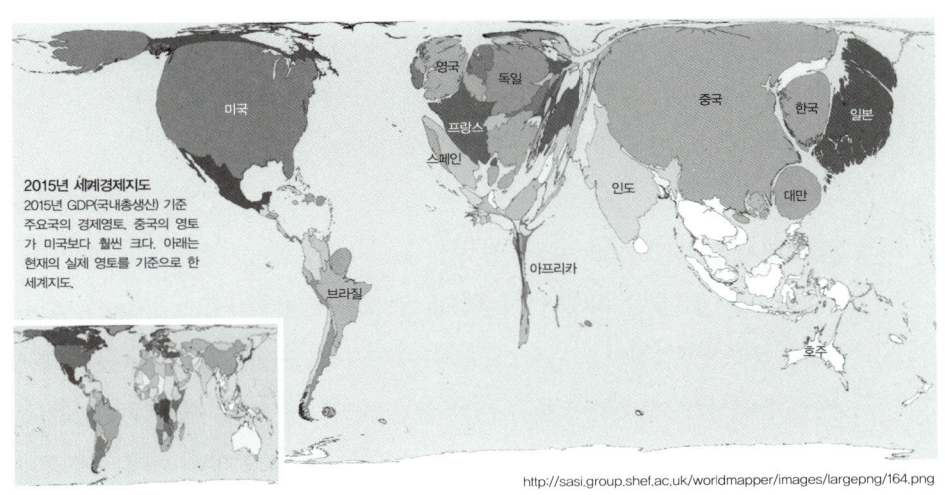

2015년 세계경제지도
2015년 GDP(국내총생산) 기준 주요국의 경제영토. 중국의 영토가 미국보다 훨씬 크다. 아래는 현재의 실제 영토를 기준으로 한 세계지도.

http://sasi.group.shef.ac.uk/worldmapper/images/largepng/164.png

2015년 GDP예상치 상위 10개국
(단위:억달러)

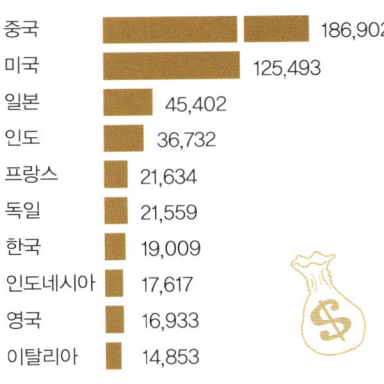

국가	GDP
중국	186,902
미국	125,493
일본	45,402
인도	36,732
프랑스	21,634
독일	21,559
한국	19,009
인도네시아	17,617
영국	16,933
이탈리아	14,853

이라고 한다.

SASI는 "1960년만 해도 중국은 전 세계 부(富)의 5％에 불과했지만 2015년에는 이 비율이 27％까지 늘어나게 될 것"이라면서, "중국을 비롯한 아시아의 발전과는 달리 아메리카, 아프리카, 동유럽 등은 상대적인 경제력이 갈수록 약해질 것"이라고 전망했다. SASI가 그린 2015년 세계경제지도에서 미국과 일본의 경제력이 과소평가되고 한국, 인도 등을 포함한 다른 아시아 국가들의 경제력이 상대적으로 과대평가되었다는 비판이 있는 것은 사실이지만, 중국 경제가 지닌 잠재력에 의문을 달기는 어려울 것이다.

경제력만으로 한 언어의 위상이 갑자기 높아지거나 사용인구가 급증하는 것은 물론 아니다. 그러나 이런 예측은 세계에 불고 있는 중국어 학습 열풍이 앞으로도 상당 기간 지속될 것이며, 중국어의 국제적 위상과 영향력도 이와 더불어 꾸준히 증가될 것임을 암시한다.

중국어 사용인구

유네스코의 추정에 의하면 지구상에는 대략 6,000여 개의 언어가 있다. 『캠브리지언어백과사전』(The Cambridge Encyclopedia of Language. Crystal 1997)에서는 사용인구가 10만 명이 넘는 1,000여 개의 언어 목록을 제시하고 있는데, 이 언어들 가운데 모국어를 기준으로 사용인구가 가장 많은 언어는 중국어이다. 영어가 2위, 스페인어가 3위이며 한국어는 13위에 이름을 올렸다. 세계의 언어 중에서 모국어의 사용인구를 기준으로 상위 20위까지의 순위는 다음과 같다.

1. 표준중국어: 726,000,000	8. 러시아어: 158,000,000	15. 펀자브어: 60,000,000
2. 영어: 427,000,000	9. 일본어: 124,000,000	16. 마라티어: 58,000,000
3. 스페인어: 266,000,000	10. 독일어: 121,000,000	17. 베트남어: 57,000,000
4. 힌디/우르두어: 182,000,000	11. 프랑스어: 116,000,000	18. 텔루구어: 55,000,000
5. 아랍어: 181,000,000	12. 자바어: 75,000,000	19. 터키어: 53,000,000
6. 포르투갈어: 165,000,000	13. 한국어: 66,000,000	20. 타밀어: 49,000,000
7. 벵골어: 162,000,000	14. 이탈리아어: 65,000,000	

웨버(Weber 1997)의 조사 결과도 상위 10위권 언어들 가운데 포르투갈어와 벵골어가 자리를 바꾸었을 뿐 앞의 자료와 큰 차이가 없다. 웨버의 조사에 따르면 중국어를 모국어로 사용하는 사람은 전 세계 인구의 20.7%에

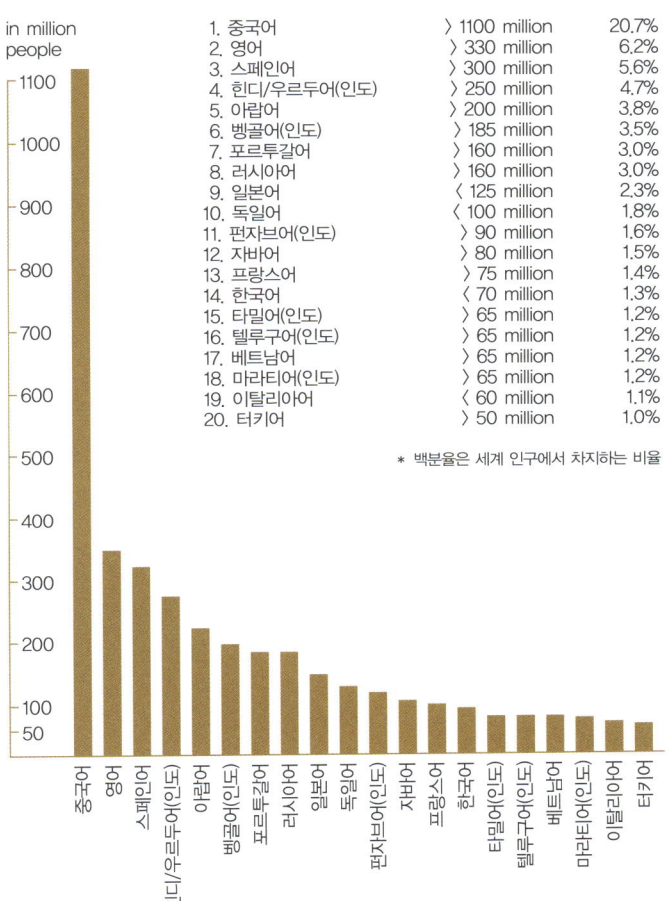

in million people	1. 중국어	〉1100 million	20.7%
	2. 영어	〉330 million	6.2%
	3. 스페인어	〉300 million	5.6%
	4. 힌디/우르두어(인도)	〉250 million	4.7%
	5. 아랍어	〉200 million	3.8%
	6. 벵골어(인도)	〉185 million	3.5%
	7. 포르투갈어	〉160 million	3.0%
	8. 러시아어	〉160 million	3.0%
	9. 일본어	〈125 million	2.3%
	10. 독일어	〈100 million	1.8%
	11. 펀자브어(인도)	〉90 million	1.6%
	12. 자바어	〉80 million	1.5%
	13. 프랑스어	〉75 million	1.4%
	14. 한국어	〉70 million	1.3%
	15. 타밀어(인도)	〉65 million	1.2%
	16. 텔루구어(인도)	〉65 million	1.2%
	17. 베트남어	〉65 million	1.2%
	18. 마라티어(인도)	〉65 million	1.2%
	19. 이탈리아어	〈60 million	1.1%
	20. 터키어	〉50 million	1.0%

＊ 백분율은 세계 인구에서 차지하는 비율

이른다.

　한편 세계의 언어현황에 대한 최신 자료를 제공하고 있는 『에스놀로그：
세계의 언어』(Ethnologue : Languages of the World 2009, http://www.ethnologue.com)에
따르면, 현재 사용되고 있는 6,909개 언어 가운데 사용인구가 가장 많은
언어는 중국을 비롯한 31개국에서 12억 1,300만 명이 사용하고 있는 중국

어이다. 이 중국어 사용인구에는 20개국에서 8억 4,500만 명이 사용하고 있는 표준중국어 사용자뿐 아니라 2개국에서 7,720만 명이 사용하고 있는 오(吳)방언, 20개국에서 5,550만 명이 사용하고 있는 월(粤)방언, 10개국에서 4,730만 명이 사용하고 있는 민남(閩南)방언 등 모든 방언 사용자가 포함되어 있다. 중국어를 이어 44개국에서 3억 2,900만 명이 사용하고 있는 스페인어가 2위, 112개국에서 3억 2,800만 명이 사용하는 영어가 3위로 그 뒤를 잇고 있으며, 33개국에서 6,630만 명이 사용하는 한국어는 17위를 차지하고 있다.

세 조사에서 세계 언어의 순위와 사용인구가 다른 것은 조사시기의 차이도 있지만 주로는 조사방법의 차이 때문이다. 특히 중국어의 경우, 수많은 방언들을 중국어에 포함할지 여부에 따라 사용인구가 크게 달라진다. 방언을 제외하고 표준중국어 사용자만 포함시키더라도 그 범위를 어떻게 정할지에 따라 사용인구 수가 달라진다. 중국 총인구(2010년 7월 기준 1,330,141,295명)에 2000년 무렵에 실시된 '중국 언어·문자 사용 상황 조사'의 표준중국어 가능자 비율(당시 전국 53.06%) 등을 적용해보면, 현재 중국의 표준중국어 사용인구는 7~8억 명 정도일 것이다.

중국어의 사용인구 수가 세계 언어들 가운데 가장 많은 것은 사실이지만, 이 순위만으로 중국어가 가장 중요한 언어라고 말하기는 어렵다. 한 언어의 국제적 위상과 영향력은 모국어 사용인구 수 이외에, 해당 언어를 제2외국어로 사용하는 인구의 수, 해당 언어를 사용하는 나라의 수, 해당 언어를 사용하는 나라의 경제력, 외교·무역·국제회의 등 국제적인 영역에서 사용되는 빈도 등도 중요한 변수로 작용하기 때문이다. 가령 앵글로-색슨 민족이 사용하던 변방의 언어로 출발한 영어는 중국어에 비해 사용인구 수가 훨씬 적지만, 19세기의 '영국 중심의 평화'(Pax Britannica)와 20세기의 '미

순위	언어	주요 사용국가	전체 사용국가	사용인구(백만)
1	중국어	중국	31	1,212.5
2	스페인어	스페인	44	328.5
3	영어	영국	112	328.0
4	아랍어	사우디아라비아	57	221.0
5	힌두어	인도	20	181.7
6	벵골어	방글라데시	10	181.3
7	포르투갈어	포르투갈	37	178.0
8	러시아어	러시아 연방	33	143.6
9	일본어	일본	25	122.1
10	독일어	독일	43	90.3
11	자바어	인도네시아	5	84.6
12	란다어	파키스탄	8	78.3
13	텔루구어	인도	10	69.8
14	베트남어	베트남	23	68.6
15	마라티어	인도	5	68.1
16	프랑스어	프랑스	60	67.8
17	한국어	한국	33	66.3
18	타밀어	인도	17	65.7
19	이탈리아어	이탈리아	34	61.7
20	우르드어	파키스탄	23	60.6

Ethnologue: Languages of the World(2009)

국 중심의 평화'(Pax Americana)를 거치는 동안 세계 공용어로서 굳건한 자리를 차지하고 있다.

국가들 사이의 장벽이 빠르게 허물어지고 있는 21세기에 주요 외국어의 구사능력은 선택이 아니라 생존의 필수조건이 되고 있다. 특히 우리의 최대 교역대상국으로 부상한 중국어를 소홀히 한다면 국제사회에서의 경쟁은 물론이고 국내의 경쟁에서도 뒤처질 수밖에 없을 것이다. 그렇다면 우리가 배워야 하는 '중국어'란 도대체 무엇을 가리키는 것일까?

| 2 | 중국의 언어와 '중국어'

'중국어'라는 말의 모호성

한국어가 한반도 전체에서 한국인 모두가 빠짐없이 모국어로 쓰는 언어인 것과 달리, 중국어는 중국 전체에서 중국인 모두가 모국어로 쓰는 언어가 아니다. 중국인 가운데는 중국어를 전혀 사용하지 않거나, 모국어가 아닌 제2언어로 중국어를 학습하는 이들도 있다. 그러므로 한국어의 경우와 달리 '중국어'는 '중국의 언어'와 동일한 개념이 아니다.

소수민족이라 부르는 이들 비(非) 중국어 사용자들은 다양한 고유의 민족어를 모국어로 삼고 있다. 중국 정부에서 공인한 55개 소수민족 가운데 회족과 만주족을 제외한 53개 민족이 중국어와 다른 고유의 민족어를 사용한다(회족은 중국어를 사용하고, 만주족도 극소수를 제외하고 대부분 중국어를 사용한다). 특히, 중국 남부 광시장족자치구(广西壯族自治区)에 집중적으로 거주하는 장족의 인구는 1,500만이 넘어, 유럽의 네덜란드나 스웨덴의 인구보다도 많다. 또 한국어가 모국어인 조선족을 포함한 23개 민족은 민족어와 함께 고유의 문자도 가지고 있다.

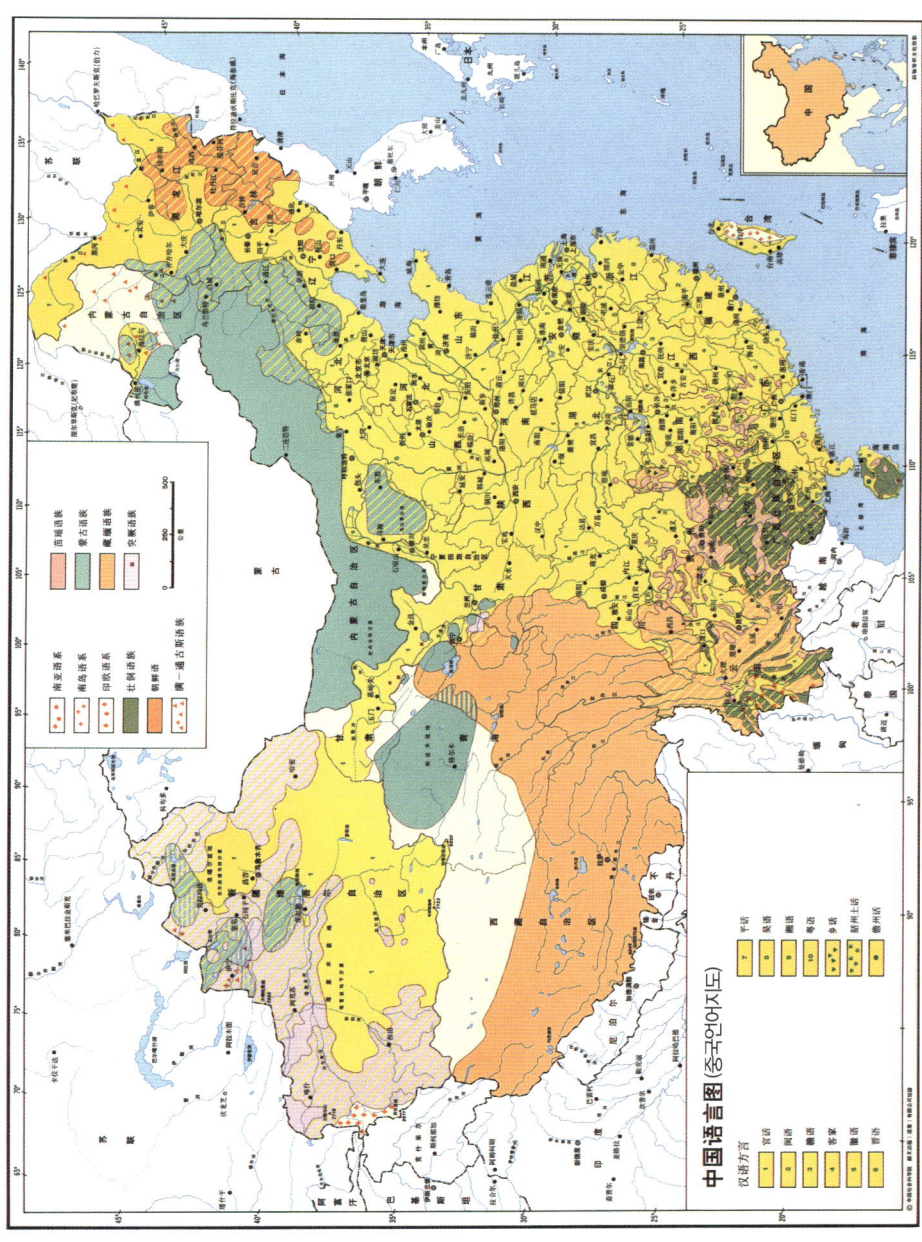

『중국언어지도집』(Longman 1987:AI)

이들 소수민족 가운데 상위 15개 민족의 인구분포는 다음과 같다.

순위	민족명	인구
1	한족(汉族 Hànzú)	1,137,386,112
2	장족(壮族 Zhuàngzú)	16,178,811
3	만주족(满族 Mǎnzú)	10,682,262
4	회족(回族 Huízú)	9,816,805
5	묘족(苗族 Miáozú)	8,940,116
6	위구르족(维吾尔族 Wéiwúěrzú)	8,399,393
7	토가족(土家族 Tǔjiāzú)	8,028,133
8	이족(彝族 Yízú)	7,762,272
9	몽골족(蒙古族 Měnggǔzú)	5,813,947
10	티베트족(藏族 Zàngzú)	5,416,021
11	포의족(布依族 Bùyīzú)	2,971,460
12	동족(侗族 Dòngzú)	2,960,293
13	요족(瑶族 Yáozú)	2,637,421
14	조선족(朝鲜族 Cháoxiǎnzú)	1,923,842
15	백족(白族 Báizú)	1,858,063

2000년 제5차 인구센서스, 중국국가통계국

중국에서 중국어를 '中国语'라고 부르지 않고, '한족(汉族)의 언어'라는 의미의 '汉语'로 부르고 있는 것은 이 때문이다. 중국에서 발간된 어느 사전에도 '中国语'라는 항목은 수록되어 있지 않다. 이런 사정을 고려하면 한국과 일본에서 일반적으로 사용하는 '중국어'라는 용어는 '중국의 언어'로 해석되어 불필요한 오해를 불러올 수 있다. 그렇다면 오해의 여지를 없애기 위해 우리도 '중국어' 대신 '한어'라는 용어를 사용해야 할 것인가? 그럴 필요는 없을 것이다. 한국에서는 이미 '중국어'가 '한어'를 가리키는 용어로 정착되어 있기 때문이다. 영어의 'Chinese'라는 단어의 함의도 이와 유사하다. 결론적으로 말해서 '중국어'가 가리키는 대상은 가장 전형적인 중국어, 즉 중국에서 사용되는 여러 언어들 가운데 중국인의 대다수가 사용하는 한족의 언어, 그 가운데서도 '보통화'라고 부르는 표준중국어이다. 특별한 설명이 없는 경우, 이 책에 등장하는 '중국어' 역시 동일한 의미임을 미리 밝혀둔다.

한편, '중국어'는 현대중국어의 표준적 혹은 방언적 형태뿐만 아니라 상의 갑골문, 주의 유가 경전과 제자서, 당·송의 시와 백화소설 등 성격이 다른 다양한 언어들을 지칭하는 데 사용되는 포괄적인 용어이기도 하다. 따라서 개념상의 모호성을 피하기 위해서는 '고대중국어', '근대중국어', '현대중국어'에서와 같이 시기를 구분해주거나, '문언중국어', '백화중국어'에서와 같이 언어의 성격을 지시해주는 수식어를 덧붙여 사용해야 한다. 또 특정한 지역방언의 경우, '상하이(上海) 방언', '푸저우(福州) 방언'과 같이 지역을 표시하는 수식어가 따로 필요하다. 이 책에서도 필요에 따라 그때그때 이러한 용어를 쓰고 있다.

중국어의 다양한 이름들

중국어는 여러 가지 다양한 이름으로 불린다. 이 이름들은 중국어의 다양성을 반영한 것이기도 하고, 우여곡절을 겪은 표준어의 형성과정을 반영한 것이기도 하다. 이 이름들은 독특한 어감과 사회언어학적 함의를 품고 있으므로, 이들의 차이를 알고 상황에 맞게 적절히 사용할 필요가 있다.

(1) 汉语. '한족(汉族)의 언어'라는 의미로서 중국에서 중국어를 부르는 여러 이름들 가운데 가장 널리 사용되며, 고금과 남북을 아우르는 가장 포괄적인 명칭이기도 하다. 가령, "중국어 할 줄 아세요?"라고 물을 때 일반적으로 "你会说汉语吗? Nǐ huì shuō Hànyǔ ma?"라고 한다. 또 중국에서 출간된 최대 사전의 이름은 『한어대사전』(汉语大词典)이고, 최대 자전의 이름은 『한어대자전』(汉语大字典)이다. 일상적인 쓰임에서 한어는 현대의 표준중국어인 보통화를 가리키는 경우가 많다. 따라서 현대 표준중국어가 아니라 중국어의 다른 시대적·지역적 변이형을 지칭할 경우에는 보통 한어에 다른 수식어를 붙여 사용한다. '고대한어', '근대한어', '한어방언' 등이 그 예이며, 중국에서 출간된 표준적인 현대중국어 사전도 굳이 '현대'를 붙여서 『현대한어사전』(现代汉语词典)으로 부른다.

(2) 普通话. '널리 통용되는 말'이라는 의미로, 중국(중화인민공화국)에서 현대표준중국어를 가리키는 이름이다. 한 언어의 표준어를 가리키는 중국어 표현은 '标准语'(biāozhǔnyǔ)인데 이 말은 '韩语标准语'(한국어 표준어)나 '古代标准语'(고대 표준어)처럼 언어와 시대를 가리지 않고 쓰이지만 '普通话'는 그 자체가 현대중국어의 표준어를 가리킨다.

나라마다 각자의 표준어 규정을 가지고 있는데, 1988년 문교부가 고시한 「표준어 규정」에서는 한국어의 표준어를 "교양 있는 사람들이 두루 쓰는 현대 서울말"로 규정하고 있고, 1988년에 개정된 『조선말규범집』에 따르면 북한의 '문화어'는 "평양말을 중심으로 하여 노동자 계층에서 쓰는 말"이다. 1956년 2월 6일, 중국의 국무원(國務院)이 발표한 「보통화를 보급하는 일에 관한 지시」(关于推广普通话的指示)라는 문서는 보통화를 다음과 같이 규정하고 있다.

한(漢)은 중국을 상징하는 접두어로 두루 사용된다. BC 206년부터 AD 220년까지 400년 이상 중국을 지배했던 한(漢)은 중국의 정체성을 확립한 왕조였다. 중국 인구의 대다수를 차지하는 사람들은 한족(漢族)이고, 중국의 문자는 한자(漢字), 중국의 글은 한문(漢文), 중국의 언어와 문학, 문화와 역사 등을 연구하는 학문인 중국학을 가리키는 이름은 한학(漢學)이다. 한어(漢語)가 중국어를 가리키는 이름으로 가장 널리 사용되는 이유도 이 때문이다.

조선시대까지는 우리도 중국어 대신 한어라는 말을 널리 사용하였다. 『고려사』 백관지(百官志)에는 충렬왕 2년(1276년)에 통문관(通文館)을 설치하여 40세 미만의 사람들에게 '한어'를 가르쳤다는 기록이 등장한다. 『조선왕조실록』에도 한어에 관한 기사가 1,000회를 넘는다.

한편 'China'는 중국 최초의 통일 왕조 진(秦. BC 221~206)의 로마자 표기 'Chin'에 땅이나 나라를 뜻하는 접미사 'a'가 결합된 단어이다. 중국 고대문명의 황금시대를 열었던 당(唐. AD 618~709)은 차이나타운을 뜻하는 당인가(唐人街 Tángrénjiē), 중국의 전통의상을 뜻하는 당장(唐裝 Tángzhuāng) 등의 중국어 어휘에 그 흔적을 남기고 있다.

중국어 통일의 기초는 이미 마련되었다. 그것은 바로 베이징음을 표준음으로 하고, 북방지역 말을 기초방언으로 하며, 모범적인 현대백화문 저작을 문법 규범으로 하는 보통화이다. (汉语统一的基础已经存在了，这就是以北京语音为标准音，以北方话为基础方言，以典范的现代白话文著作作为语法规范的普通话。Hànyǔ tǒngyī de jīchǔ yǐjīng cúnzài le, zhè jiùshì yǐ Běijīng yǔyīn wéi biāozhǔnyīn, yǐ běifānghuà wéi jīchǔ fāngyán, yǐ diǎnfàn de xiàndài báihuàwén zhùzuò wéi yǔfǎ guīfàn de Pǔtōnghuà.)

보통화의 음운, 어휘, 문법 표준을 각각 규정하고 있는 이 문건은 중국의 교육부와 중국문자개혁위원회가 1955년 10월 15일~23일에 개최한 '전국문자개혁회의'의 산물이면서, 동시에 20세기 초반부터 전개되었던 국어운동의 최종 결과물이다. 이 문건에서는 또한 보통화를 학습해야 하는 사람들의 범위를 규정하였는데, 학교, 해방군부대, 청년과 노동자, 방송국 · 신문사 · 통신사 · 잡지사 · 출판사의 편집인, 철도, 교통, 우편, 상품판매원, 대외교류를 담당하는 번역사 등이 이 범위에 포함되었다. 1982년에 개정된 중화인민공화국 헌법(제1장 19조)에 "국가는 전국에서 통용되는 보통화를 보급시킨다."(国家推广全国通用的普通话。 Guójiā tuīguǎng quánguó tōngyòng de Pǔtōnghuà)라는 조항이 포함되면서 보통화의 표준어로서의 지위는 더욱 확고한 것이 되었다.

문화대혁명(1966~1976년) 동안의 '잃어버린 10년'을 감안하면 1950년대 후반부터 시작된 보통화 보급 정책은 지금까지 성공적으로 진행되고 있다고 할 수 있다. 2000년 전후에 실시된 '국가 언어문자 사용 상황 조사'(国家语言文字使用情况调查)에 따르면, 중국인 가운데 보통화로 의사소통이 가능한 사람은 전국 평균 53.06%이다. 보통화를 구사할 수 있는 인구의 비율은 도시 지역이 농촌 지역보다 월등히 높고(상하이의 경우 70.47%), 학력이 높을수록 나이가 어릴수록 그 비율이 높게 나타난다.

(3) 国语. 보통화에 자리를 내어주기 전까지 표준어를 가리키는 용어는 국어였다. 근대 민족주의의 핵심 요소 가운데 하나인 민족어를 가리키는 말로 일본에서 사용되기 시작한 이 말은 한국과 베트남에서도 현재까지 민족어를 대신하는 말로 사용되고 있다. 1902년, 베이징대학교의 전신인 경사대학당(京師大學堂)의 총장〔總教習〕이었던 오여륜(吳汝綸 1840~1903)은 일본의 학교를 시찰하면서 도쿄말을 기초로 하는 표준어인 국어를 효과적으로 보급하는 것을 보고 중국에서도 베이징말을 표준으로 하는 국어를 적극적으로 보급할 것을 주장하였다. 근대적인 민족국가로의 변모를 모색하던 중화민국 시기(1911~1949) 동안 국가적 통합을 지향하는 국어가 표준어의 명칭으로 채택되어 사용되다가, 1950년대 이후로 대륙에서는 보통화에 자리

를 내어주었지만, '중화민국'이라는 국명을 이어받은 타이완에서는 계속 국어가 표준어의 공식 명칭으로 사용되고 있다.

(4) 官话. 명·청 시기 동안 공용어를 의미하는 말로 '관화'가 사용되었다. 관화는 이름 그대로 관리들이 공무 처리를 원활하게 하기 위해 사용하던 말이었다. 강력한 중앙집권체제를 구축했던 이 시기 동안 관리들 사이의 원활한 의사소통의 필요성은 이전 시기보다 훨씬 증가하였다. 특히, 청 초기에 지방관리를 중앙에서 직접 파견하는 정책이 시행됨으로써 관화의 구사 능력은 관리가 갖추어야 할 필수적인 소양으로 부각되었다.

한편, 영어권에서 중국어를 가리키는 말로 'Chinese' 대신 'Mandarin'을 사용하기도 한다. 아편전쟁 이후 청정부와 영국정부 사이의 협상과정을 기록한 영국정부의 회의록에 처음 등장하는 이 말은 관화의 번역어로, 지금은 정부관료라는 의미와 함께 중국의 공용어를 지칭하는 표현으로도 사용된다.

(5) 中文. 중국어의 입말과 글말을 아우르는 말이다. 중국에서 자국의 언어와 문학을 가르치는 대학 학과의 이름은 '中文系'이다. 인쇄물을 지칭하는 수식어로는 반드시 이 말을 사용해야 한다. 가령, "나는 중국소설책을 읽는다."는 중국어로 "我看中文小说。"로 옮겨야 한다. '중국어로 된 신문'은 '中文报', '중국어로 된 잡지'는 '中文杂志'라고 해야 한다. '汉语报'나 '汉语杂志'라는 말은 쓰지 않는다. 中文은 입말을 지칭할 때 사용되기도 한다. "뭐 하러 중국에 왔니?"라고 물음에 "중국어 배우러 왔어."라고 대답하거나 "중국말 잘하는구나"라고 말할 때, '汉语'와 함께 이 '中文'을 사용할 수 있다.

A: 你来中国干什么? Nǐ lái Zhōngguó gàn shénme?

B：我来中国学{汉语 / 中文}。Wǒ lái Zhōngguó xué {Hànyǔ / Zhōngwén}.

A：你{汉语 / 中文}说得不错。Nǐ {Hànyǔ / Zhōngwén}shuō de búcuò.

(6) 中国话. '中文'과는 달리 글말에는 사용되지 않고 입말 중국어를 가리킬 때만 사용되는 말이다. 위 대화에서 '汉语, 中文' 대신 '中国话'를 사용할 수 있다. 그러나 최근 '中国话'라는 말을 쓰는 일은 점점 줄어들고 있다.

(7) 华语. 중국 밖에 거주하는 해외 화교들이 중국어를 가리킬 때 주로 사용하는 표현이지만, 지금은 중국을 포함하여 세계 각 지역에서 사용되는 중국어를 포괄적으로 지칭하는 말로도 사용된다. 가령 '华语词典 Huáyǔ cídiǎn'은 중국대륙의 어휘들은 물론 홍콩, 대만, 싱가포르 등에서 쓰이는 어휘까지 수록한 사전을 가리키며, '华语电影 Huáyǔ diànyǐng'은 중국대륙은 물론 세계 각 지역에서 제작된 모든 중국어 영화를 가리킨다.

'华'는 당제국 때부터 중국어를 지칭하는 말로 사용되었는데, '화하'(华夏), '중화'(中华)는 중국의 다른 표현이며, '화교'(华侨)는 중국의 재외동포를, '화예'(华裔)는 중국의 자손을, '화상'(华商)은 중국 상인을 뜻한다.

(8) 文言과 白话. 언어는 입으로 말하는 구어(spoken language)와 글로 쓰이는 문어(written language)로 나눌 수 있다. 소설의 대화체와 같은 일부 직접 화법을 제외한다면 구어와 문어 사이 어느 정도의 괴리는 모든 언어에서 필연적이다. 중국어에는 역대로 두 종류의 문어가 사용되었다. 고전중국어를 기초로 형성되었고 역사적으로 많은 변화를 겪은 구어와는 무관하게 동일한 어휘와 문법을 유지해온 문어인 '文言'과 구어를 반영하면서 구어의 변화와 함께 발전해온 문어인 '白话'가 그것이다.

'문언'은 공자(孔子. BC 551~479)의 생존 시기인 춘추(春秋) 말엽부터 진(秦)과 한(漢) 제국에 걸쳐 사용된 언어를 모델로 표준화된 문어이다. 이 시기의 언어가 표준적인 문언으로 정립된 까닭은 이후의 역대 중국 왕조들의 통치 이념으로 작용하게 되는 유교(儒敎)의 여러 경전과 역사서, 철학서가 이 시기에 완성되었고 이들 저서에 사용된 언어가 후대 작가들에게 규범으로 인식되어 지속적으로 학습되고 재생산되었기 때문이다. 여러 가지 면에서 문언의 역할은 고대와 중세 유럽에서 라틴어가 담당했던 역할과 유사하다. 두 언어는 모두 비슷한 시기에 형성되어 두 제국의 공통어 역할을 담당하였다.

백화는 구어를 모델로 형성되어 구어와 함께 역사적인 변화를 거듭하는 문어로, 대체로 당·송 이후에 본격적으로 그 모습을 드러내기 시작했다. 청 이전의 중국에서 백화로 쓰인 텍스트들은 문언으로 된 텍스트에 비해 낮은 평가를 받아왔다. 문언과 백화 사이에 일종의 언어적 위계질서(hierarchy)가 형성되었던 것이다. 백화 텍스트인 변문(變文), 화본소설(話本小說), 희곡 등의 이른바 백화문학이 대아지당(大雅之堂)에 오르지 못했던 것은 이러한 이유 때문이었다. "나의 손은 나의 입을 쓴다"(我手写我口 Wǒ shǒu xiě wǒ kǒu)는 구호를 내걸고 20세기 초에 전개되었던 백화문운동(白话文运动)을 통해 백화는 비로소 유일한 중국문어로서의 지위를 확보하였다.

| 3 | 중국어의 유형적 특징

중국어는 어떤 언어인가? 중국어의 특징을 제대로 이해하기 위해서는 다른 언어들과의 비교가 필수적이다. 중국어가 다른 언어들과 어떤 점에서 같고 어떤 점에서 다른지를 비교하다보면 자연스럽게 중국어의 특징이 드러날 것이기 때문이다.

한국어와의 비교는 특히 효과적이다. 한국은 중국에 인접하여 긴 세월 동안 영향을 주고받았지만(사실은 압도적으로 많은 영향을 받았지만), 한국어와 중국어는 계통이 전혀 다른 언어이기 때문이다. 한국은 일찍부터 중국의 문자를 받아들이고 대량의 어휘를 빌어 사용해왔지만 한국어와 중국어가 뿌리가 같을 가능성은 전혀 없어 보인다. 아래 제시된 특징들 가운데 'SVO 언어, 성조언어, 단음절언어, 고립어'가 한국어와는 다른 중국어만의 특징이라면, '화제 중심의 언어, 양사 언어'는 한국어와 유사한 중국어의 특징들이다.

SVO 언어

한 언어의 기본어순은 주어(S), 동사(V), 목적어(O)의 상대적 위치에 따라 결정된다. 중국어는 목적어가 동사 뒤에 오는 SVO 언어이고, 한국어는 목적어가 동사 앞에 오는 SOV 언어이다. 그러므로 중국어의 기본어순은 한국어와 다르고 영어를 비롯한 인도-유럽언어들과 같다. 가령, 한국의 공공장소에는 '흡연을 금지한다'는 의미로 '흡연금지'라는 표지가 붙어 있지만, 중국에서는 다음 사진에서처럼 어순을 바꿔 '금지흡연'이라고 적힌 표지를 붙인다.

주어(S), 동사(V), 목적어(O)의 상대적 위치에 따라 한 언어의 다른 특징들을 미루어 짐작할 수도 있다. 미국의 언어학자 그린버그(Joseph Greenberg 1915~2001)는 세계의 언어들에 존재하는 어순의 보편성을 설명하기 위해 30여 가지의 언어를 표본으로 통계적 방법을 이용하여 기본어순을 유형적으로 분류한 바 있다. 이 연구에서 그는 주어(S), 동사(V), 목적어(O) 어순을 기준으로 세계의 언어들을 SVO, VSO, SOV의 세 가지의 주요 유형으로 분류하고, 이를 다시 VO와 OV 어순으로 양분하였다. 그린버그에 따르면, VO 어순의 언어는 형용사, 소유격, 관계절이 명사에 후행하고 전치사를 갖는 반면, OV 어순의 언어는 형용사, 소유격 등이 명사 앞에 위치하고 후

禁 止 吸 烟　　　禁 止 倚 靠

중국의 지하철에서 만나게 되는 두 개의 표지 : '흡연금지', '기대지 마시오'.

치사를 갖는 보편성이 존재한다. 중국어에 '在 zài, 给 gěi, 跟 gēn, 从 cóng, 到 dào, 离 lí, 比 bǐ, 和 hé, 替 tì, 对 duì, 往 wǎng, 向 xiàng, 为 wèi' 등의 전치사가, 영어에 'to, from, in, at, by, for, of, with, about, on, through, like, than' 등의 전치사가 있는 것은 중국어와 영어가 VO 어순의 언어이기 때문이고, 한국어에 '…와/과, …을/를, …(으)로, …(으)로써, …부터, …까지, …에, …에서, …에게, …한테, …더러' 등의 후치사가 있는 것은 한국어가 OV 어순의 언어이기 때문이다.

그린버그의 이러한 언어유형론은 언어학계에 큰 반향을 일으켰지만, 한편으로 지나친 일반화라는 비판도 제기되었다. 가령, 중국어와 영어는 전형적인 VO 어순을 가진 언어이지만 '红花', 'red flower'에서와 같이 형용사가 명사에 선행하며, 소유격도 명사에 선행하는 예가 일반적이다.

성조언어

세계의 언어들은 음의 높낮이에 따라 단어의 의미가 달라지는 성조언어

(tonal language)와 그렇지 않은 비성조언어로 나눌 수 있다. 중국어는 전형적인 성조언어이다. 베이징말에는 아래와 같이 네 개의 성조가 있다.

제1성	제2성	제3성	제4성
八 bā 여덟	拔 bá 뽑다	把 bǎ 잡다	爸 bà 아빠
西 xī 서쪽	席 xí 자리	洗 xǐ 씻다	细 xì 가늘다
音 yīn 소리	银 yín 은	饮 yǐn 마시다	印 yìn 도장

중국 각 지역의 성조 수는 다양하다. 베이징말에는 네개의 성조가 있지만, 상하이말에는 다섯 개의 성조가 있고, 광저우말에는 아홉 개의 성조가 있다. 성조의 음높이도 서로 달라서, 제1성(陰平)이 베이징말에서는 5-5로 발음되지만, 상하이말에서는 4-2로 발음되고, 광저우말에서는 5-3으로 발음된다(성조의 5도 표기법에 대해서는 9장 4절 참고).

한국어(서울말)에 성조가 없는데다 영어·스페인어 등의 세계 주요 언어들이 대부분 비성조언어이므로, 우리는 성조를 특이한 언어현상으로 이해하기 쉽다. 그러나 사실은 세계 언어들 가운데 성조를 가진 언어의 수가 그렇지 않은 언어보다 조금 더 많다. 베트남어·태국어를 비롯한 동남아시아 언어들, 스와힐리어·줄루어 등의 아프리카 언어들과 아메리카 인디안 언어들 대부분이 성조언어이다.

한국어도 조선시대에는 평성·상성·거성 세 성조를 가진 성조언어였다. 백두대간 오른편의 함경도 대부분 지역과 경상도 전역, 그리고 강원도의 영동방언권의 일부 지역에서는 아직도 성조를 구분한다. 가령, 경상도 방언에서 보통 높이의 /말/은 '言'이며, 높게 발음한 /말/은 '馬'이다. 또 보통 높이의 /배/는 '倍'이지만, 높게 발음한 /배/는 '梨'이거나 '腹'이다.

단음절언어

중국어는 형태소(morpheme)의 대부분이 한 음절로 구성된 단음절어(monosyl-labic language)이다. 형태소란 의미를 지닌 최소의 단위이다. 중국어에서 '山 shān, 水 shuǐ, 大 dà, 小 xiǎo, 男 nán, 女 nǚ, 见 jiàn, 说 shuō, 民 mín, 语 yǔ' 등을 비롯한 대부분의 형태소는 단음절이다. 물론 중국어에도 '葡萄 pútáo, 茉莉 mòlì, 骆驼 luòtuo, 蜘蛛 zhīzhū' 등과 같은 다음절 형태소가 있지만, 그 수는 매우 적다. 아마도 형태소 전체가 단음절인 언어는 없을 것이다. 한국어에도 단음절 형태소들이 적지 않다. 한자어를 제외한 고유어에서도 '앞, 뒤, 물, 불, 뜰, 꼴, 새, 꽃' 등과 같은 단음절 형태소의 비율은 높다. 사실은 동아시아 언어들의 대부분이 유럽의 언어들과 비교하면 현저하게 많은 단음절 형태소를 가지고 있다. 그러나 한국어를 포함한 어떤 언어도 중국어에서 단음절 형태소가 차지하는 비율에 미치지는 못한다.

중국어가 단음절어라는 것은 단어(word)를 구성하는 형태소들이 대부분 단음절로 구성되었다는 의미이지, 하나의 단어가 하나의 음절로 구성되었다는 의미는 아니다. 중국어, 특히 현대중국어에서 둘 이상의 형태소들이 한 단어를 이루는 현상은 매우 흔하게 보인다. '语言 yǔyán, 文字 wénzì, 书店 shūdiàn, 电脑 diànnǎo, 共产党 gòngchǎndǎng, 民主主义 mínzhǔzhǔyì' 등은 단음절 형태소들이 결합되어 두 음절 이상의 단어를 이룬 수많은 예들 가운데 극히 일부에 지나지 않는다(형태소와 단어에 관한 자세한 논의는 4장 2절 참고).

고립어

세계의 언어들은 문법관계를 표시하는 방법에 따라 세 종류로 나눌 수 있다. 단어의 문법관계가 격조사나 어미에 의해 표시되는 언어를 교착어 (agglutinative language), 단어의 굴절에 의해 문법관계가 드러나는 언어를 굴절어(inflectional language), 격조사도 없고 성·수·격에 따른 굴절현상도 없으며 통사적·의미적 관계가 주로 어순이나 조사로 표시되는 언어를 고립어(isolating language)라고 한다. 한국어·일본어·터키어 등이 교착어이고, 라틴어·영어·프랑스 등이 굴절어라면, 중국어는 전형적인 고립어의 특징을 보이는 언어이다. 간단한 예를 살펴보자.

	주격	소유격	목적격
한국어	나는	나의	나를
영어	I	my	me
중국어	我 wǒ	我 wǒ	我 wǒ

한국어는 어간 '나'에 '는/의/를' 등의 격조사가 붙어서 격을 표시하고, 영어는 어간 자체가 격에 따라 굴절현상을 보인다. 중국어는 격조사도 없고 굴절도 일어나지 않으며, 주로 문장에서의 위치에 따라 격이 결정된다. 주어 위치에 놓이면 주어, 목적어 위치에 놓이면 목적어가 되는 것이다. 동사의 경우도 마찬가지이다. 한국어 '가다'는 문법관계에 따라 '갔다, 갔었다, 가고, 가니, 가서' 등으로 변화하고, 영어 'go'는 시제에 따라 'go, went, gone'으로 변화한다. 그러나 중국어 '去'는 문법관계나 시제와 상관없이 동일한 형태를 유지한다. 중국어 이외에 이어(彝语), 장어(壮语), 묘어(苗语), 베트남어 등도 고립어로 분류할 수 있지만, 고립어의 전형적인 특징이 중국어만큼 두드러지지는 않는다.

화제 중심의 언어

중국어 문법학자인 리와 톰슨(Li·Thompson 1976)은 '화제가 중심이 되는가',

'주어가 중심이 되는가'의 기준으로 세계의 언어를 분류하는 새로운 언어유형론(language typology)을 제시하였다. 앞서 설명한 그린버그의 언어유형론은 주어·동사·목적어의 세 성분만을 기준으로 세계 언어들의 어순을 분류하고 있는데, 세 성분 이외에 화제(topic)라는 문장성분이 따로 있어서 이 화제를 중심으로 문장이 구성되는 화제 중심의 언어들에 대해서는 이러한 유형론이 근본적으로 적용될 수 없기 때문이다(화제에 대한 자세한 논의는 7장 1절 참고).

리와 톰슨은 〔± 화제 중심〕, 〔± 주어 중심〕라는 두 가지 기준으로 세계의 언어를 네 종류로 분류하고 있다.

(a) 어떤 언어들은 화제가 중심이 된다 : 〔+ 화제 중심, −주어 중심〕

(b) 어떤 언어들은 주어가 중심이 된다 : 〔−화제 중심, + 주어 중심〕

(c) 어떤 언어들은 화제와 주어 모두 중심이 된다 : 〔+화제 중심, +주어 중심〕

(d) 어떤 언어들은 화제와 주어 모두 중심이 되지 못한다 : 〔−화제 중심, −주어 중심〕

이들은 '화제 중심의 언어'(topic prominent language)의 전형적인 예로 리수어(Lisu)·라후어(Lahu)·중국어 등을 들고, '주어 중심의 언어'(subject prominent language)의 전형적인 예로 영어·프랑스어·트와이어(Twi)·인도네시아어(Indonesian) 등을 들고 있다. 그리고 필리핀어(Philippine)는 화제 중심의 언어도 주어 중심의 언어도 아니며, 한국어와 일본어는 화제와 주어가 모두 중심이 되는 언어이다.

중국어와 한국어는 '화제'가 문장의 기본어순을 결정하는 중요한 성분이라는 특징을 공유하고 있다. 아래 중국어와 한국어 예문을 비교해보자. 밑

한국어에는 "코끼리는 코가 길다."에서처럼 화제를 표시하는 조사 '은/는'과 주어를 표시하는 조사 '이/가'가 함께 쓰인다. 일본어에서도 "魚は鯛がおいしい."(Sakana wa tai ga oisi. 물고기는 도미가 맛있다.)에서처럼 화제를 표시하는 조사 'は'(wa)와 주어를 표시하는 조사 'が'(ga)가 함께 쓰인다. 이 때문에 한국어와 일본어를 화제와 주어가 모두 중심이 되는 언어라고 하는 것이다.

줄로 표시한 부분이 화제이다.

(1) a. 영희가 수미에게 인형을 주었다.

   b. 영희는 수미에게 인형을 주었다.

   c. 수미(에게)는 영희가 인형을 주었다.

   d. 인형은 영희가 수미에게 주었다.

(2) a. 动物, 老虎最厉害。Dòngwù lǎohu zuì lìhai.

   동물은 호랑이가 제일 사납다.

   b. 蔬菜, 黄瓜和茄子比较便宜。Shūcài huángguā hé qiézi bǐjiào piányi.

   야채는 오이와 가지가 비교적 싸다.

   c. 水果, 我喜欢苹果。Shuǐguǒ wǒ xǐhuan píngguǒ.

   과일은 나는 사과를 좋아한다.

중국어와 한국어에서 화제는 특수한 성분이 아니라 문장을 구성하는 기본성분이므로 중국어의 기본어순을 SVO에 화제(T)를 포함시켜 TSVO로 설정할 수 있다(중국어의 기본어순에 대한 자세한 논의는 7장 1절 참고).

양사 언어

중국어는 양사(quantifier)가 체계적으로 발달한 언어이다. 중국어에서 수사 또는 지시대명사는 명사를 직접 수식할 수 없고, '一个人 yí ge rén', '两把刀 liǎng bǎ dāo', '这本书 zhè běn shū'와 같이 둘 사이에 양사가 놓여 '수사/지시대명사＋양사＋명사'의 어순을 보인다. 중국어에서 널리 쓰이는 양사의 예는 다음과 같다.

양사	특성	명사의 용례
把 bǎ	손잡이가 있는 물건	刀, 椅子, 扇子, 雨伞, 茶壶
本 běn	노트, 책 등	书, 杂志, 词典
杯 bēi	컵 단위	茶, 水, 咖啡
个 ge	가장 널리 쓰임	人, 苹果, 问题
件 jiàn	옷, 짐, 사건	衣服, 事, 行李
块 kuài	덩어리, 딱딱한 것	石头, 肉, 肥皂, 土, 手表
辆 liàng	차, 자전거	汽车, 自行车
片 piàn	얇은 것	肉, 叶子, 雪花
条 tiáo	가늘고 긴 것	河, 街, 鱼, 裤子, 裙子, 香烟
位 wèi	존중하는 사람	客人, 先生
张 zhāng	평면으로 된 것	纸, 票, 地图, 桌子, 照片
枝 zhī	가는 원통형	铅笔, 圆珠笔, 烟, 枪, 筷子
只 zhī	작은 동물	猫, 鸟儿, 鸡
座 zuò	크고 무거운 것	山, 大楼, 桥

양사와 명사 결합표

한국어에서도 양사의 쓰임이 활발하여, '개, 장, 권, 건'이나 '그루, 마리, 자루, 채' 등이 양사로 쓰인다. '개, 장, 권, 건' 등의 중국어 양사가 한국어에서 널리 쓰인다는 사실을 통해 확인할 수 있는 것처럼, 한국어 양사는 중국어의 영향을 받아 형성되었다고 보는 시각이 일반적이다.

하지만 한국어에서 양사의 쓰임은 중국어와 차이가 있다. '나무 한 그루', '소 두 마리', '연필 세 자루' 등과 같이, 한국어에서는 '수사＋양사'가 명사 뒤에 등장한다. 또 한국어는 중국어와 달리 양사가 필수적이지 않다. 한국어에서는 '사과 하나'나 '두 남자'와 같은 명사구도 허용된다. 최근에는 양사 대신에 '분류사' (classifier)라는 용어를 쓰기도 한다. 이들의 주된 기능이 양을 표시하기 보다는 사물을 분류하는 기능을 수행하기 때문이다.

[중국어와 한국어의 기타특징]
이 밖에도 수식어가 피수식어의 앞에 있다는 점, 성(姓)과 수(數)에 민감하지 않다는 점, 형용사가 독립된 범주라기보다 동사의 하위범주로 기능한다는 점 등도 중국어와 한국어의 공통점이다(중국어와 한국어의 형용사는 단독으로 서술어가 될 수 있다는 점에서 be 동사의 도움 없이는 서술어가 되지 못하는 영어를 비롯한 다른 언어들의 형용사와는 성격이 다르다).

반면 한국어의 경어법은 중국어에 비해 훨씬 엄격한 체계를 갖고 있다. 예를 들어 한국어의 경어법은 주체경어법 · 객체경어법 · 상대경어법이 다르고, 상대경어법 안에서도 '해라체 · 해체(반말체) · 하게체 · 하오체 · 해요체 · 합쇼체'로 세분되어 복잡한 체계를 이루고 있다. 중국어에도 '你'와 '您'을 구분하는 것과 같은 체계가 있기는 하지만 한국어에 비해 훨씬 단순하다(경어법에 대한 추가적 논의는 12장 1절 참고).

| 4 | 중국 밖의 중국어

주요 화교지역 사회의 언어상황

중국어는 세계에서 사용인구가 가장 많은 언어이다. 중국어를 사용하는 사람들 가운데 압도적 다수는 중국에 살고 있는 사람들이다. 중국인구의 93.8%를 차지하는 한족은 물론 회족(回族), 만주족(滿族), 여족(畬族)도 중국어만을 사용하고 있고, 묘족(苗族)의 20% 이상, 몽골족(蒙古族)의 15% 이상이 중국어만을 사용하고 있다. 그리고 중국 밖에는 3,800만 가량의 중국인이 세계 120여 개 지역에 흩어져 거주하고 있는데, 이들 가운데 상당수도 중국어를 사용하고 있다.

중국에서는 다른 나라에 거주하는 중국인들을 화교(華僑), 화인(華人), 화예(華裔)로 구분하여 부른다. 화교는 중국국적을 유지한 채 해외에 거주하는 사람들이고, 화인은 여기에 중국국적을 포기하고 거주 지역의 국적을 취득한 사람들을 포함한다. 그리고 이들의 후손 세대를 화예라고 한다. 화예 가운데는 부모가 모두 중국인인 경우도 있지만 그렇지 않은 이른바 '혼혈 화예'도 있다. 이들은 거주 국가의 화교정책이나 언어환경의 차이에 따라, 그리고 화교 자신의 방언상황에 따라 각기 다른 언어환경에 처해 있는데, 이중언어(bilingualism) 혹은 양층언어(diglossia) 환경인 경우가 많다(이 용어들에 대해서는 12장 2절 참고).

중국 이외의 지역 가운데 중국인 혹은 중국인의 2세들이 가장 많이 사는 곳은 인도네시아와 태국이다. 그 밖에도 말레이시아, 미국, 싱가포르, 캐나다 등의 지역에 많은 중국인들이 거주하고 있다. 미국 오하이오대학의 2010년 조사자료에 따르면 주요 지역의 중국인 수는 대략 다음과 같다.

나라 이름	중국인 수(명)	나라 이름	중국인 수(명)
인도네시아	757만	캐나다	161만
태국	705만	페루	130만
말레이시아	619만	베트남	126만
미국	338만	필리핀	115만
싱가포르	268만	미얀마	110만

http://www.library.ohiou.edu/subjects/shao/ch_databases_popdis.html

　말레이시아는 전체 인구 대비 중국인 비율이 약 24%에 달한다. 학교교육은 공용어인 말레이어로 이루어지고 제2언어인 영어가 사회 전역에 걸쳐 광범위하게 사용되고 있지만, 중국인 사회의 초등학교에서는 중국어로 교육이 이루어진다. 말레이시아의 중국인들은 객가(客家), 푸젠(福建), 광둥(广东) 등 다양한 방언지역 출신으로 구성되어 있는데, 여기에서도 화교사회의 공용어는 표준중국어이다. 말레이시아의 객가인들은 객가어, 민남(閩南)어, 광둥(广东)어 3개 방언과 표준중국어, 말레이어, 영어에 모두 능통해 '언어천재'로 불린다.

　싱가포르는 전체 인구의 76.2%를 차지할 정도로 중국인 비율이 높다. 싱가포르는 말레이어, 중국어, 타밀어, 영어를 공용어로 하고 있는데, 신문이나 방송 매체 중에는 영어와 중국어를 사용하는 경우가 가장 많다. 싱가포르에서는 정책적으로 국민들이 '영어＋1'의 형태로 이중언어를 습득하도록 장려하기 때문에 사회 전체적으로는 영어가 우세를 점하고 있지만, 중국인 사회 내에서는 중국어가 우위에 있다. 푸젠성 출신이나 차오저우(潮州) 출신이 많아 민방언의 사용률이 매우 높은데, 2000년 이후로는 표준중국어의 사용률이 방언을 앞지르고 있다. 이와 동시에 국가언어정책의 영향으로 영어를 가정언어로 사용하는 비율이 40%를 넘어서고 있는 것도 한 특징이다.

태국의 중국인은 전체 인구의 약 10%를 차지하고 있고, 특히 수도 방콕에 많은 중국인이 거주해 방콕 인구의 40%나 된다. 이 가운데 차오저우 사람이 70%를 점할 정도로 많다보니 민방언에 속하는 차오저우말이 중국인 사회에 광범위하게 퍼져 있고, 표준중국어는 대부분 제대로 구사하지 못한다.

미국과 캐나다는 광둥방언의 사용인구가 많은 것이 특징이다. 특히 미국의 60년대 이전 이민자는 광둥방언을 거의 그대로 보존하고 있다. 80년대 이후로는 신이민이 늘면서 표준중국어가 방언을 대체하고 중국인 사회의 공통어로 자리를 잡아가고 있다. 캐나다는 중국인 가운데 홍콩 이민자가 60%에 달한다. 이들은 광둥방언을 주로 사용하며, 중국이나 타이완의 이민자들은 표준어를 구사한다.

필리핀과 인도네시아의 중국인 사회는 뚜렷한 현지화의 경향을 보여준다. 필리핀의 중국인 학생 대부분이 이미 중국어를 구사하지 못하고 있고, 대부분 필리핀어나 영어를 사용하고 있다. 인도네시아 역시 역사적 굴곡을 거치면서 중국인 사회의 중국어 사용률은 급격히 낮아져 현재 중국인 가운데 중국어를 이해하는 중국인은 5%에 불과하다.

한국에는 2만여 명 가량의 화교가 거주하고 있는데, 이들 가운데 90%가 산둥(山東) 출신이다. 이런 지역배경은 이들의 상당수가 종사하고 있는 요식업, 즉 중화요리의 음식명에도 남아 있다. '깐풍기'의 '기'(鷄 jī)나 '유니자장'의 '유'(肉 ròu)는 산둥방언의 흔적이다(11장 1절 참고). 이들은 한국사회에서는 한국어를 쓰지만 가정에서는 출신 지역의 방언을 함께 쓰고 있다. 한중 수교 이후 한국의 화교사회에 근본적인 변화가 생겨났다. 중국 또는 한국에서 태어나 중화민국의 국적을 유지하고 있는 '구화교'와 달리 중국에서 태어나 중화인민공화국의 국적을 가진 '신화교'가 화교사회의 주류를 형성하였다. 취업과 결혼, 유학, 연수 등의 목적으로 한국에 체류하고 있는 이들 신화교를 포함한 중국인의 수는 69만여 명으로, 전체 외국인 139만여 명의 50%를 차지하며, 통계자료에서 '한국계 중국인'으로 분류되는 조선족까지 포함할 경우 중국인의 수는 114만여 명으로, 전체 외국인의 82%를 차지한다(2011년 6월 기준). 이들 대부분은 표준중국어를 구사한다.

해외 중국어의 특징

해외의 중국인 사회에서 사용되는 중국어에 대한 종합적인 연구는 아직 이루어지지 않고 있지만, 부분적으로나마 이루어진 조사연구를 종합해볼 때 다음과 같은 특징들을 발견할 수 있다.

우선 음성적으로는 베이징말 식의 권설운모(儿化韵)나 경성이 별로 없다는 점을 들 수 있다. 해외 화교사회가 대개 남방방언 지역 이주민들 위주라는 점, 베이징말 위주로 방송되는 매체의 영향력이 크게 미치지 않는다는 점 등이 작용한 것으로 보인다.

또 민방언이나 광둥방언의 영향으로 베이징말에서는 이미 사라진 입성(入聲)이 사용되는 경우도 있다. 아래 표에서 A열과 B열의 글자들은 베이징말에서 동음이지만, 해외의 중국인 사회에서는 아래와 같이 다른 소리로 발음된다.

A	B
利 丽 例 [lì]	力 立 粒 [lik]
示 市 事 [shì]	式 适 室 [shik]
基 鸡 机 [jī]	积 击 迹 [jik]

현지 억양의 영향으로 성조가 파괴되거나 부정확해지는 사례도 있다. 인도네시아 자바 섬의 경우는 현지 특유의 억양으로 인해 '万隆'(wànlóng)을 '玩弄'(wánnòng)처럼 발음하는 등의 현상이 나타나며, 인도네시아 학생들을 대상으로 한 실험에서는 '3성＋3성' 성조변화가 매우 부자연스럽고 서양 억양을 띠는 경향이 있는 것으로 나타났다.

어휘 측면에서는 우선 해당 지역에만 존재하는 특유의 개념이나 사물을 가리키는 용어는 물론이고, 베이징말과는 형식을 달리한 어휘들이 적지 않다. 아래는 싱가포르 중국어의 예이다.

의미	베이징말 해당 어휘	싱가포르 중국어 사례
공문서	公文 gōngwén	令状 lìngzhuàng
경찰견	警犬 jǐngquǎn	灵犬 língquǎn
디스코	迪斯科 dísīkē	踢死狗 tīsǐgǒu
택시	出租车 chūzūchē	德士 déshì

또 형식은 같지만 의미가 전혀 다른 단어들도 있다. 이런 단어들은 소통의 장애를 일으키기 쉽다. 아래는 말레이시아 중국어의 예이다.

단어	베이징말 의미	말레이시아 중국어의 의미
课题 kètí	과제	문제(问题)
大衣 dàyī	외투	양복(西装)
卫生间 wèishēngjiān	화장실	집 안에 영정을 모신 방

어떤 단어는 베이징말에서와 같은 의미 외에 독특한 다른 의미를 더 가

지기도 한다. 예컨대 '돌려주다'의 의미로 쓰이는 '还'(huán)이 그렇다. '还钱'은 '(빌린) 돈을 돌려주다' 즉 '돈을 갚다'의 의미인데, 싱가포르에서는 이 의미 외에 '지불하다'(付. 交)의 의미로도 쓰인다. 시장이나 상점에 가면 '去那边还钱.'(저쪽에서 지불하세요), '还钱没有?'(돈 내셨어요?) 같은 말을 곧잘 들을 수 있다.

어휘의 사용습관에 나타나는 차이도 있다. 해외의 중국어에서는 같은 의미를 나타내는 말 가운데 유독 간략한 형식을 즐겨 사용하는 경향이 보인다. 예컨대 '～的时候' 같은 표현은 거의 쓰지 않고 대부분 '～时'라고 표현한다. 또 '桌子', '椅子', '刀子' 같은 말도 모두 '桌', '椅', '刀'라고만 쓴다.

문법에서는 기본적으로 큰 차이가 없지만 민방언이나 광둥방언의 영향으로 다음과 같은 특수한 예가 보이기도 한다(방언의 발음이나 문법에 대해서는 11장 4절 참고).

의미	베이징말 표현	현지어 사례
나 먼저 갈게.	我先走。Wǒ xiān zǒu.	我走先。
먹었니?	你吃了吗? Nǐ chī le ma?	你有吃吗?
볼 수 없다.	看不到。Kàn bu dào.	看没有。

해외 화교 사회의 인쇄물은 주로 번체자를 사용하며 조판도 세로로 하는 경우가 많다. 근래에는 간화자 신문이 등장했지만 아직은 소수이며, 중국어학교 가운데는 타이완이나 홍콩의 번체자 교재를 줄곧 사용해오는 곳이 많다. 또 별자(別字)나 이체자가 상대적으로 많이 눈에 띄는 것도 해외 중국어 인쇄물의 특징이다.

이처럼 해외 중국인 사회의 중국어는 대외적으로 영향력이 크지는 않지만 각자 나름대로의 특징을 지니고 있다. 장차 다양한 중국인들과 비즈니스를 하게 될 것을 고려하여 중국 밖의 중국인들이 사용하는 중국어가 지닌 특징들을 알아둘 필요도 있다. 예컨대 설문조사를 할 경우 직업란 선택지의 '자영업'을 중국용 설문지에서는 '个体户'라고 표기해야 하지만, 해외용의 경우엔 '自雇'라고 쓰는 등 어휘와 표현의 차이에 주의를 기울여야 한다. 우리는 베이징말 중심의 중국어 교육을 받다 보니 부지불식간에 해외 중국인들의 중국어를 '비표준' 혹은 '부정확한 것', '틀린 것'으로 여기기 쉬운데, 사실 이들은 '중국어를 잘 못하는 것'이 아니라 '그들의 언어' 즉 '다른 중국어'를 하고 있는 것뿐이다. 근래에는 중국 안팎 여러 지역의 어휘를 고루 수록하고 어휘마다 지역 차이를 명기한 『글로벌중국어사전』(全球华语词典), 『글로벌중국어신조어사전』(全球华语新词语词典) 같은 책들이 출간되고 있다.

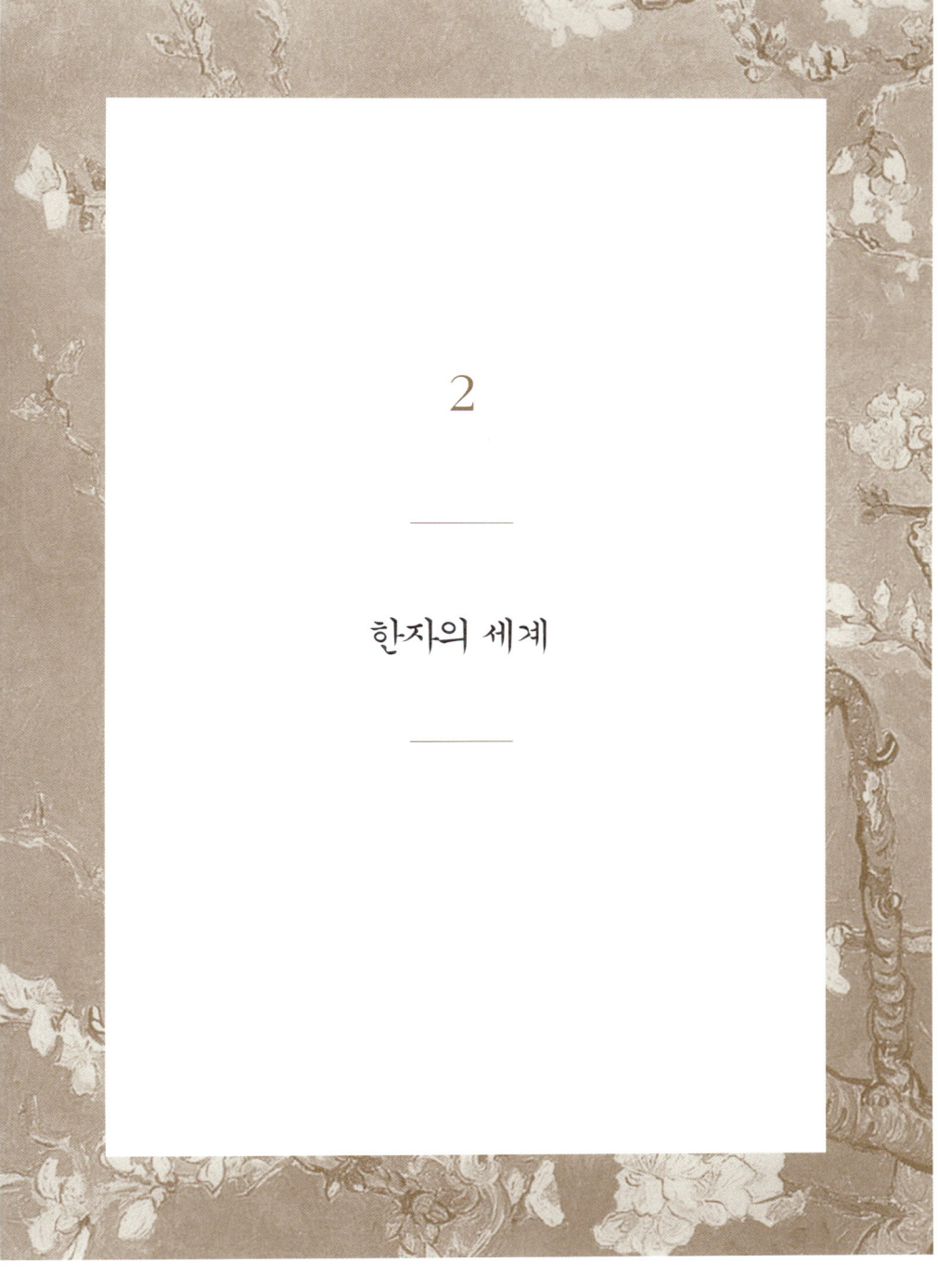

2

———

한자의 세계

———

한자는 중국어를 표기하는 문자이다. 한글이 한국어를 표기하는 문자이고, 알파벳이 영어를 표기하는 문자인 것과 같다. 한자는 흔히 '상형문자' 또는 '표의문자'로 불리지만 이는 적절하지 않다. 사실 한자에 가장 잘 어울리는 명칭은 '형태소-음절 문자'이다. 왜 그럴까. 또 한자의 자형과 의미, 독음 사이에는 어떤 관련이 있으며, 한자는 어떤 요소들로 구성되고 어떻게 분류할 수 있는가. 이러한 문제들을 이 장에서 살펴볼 것이다.

　한자만큼 글자 하나하나에 많은 이야기가 담겨 있는 문자도 드물다. 한자는 중국어를 표기하기 위한 문자로 고안되었지만, 그 속에는 흥미진진한 역사와 문화가 숨겨져 있다. 한자의 세계를 탐험하면서 한자에 숨겨져 있는 역사와 문화를 발견하는 즐거움도 함께 함께 누릴 수 있을 것이다.

| 1 | 한자의 성격

한자, 중국어의 알파벳

한자는 중국어를 표기하는 수단이다. 이것은 3,000년이 넘도록 변함이 없
는 사실이다. 중국인들은 아침에 일어나 저녁에 잠들 때까지 한자 속에서
산다. 우리가 중국인들과의 의사소통을 위해 중국어 발음을 익히듯, 중국
어 문장을 읽기 위해서는 한자를 익혀야만 한다.

우리도 오랫동안 한자를 사용해왔다. 그래서 우리의 한자에는 중국 독음
과는 다른 한국식 독음이 있고, 드물지만 '돌'(乭)이나 '얼'(㐘)과 같은 한
국식 한자도 있으며, '親舊'(친구) 같은 한국식 한자어도 있다. 불과 20～30
년 전까지 신문은 세로쓰기에 국한문혼용이었다. 이런 까닭에 중국에서 출
판되는 책 중에는 한국을 '한자를 사용하는 나라'의 하나로 소개하는 곳도
있다. 그렇지만 현재 한국인들에게 한자는 한글의 보조수단일 뿐이다.

우리는 알파벳을 영어를 표기하는 문자라고 생각하고, 한글을 한국어를 표기하는 문자라고 생각한다. 그러나 한자에 대해서는 한글을 보조하는 문자로 생각할 뿐 그것이 중국어를 표기하는 문자라는 사실을 먼저 떠올리는 사람은 그리 많지 않다.

중국에서는 한때 한자를 폐기하자는 주장이 있었다. 19세기 말과 20세기 초, 기울어가는 중국의 운명에 위기의식을 느끼던 중국의 지식인들은 한자를 폐지하고 새로운 문자를 도입하여 중국어를 표기하는 문제를 심각하게 고민하였는데, 지금은 분위기가 바뀌어 한자에 대한 칭송의 목소리만 들린다(12장 3절 참고). 한자는 중국의 흥망성쇠와 그 운명을 함께 해왔다고 말할 수 있다. 한자는 중국어를 읽고 쓰기 위해 익혀야 하는 기호 이상이다. 중국을 이해하는 데 한자를 소홀히 할 수 없는 이유가 여기에 있다.

그림과 문자

한자를 흔히 상형문자라고 한다. 한자가 사물의 형태를 본떠 그린 데서 비롯된 말이다. 그렇다면 사물을 본떠 그린 그림이 곧 문자인가? 그렇지 않다. 2008년 베이징올림픽 때 사용되었던 몇 종목의 마스코트를 보자. 마스코트들은 각 종목의 특징적인 동작을 본떠 그렸고 쉽게 그 의미를 파악할 수 있다. 그러나 이 마스코트들은 문자가 아니라 그림일 뿐이다.

'그림문자'라고 불리는 픽토그램(pictogram)은 어떤가? 한자의 곡선미를 살려 새롭게 디자인한 베이징올림픽의 종목별 표지들은 마스코트에 비해 좀 더 추상적이기는 해도 의미 전달 기능은 마스코트와 별 차이가 없다. 그렇지만 이들도 문자는 아니다.

 문자와 조금 더 유사한 다른 예를 보자. 사이클 종목 중에는 산악 사이클 (mountain bike)이 있는데, 산악 사이클을 나타내는 방법으로 아래의 두 가지가 있을 수 있다. 둘 중 어느 것이 문자에 더 가까울까?

① 산악 사이클　　　　　② 산악 사이클

①은 산이 자전거와 한 덩이가 되어 있지만, ②는 산과 자전거가 나뉘어 있다. 이를 분절되어 있다고 말한다. ①은 일반적인 그림이지만, ②는 분할된 두 개의 기호(그림)의 조합으로 구성되어 있고, 분할된 기호들은 각각 언어의 단위(여기서는 산악과 사이클이라는 '단어')에 대응된다. 시각기호가 언어와 같은 분절성을 가지고 있는가 여부는 문자인지 아닌지를 판단하는 중요한 요소이다.

그럼에도 여전히 ②를 문자라고 할 수 없다. 두 기호(그림)가 고정된 언어로 변환되지 않기 때문이다. 위 예에서 두 기호는 각각 '산악' 및 '사이클'이라는 단어와 조응하지만, 이들이 언제나 '산악'과 '사이클'로 읽히는 것은 아니다. 예컨대 ②의 두 번째 기호를 보고 '자전거 타는 사람'이라고 하는 이도 있을 것이고 '자전거를 타다'라고 하는 이도 있을 것이다. 언어에 따라 '骑自行车 qí zìxíngchē'로, 'cycling'으로, '자전거 타기'로 다양하게 표현될 수 있다. 즉 그림을 읽는 방법이 약속되어 있지 않은 것이다. 고정된 언어형식의 유무는 시각기호와 문자를 구분하는 기준이다.

그림이나 픽토그램 같은 기호도 궁극적으로 의미를 나타낸다는 점에서는 문자와 같다. 그러나 문자는 의미와의 사이에 반드시 언어라는 매개를 필요로 하지만 다른 기호들은 언어라는 매개 없이 직접 의미를 나타낸다.

표의문자라는 말도 적절한 표현이 아니다. 지구상의 어떤 문자도 의미를 직접 표시할 수는 없다. '의미를 직접 표현하는 문자'라는 말은 '물기 없는 빗방울'이란 말처럼 그 자체로 모순이다. '의미를 직접 표현한다'는 말은 '언어를 표기하는 부호'라는 문자의 정의와 모순되기 때문이다. '射箭'이라는 문자가 'shèjiàn'이라는 중국어를 지시한다는 것은 중국어를 아는 이에게만 해당되는 일이다. 중국어를 모르는 이에게 '射箭'이라는 문자는 그저 두 개의 복잡한 도형일 뿐 어떤 의미도 나타내지 못한다.

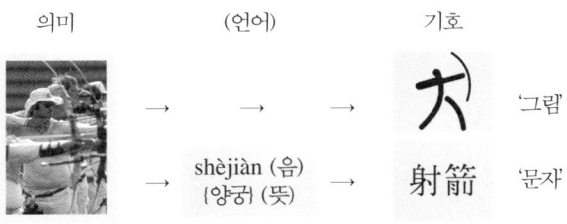

혹자는 언어라는 매개가 있든 없든 결과적으로 한자가 의미를 전달하므로 표의문자라고 부르는데 문제가 없다고 여길지도 모른다. 그러나 의미를 전달한다는 것은 모든 문자의 공통된 속성이다. 한자에는 의미를 전달하는 '표의' 기능과 함께 발음을 표시하는 '표음' 기능도 있다. 그렇다면 한자는 '표음문자'라고도 부를 수 있는데, 이런 논리로는 문자들 사이의 차이를 드러내기 어렵다. 언어를 표기하는 기호로서의 문자는 종류를 불문하고 소리와 의미를 함께 나타내게 마련이다.

알파벳은 낱개의 문자가 의미를 나타내지 않지만 한자는 낱개의 글자가 의미를 표현한다는 점이 다르다고 말할 수도 있다. 이는 매우 중요한 지적이다. 낱개의 알파벳과 의미는 아무 관련이 없지만 낱개의 한자와 의미는 서로 관련이 있어 보인다. 알파벳은 언어의 단위 가운데 음소에 대응되지만 한자는 형태소라는 단위와 대응하기 때문이다. 알파벳과 한자의 차이는 의미지시 여부에 있지 않고 형태소 대응 여부에 있는 것이다. 이 점은 아래에서 다시 살필 것이다.

형태소–음절 문자

알파벳이든 한자든 말소리를 나타낸다는 점은 같다. 그러나 하나의 글자가 나타내는 말소리의 단위에는 차이가 있다. 대부분의 한자는 한 글자가 중국어의 한 음절과 대응한다. 즉 한자는 음절문자이다. 일본어를 표기하는 가나도 음절문자이다. 이는 알파벳이나 한글 자모가 음소와 대응하는 음소문자인 것과 대비된다.

한자 (1한자=1음절)		가나 (1문자=1음절)		한글과 알파벳 (1자모=1음소)	
江	jiāng	は	ha	ㄱ	/k/
保	bǎo	の	no	ㄴ	/n/
謝	xiè	ヲ	o	b	/b/
啊	ā	ケ	ke	k	/kʼ/

여기에는 소수의 예외가 있다. '권설음화'(儿化)된 단어, 예컨대 '花儿'(꽃) 같은 말은 두 글자이지만 발음은 huār이므로 1음절이다.

2한자	=	1음절
花儿		huār

[2음절 한자]

과거에는 '浬'(hǎilǐ 해리)나 '瓩'(qiānwǎ 킬로와트)처럼 하나의 글자가 두 음절을 나타낸 경우도 있었다. 그러나 이 글자들은 1977년 7월 중국의 문자개혁위원회와 국가표준계량국에서 '1한자 1음절 원칙에 따라' 사용을 금한 이후 현재는 사용되지 않고 '海里', '千瓦'와 같이 두 글자로 표기하고 있다.

한자는 대개 중국어의 형태소와 대응된다. 형태소란 의미를 지닌 최소의 단위이다. 한자가 한 음절에 대응되고 중국어의 대부분의 형태소는 단음절이므로, 한자가 중국어의 형태소와 대응되는 것은 자연스럽다. 단음절 단어가 다수였던 고대중국어에서는 하나의 한자가 하나의 형태소와 대응되고 하나의 형태소가 다시 하나의 단어와 대응하는 비율이 높았다. 그러나 2음절어가 다수가 된 현대중국어에서는 기본적으로 하나의 한자가 하나의 형태소와 대응하지만 그것이 반드시 하나의 단어와 대응하는 것은 아니다. 결국 과거와 현재를 막론하고 대부분의 한자는 하나의 형태소와 대응하는 셈이다.

단어	형태소		한자	대응비
手 shǒu '손'	手 '손' (1형태소)		手 (1한자)	
人民 rénmín '인민'	人 '사람' (2형태소)	民 '백성, 국민'	人民 (2한자)	1:1
筷子 kuàizi '젓가락'	筷 '젓가락' (2형태소)	子 (명사화접미사)	筷子 (2한자)	

형태소와의 조응 여부에서 한자는 가나와 다르며, 한글이나 알파벳과의 차이도 더 분명해진다. 한자와 달리 한글이나 알파벳, 가나는 형태소와 직접적인 관계를 형성하지 않는다.

물론 여기에도 소수의 예외가 있다. 연면어, 의성어, 음역어와 같은 다음절 단순어(4장 2절 참고)는 둘 이상의 한자로 표기하지만 모두 하나의 형태소이다.

	단어	형태소	한자	대응비
연면어	参差 cēncī '들쭉날쭉'	参差 '들쭉날쭉' (1형태소)	参 差 (2한자)	
의성어	哎哟 āiyō '아이고'	哎哟(감탄사) (1형태소)	哎 哟 (2한자)	1:多
음역어	奥林匹克 Àolínpǐkè '올림픽'	奥林匹克 '올림픽' (1형태소)	奥 林 匹 克 (4한자)	

네 개의 한자로 구성된 '奥林匹克'를 하나의 형태소라고 하는 이유는, 네 개의 글자 하나하나가 '올림픽'이라는 의미와 전혀 관계가 없으며 단지 발음만 표기하기 위해 쓰기 때문이다. '의미를 가진 최소의 단위'라는 형태소의 정의를 상기해보면 그 이유를 쉽게 알 수 있을 것이다.

이렇게 소수의 예외를 제외하면 대다수의 한자가 현대중국어에서 형태소-음절과 조응하며, 예외가 있다고 하더라도 '형태소 문자'와 '음절 문자' 중 적어도 한 가지 조건에는 부합된다. 따라서 한자는 '형태소-음절 문자'라고 정의할 수 있다.

| 2 | 한자와 의미

상형문자의 추억

한자는 많은 글자가 상형문자에 뿌리를 두고 있어 지금도 습관적으로 상형문자라고 불리는 경향이 있다. 갑골문 당시의 한자에는 상형문자가 많았지만 오늘날의 한자는 상형과는 거리가 멀다. '心'의 갑골문인 ♡를 보면 그것이 심장이라는 것을 짐작할 수 있고(생물 시간에 배운 심방과 심실도 보인다), '火'의 갑골문인 ₩를 보면 그것이 '불'을 뜻한다는 것을 짐작할 수 있다. 그러나 현재의 '心'자와 '火'자는 추상적인 선과 점의 조합일 뿐이어서 그 뜻을 배우지 않는다면 이 글자를 보고 심장이나 불꽃을 떠올릴 수 있는 사람은 많지 않다. 오늘날의 한자에게 상형문자 시절은 추억일 뿐이다.

한자를 구성하고 있는 요소〔字符〕의 상형성은 사라졌지만 의미를 나타내는 요소〔意符〕는 남아 있어서 표의적인 특징이 유지되고 있다. 그래서 우리는 '人'이 사람을 의미한다는 것을 배우고 나면 '众'자를 보고 사람이 여럿 모여 있는 무리를 뜻한다는 것을 짐작할 수 있고, '木'자가 나무를 의미한다는 것을 알고 나서는 '休'자를 배울 때 이것이 사람이 나무에 기대어 휴식을 취한다는 뜻임을 쉽게 유추할 수 있다.

또한 간화자 중에는 의미가 더 분명히 드러나는 구조로 이루어진 것이 있다. '尘, 泪, 灶' 등은 한번 익혀놓으면 원래의 번체자보다 더 쉽게 그 뜻을 짐작할 수 있다.

塵 → 尘 chén 먼지 (小＋土 : 작은 흙)

涙 → 泪 lèi 눈물 (目＋水 : 눈의 물)

竈 → 灶 zào 부엌 (火＋土 : 불 때는 흙구덩이)

형성자의 의미

한자의 대다수를 차지하는 형성자(形聲字)는 글자의 절반이 소리를 나타내는 부분이고 나머지 절반은 의미를 나타내는 부분이므로 의미를 나타내는 부분, 즉 형부(形符)를 통해서 글자의 뜻을 유추할 수가 있다. 글자의 뜻과 형부의 관계가 긴밀한 것도 있고 느슨한 것도 있지만 말이다.

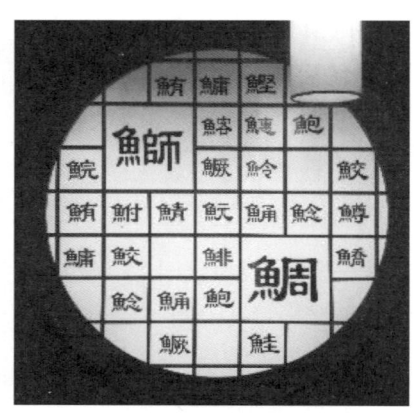

예컨대 '船'(chuán 배)자는 형부 '舟' (zhōu 배)와 의미가 거의 일치한다. '舟'자의 의미를 알면 '船'자의 의미도 쉽게 파악할 수 있다. 형부가 상당히 높은 표의 기능을 담당하는 경우인데, 이런 예로 '爸'(bà 아빠)의 '父', '辉'(huī 빛)의 '光' 등을 더 들 수 있다.

그러나 이런 예는 통용자의 0.83%에 불과하다. 대부분의 형성자는 형부가 간접적인 의미만을 보여준다. 예컨대 '打'(dǎ 때리다), '拉'(lā 당기다), '拍'(pāi 치다), '拿'(ná 잡다)를 보면 모두가 '손'(手)으로 하는 동작임을 짐작할 수 있고, '情'(qíng 감정), '忙'(máng 바쁘다), '志'(zhì 뜻, 의지), '急'(jí 조급해하다)를 보면 '마음'(心)의 움직임과 관련이 있음을 짐작할 수 있을 뿐이며, '鸡'(jī 닭), '鸭'(yā 오리), '鸦'(yā 까마귀), '鸿'(hóng 큰 기러기) 등의 글자에서 '鸟'는 '조류'라는 부류를 표시해줄 뿐이다. 이들이 지닌 구체적 의미는 글자만 봐서는 알 도리가 없다.

그나마 이런 예들은 관련성이 비교적 뚜렷한 경우에 속한다. '芳'(fāng 향기로운)자에서 '艹'는 '화초의 향기'라는 연상작용을 도울 뿐이며, '群'(qún 무리)의 '羊'은 양떼처럼 모여 있는 무리를 상징할 뿐이다. 이런 글자는 형부의 표의기능이 훨씬 더 간접적이다.

전혀 표의기능을 하지 못하는 형부도 있다. '特'(tè 특수하다)의 '牛'나 '始'(shǐ 처음)의 '女'가 그런 예이다. 물론 이 글자들의 어원을 찾아보면 형부의 의미와 관련이 있음을 알 수 있지만 현대중국어에서는 형부가 아무런 표의기능을 하지 못하고 있다. 이렇게 형부가 아무런 표의기능을 하지 못하는 글자가 13.25%나 된다.

형성자의 형부가 알려주는 의미정보는 이처럼 간접적인 것이 많아서 형부를 통해 글자의 구체적인 의미를 파악할 수 없다. 그렇지만 간접적이나마 의미의 범주를 알려주기 때문에 글자의 의미를 익힐 때 참고하거나 도움을 받을 수는 있을 것이다.

해서의 한계

가끔은 글자의 모양이 사람의 눈을 속이기도 한다. 이것은 한자의 형태가 초기의 모습을 보존하지 않고 끊임없이 변화해온 데서 연유한다.

『춘추좌전』(春秋左傳)에서는 '武' 자를 '싸움(戈)을 그치게(止) 하는 것'(止 戈爲武)이라고 풀이하였고, 아직까지 이런 풀이를 따르는 이들이 많다. 해서체 자형을 보면 실제로 창을 뜻하는 '戈'와 그친다는 의미의 '止'가 합쳐진 글자이니 이 설명은 꽤 그럴 듯해 보인다. 게다가 무기를 휘두르는 것이 무력이 아니고 그것을 그치게 하는 것이 무력이라니 자못 심오하기까지 하다. 그러나 사실은 이와 다르다. 중국 최초의 한자 해설서인 허신(許愼)의 『설문해자』(說文解字)에서도 이 풀이를 따르고 있다. 『설문해자』는 한자 자형 해설의 고전으로서 매우 가치 있는 자료이지만 허신도 한자의 초기 형태인 갑골문을 접해보지 못한 채 소전체 자형을 근거로 글자를 풀이했기 때문에 간혹 이러한 오류가 발생할 수밖에 없었다. '武' 자도 이런 예의 하나이다. 갑골문 '武' 자는 창을 본뜬 ⚔와 발모양을 본뜬 ⿰이 합쳐진 것으로서 무기를 들고 나아가는 것을 나타낸 것이다. 해서체의 '止'는 바로 발을 뜻하는 ⿰이 변한 모양이다.

$$\text{⚔ (武 wǔ 무력)} = \text{⚔ (戈 gē 창)} + \text{⿰ (止 zhǐ 발)}$$

'美' 자는 여전히 논란이 있는 글자이다. 이 글자를 해서체 자형 그대로 풀어 '羊＋大'로 보고, 큰 양이 맛이 좋다거나, 큰 양이 고기와 젖과 털을 많이 제공하므로 아름답다고 여긴 데서 비롯되었다고 해석하는 이들이 많다. 역시 소전체 자형을 근거로 글자를 풀이했던 『설문해자』에서 비롯된 해석으로서 '美' 자가 유목시기의 관념을 보여준다고 생각한 것이다.

갑골학자들은 이런 주장에 이의를 제기하였다. 갑골학자 위싱우(于省吾 1896~1984)는 '美' 자는 정면을 향하고 선 사람의 머리 위에 양의 뿔로 장식을 한 모양이며, 상의 금문 중에는 사슴의 뿔장식을 한 글자나 양뿔에 깃털장식까지 더한 모양도 있는데, 이들이 모두 '美'자라고 해석하였다. 그는 '羌'(qiāng 강. 티베트의 선조로 추정되는 종족의 이름)자는 🦌·🦌와 같이 옆으로 선 사람의 머리에 뿔장식을 한 모양이며, 이 두 글자 모두 갑골문에서 지명으로 쓰이고 있어 머리에 뿔장식을 하는 풍습을 가진 소수민족의 특징을 문자화한 것으로 보았다. 그의 주장에 따르면 '美'자는 '羊'과 '大'가 의미상 결합된 회의자가 아니라 뿔장식을 한 사람의 모습을 묘사한 상형자이다.

왕셴탕(王獻唐 1896~1960)은 갑골문 '美'의 윗부분을 깃털장식으로 보았다. 그는 갑골문 🦌·🦌(每)는 여자의 머리 위에 깃털장식을 한 모양이고 🦌(美)는 남자의 머리 위에 깃털장식을 한 모양이라고 해석하고, 여자의 장식은 낱개로 남자의 장식은 쌍으로 하는 차이가 있다고 보았다.

일부 글자 해설에서 이러한 오류나 차이가 발생하는 까닭은 중국의 고대사와 관련이 있다. 갑골문을 쓰던 상이 망하자 주는 도읍을 옮긴다. 그리고 다시 제후국이 난립하는 춘추전국시대를 지나 진시황이 문자를 통일할 때쯤 되어서는 아예 갑골문의 존재에 대한 기억조차 희미해져버렸다. 그러한 상황에서 허신이 소전체에 남아 있는 희미한 초기 모습을 바탕으로 글자를 분석하여 『설문해자』를 남긴 것은 대단히 가치 있는 일이었지만, 시대적 한계를 벗어나지 못한 것 또한 분명하다.

이런 즐거움도 있다

한자의 형태와 발음과 의미를 이해하고 그 글자로 구성된 단어의 의미를 유추하는 것을 넘어서면 망외의 소득을 올릴 수도 있다. 중국인들은 덩샤오핑(邓小平)의 '小平'에서 조그마한 평화 혹은 조용한 평강을 가져다 줄 것 같은 느낌을 떠올린다. 전 국가주석 장쩌민(江泽民)의 '泽民'은 '백성의 삶

을 윤택하게 해주겠다'는 노골적인 슬로건 같은 느낌마저 든다. 후진타오
(胡錦濤)의 '錦濤'는 '비단처럼 넘실대며 도도하게 흐르는 파도'라는 뜻에서
21세기 국제경쟁시대의 파고를 헤쳐 나갈 지도자로 인식될 만하다. 시진핑
(习近平)은 어떤가? '평등과 평화(平)로 가까이 다가간다(近)'는 뜻을 끌어
낼 수 있지 않을까?

당나라 때의 대표적인 시인 두보(杜甫)의 자(字)는 '子美'이다. 그래서 그
를 두자미(杜子美)라고 부르기도 한다. '子美'는 '남자가 아름답다'는 뜻인
데 그의 이름인 '甫'자가 바로 그런 의미를 가지고 있다. 그러니까 두보의
자는 이름 한 글자가 지닌 의미를 두 개의 한자로 풀이한 것이다.

두보만 특별히 그런 것이 아니다. 고대사회에서 성인식을 치를 때 아버지
가 지어주는 이름인 자(字)는 대부분 이름(名)과 의미의 연관성을 갖도록 지
었다. 예컨대 공자의 제자인 자로(子路)의 이름은 '유'(由)인데 말미암아[由]
가는 곳이 길[路]이니 두 글자의 의미가 서로 통한다. 당송 팔대가의 한 사
람인 증공(曾鞏)의 자는 '자고'(子固)이다. '굳고 단단하다'는 '固'의 의미가
이름의 '鞏'과 같다. 여말선초의 문신인 권근(權近)의 자는 '가원'(可遠)인데
'近'과 '可遠'은 의미가 서로를 보충하는 관계에 있음을 알 수 있다.

[제품의 글자에 살짝 보이는 의미]

중국의 까르푸 매장에 들렀을 때이다. 과자코
너의 껌 하나가 눈에 쏙 들어왔다. 이름이 清雅
(Qīngyǎ)이다. 껌 이름치곤 너무 청아했다. 이때
필자의 감각을 건드린 것이 '雅'자 속의 '牙'였다. 원래 어금니라는 뜻이지만 지금은 그냥 일반
적인 치아를 가리킨다. 중국의 소비자는 이름을 보는 순간 깨끗하고 우아한(清雅) 치아(牙)라는
긍정적인 느낌을 떠올리게 된다. 광고에서는 이처럼 제품의 어떤 특징을 소비자의 인식의 사다리

에 걸치기 위해 연결고리(hook)를 사용한다. '淸雅' 에서는 '牙' 자가 그 역할을 하고 있다.

중국에서 '风影'(Fēngyǐng)이라는 샴푸를 본 적이 있는가. 거대한 글로벌기업인 P&G에 맞서 당당하게 경쟁을 벌이고 있는 중국 로컬기업 브랜드이다. 여기에서는 '影' 자에 주목해보자. 글자 우측에 있는 '彡' 는 본래 머리카락을 의미한다. 그러므로 '影' 자는 '그림자' 라는 의미와 함께 시각적으로는 '머리카락' 이라는 의미를 동시에 나타낸다. 그래서 '风影' 에서 중국인들은 바람에 날리는 머리카락을 연상한다. 브랜드 로고도 시각적으로 그런 느낌을 떠올리도록 디자인했다. 한자에 대한 지식이 마케팅 실무에 활용된 예이다.

| 3 | 한자와 독음

동음자와 다음자

대부분의 한자는 하나의 음절과 조응한다. 그러나 하나의 음절이 반드시 한 개의 글자와 조응하는 것은 아니다. 예컨대 yì라는 발음을 가진 한자는 현대한어통용자표(7,000자)에만 63개나 수록되어 있다. 이렇게 발음이 같고 의미가 다른 글자를 동음자(同音字) 또는 동음이의자라고 한다.

yì ：意 义 艺 异 亿 易 译 议 益 逸 亦 翼 忆 抑 役 驿 疫 溢 臆 ……

중국어에는 이러한 동음자가 많아 학습자를 곤혹스럽게 한다. 예컨대 동음자는 글자를 잘못 쓰는 원인이 되기도 한다. 상황이 절박하여 지체할 여유가 없음을 나타내는 '迫不及待'(pò bù jí dài)를 '迫不急待' 로 잘못 쓴다든지, '苹果'(píngguǒ 사과)를 '萍果' 로, '竞赛'(jìngsài 시합)를 '竟赛' 로 잘못 쓰는 것은 모두 동음자의 혼동에서 기인한다.

또 드물지만 동음자 때문에 말을 전혀 엉뚱하게 알아듣는 경우도 생긴다. '全不及格'(quán bù jígé 모두 불합격하다)를 발음이 같은 '全部及格'(quánbù jígé 전부 합격하다)로 잘못 듣거나, '治癌'(zhì ái 암을 치료하다)를 '致癌'(zhì ái 암을 유발하다)로, '步行'(bùxíng 도보로 가다)을 '不行'(bùxíng 안 돼)으로 잘못 들을 수 있다.

한자에는 하나의 글자가 둘 이상의 독음을 가지는 다음자(多音字)도 있다. 이들 중 각각의 독음에 따라 서로 다른 뜻을 나타내는 것을 다음다의자(多音多義字)라고 한다. 글자를 기준으로 보면 독음이 여럿인 글자지만, 말을 기준으로 보면 서로 다른 말을 하나의 글자로 기록한 것이 다음다의자다.

> 差 : 差不多(chàbuduō 비슷하다), 差別(chābié 차이)
>
> 　　出差(chūchāi 출장하다), 参差(cēncī 들쑥날쑥하다)
>
> 行 : 步行(bùxíng 도보로 가다), 行业(hángyè 업종, 직업)
>
> 便 : 方便(fāngbiàn 편리하다), 便宜(piányi 싸다)
>
> 强 : 强大(qiángdà 강대하다), 勉强(miǎnqiǎng 가까스로), 倔强(juéjiàng 고집 세다)

이러한 다음다의자는 소리내어 읽을 때 어려움을 겪게 만드는 요인이 된다. 글자는 같지만 발음과 뜻이 전혀 다르기 때문에 글을 읽을 때 발음을 틀리지 않도록 주의해야 한다.

다음자 중에서 발음은 다르지만 뜻은 차이가 없는 경우가 있는데 이들을 별도로 이독자(異讀字)라고 한다. 예컨대 '熟'는 shú와 shóu의 두 가지 독음을 가지고 있는데, '熟悉'(shúxī 익히 알다)를 베이징 구어에서 흔히 shóuxī로 발음하는 것을 들을 수 있다. 중국정부에서는 대대적인 이독자 정리작업을 실시했지만 다수의 한자들에 대해서 여전히 이독을 인정하고 있다.

형(形), 음(音), 의(義)는 한자를 구성하는 세 요소이다. 이들 사이의 관계를 정리하면 다음과 같다.

　　단음단의자 : 단일 글자모양, 단일 독음, 단일 의미. 예) 悼 dào 애도하다

　　다음다의자 : 단일 글자모양, 여러 독음, 여러 의미. 예) 長 cháng 길다, zhǎng 자라다

　　이독자 : 단일 글자모양, 여러 독음, 단일 의미. 예) 熟 shú 또는 shóu 익다, 익숙하다

　　이체자 : 여러 글자모양, 단일 독음, 단일 의미. 예) 窗 牕 窓 chuāng 창

형성자의 발음

형성자(形聲字)는 비록 완전하지는 않아도 이미 알고 있는 글자를 통하여 독음을 어느 정도 유추하는 것이 가능하다. 동일한 성부(聲部)를 포함하고 있는 한자들은 발음도 비슷하므로, 아래와 같이 성부의 발음을 통해 좀 더 복잡한 다른 글자의 발음을 유추할 수 있다.

　　袋 : 〔代〕→ dài

　　烤 : 〔考〕→ kǎo

　　淸 : 〔靑〕→ qīng

　특히 현대의 간화자 중에는 복잡한 글자를 줄이는 과정에서 발음이 같은 글자로 성부를 삼은 것이 있으므로 이들의 발음을 유추하기가 쉽다. '态' 자는 '太'에서 이 글자의 발음인 tài를 유추해낼 수 있고, '迁' 자는 '千'에서 발음 qiān을 유추해낼 수 있다. 아래의 예들도 마찬가지이다.

　　驚 - 惊 : 〔京〕→ jīng

膚 - 肤 : 〔夫〕→ fū

護 - 护 : 〔户〕→ hù

그러나 문제는 이러한 유추가 항상 성공하지는 못한다는 점이다. 이상과 같이 정확한 발음만을 알려주는 성부는 전체의 7%뿐이기 때문이다. 예컨대 성부가 '包 bāo'인 글자 중 '胞'나 '苞'는 발음이 완전히 'bāo'와 일치하지만, '饱 bǎo'나 '抱 bào'는 성조가 다르고, '跑 pǎo'나 '炮 pào'에서는 성모와 성조가 다르다. 따라서 글자의 발음을 익힐 때 형성자 성부가 중요한 참고사항이 될 수는 있겠지만 거기에 전적으로 의존해서는 안 된다.

기준	예		
성모 불일치	干 gàn - 岸 àn	必 bì - 秘 mì	户 hù - 雇 gù
운모 불일치	贝 bèi - 坝 bà	既 jì - 厩 jiù	去 qù - 怯 qiè
성조 불일치	青 qīng - 请 qǐng	元 yuán - 远 yuǎn	干 gàn - 赶 gǎn
성모 성조 불일치	寿 shòu - 筹 chóu	延 yán - 诞 dàn	山 shān - 灿 càn
운모 성조 불일치	先 xiān - 选 xuǎn	卒 zú - 醉 zuì	令 lìng - 邻 lín
완전불일치 (또는 성조만 일치)	者 zhě - 都 dōu	不 bù - 否 fǒu	工 gōng - 江 jiāng

[정확한 발음정보만 알려주는 성부] ─────────────

형성자의 성부 중에는 언제나 정확한 발음을 알려주는 성부가 있다. 비록 전체 성부의 7.17%에 불과하지만 이 성부들이 포함된 글자의 발음은 항상 이 성부의 발음과 같다.

代 dài :袋 贷 岱 黛

段 duàn :锻 缎 椴 煅

奂 huàn ：换 唤 焕 痪

皇 huáng ：惶 凰 煌 蝗 徨

农 nóng ：浓 脓 哝 侬

亭 tíng ：停 葶 婷

그러나 성부 중에는 반대로 항상 부정확한 발음정보만을 알려주는 성부도 있다. 이런 성부는 전체의 13.3%이다.

出 chū ：础 chǔ 绌 chù 拙 zhuō 苗 zhuó 咄 duō 屈 qū

寺 sì ：持 chí 诗 shī 侍 shì 峙 shì/zhì 痔 zhì 特 tè 待 dāi 等 děng

한국한자음

'马 mǎ'와 '妈 mā'와 '麻 má'는 한국어로도 '마'로 읽는다. 이렇게 한국한자음 지식이 한자의 중국어 독음 익히기에 도움이 되리라는 기대를 가질 수 있지만 이런 글자는 소수에 불과하다. 1부터 10까지 중국어로 읽어보면 한국어와 중국어의 발음 차이를 금방 확인할 수 있다.

一 yī 二 èr 三 sān 四 sì 五 wǔ 六 liù 七 qī 八 bā 九 jiǔ 十 shí
일 　 이 　 삼 　 사 　 오 　 육 　 칠 　 팔 　 구 　 십

그렇다면 한국어 발음과 중국어 발음 사이에 어떤 규칙성이 있을까? 가령 한국어의 /ㅎ/의 대부분은 중국어 x로 발음되는 경우가 많다. '喜欢'의 '喜'(희)의 중국어 발음은 xǐ이고, '兄弟'의 '兄'(형)의 중국어 발음은 xiōng이다. 그렇다면 '喜欢'의 '欢'(환)은 왜 huān일까? 좀 더 들여다보면 여기에서 의미 있는 규칙을 발견할 수 있다. /ㅎ/→x의 현상을 보이는 것들은 대부분 뒤에 모음 [i]가 온다는 사실이다.

향(히+앙) → xiang ：向 xiàng 香 xiāng 乡 xiāng 享 xiǎng

효(ㅎ+ㅗ) → xiao : 孝 xiào 晓 xiǎo 效 xiào

형(ㅎ+ㅕ) → xing : 形 xíng 型 xíng

xiong : 兄 xiōng

휴(ㅎ+ㅜ) → xiu : 休 xiū

xie : 携 xié

이런 현상은 구개음화와 관련이 있다. 구개음화란 비구개음인 어떤 소리가 i〔i〕, ü〔y〕같은 전설고모음의 영향을 받아 구개음으로 변하는 현상이다. 예컨대 '굳이→구지'처럼 'ㄷ'이 'ㅣ'와 만나 구개음 'ㅈ'으로 바뀌는 현상, '밭이→바치'처럼 'ㅌ'이 'ㅣ'와 만나 구개음 'ㅊ'으로 변하는 현상 등이다. 그러니까 '欢'자의 독음에 구개음화가 일어나지 않은 이유는 /ㅎ/ 뒤에 〔i〕음이 없기 때문이다.

구개음화와 관련된 다른 예도 있다. '北京'의 '京'(경)을 '징'(jing)이라고 발음하는 것이다. 비구개음인 /ㄱ/이 구개음인 j나 q로 변하는 것도 구개음화이다.

기 → ji: 几 jǐ 基 jī 机 jī 记 jì 技 jì 己 jǐ 纪 jì 既 jì 寄 jì 忌 jì

qi: 气 qì 起 qǐ 期 qī 企 qǐ 器 qì 其 qí 奇 qí 弃 qì 旗 qí

경 → jing: 经 jīng 京 jīng 景 jǐng 劲 jìng 敬 jìng

qing: 轻 qīng 庆 qìng 倾 qīng 顷 qǐng

교 → jiao: 教 jiāo 交 jiāo 较 jiào 轿 jiào

qiao: 桥 qiáo 侨 qiáo 巧 qiǎo 翘 qiào

구개음화는 음운동화현상의 일종으로 세계 대부분의 언어에 보편적으로 나타난다. 중국어에서 구개음이 아니었던 이 한자들은 16~18세기 무렵에 구개음화가 발생하여 현재의 음으로 변하였지만, 한국한자음에서는 구개음화가 일어나기 전의 독음을 지금까지 유지하고 있는 것이다(13장 5절 참고).

　한국어 발음과 중국어 발음 사이에 규칙성이 있는 예들은 이밖에도 많다. 이런 한자들의 경우 한국한자음을 알고 있다면 중국어 발음을 유추하는 데 도움을 받을 수 있을 것이다. 그러나 모든 한자들의 중국어 발음을 이런 식으로 유추할 수 있는 것은 아니다. 특히 성조를 유추하는 것은 전혀 불가능하다. 결국 한국한자음은 중국어 발음을 기억하는 보조수단은 될 수는 있을지언정 그것만으로 중국어 발음을 정확히 알기는 불가능하다.

발음 익히기를 넘어서

형성자의 표음기능에는 한계가 있다. 성부가 발음을 완전하게 표현해주는 경우는 소수이고, 대부분의 글자들은 성모나 운모 혹은 성조가 한 가지 이상 성부와 다르다. 그러나 뒤집어 생각해보면 성모, 운모, 성조 가운데 둘 이상이 성부와 일치하는 한자가 많으므로 형성자의 발음은 성부의 발음과 어떤 식으로든 관련이 있는 셈이다. 결국 글자를 통해서 발음을 파악하는 문제는 '방법이 없다'는 결론만 얻고 원점으로 돌아왔지만 그 과정에서 우리가 얻은 것도 적지 않다. 한국한자음과 현대중국어 발음의 관련성을 살피는 과정에서 우리는 한국어 발음과 중국어 발음 사이에 규칙성이 있는 예들이 있음을 확인했다. 특히 중국어에서는 구개음화가 일어났으나 한국한자음에서는 구개음화가 일어나지 않은 한자들의 사례가 두드러진다. 물론 역사적으로 한국어에 구개음화가 일어나지 않았던 것은 아니다. 다만 한국한자음의 경우 한국어 음운변화의 적용을 받지 않았을 뿐이다.

　발음 익히기라는 측면만 고려하면 이런 사실들이 결정적인 도움이 되지는 않지만, 한자의 발음에 여러 가지 흥미로운 비밀들이 숨어 있다는 것을 안 것만으로도 충분히 값진 발견이다.

| 4 | 한자의 구성요소와 구조

필획

글자 쓰기는 먼저 구조나 구성원리를 이해하는 데서 시작해야 한다. 외국인이 'ㄱ', 'ㄴ'이나 'ㅏ', 'ㅑ' 같은 자모를 익히지 않고 한글의 전체 모양만 대충 그리려 한다면 그 글자는 어딘가 어색해 보일 수밖에 없다. 한자의 경우는 한글보다 구조가 더 복잡하기 때문에 더욱 그러하다.

점(點)	횡(橫)	수(豎)	별(撇)	날(捺)	도(挑)	구(鉤)	절(折)
丶 心	一 丁	丨 中	丿 乃	丶 人	丶 河	亅ㄱ乚乀 別辰乱代	ㄱ一乙 口冠凶

한자를 구성하는 가장 작은 단위는 필획(筆劃)이다. 붓을 한 번 대었다가 뗄 때까지 만들어지는 점이나 선을 한 획이라 한다. 우리가 '가운데 중(中)'자는 총4획이다' 라고 할 때의 '4획'은 이 필획의 개수를 말하는 것이다. 필획은 해서체를 표준으로 하며 기본 형식은 점과 선이다. 한자를 구성하는 주요 필획은 '점(點 diǎn), 횡(橫 héng), 수(豎 shù), 별(撇 piě), 날(捺 nà), 도(挑 tiāo), 구(鉤 gōu), 절'(折 zhé)의 여덟 가지이다.

'점'은 말 그대로 붓으로 한 번 콕 찍었다 떼는 것이고, '횡'은 가로획,

'수'는 세로획이다. '별'은 오른쪽에서 왼쪽으로 그어 내리는 '삐침'이고, '날'은 반대로 왼쪽에서 오른쪽으로 그어 내리는 것인데 우리말로는 '파임'이라고 한다. '도'는 '제'(提)라고도 하는데 삼수변(氵)의 세 번째 획처럼 붓을 내리 찍은 다음 오른쪽 위로 삐쳐 올리는 것이고, '구'는 갈고리 모양으로 꺾어 올리는 획인데 위에 보이는 것처럼 몇 가지가 있다. '절'은 가로획과 세로획이 이어지도록 꺾는 것이다.

서예에서 쓰는 용어로 '영자팔법'(永字八法)이란 말이 있다. 이 말은 '永'자가 여덟 가지 중요한 필형을 모두 구비하고 있는 전형적인 글자인 데서 연유한다. 그런데 '永'자의 두 번째 획 'ㅣ'와 세 번째 획 'ㄱ'는 한 획인데도 몇 개로 나누어 부르고 있다. 이런 필형을 '합성필형'이라고 한다. 'ㅣ'는 '횡'(橫), '절'(折)과 '구'(鉤)가 더해진 것이어서 이들을 순서대로 이어 붙여 '횡절구'(橫折鉤)라고 부르고, 'ㄱ'는 '횡'(橫)과 '별'(撇)이 합쳐진 것이므로 '횡별'(橫撇)이라 부른다.

편방과 부수

한자의 좌우나 상하 또는 안과 밖을 구성하는 요소를 편방(偏旁)이라고 한다. 형성자나 회의자를 구성하는 각각의 요소를 가리킨다고 생각하면 된다.

편방보다 우리에게 더 익숙한 것이 부수이다. '부수'(部首)라는 말은 글자 그대로 풀면 '그룹(部)의 첫째(首)'라는 뜻이다. 자전에서 글자를 찾을 때 검색의 기준이 되는 한자의 구성요소가 바로 부수인데, 이 부수라는 것이 실은 편방 중에서 검색기준으로 쓰일 만한 것을 골라놓은 것이다. 예컨대 '好, 始, 姿'처럼 '女'가 포함된 글자들을 모아서 하나의 그룹으로 만들고 '女'를 그 그룹의 첫 번째 글자로 놓은 것이다. '女'를 첫 글자로 한 이 그룹을 '女部'(女자 그룹)라고 부른다. 편방이 글자의 구성요소를 가리키는 개념이라면 부수는 분류표준 혹은 검색기준의 개념이다.

이렇게 한자들을 자형에 따라 모아서 그룹을 만들고 부수를 세우는 작업을 처음 한 사람은 『설문해자』를 쓴 허신이다. 그는 『설문해자』에서 9,353개 한자를 540부로 나누었다. 부수라는 개념은 이처럼 허신에 의해 발견된 것이 아니라 발명된 것이다. 허신의 작업은 한자들을 분류하여 체계를 세우는 의미가 컸다. 그래서 그룹의 수를 음(陰)의 숫자인 6과 양(陽)의 숫자인 9의 공배수가 되는 540으로 하고 부수는 '一'에서 시작하여 십이지의 마지막인 '亥'에서 끝나도록 배열했다.

시간이 흐르면서 부수의 수는 점차 줄어들어 명대의 『자휘』(字彙)에 이르러 214개가 되었다. 우리에게 잘 알려진 청대의 『강희자전』(康熙字典)도 214부이다. 지금 중국에서는 214부 체계에 부분적인 수정을 가한 201부 체계를 공식표준으로 삼고 있다. 『설문해자』이후의 자전에서 부수는 체계를 세우는 것보다는 검색도구로서의 기능이 중요하기 때문에 개수를 줄이는 경향을 보이는 것은 자연스러운 일이다.

[왼쪽이 편, 오른쪽이 방?] ──────────────

편방에 대해 흔히 한자의 왼쪽 요소를 편(偏), 오른쪽 요소를 방(旁)이라고 부른다는 설명이 널리 퍼져있다. 그러나 이런 설명은 역사적으로 근거가 불분명하다. 근거가 불분명한 설명이 책에서 책으로 재생산되고 있는 것이다.

사실 과거의 훈고에서는 이와 비슷한 예들을 쉽게 찾을 수 있다. 직접 말하는 것을 '言'이라 하고 논란하는 것을 '语'라고 한다든지, 곡식이 여물지 않으면 '饥'이고, 채소가 여물지 않으면 '馑'이라든지, 심지어 연면사인 '窈窕'를 나누어서 외모가 아름다운 것이 '窈'이고 마음이 아름다운 것이 '窕'라고 하는 식이다. 실제적인 근거가 없는 억지스런 해석인데, 고인들은 병렬어에 대해 곧잘 이런 식으로 주석을 하곤 했다. 편방이 각각 좌우를 가리킨다는 설명 역시 이들과 유사한 억지 해석의 산물로 보인다.

편방의 이름

편방의 위치는 글자의 상하좌우 안팎으로 다양하다. 편방이 글자 안에서 차지하는 위치에 따라 편방의 명칭을 규칙적으로 붙여줄 수 있다.

명칭	위치	예
~字头	위	晨: 日字头 rìzìtóu
~字底	아래	暮: 日字底 rìzìdǐ
~字旁	왼쪽	时: 日字旁 rìzìpáng
~字边	오른쪽	阳: 日字边 rìzìbiān
~字框	바깥쪽	间: 门字框 ménzìkuàng
~字心	안쪽	间: 日字心 rìzìxīn

한편 흔히 쓰이는 편방 중에는 따로 고유의 이름을 갖고 있는 것도 있다. 중국인과 한자에 대해 대화할 때 흔히 등장하는 몇 가지를 보자.

모양	명칭	예	모양	명칭	예
冫	两点水 liǎngdiǎnshuǐ	冷	扌	提手旁 tíshǒupáng	打
氵	三点水 sāndiǎnshuǐ	清	彡	三撇 sānpiě	影

亻	单人旁 dānrénpáng	件	宀	宝盖儿 bǎogàir	安
彳	双人旁 shuāngrénpáng	往	辶	走之儿 zǒuzhǐr	达
忄	竖心旁 shùxīnpáng	情	卩	单耳旁 dān'ěrpáng	即

부건, 형태상의 구성단위

부건(部件 bùjiàn)은 필획이 서로 조합되어 이루어진 한자의 구성단위를 가리키는 개념이다. 편방이 형성자나 회의자의 성부나 형부를 가리키는 개념이라면 부건은 글자의 구성요소를 기계적으로 떼어놓은 것이다. 그러므로 부건은 편방과 달리 글자의 독음이나 의미와 아무런 관련이 없다. 예컨대 '想' 자의 편방은 의미를 나타내는 '心' 과 소리를 나타내는 '相' 의 두 개이다. 그러나 부건으로 나누면 '木, 目, 心' 의 세 개가 된다. 이때 '木' 이나 '目' 은 '想' 의 의미나 독음과 관련이 없는 형태상의 구성요소일 뿐이다. 이렇게 하면 일정 개수의 부건으로 모든 글자의 구성요소를 분석할 수 있게 된다.

중국의 문자코드집(GB13000.1)에는 20,902자로부터 도출된 기초부건 560개가 수록되어 있다. 부건은 다음과 같이 두 종류로 나눌 수 있다.

구분	모양	부건으로 쓰인 예
단독으로 글자가 되는 부건	口 木 手 牛	听 杏 提 物
단독으로 글자가 될 수 없는 부건	宀 疒 匚 癶	寄 病 匣 登

'口, 木, 力, 牛' 같은 부건은 그 자체가 하나의 글자이다. 이렇게 하나의 부건으로 이루어진 글자를 '독체자' (獨體字)라고 한다. 그리고 听, 杏, 提,

物, 寄, 病, 匣, 登'처럼 둘 이상의 부건이 하나의 글자를 이룬 것은 '합체 자'(合體字)라고 한다.

중국에서 공표되는 한자와 관련된 공식문서에서 사용하는 단위는 편방이 아니라 부건이다. 중국인들의 관점에서 보면 한자 학습, 인쇄체의 표준화, 컴퓨터 입력과 같이 오로지 글자의 모양에 국한된 문제에는 부건을 단위로 사용하는 것이 더 효율적이기 때문이다.

[편방과 부건]

'편방'과 달리 '부건'이라는 개념은 현대 한자학에서 등장한 개념이다. 부건을 단위로 하는 이유는 편방 개념으로는 모든 글자에 공히 적용되는 단위를 확정하기 어렵기 때문이다. 예컨대 '召'는 '刀'와 '口' 두 개의 편방으로 이루어진 합체자인데, '昭'에서는 전체가 편방으로 쓰였다. '糊'의 '胡'(古+月), '謝'의 '射'(身+寸) 등도 마찬가지다. 이렇게 많은 합체자가 다른 글자의 편방이 되기 때문에 글자의 구성단위로 삼기에는 부적절하다. 한자학의 기술 단위가 부건이 되면서 과거에는 편방을 기준으로 하던 독체자와 합체자의 개념도 부건을 단위로 설명하게 되었다.

원래는 부속품을 뜻하는 중국어 '部件'을 우리 한자음으로 옮긴 '부건'은 낯선 용어지만 한국어로는 적당한 대역어가 없어 그대로 쓰기로 한다.

한자의 구조와 필순

중국인들이 한자의 특징 중 하나로 꼽는 것이 '方块字 fāngkuàizi', 즉 정방형의 네모꼴 문자라는 점이다. 부건들은 정방형의 2차원 공간 안에서 다양한 형태로 결합하게 된다. 결합양상에 따라 합체자의 유형을 나누어보자.

좌우
张 到 讲

상하
志 男 息

포위　　　　　삼면포위　　　　　양면포위

团 固 国　　匠 同 凶　　匈 病 远

　　대부분의 한자가 위의 유형에 따라 분류될 수 있지만 글자 가운데는 이렇게 나누기 어려운 경우도 있다. '畾'는 세 개의 구성요소가 삼각형 모양으로 놓여 있고, '坐'나 '想'은 머리가 더 큰 역삼각형의 배치이며, '蠢'는 더 복잡하다. 그러나 이런 예들은 어디까지나 소수이고, 좌우구조가 68.5%, 상하구조가 20.3%를 차지한다.

　　글자를 잘 쓰려면 필획을 정확하게 쓰는 것도 중요하고 부건이나 편방을 잘 구성하는 것도 중요하다. 하지만 최종적으로는 각 부건이나 편방들이 비례에 맞게 조화를 이루어야 보기 좋은 글씨가 된다. 한자의 구조를 이해하는 것은 이런 점에서도 유용하다. 그리고 한자를 쓸 때는 일정한 필획의 순서 즉, '필순'이 있는데, 이 필순을 잘 지키면 글자를 단정하게 쓰는 데 도움이 된다. 필순의 기본원칙은 다음과 같다.

가로에서 세로로	: 十, 干, 丰, 于
왼쪽에서 오른쪽으로	: 入, 川, 州, 街
위에서 아래로	: 三, 主, 立, 崇
밖에서 안으로	: 月, 同, 风, 凡
가운데에서 양쪽으로	: 小, 水, 承, 办
마지막에 문 닫기	: 回, 目, 国, 园

필순을 틀린다고 해서 의사소통에 지장을 주는 것은 아니다. 그러나 필순이 한자를 가장 알아보기 쉽게 표기하기 위한 규칙이라면 가급적 정확하게 지켜주는 것이 좋다.

구조를 넘어서

한자의 구조를 파악하는 것은 글자를 이해하거나 보기 좋게 잘 쓰는 것으로 끝나지 않는다. 중국에는 글자의 구조를 이용한 재치있는 놀이가 많다. 중국 무협소설의 대가인 진융(金庸)의 본명은 원래 사량용(査良鏞)이다. '金庸'은 그의 필명으로서 원래 이름의 끝자인 '鏞'자를 둘로 나눈 것이다. 상점이름에도 그런 경우가 있다. 상하이의 푸단(复旦)대학 근처에는 '고월서점'(古月书店)이라는 헌책방이 있다. 이 서점의 이름인 '古月'은 주인의 성이 '胡'씨인 데서 비롯된 것이다.

이렇게 글자를 쪼개는 것을 '파자'(破字)라고 하며, '탁자'(拆字) 또는 '측자'(測字)라고도 한다. 조선 중종 때 기묘사화의 발단이 되었던 '走肖爲王'(주초위왕)도 조광조(趙光祖)의 성을 파자한 사례이다. 중국인들은 자신의 성씨를 소개할 때도 이 방법을 곧잘 쓴다. 예컨대 '张'씨는 '弓长张', '章'씨는 '立早章'이라고 하고, '李'는 '木子李', '林'은 '双木林'이라고 하는 식이다. '陈'은 '耳东陈'이라고 하는데, 'ß'이 귀처럼 생겼다 하여 '耳'이라고 표현한 것이 재미있다. '刘'는 '文刀刘'라고 하는데 간화자가 아니면 나오지 못했을 호칭이다.

중국인들은 예부터 한자의 이런 특징을 이용해 수수께끼를 즐겼다. 『세설신어』(世說新語)에는 공관을 짓는 곳을 둘러본 조조(曹操, 155~220)가 문 위에 '活'자를 써두고 갔는데 양수(楊修 175~219)가 그것을 알아보고 '왕께서 문이 큰 것을 싫어하신다'고 했다는 이야기가 전한다. '門'에 '活'이 있으니 넓다는 뜻의 '闊'(kuò)를 의미한다는 것이다.

수수께끼를 중국어로 '谜语 míyǔ'라고 하는데, 그중 한자의 모양을 이용한 수수께끼를 가리켜 '字谜 zìmí'라고 한다. 예컨대 '十月十日打一字?'라고 하면 '10월 10일을 한 글자로 하면?'이라는 뜻인데 말 그대로 '十月十日' 네 한자를 한데 합치면 답이 된다. 답은 '朝'이다. 몇 가지 수수께끼를 함께 풀어보자.

(1) 你我各一半。 Nǐ wǒ gè yíbàn.

(2) 俺家大人不在家。 Ǎnjiā dàré bú zài jiā.

(3) 十一点进厂。 Shíyī diǎn jìn chǎng.

(4) 自小在一起, 目前少联系。 Zìxiǎo zài yìqǐ, mùqián shǎo liánxì.

(1)은 '너랑 나랑 절반씩'이란 말인데 '你我' 두 글자에서 각각 절반을 가져다 붙여 한 글자를 만든다. 답은 '伐'이다. (2)는 '우리집 어른이 집에 안 계셔'라는 말이지만 실은 첫 글자인 '俺'에서 '大人'이 안 계시니 '电'이 답이다. (3)은 '열한 시에 공장에 들어간다'는 말인데, '十一'와 '점'(点)이 '厂'안에 들어가서 만들어내는 글자 '压'가 답이다. 마지막 (4)는 '어려서부터 함께 했는데 지금은 연락 별로 안 해'라는 말인데, '自小'가 한데 붙어 있는 글자이기도 하고, '目' 앞(前)에 '少'가 연결(联系)되어 있는 글자이기도 한 '省'이 답이다.

한자를 이용해 점을 치는 풍습도 있다. 아무 글자나 쓰게 한 다음 그 글자로 명운을 풀이하는데, 이렇게 점을 치는 사람을 '측자선생'(測字先生)이라고 한다. 이를테면 이런 식이다. 아버지의 병환이 걱정된 어떤 사람이 점쟁이를 찾아가 '一'자를 쓰자 점쟁이는 '一'은 '生'의 끝이요, '死'의 시작이니 돌아가실 운명이라면서 아비의 띠를 묻더란다. 소(牛)띠라고 대답하니 "그렇다면 다행이구려. '牛'에 'ㅡ'을 더하면 '生' 아니오?"라고 했다는 것이다. '믿거나 말거나' 다.

| 5 | 한자의 분류

육서설

중국에서는 전통적으로 한자를 여섯 가지로 나누었다. 이 여섯 부류를 '육서'(六書)라고 한다. '육서'라는 말이 문헌에 처음 등장하는 것은 전국시대의 『주례』(周禮)라는 책이다. 그러나 거기에는 육서가 가리키는 여섯 가지가 무엇인지 밝혀져 있지 않고, 서한 말엽에 유흠(劉歆, BC 50?~AD 23)이 쓴 『칠략』(七略)이라는 책에 와서야 다음과 같은 여섯 가지의 명칭이 명시되어 있다.

상형(象形), 상사(象事), 상의(象意), 상성(象聲), 전주(轉注), 가차(假借)

상형, 전주, 가차를 제외하고는 오늘날 우리가 흔히 알고 있는 육서의 명칭과 다르다. 상사는 지사를, 상의는 회의를, 상성은 형성을 가리킨다. 오늘날 보편적으로 쓰이는 육서의 명칭은 동한 허신의 『설문해자』에서 비롯되었다. 『설문해자』는 처음으로 육서에 대한 설명을 남기고 있을 뿐 아니라 육서설에 따라 한자의 구조를 풀이한 책으로도 유명하다.

육서 가운데 글자가 만들어지는 원리에 관한 것은 상형, 지사, 회의, 형성 네 가지이다. 『설문해자』의 자형 해설에 따르면 수록자 9,353자의 상형, 지사, 회의, 형성 비율은 다음과 같다.

상형	지사	회의	형성
364자 (3.89%)	125자 (1.34%)	1,167자 (12.48%)	7,697자 (82.29%)

상형과 지사

象形者，畫成其物，隨體詰詘 jiéqū，日月是也。

상형이란 해당 사물을 그려내어 그 모양에 따라 구불구불하게 한 것이다. '日'자나 '月'자가 여기에 해당된다.

상형은 사물의 외형을 모방하여 글자를 만드는 방법이다. '日', '月'의 갑골문 '☉', 'ᗭ'은 해와 달의 모양을 상형한 것이다. 같은 상형자라도 사물을 모방하는 방식에는 차이가 있다. 대개는 아래와 같이 세 부류로 나눈다.

외형 전체 모사	ᛉ 木 mù 나무	◁ 目 mù 눈
외형 일부 모사	ᛦ 羊 yáng 양	ᛉ 牛 niú 소
관련 사물을 함께 모사	ᛉ 果 guǒ 과일	ᚠ 瓜 guā 오이

상형자는 대부분 초기에 만들어진 글자이기 때문에 인체에 관한 글자나, 자연, 동물, 식물, 흔히 쓰이는 사물 등에 관한 글자가 많다.

指事者, 視而可識, 察而見意, 上下是也。

지사란 보아서 알 수 있고 살펴서 뜻을 파악할 수 있는 것이다. '上', '下'와 같은 글자들이 여기에 해당된다.

지사는 상징적인 기호를 사용하거나 상형자에 지시부호를 더해서 의미를 나타내는 조자법이다. 지사자는 一, 二, 上, 下 등과 같이 순수하게 상징적인 기호만을 사용한 것과 寸(丶+手)이나 刃(丶+刀)과 같이 상형자 위에 지시부호를 더해서 글자를 구성한 것으로 나눌 수 있는데, 수적으로는 후자가 더 많다.

상징적인 기호	上 shàng 위	下 xià 아래	四 sì 넷	五 wǔ 다섯
상형자 +지시부호	寸 cùn 마디	刃 rèn 칼날	末 mò 끝	本 běn 뿌리

상형자와 지사자는 모두 '독체자'(獨體字)이므로 둘 이상의 요소로 나누어지지 않는다. 이들은 한자가 생성되던 초기에 만들어진 글자들인데, 단순한 표기부호인 지사자와 회화적인 부호인 상형자 가운데 어느 것이 더 먼저 출현한 것인지에 대해서는 합의된 결론을 도출하지 못하고 있다.

회의와 형성

會意者, 比類合誼, 以見指撝 huī, 武信是也。

회의란 비슷한 부류를 나란히 놓아서 뜻을 합하여 그것으로 가리키는 바를 드러내는 것이다. '武'나 '信'이 여기에 해당된다.

회의는 둘 또는 둘 이상의 글자를 의미관계에 따라 합하여 하나의 글자로 만든 것이다. 회의자는 그 구성성분이 되는 글자들의 의미가 더해져서 새로운 의미를 나타낸다.

休 休 xiū   焚 焚 fén   众 众 zhòng

위에 예로 든 글자들은 각각 '사람(人) + 휴식장소(木)'로 '휴식'의 의미를, '불(火) + 땔감(木)'으로 '타다'의 의미를, '여러 사람이 모인 모습'으로 '무리'의 의미를 나타내고 있음을 알 수 있다.

形聲者, 以事爲名, 取譬相成, 江河是也。

형성이란 가리키는 사물을 이름으로 삼고 비유를 취하여 서로 한 데 이룬 것이다. '江', '河'가 여기에 해당된다.

형성은 의미를 나타내는 형부(形符)와 독음을 나타내는 성부(聲符)의 조합으로 이루어진 글자이다. 형부와 성부의 조합방식은 대략 아래의 여섯 가지가 있다.

좌형우성(左形右聲)	晴 qíng 개다	財 cái 재물	征 zhēng 정벌하다
우형좌성(右形左聲)	致 zhì 보내다	胡 hú 오랑캐	剃 tì 깎다
상형하성(上形下聲)	芳 fāng 향기롭다	宇 yǔ 집	箱 xiāng 상자
하형상성(下形上聲)	基 jī 기초	袋 dài 자루	盒 hé 상자
외형내성(外形內聲)	閣 gé 누각	固 gù 단단하다	赴 fù 나아가다
내형외성(內形外聲)	聞 wén 듣다	辯 biàn 말 잘하다	贏 yíng 이기다

형성자의 구성요소들은 표의와 표음의 기능을 각각 수행함에 따라 한자의 표현력과 조자능력이 크게 향상되었다. 그 결과 갑골문에서는 20% 남짓이던 것이 『설문해자』에 와서는 80%를 넘어섰고, 『강희자전』은 90%에 육박하는 것으로 추산된다. 현대 통용자 7,000자는 대형자전에 비해 독체자 비율이 높기 때문에 형성자는 80% 가량이다.

전주와 가차

　　轉注者, 建類一首, 同意相受, 考老是也。
　　전주란 부류를 세워 하나의 부수로 하고 같은 뜻으로 서로 받는 것이다. '考', '老'가 여기에 해당된다.

　　전주에 대해서는 역사적으로 무수히 많은 설이 나왔고 지금도 새로운 설이 나오고 있지만 아직 정설은 없다. 그 가운데 비교적 인정되고 있는 설은 전주를 '같은 부수를 가진 호훈자(互訓字)'로 보는 설이다. '호훈'이란 두 글자가 서로의 의미를 풀이하는 것을 가리키는 훈고학 용어이다. 예컨대 '考'와 '老'는 둘 다 본의가 '늙다'인데, 『설문해자』 본문에 '考는 老의 뜻이다'(考, 老也) '老는 考의 뜻이다'(老, 考也)라고 풀이하고 있다. 이처럼 두 글자는 호훈관계에 있고 두 글자 모두 '耂'를 부수로 하고 있어서 허신이 두 글자를 전주의 예로 들었다고 본 것이다.

　　假借者, 本無其字, 依聲托事, 令長是也。
　　가차란 본래 해당 글자가 없어 소리에 의존하여 나타내려는 사물을 의탁하는 것이다. '令', '長'이 여기에 해당된다.

가차는 말 그대로 '빌려 쓴 글자'이다. 예를 들어 {그것}이라는 의미를 가지는 어떤 말이 구어에서는 이미 쓰이고 있는데, 그것을 글로 쓰려 할 때 거기에 해당되는 글자가 없어 발음이 같은 글자를 가져다 쓴 것이 가차이다.

其 qí	원래는 키(쌀에 섞인 돌 따위를 고르는 기구)를 가리키는 상형자였으나 가차되어 '그것(의)'의 뜻이 되었다.
来 lái	원래는 보리를 가리키는 상형자였는데 '오다'의 뜻으로 쓰이게 되었다.
它 tā	원래는 뱀을 가리키는 상형자였으나 가차되어 '그것'이라는 뜻의 대명사가 되었다.

[令 · 長: 인신의 예]

令　長

허신이 예로 든 '令'자와 '長'자는 가차의 올바른 예가 아니다. '令'자의 아래 부분은 무릎을 꿇고 앉은 사람 모양이고, 윗부분에 대해서는 아래를 향해 벌린 입 모양이라는 설과 종 모양이라는 설이 있다. 어쨌든 발생과정을 보면 이 글자는 회의자에 속한다. 한편 의미로 보면 원래 '명령하다'를 뜻하는 글자인데, 그 의미가 확대되어 '시키다'로도 쓰이고 명령을 담당하는 관직을 가리키는 말로도 쓰이게 되었다. 이렇게 본래의 뜻에서 의미가 확대되어 나오는 것을 '인신(引伸)이라고 한다.

'長'자는 머리가 긴 노인이 지팡이를 짚고 선 모양 혹은 머리를 길게 늘어뜨리고 춤추는 모양 등으로 본다. 나이가 들고 머리가 길어진 것에서 '길다', '나이가 많다', '첫째' 등의 의미가 나왔고 연장자의 의미에서 더 나아가 관직을 가리키는 말로 쓰이게 되었다. 이 두 글자는 인신의 예이지 가차의 예가 아니다. 진정한 가차자는 '來, 其, 它' 등이다.

삼서설

육서는 전통적으로 오랜 기간 동안 한자를 분류하는 방법이었지만 불완전하다는 평가를 피할 수 없었다. 우선 '전주'는 성격이 모호하다. 그리고 명확히 분류하기 애매한 글자도 있다. 예컨대 '焚' 자는 '木' 자와 '火' 자를 조합해서 만든 글자인지 땔감이 불타는 모양을 상형한 글자인지 모호하고, '大' 자는 원래 정면에서 본 사람의 모습을 나타낸 글자이지만 '크다'의 의미로 쓰이기 때문에 상형인지 여부가 모호하며, 돌고 도는 모양을 나타낸 '回' 자는 지사라고 해야 할지 상형이라고 해야 할지 난감하다.

그래서 새롭게 등장한 것이 삼서설(三書說)이다. 삼서설은 한자를 표의, 형성, 가차라는 세 가지의 큰 부류로 나누자는 주장이다.

| 표의자 | 형성자 | 가차자 |

이 주장은 1930년대에 등장하여 1980년대까지 계속 진화해왔는데, 그 자세한 과정은 생략하고 중국의 유명한 문자학자 추시구이(裘錫圭 1935~)의 삼서설을 육서설과 비교하여 정리하면 다음과 같다.

표의자는 의부자(意符字)라고 할 수도 있다. 글자가 가지고 있는 부호가 오로지 의미부호뿐인 글자이다. 상형, 지사, 회의가 모두 여기 해당된다. 앞서 언급한 모호한 글자들도 '의미부호만을 가진 글자'라는 기준에 따라 하나의 범주 안으로 모인다. 형성자는 의부음부자(意符音符字)라고 할 수도 있다. 의미를 나타내는 부호와 소리를 나타내는 부호를 모두 가지고 있는 글자이다. 육서에서 말하는 형성의 개념과 큰 차이가 없다. 가차자는 음부자(音符字)라고도 부를 수 있다. 의미부호는 없고 소리를 나타내는 부호만을 가진 글자이다. 허신은 '본래 해당되는 글자가 없어서' 빌려온 것을 가차라고 했는데, 추시구이는 본래 글자가 있지만 음이 같거나 비슷한 다른 글자를 빌려 쓴 '통가'(通假)도 가차와 본질상 차이가 없으므로 여기 포함시켰다.

삼서설은 의부(意符)와 음부(音符)라는 두 가지 부호를 기준으로 한자를 나누고 있어 논리적으로 육서에 비해 명쾌하다. 삼서에 포함시킬 수 없는 글자들이 일부 있지만 소수이기 때문에 한자를 분류하는 큰 틀로는 문제가 없다는 것이 추시구이의 생각이다.

['形音義'와 '形音意']

전통적으로 한자는 형(形), 음(音), 의(義)의 결합체라고 일컬어졌다. 하나의 한자는 글자의 모양, 글자의 발음, 글자의 뜻을 가지고 있다는 것이다. 그런데 한 글자 안에 포함된 의미요소(편방)는 그 글자의 뜻을 항상 구체적이고 직접적으로 드러내주는 것이 아니다. 단지 부류만을 표시하거나, 상징의미 또는 연상의미만을 나타내는 형부가 많기 때문이다. 그래서 위의 도표에서는 '義' 자를 쓰지 않고 '意' 자를 쓴 것이다. 글자의 뜻(義)과 관련된 어떤 의미(意)를 나타내는 요소를 말한다. 예를 들어 '鶃' 자의 왼쪽 '奚'는 소리를 나타내고, 오른쪽 '鳥'는 조류라는 부류를 나타내는데, '鳥'는 '鶃' 자의 '닭'이라는 의미(義)와 관련된 간접적인 의미(意)를 전달할 뿐이다. 다시 말해서 글자 안의 의미요소인 형부(形符)는 의부(義符)가 아니라 의부(意符)이다.

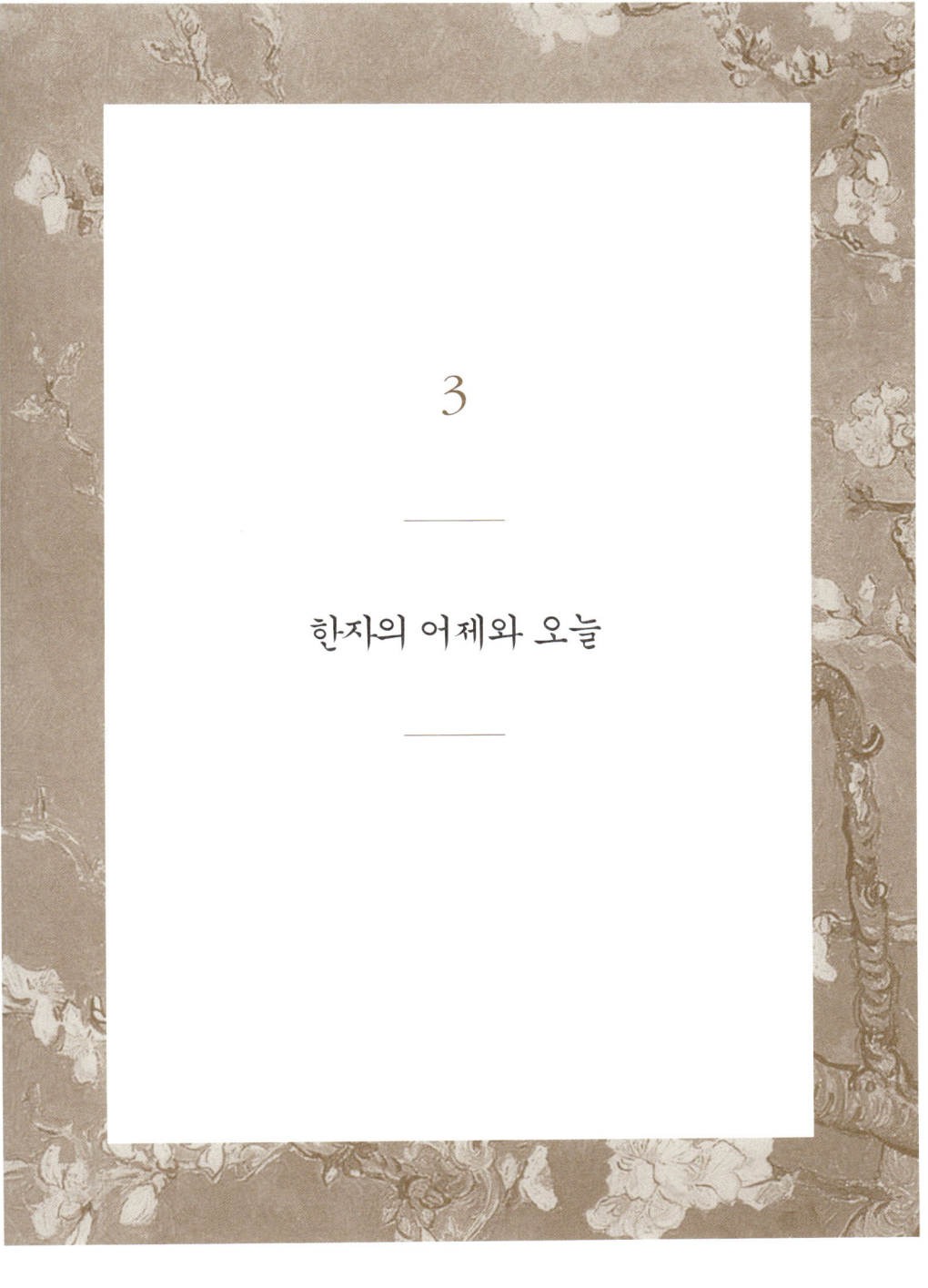

3

한자의 어제와 오늘

한자의 역사는 현재 확인된 것만으로도 3,000년이 넘는다. 이렇게 긴 세월 동안 본질적으로 큰 변화 없이 계속 사용되고 있는 문자는 지구상에서 한자가 거의 유일하다. 물론 한자도 크고 작은 변화를 계속 겪어왔다. 이 장에서는 갑골문 이전의 자료부터 시작하여 갑골문 이후 금문, 대전, 소전에 이르는 고문자 시기와 예서 이후 초서, 해서, 행서 등의 서체가 등장하는 금문자 시기의 변화과정, 각 서체의 특징, 간화자의 탄생과 그 특징, 한자의 개수와 자전의 한자 배열법 등에 대해 살펴볼 것이다. 또 한자는 언어를 표기하는 기호를 넘어 서예, 전각, 서각과 같은 예술로 승화되었고, 다양한 분야에서 독특하게 활용되고 있다. 한자의 역사와 그 역사가 낳은 생활과 예술 속의 부산물에 대해 살펴보는 과정에서 우리는 한자에 대한 이해는 물론 그 역사만큼이나 풍부한 이야기와 다양한 면모에 대해 새로운 시야를 갖게 될 것이다.

| 1 | 한자의 기원과 고문자

한자의 탄생

한자는 중국어를 표기하는 문자이다. 문자의 탄생은 언어에 비해 훨씬 늦게 이루어지는 것이 일반적이므로 한자 역시 중국어가 사용된 지 한참 뒤에 만들어져 사용되었을 것이다. 한자의 탄생에  관해서는 황제(黃帝) 때의 사관(史官)인 창힐(蒼頡)이 새나 짐승의 발자국을 보고 한자를 만들었다는 전설이 널리 알려져 있다. 이 이야기가 사실이라면 한자는 지금으로부터 5~6,000년 전쯤에 세상에 나온 것이 된다. 창힐은 생김새부터 예사롭지 않았다. 네 개나 되었다는 눈은 창힐의 뛰어난 관찰력을 암시한다. 그가 한자를 만들어내자 하늘에서 곡식이 비처럼 내렸고 귀신은 밤에 슬피 울었다고 한다. 창힐의 전설은 인류가 선사(先史)시대에서 문명의 시대로 접어드는 과정에 대한 신화적인 묘사로 볼 수 있다. 창힐이 만약 실존했던 인물이라면, 그는 문자와 관련된 직책에 종사하면서 체계 없이 흩어져 있던 글자들을 모아서 통일하고 정리하는 일을 하는 인물이었을 것이다.

신화가 아닌 과학의 관점에서 한자의 기원을 찾고자 한다면 고고학적 발굴 성과를 참고해야 한다. 그 전에 아래 구절을 살펴보자.

> 먼 고대에는 결승(매듭)으로 다스렸는데, 훗날 성인은 그것을 서계(기호 새김)로 바꾸었다. (上古結繩而治, 後世聖人易之以書契。)

『주역』의 「계사전」에 나오는 이 말은 우리에게 짧지만 많은 것을 시사한다. 먼 옛날 매듭을 묶어서 사건이나 사실을 기록했다는 구절에 대해 동한의 정현(鄭玄, 127~200)은 '일이 크면 매듭을 크게 만들고 일이 작으면 매듭을 작게 만들었다'는 설명을 덧붙였다. 고대 류큐(琉球), 페루, 잉카 등에서도 매듭을 이용한 기록방법을 사용한 바 있고, 중국 윈난(雲南) 일대에 거주하고 있는 리수족(傈僳族), 요족(搖族), 경파족(景頗族), 하니족(哈尼族) 등

페루의 매듭문자, 키푸(quipu)

은 지금도 매듭을 기록방법으로 사용하고 있다.

이런 사실로 볼 때 우리는 문자 이전의 기록방법으로 결승이 존재했으며, 또 그것이 훗날의 문자에도 영향을 주었을 것이라고 추정할 수 있다. 실제로 10, 20, 30, 40을 뜻하는 금문(金文) '┃(十 shí), ┗┛(廿 niàn), ┗┛(卅 sà), ┗┛(卌 xì)' 같은 글자는 문자학자들도 고대의 매듭으로부터 유래했을 가능성이 큰 것으로 보고 있다.

이어지는 구절에 언급된 '서계'(書契)는 나무나 대나무 조각 등에 기호를 새기는 것을 말한다. 서계는 '증명'의 기능을 했다. 대개 하나의 기호가 한 가지 사건이나 한 가지 의미를 나타내는데, 이것을 둘로 쪼개 서로 나눠 갖

[팔괘 기원설]

전통적으로 한자가 팔괘에서 기원했다는 주장이 있었지만 이는 과장된 주장이다. 현재로서는 갑골이나 청동기 등에 등장하는 ☗, ☗, ☗ 등의 일부 문자들이 팔괘와 관련이 있을 것이라는 점만 확인될 뿐이어서 이를 한자체계 전체의 기원으로 확대하는 것은 무리이다.

고 있다가 나중에 둘을 맞춰 확인했다. 서계가 언제부터 증명의 기능을 했느냐와는 별개로 거기에 기호를 새기는 방식은 아래에서 서술할 도기부호와 매우 유사하다.

결승이나 서계는 실물을 확인할 수 있는 것이 아니라는 점에서 문자의 초기 형태로 보기에는 한계가 있다. 현재 발굴을 통해 확인된 자료 가운데 한자의 탄생과 관련이 있을 것으로 보이는 유력한 자료는 도기(陶器)부호와 그림이다. 도기에 새겨져 있거나 그려져 있는 이 기호와 그림은 각각 지사자와 상형자의 기원으로 추측된다. 여러 유적지에서 나온 유물 중에서 가장 대표적인 시안(西安) 반포(半坡)의 도기에서 발견된 기호와 그림을 보자.

왼쪽이 도기에 새겨져 있던 기호들이고 오른쪽은 도기에 그려져 있던 그림들이다. 왼쪽의 기호들은 그 모양으로 추측컨대 숫자와 관련이 있어 보이지만 현재로서는 정확한 의미를 알 수 없고, 오른쪽의 무늬들은 문자라기보다는 그림에 가깝다. 여러 가지 추측은 할 수 있지만 이 기호와 그림은 언어를 표기한 것이 아니기 때문에 한자와의 직접적 관련성은 확언하기 어렵다.

갑골문

본격적인 한자의 역사는 기원전 14~11세기경에 사용된 갑골문(甲骨文)에서 시작된다. 도기부호에서 갑골문에 이르는 중간에도 초보적인 문자가 있었을 것으로 추측되지만 이를 뒷받침할 고고학적 발굴은 이루어지지 않고 있다. 갑골문은 거북의 복갑(腹甲, 배딱지)이나 소의 어깨뼈(肩胛骨) 등에 새겨진 글자이다. 갑골문이라는 명칭은 바로 거북의 복갑과 짐승의 뼈에 새긴 글자라는 뜻인 '귀갑수골문자'(龜甲獸骨文字)의 준말이다.

현재 발굴된 약 16만 편의 갑골 조각 가운데 70%는 거북의 복갑이다. 거북의 배갑(背甲, 등딱지)을 쓴 것도 있지만 재질이 울퉁불퉁하고 딱딱해서 많이 쓰이지는 않았다. 짐승의 뼈 중에서는 소의 어깨뼈가 가장 많이 사용되었고, 드물지만 사슴의 뼈나 사람의 두개골을 사용한 것도 있다. 이런 재료들은 매우 단단하기 때문에 글자를 새기기 전에 재료를 연하게 하는 과정을 거쳤을 것으로 추정했으나 실험 결과 숙련공은 청동칼로도 단단한 뼈에 곧바로 글자를 새길 수 있다는 것이 확인되었다.

글자를 새길 때는 글자의 세로획을 먼저 모두 새긴 다음 나머지 가로획을 새겨 넣었을 것으로 추정된다. 한 방향으로 계속 칼질을 하는 것이 수월하기 때문이다. 실제로 발굴된 갑골편 중에는 세로획만 새기고 가로획은 미처 새기지 않은 것이 보인다. 갑골문이 가늘고 직선적이며 날카로운 것은 이러한 기록방법상의 특징 때문이며, 글자들이 대개 세로획이 길고 동물의 모양을 본뜬 글자들이 세로로 세워져 있는 것도 같은 이유에서 비롯된 것으로 보인다. 지금도 도장을 팔 때 한 방향의 획을 모두 새긴 다음에 90도 돌려서 나머지 획을 새기는 것을 생각하면 이해가 쉬울 것이다.

갑골문은 점을 친 다음 그 내용을 기록한 것이 많다. 거북의 복갑이나 짐승의 뼈에 타원형의 홈을 두 개 파서 ◐ 모양을 만든 뒤 불에 달군 쇠로 지

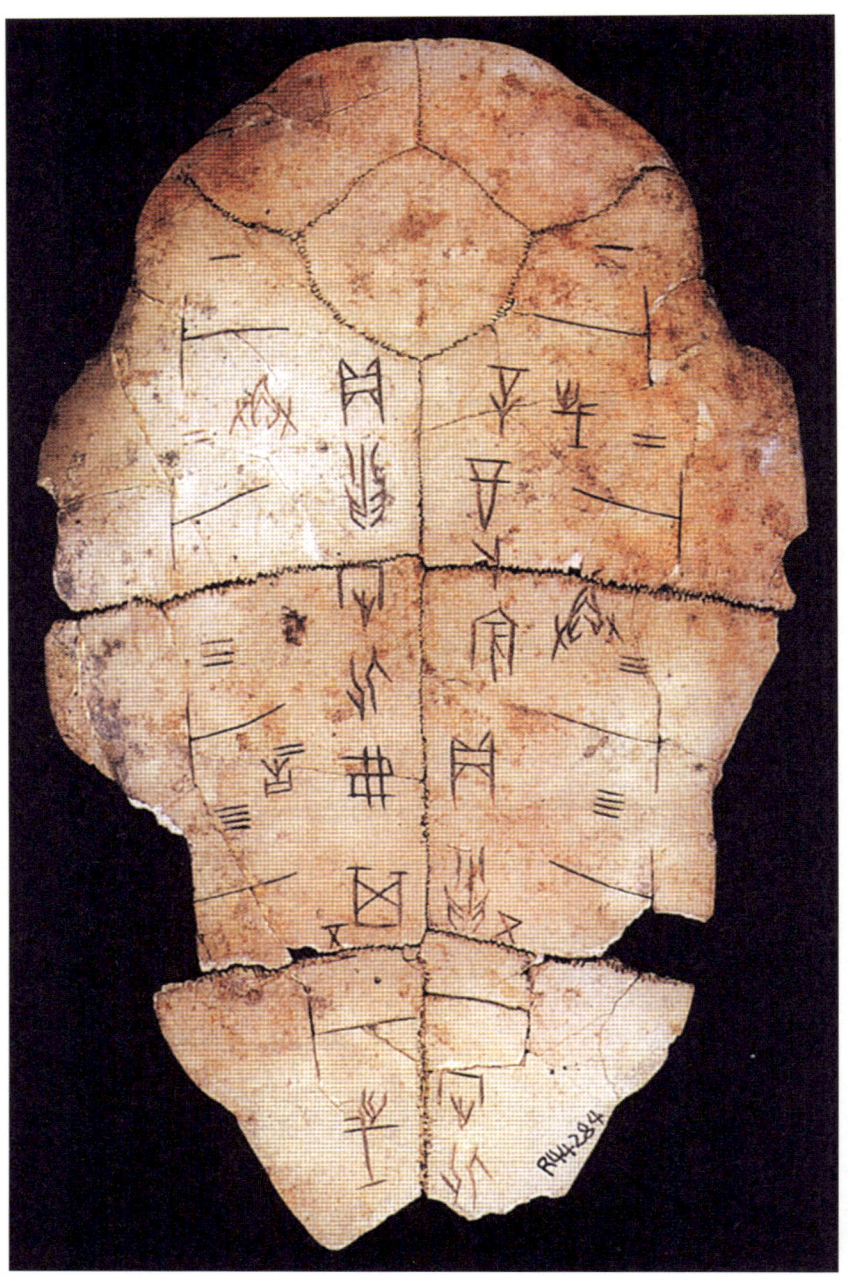

져 뼈가 갈라진 모양을 보고 점을 치는 방식은 신석기시대부터 행해졌지만 내용을 글로 새긴 것은 상(商)왕조시대만의 특색이다. 점을 친다는 뜻의 '卜'(복)자는 점칠 때 뼈가 갈라진 모양에서 비롯된 것이고, '복'이라는 독음은 달궈진 뼈가 갈라질 때 나는 소리에서 온 것이라고 한다. 또 '卜'(복)과 '口'(구)가 결합된 '占'(점)은 점복의 결과를 입으로 말한다는 의미라고 한다.

대부분 점과 관련된 내용이기 때문에 갑골문을 복사(卜辭) 혹은 정복문자(貞卜文字. 점을 칠 때 쓴 문자라는 뜻)라고 부르기도 하고, 갑골문이 초기에는

[갑골문은 언제 누가 발견했을까?]

갑골문이 처음 발견된 것은 1899년의 일이라고 알려져 있다. 국자감 관리였던 왕의영(王懿榮)이 학질(말라리아) 치료차 베이징 차이스커우(菜市口)의 다런탕(達仁堂)에서 지어 온 약에 포함된 용골(龍骨)이라는 약재가 바로 갑골조각이었다고 한다. 그의 식객이었던 유악(劉鶚)이 용골에 새겨진 무늬를 발견하여 왕의영에게 보였고, 금석학(金石學)에 조예가 깊었던 왕의영은 그것을 고대의 문자라고 판단하여 한약방으로부터 대량으로 사들임과 동시에 그 출처를 추적함으로써 갑골문이 세상에 알려지게 되었다는 것이다. 그러나 이는 신빙성이 떨어지는 이야기다. 이 이야기는 익명으로 기고된 글에서 비롯되었는데, 당시 차이스커우 일대에는 다런탕이라는 약방이 없었고 용골은 약방에서 갈아서 팔았으며 약재상들이 일부러 글자를 지워서 납품할 정도로 약재에는 아무 것도 새겨지지 않은 용골만 사용했기 때문이다.

왕의영은 약재상이 아니라 골동상으로부터 갑골문을 사들였다. 갑골학자 왕양(王襄)에 의하면, 왕양과 맹광혜(孟廣慧)는 1898년 골동상 범유경(范維卿)으로부터 허난성의 갑골 발견 소식을 듣고 고대 기록물일 것이라는 답을 해주었으며, 이듬해인 1899년 범유경은 베이징에 가기 전 갑골을 들고 톈진(天津)에 들렀다고 한다. 왕양과 맹광혜는 갑골의 가치를 알아보았으나 경제사정으로 인해 극히 일부의 조각만을 사들였고 나머지가 베이징의 왕의영에게 팔리게 되었다. 왕양과 맹광혜가 갑골문을 먼저 알아보았지만 갑골문 수집을 본격적으로 시작한 것은 왕의영이어서 그가 갑골문의 발견자로 인정받는 것이다.

주로 은허(殷墟)에서 발견되었기 때문에 은허문자라고 부르기도 한다. 또 칼로 새긴 글자라는 특징 때문에 계문(契文), 서계(書契)라고 불리기도 했다. 그러나 갑골문 중에는 점과 무관한 것도 있고, 은허 이외의 지역에서도 발견되기 때문에 지금은 주로 글자를 새긴 재료에 따라 갑골문이라고 부른다.

갑골문은 초기의 문자답게 비정형성, 즉 같은 뜻의 글자가 어느 하나로 정해지지 않고 여러 가지 모양을 보이는 것이 큰 특징이다.

상하 뒤집힘	(帝 dì 임금)	(至 zhì 이르다)
좌우 뒤집힘	(犬 quǎn 개)	(好 hǎo 좋다)
일자다형(一字多形)	(漁 yú 고기잡이)	(逐 zhú 쫓다)
합문(合文)	(報乙 사람 이름)	(五十 50)

[갑골문의 내용]

갑골문을 보면 고대 중국인들도 현대인들과 다름없이 희로애락으로 점철된 삶을 살았음을 알 수 있다. 제사, 전쟁, 날씨, 사냥, 농사, 임금의 행차 등 다양한 내용을 보이고 있는데, 그중에는 왕비가 순산할 것인가 하는 물음도 있고, 이가 아픈데 치료를 위한 제사를 어느 조상에게 지내야 하느냐는 물음도 있다. 또 무지개가 강물을 마시고 있다는 보고가 있는가 하면 왕이 코뿔소 사냥에 나섰다가 큰 사고를 당했다는 기록도 있다. 이러한 기록을 통해 그동안 전설의 영역에서 잠자고 있던 상 왕조가 중국의 역사 속으로 들어오게 된다.

갑골문의 이런 비정형성 때문에 갑골문에 사용된 한자의 총수는 현재까지 정확하게 계산되지 않고 있으나 약 4,500자 가량으로 추산하고 있다. 현재 이 가운데 약 2,000자 정도가 해독되었으며 아직 해독되지 않은 글자의 대부분은 인명이나 지명 등의 고유명사일 것으로 추정된다.

4,000자가 넘는 글자가 사용되었다는 사실은 갑골문이 상당히 성숙한 기록체계였음을 말해준다. 물론 인명, 지명 등의 고유명사를 제외하면 글자 수가 상당히 줄어들지만 오늘날 중국어의 상용한자가 2,500~3,000자 가량임을 생각하면 갑골문의 글자 수는 결코 적은 것이 아니다. 게다가 갑골문자에 상형, 지사, 회의, 형성의 조자(造字) 방법이 모두 사용되고 있는 점이나 가차(假借)의 운용방법이 상당수 나타나고 있는 점, 형성자의 비율이 27%에 달하는 점, 그리고 내용면에서도 농업, 수렵, 기후, 군사 등 당시의 사회와 생활을 충분히 기록하고 있는 점 역시 갑골문이 상당히 성숙한 단계에 이른 기록체계임을 말해주고 있다.

갑골문은 현재까지 발굴된 자료 가운데 한자와의 직접적인 관련성을 확인할 수 있는 가장 오래된 자료이다. 갑골문은 한자의 역사에서 매우 초기에 해당되는 자료이기 때문에 회화성과 상형성이 매우 짙다. 어떤 것은 한눈에 무엇을 본뜬 것인지 알아볼 수 있고, 또 그렇지 않은 글자들이라도 어느 정도 갑골문에 익숙해지면 금방 그 모양을 알아볼 수 있다. 점과 선으로 이루어진 기호이지만 원래의 사물모양을 간직하고 있기 때문에 한자의 본의(本義)를 연구하는 데 매우 중요한 자료이다.

금문

금문(金文)은 청동기에 주조한 글자이다. 고대중국에서는 청동을 '金'(금) 또는 '吉金'(길금)이라고 했기 때문에 이를 '금문' 또는 '길금문'이라고 부른다. 또 청동기 가운데 악기(樂器)를 대표하는 것이 '종'(鐘), 예기(禮器)를 대표하는 것이 '정'(鼎)이므로 둘을 합쳐 '종정문'이라고 부르기도 한다.

극종

모공정

글자가 있는 청동기는 상(商)부터 춘추전국시대까지 두루 나타나지만 금문으로 대표되는 시기는 서주(西周)시기이다. 그리하여 갑골문과 금문은 시기적으로 각각 상과 서주를 대표하는 문자체계이다.

상의 금문은 제작자의 족명(族名)이나 조상의 칭호가 대부분이며 글자 수도 한두 글자에 불과한데, 서주에 이르면 수십 자의 문장을 기록한 것이 흔히 나타난다. 서주 중기 이후로는 100자 이상을 새긴 것도 많이 보이며 널리 알려져 있는 모공정(毛公鼎)의 명문(銘文)은 497자나 된다. 춘추시기에는 장식적인 문자들이 청동기에 많이 주조되었다.

금문은 대부분이 청동기에 주조해 넣은 글자이기 때문에 칼로 새긴 갑골문에 비해 획이 굵고 풍만하며 둥글고 부드러운 느낌을 준다. 글자마다 크기의 차이도 줄어들어 훨씬 가지런해지며, 글자의 굵기나 배치 역시 균형

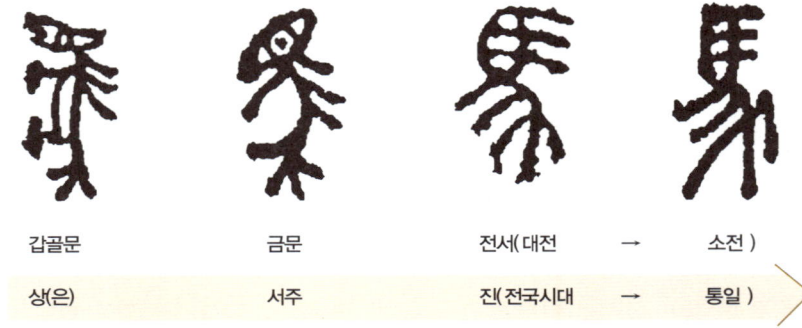

갑골문	금문	전서(대전 → 소전)
상(은)	서주	진(전국시대 → 통일)

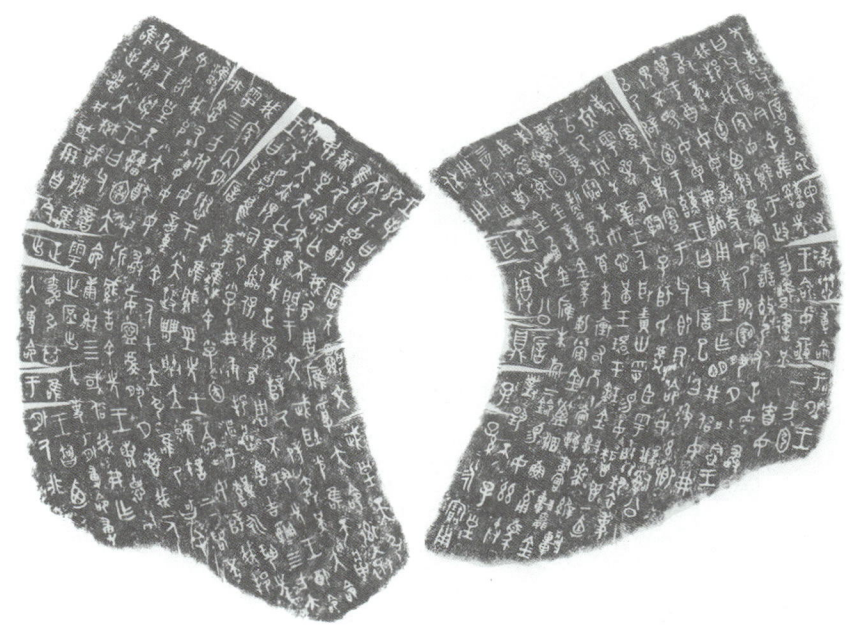

모공정 명문

이 잡혔다. 금문에도 '일자다형'(一字多形) 현상, 즉 이체자(異體字)가 있지만
갑골문보다는 그 수가 적다. 청동기 자체가 귀했고 글을 쓴 목적이 제한적

예서	해서	(금초 / 행서)	간화자
진 → 한	위진 이후		현대

이기 때문에 전체적인 글자 수도 갑골문보다 적지만, 한자의 역사 관점에서는 글자의 정형화, 이체자의 감소, 형성자의 뚜렷한 증가라는 면에서 의미 있는 진전을 보이고 있다고 말할 수 있다.

대전과 육국문자

대전(大篆)은 전국시대 진(秦)에서 통용되었던 문자라고 알려져 있으나 확인 가능한 자료가 전하지 않고 있기 때문에 실체를 밝히기 어려운 상황이다. 대전에 대해서는 정설이 확립되어 있지 않지만 그것이 주문(籒文)과 같은 것이라는 데는 의견이 일치하고 있다.

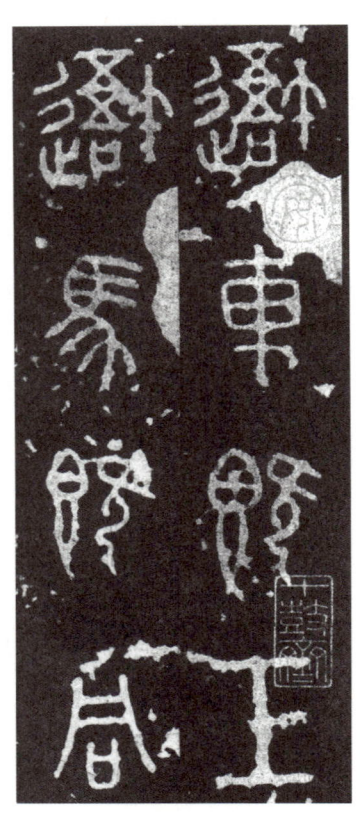

석고문

주문은 『사주편』(史籒篇)에 실린 글자를 가리키는 말이다. 『사주편』은 서주 말엽에 태사 주(籒)가 지었다고 알려져 있는데 현재 전해지지 않는 책이다. 『한서』(漢書) 「예문지」(藝文志)에 『사주십오편』(史籒十五篇)이라는 책이 기록되어 있는데, 같은 책을 『설문해자』에서는 『대전십오편』이라고 쓰고 있는 것으로 볼 때 대전과 주문은 같은 것이 아닐까 추측할 뿐이다.

대전의 글자체로 가장 많이 거론되는 유물은 '석고문'(石鼓文)이다. 그림의 왼쪽 두 번째 글자인 '馬' 자를 보면, 말의 머리 부분은 금문보다 뚜렷하게 간화되었으나 전체적으로는 소전에 비해 덜 정형화되어 여전히 말의 윤곽을 지니고 있다. 석고문의 글자로 추정해본 대전의 특징은 필획의 굵기나 글자의 크기 등이 통일되고 글자모양이 사각형에 더 가까워졌다는 것이다.

진을 제외한 나머지 여섯 나라에서는 각각 서로 다른 모양의 문자가 사용되었다. 이 여섯 제후국에서 사용했던 문자를 육국문자(六國文字) 또는 육국고문(六國古文)이라 한다. 육국고문은 특정한 한 가지 글자체를 가리키는 말이 아니라 주에서 진으로 이어지는 전통을 계승하고 있지 않은 제후국의 글자체를 포괄적으로 일컫는 명칭이다. 이런 글자들은 『설문해자』에 일부 수록되어 전해지고 있고 '삼체석경'(三體石經)의 조각이나 탁본 일부 그리고 20세기 후반에 들어와 발굴된 전국시대 죽간(竹簡)과 백서(帛書)를 통해 부분적으로 전해지고 있다. 진은 주의 초기 도읍 지역에 수립되어 문자 면에서도 주의 전통을 충실히 계승한 반면 다른 제후국들은 그렇지 않았고 서로의 차이도 큰 편이다. 육국문자의 뚜렷한 특징으로는 속체의 유행, 즉 간화의 경향을 들 수 있다. 아래 '馬' 자의 예를 보면 그러한 경향을 금방 확인할 수 있다.

秦系	齊系	燕系	晉系	楚系

소전

진은 천하를 통일한 뒤에 화폐, 도량형, 제도 등을 통일하는 정책을 추진하였으며, 문자면에서도 같은 문자를 사용하자는 '서동문자'(書同文字) 정책

태산각석 탁본　　　**설문해자**

을 추진하였다. '서동문자'란 각 제후국마다 서로 다른 글자를 사용하던 것을 소전(小篆)으로 통일하는 정책이다. 소전은 당시 승상이었던 이사(李斯. ?~BC 208)가 대전의 글자체를 바탕으로 하여 간화와 개량을 거쳐 만든 글자체이다. 이렇게 국가가 정책적 목표를 가지고 한 가지 글자체를 사용하도록 추진한 것은 중국역사에서 통일제국 진이 처음이었다. 소전은 중국역사상 최초의 공식 규범문자라고 할 수 있다.

한대에 나온 허신의 『설문해자』가 소전을 표제자로 삼았기 때문에 소전은 9,353글자의 자형이 그대로 전해지고 있고, 진시황 때 여러 지역에 남긴 비석에도 상당수의 글자가 남아 전해지고 있다.

통일제국 진이 15년밖에 지속되지 못한 데다 하급관리들은 이미 예서(隷書)를 사용하기 시작했기 때문에 소전의 사용기간은 매우 짧다. 하지만 그것은 고문자시대를 마감하는 글자체로서 역사적 가치가 매우 크다. 법으로 정한 최초의 규범문자인 만큼 이체자가 많이 사라졌고 편방의 모양도 통일되어 같은 편방이 상하좌우 다른 위치에 놓이더라도 기본적으로 모양에 변화가 없게 되었다.

| 2 | 예서 이후의 금문자

예서

소전은 공식적인 규범문자였으므로 황제의 조칙과 같은 문서는 소전으로 작성했다. 하지만 글자를 쓰는 데 시간이 매우 오래 걸려 많은 행정문서들을 모두 소전으로 작성하는 것은 어려운 일이었다. 진의 통일 이후 처리해야 할 문서의 양이 크게 늘어난 것도 모든 문서에 소전을 사용하는 것을 어렵게 만든 요인의 하나였다.

사정이 그렇다 보니 많은 문서를 빨리 처리해야 하는 하급관리들로서는 보다 간략하고 빠른 서사가 가능한 글자체가 필요했다. 그래서 비공식적으로 사용되기 시작한 글자체가 바로 예서(隷書)이다. 예서라는 명칭의 예(隷)는 하급관리를 가리키는 것으로 보는 것이 일반적이다. 진의 하급관리들에게서 생겨난 예서는 한대에 이르러 공식적인 문자로 사용되게 된다.

소전에서 예서로의 변화는 한자의 역사에서 상대적으로 매우 크고 중요한 의미를 가지는 변화이다. 이 변화를 '예변'(隷變)이라고 하는데, 예변은 한자의 역사를 고문자시대와 금문자 시대로 나누는 분기점이 된다. 갑골문부터 소전까지는 고문자이고, 예변 이후의 문자는 금문자가 되는 것이다.

예서의 특징으로는 우선 둥글게 이어지는 곡선이 사라지고 획이 반듯하게 바뀐 것, 글자모양이 납작하고 긴 사각형이 된 것 등을 들 수 있다. 예서는 필획이 줄어드는 등 한자가 기존에 가지고 있던 상형성을 거의 버리고 본격적으로 기호화 단계에 접어든 문자이다. 그리고 특정 획을 약간 굵게 강조하는 것도 특징이다. 우리가 오늘날 한자의 필획을 논할 때 이야기하는 '가로획(橫), 세로획(竪), 삐침(撇), 점(點), 파임(捺)' 등의 체계가 이때 이루어졌다.

예서에 이르러서는 또 자주 쓰이는 편방이 간화된 형태로 바뀌거나 서로 다른 편방이 한 가지 형태로 합쳐지는 현상이 많이 나타났다. 소전에서는 동일한 편방이던 것이 예서에서는 간화되어 각각 다른 형태로 변한 것을 예분(隷分)이라 한다. 아래 예들을 보면 동일한 편방이던 '水'가 예서에서는 그 원형을 알아보기 힘들 정도로 간화되면서 서로 다른 모양이 된 것을 알 수 있다.

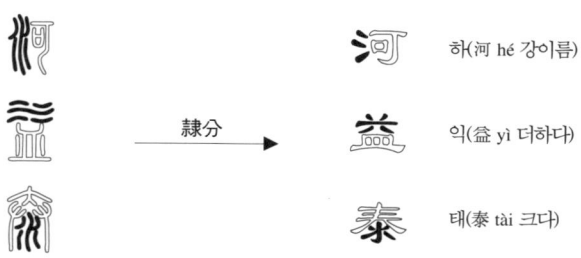

하(河 hé 강이름)

익(益 yì 더하다)

태(泰 tài 크다)

반대로 소전에서는 서로 다른 편방이던 것이 예서에서 간화의 과정을 거쳐 동일한 모양이 된 경우도 있는데, 이는 예합(隷合)이라 한다.

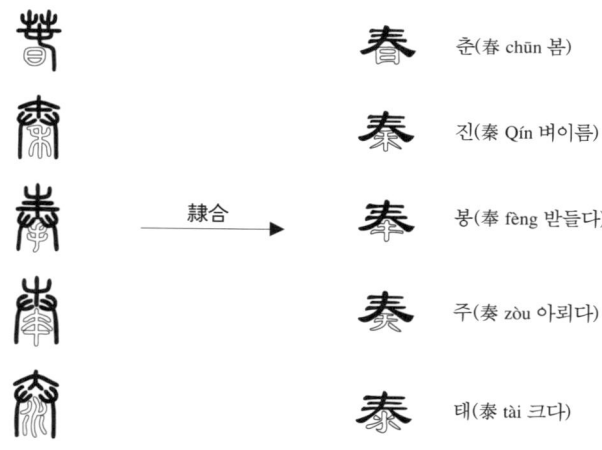

춘(春 chūn 봄)

진(秦 Qín 벼이름)

봉(奉 fèng 받들다)

주(奏 zòu 아뢰다)

태(泰 tài 크다)

예분과 예합은 분화와 동화라는 정반대의 현상이지만 '간화'라는 본질은 같다. 동일한 편방이 간화의 과정에서 원형을 알 수 없는 단순한 형태로 분화된 것이 예분이고, 서로 다른 모양을 가진 구성요소가 간화의 과정에서 원형과 관계없이 같은 모양이 된 것이 예합이다. 결국 예서로의 변화는 그 이전의 문자들, 즉 고문자에 비하면 글자의 원형이나 구성원리를 파악하기 힘든 형태로의 변화, 즉 기호화라고 정리할 수 있다.

[春 秦 奉 奏 泰의 원래 모습] ───────

예합은 소전에서 전혀 다른 모양과 의미를 가지고 있던 편방이 예서에 와서 같은 모양으로 바뀌는 것이다.

'春' 은 '艸+屯+日' 의 결합이다. '艸' 와 '日' 은 의미를 나타내며 '屯' 는 소리를 나타낸다. 예서는 '艸+屯' 부분이 '夫' 으로 바뀌었다.

'秦' 은 두 손으로 절굿공이를 들고 곡식(禾)을 찧는 모양이다. 예서는 절굿공이와 손 부분이 '夫' 으로 바뀌었다.

'奉' 은 두 손으로 곡식을 바치는 모습인데, 윗부분(丰)은 소리를 나타낸다. 예서는 윗부분(丰) 과 손 부분이 '夫' 으로 바뀌었다.

'奏' 역시 두 손으로 곡식을 바치는 모양이다. 갑골문과 금문에서 곡식을 나타내던 부분이 소전에서는 위아래 두 개로 모양이 바뀌었다. 예서는 윗부분과 손 부분이 '夫' 으로 바뀌었다.

'泰' 는 사람(大)이 두 손으로 물(水)을 끼얹어 몸을 씻는 모양이다. 사람과 손을 나타내는 부분이 '夫' 으로 바뀌었다.

초서

초서(草書)는 예서나 해서와 비슷한 시기에 통용된 보조적인 서체로서 규범적인 글자체의 서사를 빠르고 간편하게 하는 과정에서 나온 필체 또는 필법이다. 초서는 예서가 규범적인 문자로 사용되고 있던 서한(西漢) 말엽에 이미 나타나기 시작했고 초서라는 명칭도 한대부터 사용되었기 때문에 실

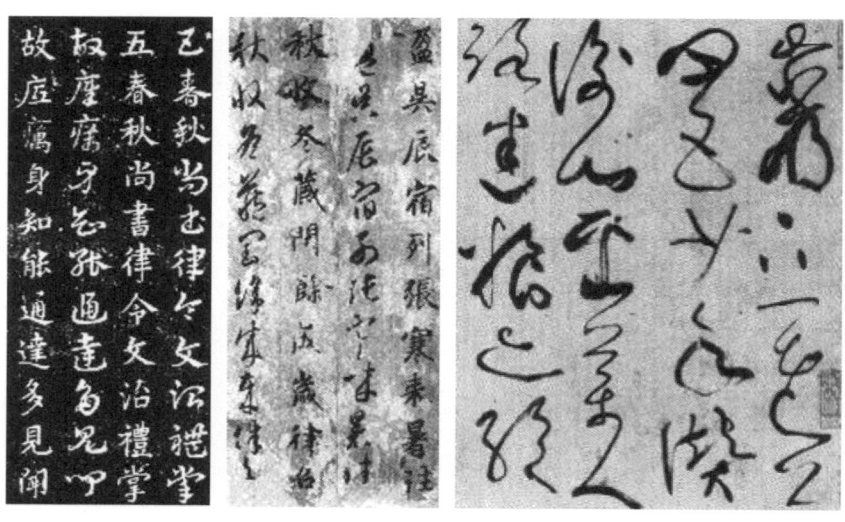

[좌] 장초 : 황상(皇象)의 '급취장'(急就章), [중] 금초 : 지영(智永)의 '천자문'(千字文), [우] 광초 : 장욱(張旭)의 '고시사첩'(古詩四帖). 황상의 급취장과 지영의 천자문은 같은 내용의 글이 초서와 해서로 나란히 쓰여 있다.

제 등장 시기는 해서보다 빠르다고 할 수 있다.

초기의 초서는 예서의 필세를 여전히 간직하고 있었다. 획과 획 사이를 이어 써서 한 글자가 하나의 덩어리를 이루고는 있지만 글자와 글자 사이는 여전히 떼어 쓰고 있었다. 이런 글씨체는 주로 주장(奏章), 즉 황제에게 올리는 상주서에 사용되었기 때문에 장초(章草)라고 부른다. 동한 말 혹은 위진시기에 이르면 금초(今草)라 불리는 초서가 나온다. 금초는 예서의 필획이나 필세를 완전히 없애 더 부드러워진 초서로 글자와 글자 사이가 비록 떨어져 있기는 하지만 전체적인 흐름이 이어져서 유기적으로 연결된 느낌을 준다. 당(唐)에 이르러서는 글자의 형체를 전혀 알아볼 수 없게 마구 흘려 쓴 광초(狂草)가 형성되는데, 문자로서의 가치는 거의 사라지고 예술적인 용도로만 쓰였다.

초서의 특징은 마구 흘려 쓰는 데 있지만 그렇다고 아무렇게나 흘려쓰면 되는 것이 아니다. "용과 뱀이 붓 끝에서 다투네"(龍蛇競筆端). "미세한 차이도 구별해야 하지만 더 중요한 것은 전체적인 형세"(毫釐雖欲辨, 體勢更須完). 왕희지의 초결가(草訣歌. 초서를 쓰는 비법을 정리한 시가) 서두에 나오는 말이다. 초서 역시 어떤 내용을 담아 누군가에게 보이기 위한 글이므로 지나치게 자의적으로 간화를 해서는 안 된다. 그러므로 글자의 전체적인 형세가 갖추어져 있어야 함은 물론 때로는 글자들 사이의 작은 차이도 구별해서 쓸 줄 알아야 한다. 초서는 다른 어떤 서체보다 개성이 강하지만 초서에도 나름의 규칙성이 있다는 이야기다.

[초서의 편방]

원래는 다른 편방인데 초서체에서는 같거나 비슷한 모양으로 표현되는 경우가 많이 있다. 예컨대 아래 글자들의 왼쪽 편방인 走, 矢, 夫, 立, 火, 去, 竟 등은 초서체에서 구분이 어려운 비슷한 모양이 된 것을 알 수 있다.

趙　知　規　竭　煒　劫　競

해서

해서(楷書)는 예서에서 좀 더 발전 변화한 것으로서 쓰기 어려운 필획은 쉽게 고치고 굽은 부분은 직선화한 것이다. 해서의 '해'(楷)자는 모범적이고 표준적이라는 의미다. 그래서 해서를 '진서'(眞書), '정서'(正書) 혹은 '정

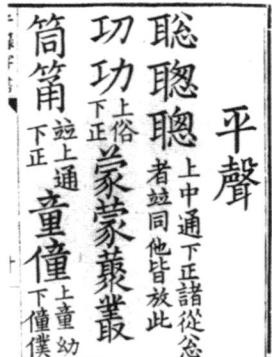

왼쪽에서부터 『간록자서』, 『오경문자』, 『구경자양』. 『간록자서』에서 '正'은 가장 표준적인 글자, '通'은 이체자이지만 관습으로 정착된 글자, '俗'은 민간의 속체를 가리킨다.

해'(正楷)라고 부르기도 한다.

해서의 형성 시기는 대략 한위 교체기 정도로 보고 있다. 수(隋)에 이르면 해서가 일반적으로 통용되면서 오늘날의 해서와 차이가 없는 아름다운 서체 자료들이 등장한다. 당(唐)에 이르러서는 해서가 표준적인 글자체로 사용되었는데 '跡 - 蹟'(적, jì:자취)자와 같은 이체자들이 많이 쓰이게 되었다. 이체자의 난립은 불필요한 혼란을 일으키기 때문에 이를 정리하고 표준적인 해서체 자형을 확립하려는 움직임이 나타났는데 이를 자양지학(字樣之學) 또는 자양학이라고 한다. 『간록자서』(干祿字書)나 『오경문자』(五經文字), 『구경자양』(九經字樣) 등이 자양학의 성과로 전해지는 책이다.

해서는 금례(今隸)라고 불렸던 데서 알 수 있듯이 문자의 구조에 있어서는 예서와 차이가 없다. 다만 필획이 더 반듯해지고 납작하던 글자모양도 정방형이 된다. 해서는 2,000년 가까이 큰 변화 없이 오늘날까지도 통용되는 표준적인 서체로 쓰이고 있다.

행서

행서(行書)는 해서와 금초의 중간쯤 되는 서체다. 동적이면서도 글자모양이 흐트러지지 않아서 행서라는 이름이 붙었다고 한다. 행서 중에서 해서의 특징을 많이 보유하고 있는 것을 행해(行楷)

중국어로 메모를 주고받으려면 이런 글씨를 알아볼 수 있어야 한다.

라고 하고, 초서의 특징을 더 많이 보유하고 있는 것을 행초(行草)라고 한다. 행서는 흘려 쓰면서도 글자모양에 규칙성이 있는 데다 글자가 연이어 있지 않고 독립적이어서 식별이 쉬운 실용적인 서체이다. 현대중국의 간화자조차도 손글씨로 쓸 때는 행서체 간화자가 된다. 중국인과 손글씨를 주고받으려면 기본적으로 행서를 식별할 수 있는 능력을 갖추어야 한다.

변화의 추세

지금까지 기술한 한자의 역사를 살펴보면 일정한 추세를 발견할 수 있는데, 그 추세는 탈회화화, 간화, 규범화로 정리할 수 있다.

탈회화화란 한자가 점차 회화성을 버리고 부호로서의 특징을 갖추어 나가는 흐름을 말한다. 갑골문이나 금문은 많은 글자들이 사물의 이미지를 간직하고 있고, 소전까지도 그런 특징을 상당 부분 유지하고 있어서 어느 정도 직접적인 자형의 해설이 가능했다. 그러나 예서 이후로는 점차 회화성을 버리고 직선과 점으로 이루어진 부호로 변화했다. 현대중국의 간화자는 윤곽만을 본뜬 글자도 있어서 한층 더 부호화된 측면이 있다. 혹자는 필획의 선형성이 뚜렷해지는 추세를 말하기도 한다. 소전까지만 해도 필획의 시작점과 끝점을 명확히 하기 어려웠지만 예서 이후로는 선형성이 뚜렷해 져서 필획의 개념을 적용할 수 있게 되었다는 것이다. 이 역시 큰 틀에서 탈회화화의 한 측면으로 볼 수 있다.

간화(簡化)란 한자가 복잡한 구조에서 점차 간략한 구조로 변화하는 것을 말한다. 문자의 사용이 보편화될수록 보다 빠르고 쉽게 쓸 수 있는 글자에 대한 요구가 느는 것은 자연스러운 현상이다. 예변이나 초서의 탄생에서 우리는 그런 요구를 발견할 수 있다. 갑골문에서 현재에 이르기까지의 변화를 살펴보면 간화가 역사적인 추세였음을 확인할 수 있다. 이는 1950년대에 간화자를 제정한 중요한 논거가 되었다.

규범화 또는 표준화의 경향도 중요한 흐름의 하나이다. 갑골문이나 금문의 시대처럼 문자생활이 보편화되지 않았을 때는 국가적으로 문자의 표준을 정할 필요성이 크지 않았다. 그러나 전국시대를 거치면서 제후국마다 서로 다른 문자들이 난립함에 따라 통일과 규범화의 필요성이 제기되었고,

---

[간화와 번화]

한자 변화의 역사적 추세는 간화이다. 그러나 대세는 아닐지라도 역으로 구조가 더 복잡해지는 경향도 일부 나타났다. 조충서(鳥蟲書)처럼 미관을 추구하는 과정에서 글자가 복잡해지는 경우만 그런 것이 아니다. 편방을 더해 복잡한 글자가 된 예도 적지 않다.

'趾'(지, zhǐ:발)자는 원래 '止'였는데 혼동을 피하기 위해 의미를 나타내는 '足'을 더해 현재의 글자가 되었다.

'蛇'(사, shé:뱀)자는 원래 '它'였는데 '它'가 지시대명사로 쓰이면서 혼동을 피하기 위해 의미부 '虫'을 더했다.

'燃'(연, rán:사르다)도 마찬가지다. '然'자는 본래 불 위에 고기를 굽는 모양이다. '然'이 허사로 쓰이면서 혼동을 피하기 위해 의미부 '火'를 더했다.

통일제국 진에 이르러 소전을 법정 표준자형으로 하는 정책이 시행되었다. 표준화의 움직임은 이체자가 많아진 당의 자양학에서 다시 나타났다. 그 후 현대중국에서 간화자가 만들어지는 과정이나 이체자 정리의 과정, 인쇄용 한자 자형표의 공포 등도 규범화의 흐름으로 이해할 수 있다. 현대 정보사회로 접어든 뒤에는 전 세계적으로 통용되는 한자 표준 코드를 확립하기 위한 움직임이 계속되고 있다.

| 3 | 간화자의 탄생과 한자의 정리

한자혁명

20세기에는 한자 역사상 또 한 차례의 극적인 변화가 발생했다. 바로 중화인민공화국 수립 이후 진행된 한자의 간화(簡化)이다. 간화 이전의 첫 번째 혁명은 진시황의 통일 이후에 발생한 이른바 '예변'(隷變)이었다. 그 뒤에 해서가 글꼴의 규범이 되면서 청과 민국 시기에 이르기까지 2,000년 가까이 큰 변화 없이 일정한 모습을 줄곧 유지해왔다. 하지만 한자는 여전히 쓰기 불편하고 암기하기 어려운 존재이다. 중국의 서민들은 물론 지식인들도 한자로 글을 쓸 때 같은 어려움을 느낀다. 이런 이유로 또다시 국가적인 차원에서 대대적으로 간화사업이 진행되었으며 그 결과로 만들어진 것이 오늘날의 간화자(簡化字)이다.

중국에서 본격적인 한자의 간화작업이 이루어진 것은 1950년대이다. 1956년 중국문자개혁위원회가 제출한 '한자간화방안'(漢字簡化方案)을 국무원에서 정식으로 통과시키면서 대량의 상용한자가 간화되고 그 뒤로 편방이 같은 글자들이 일괄적으로 간화되었다. 그것을 정리한 것이 1964년에 나온 '간화자총표'(簡化字總表)이며, 그것을 다시 개정한 것이 1986년에 나온 현행 간화자총표이다.

간화자의 수

그렇다면 전체 한자 가운데 몇 글자 정도가 간화되었을까? 이런 질문에는 수만 개가 넘는 모든 한자를 간화자로 바꾼 것이 아닌가 하는 의구심이 담겨 있다. 간화자총표에 수록된 간화자의 수는 2,235개이다. 이 가운데 350자는 다른 글자의 편방으로 쓰이지 않거나 설사 쓰이더라도 간화하지 않는 글자이다. 예컨대 '兒' 자는 '儿'로 간화되었지만 '倪' 자의 편방으로 쓰일 때는 간화하지 않는다. 이와 달리 스스로 간화자로 쓰이면서 또한 다른 글자의 편방으로 쓰일 때도 간화하는 글자는 132개이다. '东'은 스스로 '東'의 간화자이면서 '冻'이나 '栋'의 편방으로 쓰일 때도 똑같이 간화된다. 한편 '饣', 'ㆁ'처럼 단독으로 쓰일 때는 '食', '言'과 같이 간화하지 않지만 편방으로 쓰일 때만 간화하는 것이 14개이다.

	단독으로 쓰일 때	편방으로 쓰일 때	예		개수
			단독	편방	
(1)	+간화	−간화	儿	倪霓	350
(2)	+간화	+간화	东	栋冻	132
(3)	−간화	+간화	言	说话	14

위의 표에서 (2)와 (3)에 해당되는 글자는 다른 글자의 일부가 될 때 간화되므로 이들을 포함한 한자는 모두 간화자인 셈이지만, 실제로는 쓰이지 않는 글자가 많기 때문에 이를 다 익힐 필요는 없다. 현행 간화자총표는 (2)나 (3)을 적용하여 간화한 글자 가운데 자주 쓰이는 글자만을 모아서

베이징 텐안먼의 "중화인민공화국이여 영원하라, 세계 인민 대단결이여 영원하라"라는 슬로건. 번체자로 "中華人民共和國萬歲, 世界人民大團結萬歲"라고 썼다면 이처럼 굵은 글씨가 되지 못했을 것이다.

1,753자를 제시하고 있다.

현재 중국대륙에서는 고대서적이나 문물에 관한 글, 예술작품, 휘호 등의 특수한 경우에 한해서 번체자의 사용을 허용하고 있을 뿐 그 밖의 모든 공식적인 인쇄물은 간화자를 쓰도록 하고 있다. 현대중국인에게는 간화자가 바로 정체(正體)인 것이다. 다만 간화자를 만들 당시 중국정부의 행정력이 미치지 않았던 홍콩이나 마카오, 대만 등에서는 여전히 번체자를 사용하고 있다.

간화자의 유형

간화자는 몇 가지 유형으로 나눌 수 있다. 여기에서는 먼저 간화자와 번체자의 차이, 즉 번체자의 어떤 점이 어떻게 변형되었는지를 중심으로 유형을 나누어보자. 역사적인 변천이나 유래, 출처 등은 뒤에서 논의하기로 한다. 글자의 모양과 구조만을 근거로 할 경우 간화자는 크게 부분 삭제, 부분 대체, 전체 대체로 나눌 수 있다. 그리고 이들은 다시 각각 몇 개의 하위 범주로 나뉜다.

첫째, 부분 삭제란 글자의 일부를 제거하는 것을 말한다. 이들은 삭제 위치에 따라 다시 다음과 같이 분류된다.

	좌 또는 우	隶[隷] lì	亲[親] qīn	竞[競] jìng
부분	위 또는 아래	么[麼] me	电[電] diàn	丽[麗] lì
삭제	안 또는 밖	开[開] kāi	气[氣] qì	广[廣] guǎng
	기타	浊[濁] zhuó	飞[飛] fēi	习[習] xí

둘째, 부분 대체는 글자의 일부를 다른 글자나 기호로 대체한 간화자이

다. 독음 관점에서 볼 때 苹[蘋](píng)처럼 대체된 부분[平]이 해당 글자 [苹]의 독음과 완전히 일치하는 경우가 있고, 忆[憶 yì]처럼 대체된 부분 [乙 yǐ]과 글자의 독음[忆 yì]이 유사한 경우도 있으며, 导[導 dǎo]의 [巳 sì] 와 같이 독음과 아무런 관련이 없는 경우도 있다.

부분 대체	동음	苹[蘋](píng)	园[園](yuán)	钟[鐘/鍾](zhōng)
	유사	忆[憶](yì)	选[選](xuǎn)	让[讓](ràng)
	무관	导[導](dǎo)	礼[禮](lǐ)	对[對](duì)

셋째, 글자 전체가 대체된 간화자는 새로운 글자로 대체된 것과 기존의 글자로 대체된 것이 있다. 새로운 글자로 대체된 간화자는 윤곽만 따오거나 회의 또는 형성의 방법으로 글자를 만든 것이 있는가 하면, 서로 전혀 관계없는 글자로 대체한 것이 있다. 기존 글자로 대체된 간화자는 독음이 완전히 같은 경우와 부분적으로 같은 경우, 그리고 완전히 다른 경우로 나눌 수 있다.

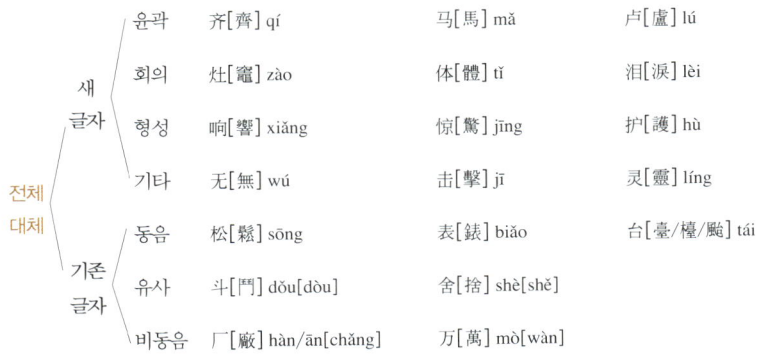

이상의 분류는 이미 만들어진 간화자를 놓고 번체자와의 대조를 통해 간화자의 유형을 귀납한 것이다. 그러므로 위의 분류에 사용된 기준이 반드시 그 글자가 만들어진 원리인 것은 아니다.

간화자의 역사적 연원

현대중국의 간화자에 관한 흔한 오해 가운데 하나는 50년대에 중국의 문자개혁위원회가 이 글자들을 만들어냈다고 생각하는 것이다. 사실 중국에서 공식적인 문자로 사용되고 있는 현재의 간화자는 거의 대부분 중화인민공화국 수립 이전에 이미 출현한 적이 있는 글자들이다. 이들의 출현시기는 상(商)에서 민국(民國)까지 긴 시간에 걸쳐 분포되어 있다.

> 선진 : 个(個) 无(無) 云(雲) 丽(麗)
>
> 진한 : 贝(貝) 号(號) 门(門) 发(發)
>
> 위진남북조 : 笔(筆) 乱(亂) 寻(尋) 尧(堯)
>
> 수당 : 宝(寶) 尘(塵) 刮(颳) 还(還)
>
> 송 : 几(幾) 刘(劉) 声(聲) 鸟(鳥)
>
> 원 : 办(辦) 边(邊) 广(廣) 医(醫)
>
> 명 : 处(處) 响(響) 战(戰) 总(總)
>
> 청 : 宾(賓) 扫(掃) 这(這) 汇(彙)
>
> 민국 : 惊(驚) 让(讓) 亿(億) 杂(雜)

이처럼 간화자들은 대부분 한자간화방안 제정 이전에 이미 사용된 적이 있는 것들이다. 80% 이상이 중화인민공화국 수립 이전에 등장한 글자들이고, 나머지 역시 항일 시기나 국공내전 시기에 공산당 통치지역에서 통

용된 이른바 '해방자'(解放字)이거나 1949년 이후 민간에서 사용된 글자들
이다. 한자간화작업은 다양하게 쓰이고 있던 각종 간체를 공식적으로 인정
하고 통일하는 작업이었던 것이다.

　한편 간화작업을 통해 공식문자가 된 글자들 중에는 '云'이나 '气'처럼
갑골문에서 이미 사용되던 것도 있고 '书'나 '专'처럼 초서체에서 가져온
것도 있고 '体'나 '灯'처럼 대중들 사이에서 비규범적으로 쓰이던 속체도
있다. 간화자 가운데 인위적으로 만든 글자는 없으므로 고체자나 초서체에
서 가져온 것을 제외한 나머지 전체는 사실상 속체자를 채택한 것이다.

　　고체자 : 云[雲] 气[氣] 众[衆] 从[從]

　　초서체 : 书[書] 专[專] 农[農] 为[爲]

속체자 : 体〔體〕灯〔燈〕汉〔漢〕乱〔亂〕

| 4 | 한자와 자전

한자의 수

한자는 모두 몇 글자나 될까? 한자를 익히면서 흔히 갖게 되는 의문이다. 한자의 총수에 관한 통계는 현재까지 나와 있지 않고 현실적으로 그런 통계가 이루어지기도 어려운 일이므로 우리는 일단 기존의 사전이나 자전에 수록된 글자 수를 통해서 한자의 개수를 유추해보는 것이 좋겠다.

자전에 수록된 글자 수가 당시에 사용되었던 한자의 총수를 말해주는 것은 아니다. 현대의 자전 두 가지가 무려 3만 자 이상 차이가 나는 데서 알 수 있듯이 수록 기준에 따라 빠진 글자가 있을 수도 있고, 이미 쓰이지 않는 글자가 수록되었을 수도 있기 때문이다. 또 후대로 갈수록 증가 추세를

연대	조대	사전 명칭	글자 수
AD 100	동한	『설문해자』(說文解字)	9,353
AD 543	남북조	『옥편』(玉篇)	16,917
AD 601	수	『절운』(切韻)	12,158
AD 1008	송	『광운』(廣韻)	26,194
AD 1615	명	『자휘』(字彙)	33,179
AD 1716	청	『강희자전』(康熙字典)	47,043
AD 1986~90	현대	『한어대자전』(漢語大字典)	54,678
AD 1994	현대	『중화자해』(中華字海)	87,019

보이는 중요한 원인도 이전에 사용되다 더 이상 쓰이지 않는 한자들이나 이체자를 누적하여 수록하고 있기 때문이다. 따라서 사전에 수록된 한자의 수가 점차적으로 증가하는 추세를 보이는 것은 분명하지만 상용되는 한자의 수가 계속 늘어나고 있는 것은 아니다.

상용한자

그렇다면 우리가 중국어로 원활한 문자생활을 하기 위해서는 한자를 몇 글자나 알아야 할까? 자전에 있는 글자를 다 익혀야 한다면 무척 난감할 텐데 다행히도 그렇지는 않다. 자전에는 벽자(僻字)나 이체자가 많아서 실제 사용되는 한자의 수와는 거리가 있다. 예컨대 『강희자전』에는 47,043자가 수록되어 있지만 이 가운데 40%는 이체자이다. 그리고 나머지 한자 중에도 거의 사용되지 않는 것들이 상당수이다. 이런 것들을 빼버리고 자주 쓰는 것들만 골라내는 방법의 하나는 우리에게 잘 알려진 작품이나 서적 속의 한자 사용 실태를 조사해보는 것이다. 라오서(老舍, 1899~1966)의 장편소설 『낙타샹즈』(駱駝祥子)는 총 2,413개의 한자를, 극작가 차오위(曹禺, 1910~1996)의 작품선집은 2,808개의 한자를, 그리고 총 다섯 권인 『마오쩌둥선집』(毛澤東選集)은 3,136개의 한자를 사용하고 있다. 물론 작자와 작품에 따라 다소간의 차이가 있겠지만 3,000개 정도의 한자를 알면 책을 읽는 데 큰 문제가 없음을 알 수 있다.

상용한자를 선정하려는 노력은 중국의 여러 기관을 통해 진행되었다. 그들은 문학 작품, 과학·기술 서적, 정치·경제·사회 문헌, 신문·잡지의 기사 등 다양하고도 방대한 자료를 대상으로 한자 하나하나의 사용빈도를 조사하고, 그 결과를 공개하였다. 중국의 국가언어문자사업위원회와 국가교육위원회는 1986년 이전에 나온 각종 통계자료를 활용하여 『현대중국어

상용자표』(現代漢語常用字表, 1988년)를 공포했다. 이 표에는 상용자 2,500개와 차(次) 상용자 1,000개, 즉 3,500개의 한자가 수록되어 있다. 이에 따르면 상용자 2,500개의 문장점유율은 97.97%이고 거기에 차상용자를 더한 3,500자의 문장점유율은 99.48%이다. 이 정도 알면 웬만한 텍스트는 큰 어려움 없이 읽을 수 있다는 말이다.

　상용자표가 공포되고 두 달 뒤에 국가언어문자사업위원회와 신문출판서(新聞出版署)에서 『현대중국어 통용자표』(現代漢語通用字表)라는 새로운 조사 자료를 공포했다. 이 표에는 상용자의 두 배인 7,000자가 수록되었다. 통용자 7,000개의 문장점유율은 99.999%가 넘는다. 상용자란 일상생활에서 자주 사용되는 글자를 말하고, 통용자란 일반 인쇄출판 분야에서 보편적으로 사용되는 한자로서 상용자를 포함하는 말이다. 중국의 일반인들도 통용자를 다 알고 있지는 않다. 상용자와 차상용자에 더하여 자주 접하는 분야의 글자들을 조금 더 알고 있는 수준이다.

부수배열법

허신에 의해 창안된 부수법은 그 뒤에 나온 각종 자전들에서 계속 사용되면서 대표적인 한자 검색방법으로 자리를 잡았다. 다만 몇 개의 부수를 세울 것인가, 그리고 어떤 글자를 어떤 부수에 귀속시킬 것인가에 대해서는 책마다 차이가 있다.

　명의 『자휘』에서 비롯되어 청의 『강희자전』을 비롯한 많은 자전들이 사용하고 있는 214부 체계를 일반적으로 '전통부수'라고 부른다. 현재 우리나라에서 나오는 많은 한자자전들은 이 체계를 사용하고 있다. 그 이후에 나온 부수체계들은 '개량부수'라고 부르는데 꾸준히 개정판을 내고 있는 현대중국어 표준사전인 『현대한어사전』은 189부 체계를 따르다가 '통일

一画
二画
三画
四画
五画
六画
七画
八画
九画
十画
十一画
十二画
十三画
十四画
十五画
十六画
十七画

201부 체제를 따른 『현대한어사전』

[동일부수, 동일획수 한자들의 순서]

'打'(dǎ, 칠 타)와 '扒'(pá, 뺄 배)는 모두 '扌' 부 2획인 글자이다. 그럼 이 두 글자 가운데 어느 글자가 더 앞에 놓일까? 이런 경우 순서를 결정하는 원칙은 부수를 제외한 나머지 부분의 첫 번째 획의 종류에 따르는 것이다. 가로획[一], 세로획[丨], 삐침[丿], 점[丶], 꺾임[一]의 다섯 가지 기본필획의 순서가 글자의 순서를 정하는 기준이 된다. '打'와 '扒'의 경우 '扌'을 제외하면 '打'의 오른쪽 '丁'의 첫 획은 '一'이고 '扒'의 오른쪽 '八'의 첫 획은 '丿'이므로 '打'가 앞에 놓이게 된다. 첫 획마저 같다면 두 번째 획이 어떤 필획인지에 따라 배열한다. 사전에서 글자를 찾을 때 동일부수, 동일획수에 속하는 글자가 많으면 이 원칙에 따라 처음부터 훑어볼 것인지 중간쯤부터 볼 것인지를 결정하면 된다.

2008년에 개최된 베이징올림픽 개막식에서 참가국들의 입장 순서는 이전 대회들과 달랐다. 알파벳 순서가 아니라 한자의 획수가 적은 순서대로 입장한 것이다. 그렇다면 획수가 같은 국가들의 순서는 어떻게 결정되었을까. 바로 위에서 설명한 다섯 가지 기본필획에 따라 순서가 결정되었다.

한자부수표(초안)'가 나온 뒤로는 이 표를 따라 201부 체계를 사용하고
있다.

알파벳순 한자

한자도 알파벳순으로 배열할 수 있다는 말이 의아스럽게 들릴지 모른다.
하지만 중국어와 한어병음을 알고 있다면, 그리고 한어병음에 따라 편찬된
현대중국어 사전을 사용하고 있다면 한자의 알파벳순 배열이 그리 이상한
것이 아님을 금세 알 수 있을 것이다.

중국에서 출판된 현대중국어 사전들은 대부분 한어병음순에 따라 표제
자를 배열하고 있다. 우리나라에서 출판되는 중한사전들도 마찬가지다. 한
어병음은 알파벳을 사용하기 때문에 해당 한자의 현대중국어 발음을 알고
있다면 부수-획수 색인이나 총획 색인을 사용하지 않고 직접 사전을 펼쳐
서 글자를 찾을 수 있다. 발음에 따라 한어병음순으로(알파벳순으로) 표제자
를 배열한 사전은 우리가 국어사전이나 영어사전을 사용할 때처럼 신속하
게 원하는 항목을 찾을 수 있다는 장점이 있다.

그러나 이 배열법도 '한어병음순'이라는 하나의 원칙만으로는 불충분할
수밖에 없다. 수많은 동음자(同音字)의 순서를 정해야 하고, 또 두 글자 이
상으로 이루어진 단어들은 순서를 어떻게 할 것인지를 정해야 하기 때문이
다. 그래서 만들어진 방법이 '음절ㆍ한자ㆍ자모'의 단계적 배열법이다. 이
방법은 우선 한어병음 '성모+운모'의 순서와 성조의 순서에 따라 글자를
배열하고, 발음이 같은 한자는 다시 총획수에 따라, 획수마저 같은 글자는
첫 획, 두 번째 획의 필형에 따라 배열하는 방법이다. 첫 글자가 같은 다음
절어는 두 번째 글자의 한어병음 자모 순서에 따라 배열한다. 이 단계적 배
열법이 만들어지기 전에는 다음절어 전체의 한어병음 순서에 따라 단어를

배열하기도 했다.

이 방법에 익숙해지면 앞서 말한 것처럼 찾고자 하는 글자나 단어를 신속하게 찾을 수 있는 장점이 있지만 발음을 모르거나 혹은 부정확하게 알고 있는 경우에는 사실상 무용지물이 되고 만다. 그래서 이 방법을 채택한 자전이나 사전은 앞뒤에 보조적으로 부수-획수 색인이나 총획색인을 수록하고 있다. 우리나라에서 나오는 중한사전들은 거기에 더하여 한국한자음 색인을 수록하여 한국한자음에 익숙한 한국인 사용자들을 배려하고 있다.

알파벳순은 아니지만 이전에도 발음에 따라 한자를 배열하는 방법이 있었다. 과거의 『광운』(廣韻)과 같은 운서(韻書)에 사용된 배열법이 그런 예이다. 『광운』은 우선 전체 수록자를 성조에 따라 평(平), 상(上), 거(去), 입(入)으로 나누고, 같은 성조 안에서는 다시 206개의 운부(韻部) 순서에 따라 글자를 배열하였으며, 운부마저 같은 글자는 성모의 순서에 따라 배열하는 방식을 취했다. 그러다가 1918년에 주음자모(注音字母)가 공표된 뒤에는 주음자모의 순서에 따라 글자들을 배열한 사전이 나왔다. 타이완에서는 1960년대 이후로도 주음자모순 사전이 계속 사용되고 있다.

| 5 | 예술로 승화된 문자

서예

글을 쓰는 행위가 아니라 글자를 쓰는 행위가 예술로 자리를 잡은 사례는 세계적으로 그리 흔하지 않다. 중국인들은 일찍부터 한자를 쓰는 행위에 예술적 의미를 부여해왔다. 그런 점에서 중국의 서예는 중국의 문자문화의 한 특징을 보여주는 좋은 사례이다. 글자를 아름답게 쓰는 예술을 우리는 '서예'(書藝)라고 하는데, 중국에서는 '书法'(shūfǎ)라고 부르며, 일본에

서는 '書道'(しょどう shodou)라고 한다. 영어로는 캘리그래피(calligraphy)라고 한다. 'calligraphy'는 그리스어 'calli'(예쁜)와 'graphy'(글씨)가 결합된 말이다.

서예는 중국어를 표기하는 기호인 한자에 새로운 예술적 의미를 부여해 주었다. 그리하여 이미 역사 속으로 사라진 한자의 글꼴들이 서예를 통해 현대에 다시 부활하게 된다. 진과 한에서 주로 사용되었던 전서와 예서도 오랫동안 서예를 통해 생명력을 유지해왔으며, 금문도 서예작품을 통해 얼굴을 내밀고 있고, 갑골문이 발견된 뒤에는 갑골문도 서예의 소재가 되고 있다.

그렇지만 역시 서예의 주요 소재는 해서, 행서, 초서이다. '이왕'(二王)으로 병칭되는 왕희지(王羲之, 307~365)와 왕헌지(王獻之, 348~388) 부자를 비롯하여 '구양순체'와 '안진경체'로 유명한 구양순(歐陽詢, 557~641)과 안진경(顔眞卿, 709~785) 등 역사적으로 알려진 서예가들은 대개 해서, 행서, 초서로 이름을 떨친 사람들이다.

현대의 서예

서예의 전통은 오늘날까지도 이어지고 있다. 많은 유명인들은 대부분 붓을 다룰 줄 안다. 중국 혁명의 주인공 마오쩌둥(毛澤东, 1893~1976)은 서예에도 능했다. 베이징 근교의 바다링(八达岭) 장성에 가면 '不到长城非好汉'(만리장성에 오르지 않으면 진정한 사내가 아니다)이라고 쓰인 커다란 비석이 있다. 급류처럼 막힘이 없고 힘이 넘치는 그 글씨가 바로 마오쩌둥의 작품이다. 가는 곳마다 자신의 필적을 많이 남긴 것으로 알려진 장쩌민(江泽民, 1926~) 전 주석의 글씨에는 혁명이나 투쟁과는 거리가 있는 시대를 산 엘리트 출신의 차분하고 논리적인 성격이 잘 나타나 있다.

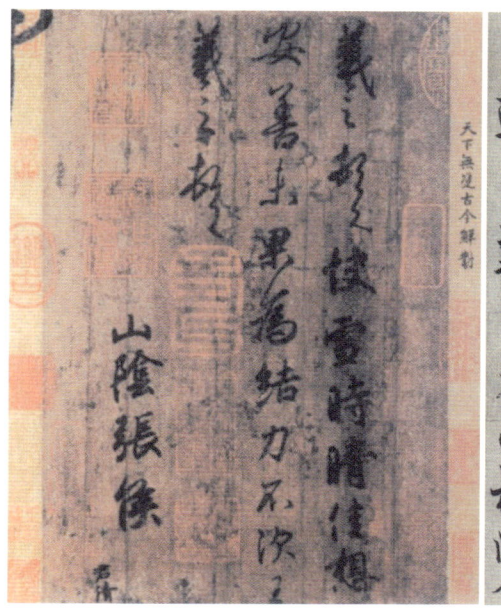

왕희지, 쾌설시청첩(快雪時晴帖)

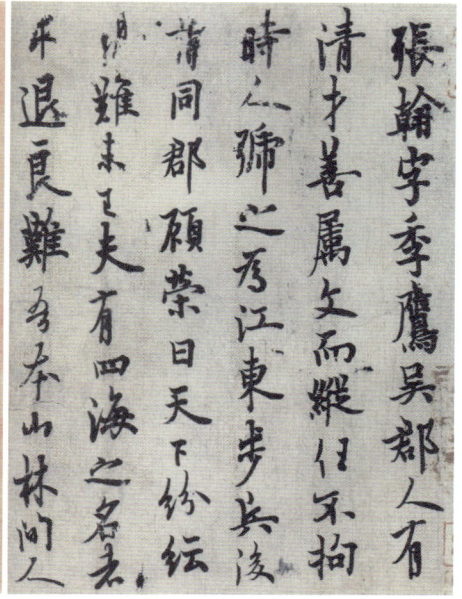

구양순, 장한첩(張翰帖)

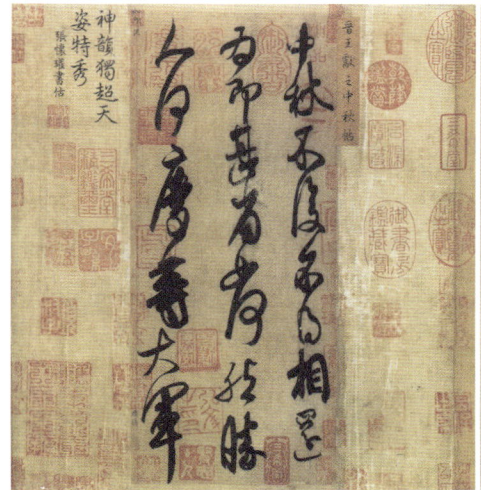

왕헌지, 중추첩(中秋帖)

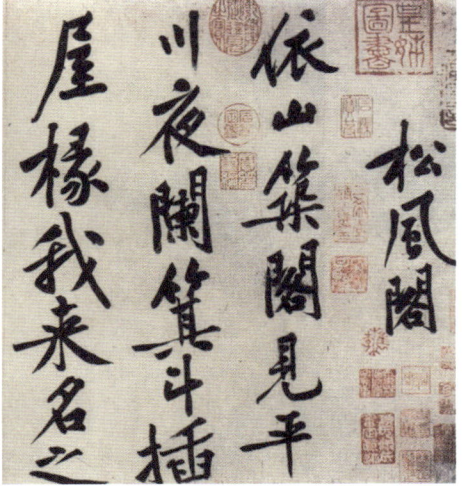

황정견, 송풍각시첩(松風閣詩帖)

서예작품은 거리나 책표지에서도 발견할 수 있다. 주요 건물의 편액, 호텔이나 식당의 간판 중에는 휘호를 사용한 것이 곧잘 눈에 띈다. 베이징 오리구이(北京烤鸭)로 유명한 취안쥐더(全聚德) 편액은 1864년 창업 이래 지금까지 간판으로 쓰이고 있고, 중국은행(中国银行)은 저명한 문인이자 학자인 궈모뤄(郭沫若)의 글씨로 유명하다. 『현대한어규범사전』(现代汉语规范词典)의 속표지는 언어학자 뤼수샹(吕叔湘)의 휘호인데, 글씨의 소박한 풍격과 현대 간화자가 쓰인 점도 눈에 띈다. 현대의 서예가 가운데에도 간화자 작품을 쓰는 사람들이 있다.

한걸음 더 나아가 오락이나 체육활동의 차원으로 발전한 서예도 있다. 아침이면 기공이나 태극권을 하는 사람들 옆에서 물통이 달린 긴 붓을 들고 차분히 수련하듯 글씨를 쓰는 어른들을 볼 수 있고, 길거리에서도 소일거리 삼아 바닥에 글씨를 쓰는 사람들을 만날 수 있다.

전각

전각(篆刻)은 나무나 돌 등에 도장을 새기는 것을 말한다. 과거에 도장은 주로 전서(篆书)로 새겼기 때문에 전각이라는 이름이 붙었지만 지금은 해서나 예서로 새긴 것도 전각이라 부른다. 도장은 상(商)대부터 사용된 것으로 추정되는데, 도장에 글자를 새기는 행위가 실용적 용도에서 분리되어 본격적인 예술의 차원으로 승화된 것은 대개 명(明)대부터로 본다. 명대에 이르러 도장을 새긴 사람의 이름이 도장에 기록되기 시작했고 전각 유파가 등장하기 시작했으며 전각 이론도 체계를 갖추었다.

서화의 명인들은 그림과 글씨 외에도 전각을 함께 배우고 익혔다. 한 폭 한 폭의 서화작품마다 격에 맞는 낙관을 찍기 위해서는 매번 도장도 직접 새겨야 했기 때문이다. 그래서 화가나 서예가들 중에는 전각으로 널리 알

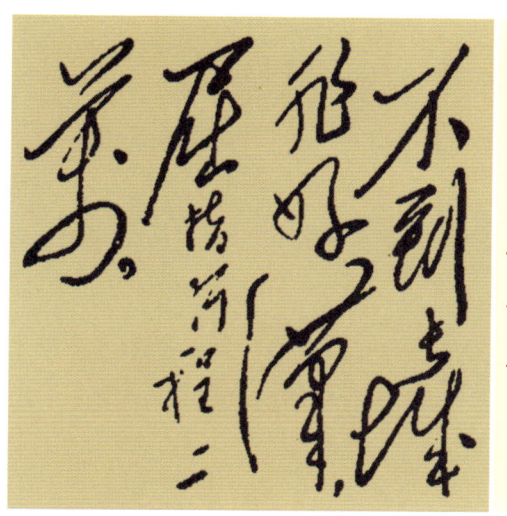

'不到长城非好汉'이란 글귀의 출처가 된 마오쩌둥의 작품(부분)

장쩌민 전 주석의 글씨

저명한 언어학자 뤼수샹이 쓴 사전의 제호

↑ 서예 휘호를 사용한 간판들

← 길거리 서예

北京　　辽宁　　江苏　　陕西　　内蒙古　　广东　　广西

山西　　四川　　　湖南　　　云南　　河南　　安徽

甘肃　　新疆　　黑龙江　　河北　　宁夏

上海　　贵州　　浙江　　吉林　　海南　　山东　　湖北

天津　　西藏　　台湾　　江西　　青海　　福建

重庆　　香港　　澳门

胡炜, 위대한 조국(伟大的祖国) 시리즈

려진 사람들이 많다.

전각 글씨는 음각과 양각의 두 종류가 있다. 전각 작품을 보면 이름이나 아호 뿐 아니라 서재나 화실의 이름을 새긴 것, 좋아하는 문구를 새긴 것도 있다. 변관(邊款)이라 하여 도장의 측면에 새긴 사람의 이름이나 일시, 새기게 된 경위, 시(詩), 사(詞), 인문(印文)의 출처 등을 새겨 넣기도 한다. 변관은 종이에 찍기 위해 새기는 것이 아니므로 좌우를 뒤집어 새기지 않고 칼로 직접 글씨를 써 넣는데, 변관이 새겨짐으로써 전각은 예술작품으로서의 완성도를 더욱 갖추게 된다.

전각은 2009년 서예와 함께 유네스코 인류무형문화유산으로 등재되었다.

서각

서각(書刻)이란 금속, 상아, 나무, 돌 등의 재료에 글자를 새기는 것을 말한다. 전각이 종이 위에 찍기 위한 도장을 새기는 것이라면 서각은 각종 재료 위에 글자를 새겨 그대로 드러낸다는 점이 다르다. 따라서 전각은 새길 때 글자의 좌우를 뒤집어 새기지만 서각은 그렇지 않다. 전통적으로 편액에 새긴 글자나 비석에 새긴 글자, 각종 기물에 새긴 글자 등이 모두 넓은 의미에서 서각에 포함된다.

현대에 와서는 실용성을 배제하고 이를 보다 더 예술적인 형태로 승화시킨 작품들이 나오고 있다. 현대서각은 목판을 재료로 사용하며 음각보다는 양각이 주를 이루고 있고, 글자의 크기와 모양을 여러 가지로 변형하고 겹쳐 새기기도 하는 등의 다양한 예술미를 추구하고 있다. 전통서각이 타인의 글씨를 대신 새기는 경우가 많고 흑백의 단조로운 색조를 사용하며 비석이나 편액과 같은 실용적인 목적에 따라 평면적으로 새긴 것이 대부분인 반면, 현대의 서각예술은 글씨에서 새김까지 모두 한 작가가 전담하며 다

深源(佟岩林)
편종 모양 위에 새긴 웅장한 글자

山外青山楼外楼(李文宝)
산 밖의 청산과 누대 밖의 누대를 형상화

窗里窗外(张克雷)
창 밖 '外'자 모양의 파초, 창 안 '裏'자 모양 등(燈)

肝胆相照(赵玉成)
해(日)와 달(月)이 뒤엉켜 빛나는 모양

양한 칼라를 사용한 입체적인 새김으로 감상용 예술을 추구하는 경향이 강하다.

1990년대 중반부터는 한중일 삼국과 싱가포르를 아우르는 국제 서각예술전이 해마다 각국을 순회하며 개최되고 있다.

타이포그래피

타이포그래피(typography)란 기능적인 면이나 미적인 면에서 활자의 서체와 배열을 효율적으로 디자인하고 활용하는 기술을 가리키는 말이다. 전통적으로는 텍스트의 배열에 사용되는 활자 디자인이 주를 이루었는데, 현대에 와서는 책표지, 로고, 라벨, 광고, 표지판, 기업체의 CI, 영상물 속의 움직이는 글자 등의 다양한 영역으로 확대되었다.

한자 타이포그래피 가운데 우리가 가장 쉽게 접할 수 있는 것은 각종 간판, 편액, 표지판 등이다. 유명인의 휘호를 사용한 것도 있고, 현대적으로 디자인된 서체(font)를 사용한 것도 있다. 광고나 간판의 타이포그래피를 보면 업종이나 주위 환경, 체인점 간의 동일성 등 요소에 따라 사용된 서체의 모양과 색상이 다양하다. 또 제품의 브랜드에 사용된 타이포그래피는 상품의 범주나 속성, 그리고 각 제품의 특징에 어울리게 디자인되고 있다.

이렇게 한자가 현대적 디자인 예술과 만나 조형성과 표의성이 새롭게 조명되고 있으며 실용적 활용 가치도 더욱 높아지고 있다. 각종 한자 디자인을 보면 부건(部件)을 시각적인 기호로 대체하거나 이미지와 결합시킴으로써 한자 본연의 표의성을 되살려 '느끼는 한자'로 재탄생시키고 있다.

이런 문자 디자인 기술은 컴퓨터 폰트 개발을 통해 우리의 일상으로 훨씬 더 다가와 있다. 유명인의 붓글씨나 손글씨를 폰트로 만드는 등 중국의 한자 폰트도 종류가 매우 다양해져서 중국어 문서 작업 시 선택의 폭을 넓

혀주고 있다.

한자와 놀기

중국이 개최한 세계적 행사의 로고에서도 한자의 역할은 빛을 발하고 있다. 베이징올림픽 로고는 '춤추는 베이징'(舞动的北京)이라는 별칭에 걸맞게 붓으로 쓴 듯한 'Beijing2008' 글씨 위에 춤추는 사람의 모양이 음각으로 새겨져 있는데, 이는 베이징을 뜻하는 '京' 자를 전각의 기법을 차용하여 빨간 돌도장 느낌의 이미지로 변형한 것이다. 다양한 의미를 하나의 이미지로 압축한 이 로고는 세계 그래픽 디자이너들의 찬사를 받은 바 있다. 2010년 상하이 엑스포의 로고는 '世' 자와 숫자 2010의 결합을 기조로 디자인되었는데, '世' 자에는 삼인 가족의 모양을 투영하여 이해와 소통을 나타내고 있다. 또 엑스포의 마스코트인 하이바오(海宝)는 '人' 자의 모양을 바탕으로

(좌) '京' 자를 형상화한 베이징 올림픽 로고
(위·아래) '世' 자와 '人' 자를 활용한 상하이 엑스포 로고와 상징물

만들어졌고, 엑스포의 중국관 건물은 '중화'를 뜻하는 '華' 자의 모양을 담고 있다.

현대적인 디자인이나 타이포그래피가 등장하기 전에도 중국에는 한자의 시각적 특징을 활용한 놀이와 예술이 존재했다. 중국음식점 같은 데서 볼 수 있는 결합문자 '招財進寶'(재물과 보화를 불러들이다)는 네 글자를 마치 한 글자처럼 절묘하게 조합한 문자놀이이다. 한자와 그림을 조합한 전지(剪紙) 작품도 있다. 각종 동물을 의미하는 글자마다 해당 동물의 모습을 절묘하게 결합한 것이다. 이런 전통은 현대 예술과 타이포그래피에서 재활용되고 있다.

이런 예들은 모두 한자의 상형성이나 표의성을 새롭게 재해석하거나, 거기에 새로운 의미를 부여한 것들이다. 이러한 과정을 통해 한자는 문자로서의 기능을 넘어 중국의 문화적 상징으로 재조명되고 있다.

고대 건축물의 두공(斗拱) 구조를 차용하여 황제가 머리에 쓰던 관(冠)의 모양을 형상화한 것으로 알려진 상하이엑스포의 중국관은 '中華'(중화)의 '華'자 형상이기도 하다.

'招財進寶' 결합문자

'上'자와 '書'자를 이용한
상하이도서전 디자인

의류 디자인에 활용된 서예

谷文达, 홍과 흑(红与黑). 빨강과 검정의 두 색상을 기조로 붉을 홍(红)자와 검을 흑(黑)자를 결합한 이미지를 보여준다. 낙관처럼 새겨진 '谷氏简词' 네 글자 역시 같은 방법으로 합쳐져 있다.

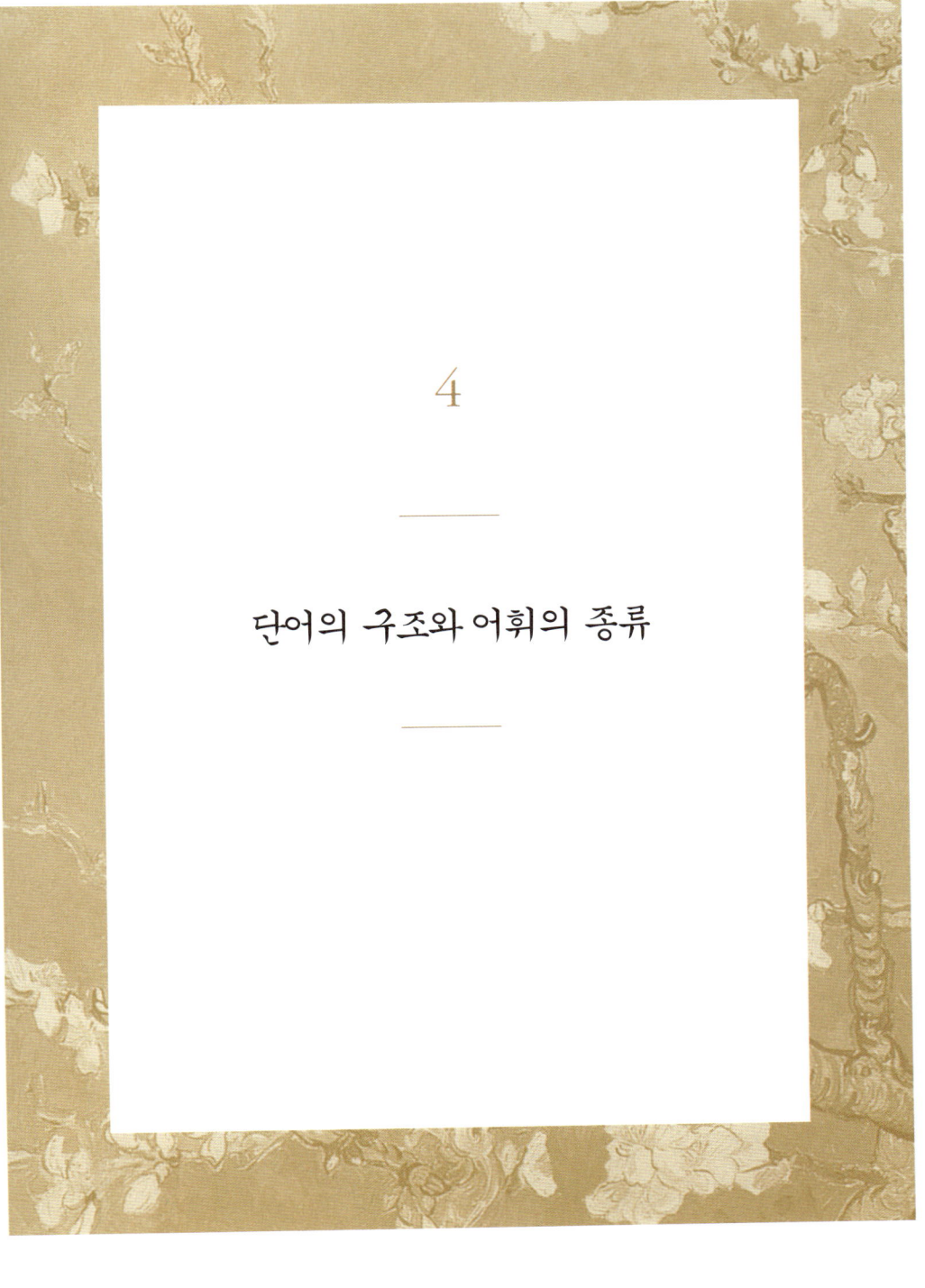

4

단어의 구조와 어휘의 종류

중국인들은 '단어'(词 cí)라는 말보다 '글자'(字 zì)라는 말을 더 많이 쓴다. 글자를 문장의 구성단위로 생각해왔던 오랜 습관 때문이다. 자기소개 놀이의 중국인 진행자는 이렇게 말할 것이다. "한 글자로 자신을 표현해보세요." 지금도 중국어는 의미단위인 형태소와 표기단위인 글자가 일치하기 때문에 어떤 상황이나 대상을 한 글자로 압축하여 묘사하는 것이 가능하다. 예컨대 '涨'(zhǎng 값이 오르다)자는 물가상승이 주된 이슈였던 2007년과 2010년 두 번이나 '올해의 한자'로 선정되었다. 만약 '국민', '민간', '민의' 등이 이슈였다면 '民'(mín 국민)자가 선정되었을 것이다. 그런데 '民'은 올해의 한자로 선정될 수는 있겠지만 문장에서 단어로 쓰이지는 못하는 글자이다.

이 장에서는 중국어의 단어와 형태소에 대해 알아보고, 이를 기초로 단어의 구조를 살펴볼 것이다. 중국어의 단어는 구조에 따라 단일어와 복합어로 나뉘고, 복합어는 다시 합성어와 파생어로 나뉜다. 단어에 대해 살펴본 뒤에는 고유어, 외래어, 전문용어 등의 어휘 범주를 알아보고, 비록 단어는 아니지만 문장의 구성요소처럼 쓰이는 성어, 관용어, 속담, 끝줄임말 등의 숙어에 대해서도 살펴보게 될 것이다.

단어란 무엇인가

문장의 단위

단어는 '문장 안에서 독립적으로 운용될 수 있는 최소의 단위'이다. 형태소가 음성과 의미가 결합된 최소의 언어단위, 즉 의미를 나타낼 수 있는 최소의 단위라면 단어는 문장 안에서 독립적으로 활용된다는 조건을 충족하는 가장 작은 단위이다.

　한국어나 영어는 단어마다 띄어쓰기를 하고 있어서 단어와 단어의 경계를 파악하기가 쉽다. 그러나 중국어는 띄어쓰기를 하지 않는다.

　　　发展中国家用电脑。

　위의 글만 봐서는 중국인도 정확한 의미를 파악하기가 쉽지 않다. 이 문장은 최소한 다음의 두 가지 의미로 해석될 수 있다.

　　a. Fāzhǎn Zhōngguó jiāyòng diànnǎo.
　　　중국의 가정용 컴퓨터를 발전시키자.
　　b. Fāzhǎnzhōng-guójiā yòng diànnǎo.
　　　개발도상국이 컴퓨터를 사용하다.

　띄어쓰기가 단어를 구분하는 절대적인 기준은 아니지만 약간의 도움은 받을 수 있는데 중국어는 띄어쓰기조차 하지 않으니 단어와 단어 사이를 구분하기가 더 막막하다.

단어와 구의 경계

단어의 구분에 일반적으로 사용되는 방법 가운데 하나는 단어를 구성하는 요소들의 의미와 단어 자체의 의미를 비교해보는 것이다.

예	의미동질성	성질
好 hǎo 좋다 + 书 shū 책 = 好书 hǎo shū 좋은 책	○	[구(phrase)]
好 hǎo 좋다 + 手 shǒu 손 ≠ 好手 hǎoshǒu 뛰어난 사람, 명수	×	[단어(word)]

'好'와 '手'는 각각 하나의 단어이다. 둘을 붙여쓴 '好手'는 '好'와 '手'의 의미를 합쳐 '좋은 손'이라는 뜻이 아닌 별개의 의미를 가지므로 한 단어이다. 그러나 구조가 비슷한 '好书'는 '好'와 '书'라는 두 단어가 합쳐진 하나의 구(phrase)이다.

하지만 이 방법에도 한계가 있다. 이 방법대로라면 '鸡蛋'(jīdàn 달걀＝닭의 알), '生日'(shēngrì 생일＝낳은 날) 등은 개별 요소의 의미를 합친 것과 차이가 없으므로 단어가 아니라 구라고 해야 하는데, 이것이 단어가 아니라 구라고 하는 데 동의하는 중국인은 없을 것이다. 속담도 문제가 된다. 속담을 한 단어로 보는 사람은 없지만, 이 방법대로라면 속담의 뜻은 구성요소들의 뜻을 합친 그대로가 아니므로 단어라는 잘못된 결론에 이르게 된다.

다른 방법을 생각해보자. 두 개 이상의 글자로 구성된 어구에서 성분 사이에 다른 요소를 삽입하여 확장할 수 있는지를 따져보는 방법도 있다. 확장이 가능하면 구이고 확장이 불가능하거나 확장한 뒤 의미가 달라지면 단

예		확장	의미	성질
好手 hǎoshǒu	뛰어난 사람, 명수	가능	변화	[단어]
→好的手	좋은 손			
好书 hǎo shū	좋은 책	가능	불변	[구]
→好的书	좋은 책			
临时工人 línshí gōngrén	임시직 노동자	가능	불변	[구]
→临时的工人	임시 노동자			
临时工 línshígōng	임시직 노동자	불가능	ø	[단어]
→*临时的工				

어이다.

그런데 여기에도 문제는 있다. '开玩笑'(kāi∥wánxiào 농담하다)는 하나의 단어임에도 아래 예처럼 다른 요소가 삽입되기도 하고 성분이 분리되어 위치가 이동되기도 한다. 이런 단어를 '이합사'(离合词)라고 한다(이합사에 대해서는 7장 6절 참고).

他喜欢开玩笑。Tā xǐhuan kāi wánxiào.
그는 농담하는 걸 좋아해.

开什么玩笑! Kāi shénme wánxiào!
무슨 그런 농담을 해! (농담 마!)

玩笑开得太大了。Wánxiào kāi de tài dà le.
농담이 너무 심했어.

공통된 수식성분을 생략할 수 있는지 따져보는 방법도 있다. 병렬된 두 개의 어구에서 공통된 수식성분이 쉽게 생략되면 두 개의 구이고, 생략이 불가능하면 두 개의 단어이다.

예	생략	성질
旧的书和新的书 jiù de shū hé xīn de shū 낡은 책과 새 책 →旧的和新的书	가능	[구] + [구]
火车和汽车 huǒchē hé qìchē 기차와 자동차 →*火和汽车	불가능	[단어] + [단어]
新的衣服和新的鞋 xīn de yīfu hé xīn de xié 새 옷과 새 신발 → 新的衣服和鞋	가능	[구] + [구]
羊毛和羊肉 yángmáo hé yángròu 양털과 양고기 →*羊毛和肉	불가능	[단어] + [단어]

이제까지 단어와 구를 분별하는 세 가지 방법을 알아보았다. 주의해야 할 점은 이중에서 어느 한 가지 방법만으로는 그 구분이 어렵다는 점이다. 어떤 말이 단어인지 아닌지를 판단하기 위해서는 여러 가지 방법을 함께 사용해야 한다.

| 2 | 단어의 구조

형태소와 단어

단어는 형태소(morpheme 语素)로 구성된다. 형태소는 일반적으로 의미를 지닌 최소의 단위(minimal meaningful unit)라고 정의한다. 대개 하나의 형태소를 더 작게 나누면 무의미한 음절이나 음소와 같은 소리의 단위로 분해된다. '온 누리'라는 단어는 '온'과 '누리'라는 두 개의 형태소로 이루어져 있다. '온' 이나 '누리'는 모두 어떤 의미를 품고 있는 단위이다. 그러나 '누리'를 다시 '누'와 '리'로 나누면 아무런 의미를 나타내지 못하는 소리에 불과하다.

> 沙发上放着钱包和手机。 Shāfā shàng fàng zhe qiánbāo hé shǒujī.
> 소파 위에 지갑과 핸드폰이 놓여 있다.

이 예문을 단어와 형태소로 각각 분석하면 다음과 같다.

> 단어 ：沙发 上 放 着 钱包 和 手机 (7개)
> 형태소：沙发 上 放 着 钱 包 和 手 机 (9개)

단어의 수와 형태소의 수가 다른 것은 '钱包'와 '手机'가 두 개의 형태소로 이루어진 단어이기 때문이다. '沙发'는 음역어이므로 '沙'와 '发'로 나눌 수 없는 하나의 형태소이다. 우리말의 '누리'처럼 이 두 글자는 각각 독립된 형태소로 분절되지 못하고, 반드시 함께 쓰여야만 '소파'의 의미를 나타낼 수 있다. 여기의 '沙'와 '发'는 단지 'shā'라는 소리와 'fā'라는 소리를 나타내는 기호일 뿐 낱개의 글자가 가지는 의미와는 관계없다.

글자 수	음절 수	형태소 수	단어 수
上, 放, 着, 和	1	1	1
沙发	2	1	1
钱包, 手机	2	2	1

위의 예에서 '沙发'를 제외하고는 글자 수나 음절 수가 곧 형태소의 수이다. '沙发'와 비슷한 예로는 '参差'(cēncī 들쭉날쭉하다)와 같은 연면어(连绵词), '巧克力'(qiǎokèlì 초콜릿) 등의 음역어, '哎呀'(āiyā 아이고) 같은 의성어가 있다. 이런 말들은 더 이상의 작은 단위로 나누어지지 않으며 한자는 단지 소리를 표기하는 기능만 할 뿐이다.

[한자에 속지 말자]

중국어는 대다수의 단어가 글자의 의미와 관련을 갖고 있지만 그렇지 않은 경우도 적지 않다. 예컨대, '沙滩'(shātān 모래사장)에서 '沙'는 '모래'를 뜻하는 형태소이지만 '沙发'의 '沙'는 단지 발음을 표기한 것에 불과하다. 글자는 같지만 하나는 형태소이고 하나는 형태소가 아니다. 또 '快乐'(kuàilè 즐겁다)와 '音乐'(yīnyuè 음악)의 '乐'는 글자는 같지만 발음과 뜻이 다른 별개의 형태소이고, '公务'(gōngwù 공무)와 '公牛'(gōngniú 수소)의 '公'은 글자도 같고 발음도 같지만 의미가 전혀 다른 별개의 형태소이다.

'倒霉'(dǎoméi 재수 없다)의 '霉'는 더 특수한 경우다. '霉'는 원래 '楣'(méi)였다. '楣'는 장시(江西)와 저장(浙江) 일대에서 과거시험을 보러 갈 때 문 앞에 세워두던 깃대를 가리키는 말이다. 그것이 넘어졌다(倒)는 말은 과거시험에서 낙방했음을 뜻하며, 여기에서 '재수 없다'라는 의미가 만들어졌다. 방언어휘가 표준어로 유입된 것인데, 구어로만 유입되다보니 한자로 표기하는 과정에서 어원(本字)을 알지 못해 글자가 바뀐 것이다.

형태소의 종류

형태소에는 단독으로 단어가 될 수 있는 형태소와 그렇지 않은 형태소가 있다. 단독으로 단어가 되기도 하고 다른 형태소와 결합하여 단어를 이루기도 하는 것을 자립형태소(free morpheme)라고 하고, 스스로는 단어가 되지 못하고 다른 형태소와 결합을 통해서만 쓰이는 것을 의존형태소(bound morpheme)라고 한다.

	형태소		단어
자립형태소	'人', '水', '火' rén shuǐ huǒ	→	단독: '人', '水', '火' rén shuǐ huǒ
			결합: '人口', '水灾', '火力' rénkǒu shuǐzāi huǒlì
의존형태소	'语', '民', '子' yǔ mín zi	→	단독: 불가능
			결합: '汉语', '人民', '叶子' Hànyǔ rénmín yèzi

또 단어의 의미를 실질적으로 구성하는 요소이냐 아니냐에 따라 어근(root 词根)과 접사(affix 词缀)로 나눌 수 있다. 어근은 한 단어의 핵심이 되는 요소이다. 즉 '帽子'(màozi 모자), '电视'(diànshì 텔레비전)에서 '帽', '电', '视'처럼 단어의 실질의미를 구성하는 부분이다. 어근의 위치는 상대적으로 자유롭다. 예컨대 '桌'라는 어근은 '桌子'(zhuōzi 탁자)처럼 앞에 놓일 수도 있고, '餐桌'(cānzhuō 식탁)에서처럼 뒤에 놓일 수도 있다.

접사는 어근에 부가되는 형태소이다. 접사는 문법적 의미를 나타내는 경우가 많고 위치가 고정적이다. 어근 앞에 놓이는 접사를 접두사(prefix, 前缀), 어근 뒤에 놓이는 접사를 접미사(suffix 后缀)라고 한다. '老虎'(lǎohǔ 호랑이)의 '老'는 접두사, '帽子'의 '子'는 접미사이다. 중국어에 자주 쓰이는 접두사와 접미사는 다음과 같다.

접두사 : 老(lǎo) 阿(ā) 第(dì) 初(chū)

접미사 : 子(zi) 儿(-r) 头(tou) 家(jiā) 员(yuán) 性(xìng) 然(rán)

접사 중에서 어근의 중간에 놓이는 것을 접요사(infix 中缀)라고 한다. 중국어에는 흔하지는 않지만 접요사로 볼 수 있는 것이 있다.

'里' : 糊里糊涂(húlihútú 흐리멍덩한), 土里土气(tǔlitǔqì 촌티나는)

'不' : 来不及(láibùjí 겨를이 없다)

'得' : 对得起(duìdeqǐ 떳떳하다)

단어의 구조

중국어 단어는 우선 크게 단일어와 복합어로 나눌 수 있다.

단일어(simple word 单纯词)는 하나의 형태소로 이루어진 단어를 말한다. '水'(shuǐ 물)나 '酒'(jiǔ 술)와 같은 단음절어뿐 아니라 '玻璃'(bōli 유리), '巧克力'(qiǎokèlì 초콜릿) 등과 같은 다음절어도 단일어이다. '巧克力'를 단일어라고 하는 이유는 낱낱의 한자가 의미를 가진 요소(형태소)가 아니기 때문이다. '巧克力'의 '巧'와 '巧妙'(qiǎomiào 교묘하다)의 '巧'는 발음과 글자가 같지만 전혀 다른 말이다. '텔레비전'의 '비'와 '가랑비'의 '비'가 글자와 발음은 같지만 전혀 다른 말인 것과 같다. 전자는 발음만 따온 것이고 후자는 의미를 지닌 형태소이다. 그러므로 '玻璃'나 '巧克力'는 전체가 하나의 형태소로 이루어져 있어 더 작은 의미단위로 나눌 수 없는 단어, 즉 단일어이다.

복합어(complex word 合成词)는 둘 또는 그 이상의 형태소로 이루어진 단어이다. 일반적으로 단일어는 복합이라는 과정을 통해 의미가 구체화되고 세분된다. 예컨대 신발가게에 진열되어 있는 다양한 종류의 신발을 생각해보

자. 신발을 뜻하는 '鞋' 앞에 속성을 표현해줄 수 있는 '布', '皮', '凉' 등의 형태소를 더하면 '布鞋'(bùxié 헝겊신), '皮鞋'(píxié 구두), '凉鞋'(liángxié 샌들) 같은 단어를 만들 수 있다. 복합어는 구성방식에 따라 합성어(compound word 复合词)와 파생어(derived word 派生词)로 나뉜다.

단일어

중국어는 하나의 한자가 대개 하나의 형태소를 나타내며 동시에 하나의 음절을 나타낸다. 이렇게 중국어는 거의 대부분의 형태소가 1음절이므로 하나의 형태소로 이루어진 단일어는 대부분 1음절어이다.

人(rén 사람)	手(shǒu 손)	头(tóu 머리)	油(yóu 기름) ……
吃(chī 먹다)	打(dǎ 때리다)	跑(pǎo 달리다)	学(xué 배우다) ……
好(hǎo 좋다)	美(měi 아름답다)	长(cháng 길다)	快(kuài 빠르다) ……
很(hěn 매우)	最(zuì 가장)	不(bù '부정')	从(cóng ~로부터) ……

물론 중국어에도 다음절단일어가 있다. 중국어의 다음절단일어는 대부분 외부로부터 유입된 말이거나 단순히 소리나 모양을 묘사한 말이다. 이런 단어를 과거에는 연면어(连绵词)라고 불렀다. 글자와 글자가 의미단위로 더 나뉘지 않고 이어져(连绵) 있다는 뜻이다. 고대중국어에서부터 사용되어 온 이 말들은 지금도 여전히 연면어라고 부른다. 연면어는 두 음절 사이의 음운관계에 따라 세 가지로 나눌 수 있다.

쌍성(双声)연면어 : 두 음절의 성모가 같다.

仿佛(fǎngfú 마치~같다)　　玲珑(línglóng 영롱하다)　　琉璃(liúlí 유리, 유약)

含糊(hánhu 모호하다)　　　坎坷(kǎnkě 울퉁불퉁하다)　　　吩咐(fēnfù 분부하다)

첩운(叠韵)연면어 : 두 음절의 운(주요 모음+운미)이 같다.

烂漫(lànmàn 눈부시다)　　　糊涂(hútu 흐리멍덩하다)　　　哆嗦(duōsuo 부들부들 떨다)

徘徊(páihuái 배회하다)　　　唠叨(láodao 수다 떨다)　　　逍遥(xiāoyáo 유유자적하다)

비쌍성첩운(非双声叠韵)연면어 : 쌍성도 첩운도 아닌 경우이다.

疙瘩(gēda 부스럼)　　　憔悴(qiáocuì 초췌하다)　　　窟窿(kūlong 구멍)

蝴蝶(húdié 나비)　　　蝙蝠(biānfú 박쥐)　　　马虎(mǎhu 적당히 하다)

[憔悴와 蝙蝠]

'憔悴'(qiáocuì)와 '蝙蝠'(biānfú)는 현대중국어 독음으로 보면 쌍성도 첩운도 아니지만, 상고음이
나 중고음으로 보면 쌍성연면어이다(상고음은 李方桂, 중고음은 Pulleyblank의 재구음. 상고음과
중고음에 대해서는 13장 참고).

	상고음	중고음
憔	** dzjagw	*dzjeu
悴	** dzjədh	*dzjwi
蝙	**pian	*pen
蝠	**pjək	*piuk

현대중국어에서 소리를 모사한 단어인 의성어(象声词)도 다음절단일어이다.

隆隆(lónglóng 우르릉)　　　哎哟(āiyō 아이고)　　　叮当(dīngdāng 딸랑)

当啷(dānglāng 땡그랑)　　　喀嚓(kāchā 우지직)　　　稀里哗啦(xīlihuālā 달그락달그락)

또 근현대 시기에 외부로부터 유입된 외래어 가운데 원어의 발음을 옮겨 온 음역어(音译词) 대부분도 다음절단일어이다.

玻璃(bōlí 유리)　　　　咖啡(kāfēi 커피)　　　　白兰地(báilándì 브랜디)

奥林匹克(Àolínpǐkè 올림픽)　　阿斯匹林(Àsīpǐlín 아스피린)

[첩음어]

첩음어(叠音词)란 음절이 중첩된 형태의 단어이다. 아기 말투(baby talk)가 가장 대표적인 첩음어이다. 예컨대 개를 'gǒu' 라고 부를 때보다 조금 더 귀여운 느낌을 주기 위해 'gǒugou' 와 같이 운율적인 성분을 덧붙인 것이 아기 말투이다. 이런 단어들은 글로 쓸 때 '狗狗' 와 같이 두 개의 한자를 쓰기 때문에 마치 형태소가 중첩된 '중첩어 (重叠词)'처럼 보이지만 실은 운율적인 효과를 위해 단순히 음절을 중첩한 단순어이다. 우리말의 '멍멍이, 쉬쉬, 까까, 지지' 와 같은 아기 말투를 생각해보면 이해가 쉬울 것이다.

星星 xīngxing	圈圈 quānquan	猩猩 xīngxing	框框 kuàngkuang
별	동그라미	침팬치	테두리
饭饭 fànfan	尿尿 niàoniao	狗狗 gǒugou	奶奶 nǎinai
맘마	쉬	멍멍이	젖

친족 호칭 중에도 첩음어가 많은데, 이들은 대부분 아기 말투로부터 온 것이다. 이런 첩음어들은 두 번째 음절을 약하게 경성(輕聲)으로 발음한다.

爸爸	妈妈	爷爷	奶奶	弟弟	妹妹
bàba	māma	yéye	nǎinai	dìdi	mèimei
아빠	엄마	할아버지	할머니	남동생	여동생
公公	婆婆	姐姐	哥哥	舅舅	叔叔
gōnggong	pópo	jiějie	gēge	jiùjiu	shūshu
시아버지	시어머니	누나/언니	오빠/형	외삼촌	삼촌

합성어

현대중국어 단어의 대다수는 합성어이며, 계속 만들어지고 있는 신조어도 대부분 합성어이다. 합성어는 내부 구조에 따라 다시 나눌 수 있다.

연합식(联合式) : 병렬된 두 개의 어근으로 구성된 단어이며, 앞뒤 두 어근의 관계는 주종의 구분이 없고 동등하다. 형태소간의 관계는 의미적으로 서로 유사할 수도 있고 대립적일 수도 있다. 병렬식(并列式)이라고도 한다.

a. 의미가 유사한 형태소 병렬

朋友(péngyou 친구)　　离别(líbié 이별하다)　　爱好(àihào 취미)

b. 의미가 대립적인 형태소 병렬

大小(dàxiǎo 크기)　　迟早(chízǎo 조만간)　　反正(fǎnzhèng 어쨌든)

c. 두 형태소 의미의 병렬

骨肉(gǔròu 골육)　　江山(jiāngshān 강산)　　手足(shǒuzú 손발)

d. 부분 형태소 의미만 유효

忘记(wàngjì 잊다)　　国家(guójiā 나라)　　人物(rénwù 인물)

수식식(偏正式) : 앞형태소가 뒤의 형태소를 수식하고 제한하는 구조로 이루어진 단어이다.

a. 관형어 + 피수식어

象牙(xiàngyá 상아)　　飞机(fēijī 비행기)　　黑板(hēibǎn 칠판)

b. 부사어 + 피수식어

迟到(chídào 지각하다)　　轻视(qīngshì 얕보다)　　微笑(wēixiào 미소짓다)

冰冷(bīnglěng 차디차다)　　雪白(xuěbái 새하얗다)　　笔直(bǐzhí 매우 곧다)

주술식(主谓式) : 앞형태소는 진술 대상, 뒤의 형태소는 그에 대한 진술의 구조로 이루어진 단어이다.

    a. 명사

       地震(dìzhèn 지진)   日食(rìshí 일식)   政变(zhèngbiàn 쿠데타)

    b. 동사

       心疼(xīnténg 몹시 아끼다)   情愿(qíngyuàn 원하다) 目击(mùjī 목격하다)

    c. 형용사

       心酸(xīnsuān 슬프다)   面熟(miànshú 낯익다)   年轻(niánqīng 젊다)

술목식(述宾式) : 앞형태소는 동작이나 행위를 나타내고, 뒤의 형태소는 동작행위의 지배를 받는 대상으로 이루어진 단어이다.

    a. 명사

       司机(sījī 운전사)   掌柜(zhǎngguì 가게주인)   知己(zhījī 지기)

    b. 동사

       伤心(shāngxīn 상심하다) 出席(chūxí 출석하다) 注意(zhùyì 조심하다)

    c. 형용사

       刺眼(cìyǎn 눈부시다) 开心(kāixīn 즐겁다) 悦耳(yuèěr 듣기 좋다)

보충식(补充式) : 앞형태소는 동작이나 행위이고, 뒤의 형태소는 그 동작 행위의 결과나 방향 등을 보충 설명하는 구조이다. '술어＋보어'의 구조로 되어 있다 하여 술보식(述补式)이라고 부르기도 한다.

a. 说明(shuōmíng 설명하다)   打倒(dǎdǎo 타도하다)   改正(gǎizhèng 개정하다)

이 유형에는 다음과 같이 술보구조가 아닌 특수한 복합어를 포함시키기
도 한다. 앞의 형태소는 사물을 나타내고 뒤의 형태소는 그 단위를 표시하
는 구조로 이루어져 있다.

b. 事件(shìjiàn 사건)   书本(shūběn 책)   车辆(chēliàng 차량)

[중첩어]
부사, 형용사 모두 중첩형 단어가 있고, '谢谢' 처럼 상투적으로 중첩해서 사용하는 동사도 있다.
이런 단어를 '중첩어 (重叠词)라고 한다. 이들은 두 개의 형태소가 중첩된 합성어이다. 부사와
형용사의 중첩은 같은 글자를 반복하지만 두 번째 음절을 경성으로 발음하지 않는다.

부사	常常	刚刚	渐渐	偏偏	轻轻
	chángcháng	gānggāng	jiànjiàn	piānpiān	qīngqīng
	항상, 늘	방금	점점, 차차	기어코	가만히, 살짝
형용사	默默	匆匆	悄悄	苦苦	沉沉
	mòmò	cōngcōng	qiāoqiāo	kǔkǔ	chénchén
	묵묵하다	분주한 모양	은밀하다	고생스럽다	무겁다

파생어

파생어(派生词)란 어근에 접두사나 접미사가 결합된 단어를 말한다. 예컨대
뚱보를 뜻하는 '胖子'(pàngzi)는 '뚱뚱하다'는 뜻의 어근 '胖'에 명사화접미
사 '子'가 결합된 것이다. 형용사 '胖'이 '子'와 결합하면서 명사가 된 것이
다. 물론 모든 접두사나 접미사가 반드시 품사나 의미의 변화를 동반하는
것은 아니다.

접사는 단어를 만드는 기능, 즉 조어의 기능을 한다. 중국어의 접두사에는 다음과 같은 것들이 있다.

[阿-]	阿姨 āyí 아주머니	阿飞 āfēi 부랑아
[老-]	老虎 lǎohǔ 호랑이	老师 lǎoshī 선생님
[第-]	第一 dìyī 첫째	第五 dìwǔ 다섯째
[初-]	初一 chūyī 초하루	初二 chū'èr 초이틀
[可-]	可爱 kě'ài 귀엽다	可笑 kěxiào 우습다
[反-]	反作用 fǎnzuòyòng 반작용	反封建 fǎnfēngjiàn 반봉건

중국어는 접두사에 비해 접미사가 더 발달해 있다. 접미사의 예를 보자.

[-子]	帽子 màozi 모자	房子 fángzi 집
[-头]	石头 shítou 돌	苦头 kǔtóu 고통
[-儿]	门儿 ménr 방법	信儿 xìnr 소식
[-者]	记者 jìzhě 기자	弱者 ruòzhě 약자
[-手]	新手 xīnshǒu 신참	歌手 gēshǒu 가수
[-化]	美化 měihuà 미화	现代化 xiàndàihuà 현대화
[-性]	酸性 suānxìng 산성	可能性 kěnéngxìng 가능성
[-然]	突然 tūrán 갑자기	泰然 tàirán 태연히
[-乎乎]	热乎乎 rèhūhū 뜨끈뜨끈하다	胖乎乎 pànghūhū 통통하다
[-溜溜]	酸溜溜 suānliūliū 시큼하다	光溜溜 guāngliūliū 반들반들하다

접미사 중에는 최근의 사회변화와 함께 새롭게 탄생하여 유행하는 것들

이 있다. 이런 접미사들은 불과 10～20년 전까지만 해도 흔히 접할 수 없었던 것들이다.

[-星]	明星 míngxīng 스타 연예인	影星 yǐngxīng 유명 배우
	歌星 gēxīng 유명 가수	笑星 xiàoxīng 유명 개그맨
[-迷]	影迷 yǐngmí 영화팬	歌迷 gēmí 가요팬
	球迷 qiúmí 구기광(球技狂)	财迷 cáimí 돈벌레
[-热]	出国热 chūguórè 출국 열풍	文化热 wénhuàrè 문화 열풍
	足球热 zúqiúrè 축구 열풍	减肥热 jiǎnféirè 다이어트 열풍
[-风]	吃喝风 chīhēfēng 낭비 풍조	抢购风 qiǎnggòufēng 사재기 풍조
	送礼风 sònglǐfēng 선물 풍조	摊派风 tānpàifēng 더치페이 풍조
[-族]	哈韩族 hāhánzú 한류팬	追星族 zhuīxīngzú 스타팬
	布波族 bùbōzú 보보스족	名牌族 míngpáizú 명품족

복합어의 다층구조

셋 이상의 형태소가 결합하여 단어를 구성하게 되면 결합이 단계적으로 이루어진다. 예컨대 '情人节'(qíngrénjié 밸런타인데이) 같은 합성어는 '情'과 '人'이 결합하여 '情人'이 만들어지고 그것이 '节'를 수식하는 형태로 결합된 것이고, '高科技'(gāokējì 하이테크)는 '科'와 '技'가 결합하여 '科技'가 되고 그 앞에 '高'가 수식하는 구조로 결합되어 있다.

'北回归线'(běihuíguīxiàn 북회귀선) 같은 단어는 더 복잡하다. '回归'라는 합

성어에 '线' 자가 붙어서 중층의 합성어가 되었고, 다시 여기에 '北' 자가 붙어 더 복잡한 합성어가 되었다.

北 回 归 线

합성어만 그런 것은 아니다. 파생어에도 '老妈儿'(lǎomār 시녀)나 '老油子'(lǎoyóuzi 교활한 놈)처럼 중층적인 구조를 가진 것이 있다.

老 妈 儿   老 油 子

어휘화

어휘화란 단어가 아닌 것이 단어로 바뀌는 것을 말한다. 대부분의 합성어가 역사적으로 어휘화 과정을 통해 만들어졌다고 볼 수 있다. 예컨대 '头疼' 은 처음엔 주어와 술어관계의 두 단어였으나 어휘화되어 정도부사 '很' 의 수식을 받을 수 있는 형용사가 되었다.

很　头疼　　hěn tóuténg　　머리가 매우 아프다.

很　手紧　　hěn shǒujǐn　　주머니 사정이 여의치 않다.

| 很 | 手巧 | hěn shǒuqiǎo | 손재주가 아주 좋다. |

'关心'처럼 동사와 목적어이던 것이 하나의 단어로 굳어져 '很'의 수식을 받을 수 있는 동사로 변한 것도 있다.

很	关心	hěn guānxīn	매우 관심을 기울이다.
很	吃力	hěn chīlì	매우 힘이 들다.
很	费劲	hěn fèijìn	매우 힘이 들다.
很	懂事	hěn dǒngshì	사리를 잘 파악하다.
很	开心	hěn kāixīn	매우 즐겁다.

이렇게 두 단어로 된 구가 하나의 단어로 변하는 것을 어휘화(lexicalization)라고 한다. 역사적으로 살펴보면, 인류의 언어는 대개 문장에서 구로, 구에서 단어로 어휘화의 길을 걷는 모습을 보여준다. 어떤 표현이 자주 쓰이다 보면 그것이 하나의 덩어리로 굳어져서 마치 하나의 단어처럼 인식되어 사용되기 때문이다. '难怪'(nánguài 어쩐지), '怪不得'(guàibude 어쩐지), '有意思' (yǒuyìsi 재미있다), '好像'(hǎoxiàng 마치 ~같다), '不得了'(bùdéliǎo 매우 심하다) 같은 것들도 모두 어휘화 과정을 거쳐 만들어진 단어이다.

| 3 | 줄임의 미학, 준말

이니셜의 시대
경제성을 추구하는 것은 모든 언어의 공통된 속성이다. 긴 것은 줄이려 하고 다른 것은 비슷하게 하려 하고 유사한 것은 합치려 한다. 생활 속에서 흔히 볼 수 있는 축약과 탈락으로 '준말'을 들 수 있다. 중국어로는 이를 축약어(縮略詞)라고 한다.

준말은 중국인의 일상언어에서, 그리고 각종 미디어에서 자주 접할 수 있다. '家用電器'(jiāyòng diànqì 가전제품)를 줄인 '家電'이나 '環境保護'(huánjìng bǎohù 환경보호)를 줄인 '環保' 같은 말들은 원래의 단어보다 축약된 형태로 더 많이 쓰인다.

준말에는 나름의 원칙이 있다. 첫째로 원어가 가지고 있던 의미나 지시 대상을 알 수 있어야 하며, 둘째로 다른 단어와의 혼동을 피해야 한다. '南開大學'(Nánkāi Dàxué 난카이대학)의 약칭인 '南開'는 첫째 원칙을 잘 지키고 있다. 한편 '南開大學'를 '南大'라고 하지 않는 이유는 두 번째 원칙 때문인데 '南大'가 이미 '南京大學'(Nánjīng Dàxué 난징대학)의 준말로 쓰이고 있기 때문이다.

이제 중국어에서 준말이 어떤 방법에 따라 만들어지는지 살펴보자.

낱글자 추출법(blends)

각 어절의 일부 낱글자를 뽑아서 합치는(blend) 방법이다. '北京大學'(Běijīng Dàxué 베이징대학)를 '北大'라고 하거나 '高等學校'(gāoděng xuéxiào 고등교육기관)를 '高校'라고 줄인 것이 여기 속한다. 낱글자 추출법에 의해 만들어지는 준말은 다시 네 가지로 나누어 볼 수 있다.

먼저 단어의 첫글자를 뽑아서 합치는 방법이다. 한국어에서 '불고기백반'을 '불백'이라고 하거나 '안전보장'을 '안보'라고 줄여 쓰는 것과 비슷한 유형이다.

科(学)技(术) kē(xué)jì(shù) 과학기술

初(级)中(学) chū(jí)zhōng(xué) 중학교

环(境)保(护) huán(jìng)bǎo(hù) 환경보호

博(士生)导(师) bó(shìshēng)dǎo(shī) 박사과정생 지도교수

世(界)贸(易组织) Shì(jiè)mào(yì zǔzhī) 세계무역기구(WTO)

全(国)人(民代表)大(会) Quán(guó)rén(mín dàibiǎo)dà(huì) 전국인민대표대회(전인대)

다음으로 앞어절의 첫글자와 뒷어절의 마지막 글자를 취하는 방법이다. 한국어에서 '고등학교'를 '고교'라고 하고, 영어에서 'motor hotel'을 'motel'로 줄여 쓰는 것, 혹은 'breakfast'와 'lunch'를 합쳐 'brunch'라고 하는 것과 비슷하다.

卫(星电)视 wèi(xīng diàn)shì 위성텔레비전

师(范学)院 shī(fàn xué)yuàn 사범대학

军(人家)属 jūn(rén jiā)shǔ 군인가족

外(交部)长 wài(jiāo bù)zhǎng 외교부장관

哈(尔滨)市 Hā(ěrbīn)shì 하얼빈시

加(利福尼亚)州 Jiā(lìfúníyà)zhōu 캘리포니아 주

첫어절과 중간어절의 첫글자와 맨끝의 글자를 취하는 방법도 있다. 우리말에서 '대학교 졸업자'를 '대졸자'라고 하고 '신용불량자'를 '신불자'라고 하는 것과 비슷하다.

奥(林匹克)运(动)会 Ào(línpǐkè)yùn(dòng)huì 올림픽대회

北(京)青(年)报 Běi(jīng)qīng(nián)bào 베이징청년보

安(全)理(事)会 Ān(quán)lǐ(shì)huì (UN) 안전보장이사회

　　마지막으로 많지는 않지만 앞단어의 마지막 글자와 뒷단어의 첫글자를 취하는 경우나 각 어절의 뒷글자를 취하는 경우도 있다. 후자의 경우 우리말에서 '주민등록증'을 '민증'이라고 줄여 부르는 예와 유사하다.

(物)理化(学) (wù)lǐhuà(xué) 물리화학

(香)港台(湾) (Xiāng)Gǎngtái(wān) 홍콩과 대만

(电)影(明)星 (diàn)yǐng(míng)xīng 유명 배우

어절 추출법(clipping)

전체 명칭에서 한 어절만을 떼어내는(clip) 축약법이다. 예컨대 '南开大学'(Nankai Dàxué 난카이대학교)를 '南开'라고 하고 '中国人民解放军'(Zhōngguó Rénmín Jiěfàngjūn 중국인민해방군)을 '解放军'이라고 한 것이 여기 속한다. 우리말에서 '서울대학교'를 '서울대'라고 하고 '스트렙토마이신'을 '마이신'이라고 하는 것, 영어에서 'advertisement'를 'ad'라고 하고 'telephone'을 'phone'이라고 하는 것과 비슷하다.

清华(大学) Qīnghuá (Dàxué) 칭화대학교

复旦(大学) Fùdàn (Dàxué) 푸단대학교

(人民)公社 (rénmín) gōngshè 인민공사

(北京)晚报 (Běijīng) Wǎnbào 베이징석간신문

성분 공유법

병렬된 단어가 공통된 중심성분을 가지고 있을 때 공통분모는 그대로 두고 그 앞의 수식어를 합쳐서 만드는 방법이다. 우리말에서 농산물과 수산물을 합쳐 '농수산물'이라고 하는 것과 비슷하다.

理科, 工科	→	理工科 lǐgōngkē 이과와 공과
工业, 农业	→	工农业 gōngnóngyè 공업과 농업
中学, 小学	→	中小学 zhōngxiǎoxué 중학교와 초등학교
教员, 职员	→	教职员 jiàozhíyuán 교직원
大使馆, 领事馆	→	使领馆 shǐlǐngguǎn 대사관과 영사관

숫자개괄법

병렬관계에 있는 여러 항목을 숫자로 총칭하는 방법이다.

陆军, 空军, 海军 lùjūn　kōngjūn　hǎijūn	→	三军 sānjūn 육해공군
包退, 包修, 包换 bāotuì　bāoxiū　bāohuàn	→	三包 sānbāo 환불, 수리, 교환 보장
瞿塘峡, 巫峡, 西陵峡 Qūtángxiá　Wūxiá　Xīlíngxiá	→	三峡 Sānxiá 삼협(장강의 세 협곡)
金, 银, 铜, 铁, 锡 jīn　yín　tóng　tiě　xī	→	五金 wǔjīn 다섯 가지 금속

| 4 | 어휘의 종류

단어와 어휘

'단어'와 '어휘'는 다른 말이다. 단어(word)는 우리말로 낱말을 가리키며, 어휘(vocabulary)는 이 낱말들의 집합을 말한다. 어휘는 여러 가지 기준에 의해 분류될 수 있다. 한국어 어휘는 '15세기 국어 어휘, 현대 국어 어휘'와 같이 시대에 따라 분류할 수도 있고, '고유어, 한자어, 외래어'와 같이 단어의 유래에 따라 나눌 수도 있다. 또한 지역에 따라 '대구방언 어휘, 제주방언 어휘'와 같이 나눌 수도 있고, 전공에 따라 '물리학 어휘, 생물학 어휘, 건축학 어휘' 등으로 나눌 수도 있다.

중국어의 어휘도 다양한 기준에 따라 여러 가지로 분류할 수 있다. 여기에서는 현대중국어 어휘의 종류를 대략적으로 이해하는 것을 목표로 하여 몇 가지 구분을 시도하려 한다. 중국어 어휘는 우선 기본어휘와 일반어휘로 나누는 경우가 많다. 또 사용범위에 따라 통용어와 전용어로 나눌 수 있으며, 또한 어원에 따라 고유어와 외래어로 나눌 수 있다. 이 밖에 고어에서 온 고어어휘나 방언에서 온 방언어휘에 대해서도 살펴보도록 하자.

기본어휘와 일반어휘

일상생활 속에서 사용되는 기본적인 단어의 집합으로서 어휘체계의 핵심이 되는 어휘를 기본어휘(基本词汇)라고 한다. 중국어의 기본어휘에는 아래와 같은 것들이 있다.

(1) 자연현상과 사물

云 yún 구름　　山 shān 산　　牛 niú 소　　树 shù 나무

(2) 생활용품, 생산도구 등

刀 dāo 칼 　　　　屋 wū 집 　　　　碗 wǎn 그릇 　　　　盆 pén 대야

(3) 시기와 방위

年 nián 해 　　　　春 chūn 봄 　　　　南 nán 남쪽 　　　　右 yòu 오른쪽

(4) 기본적인 성질과 상태

小 xiǎo 작다 　　　　长 cháng 길다 　　　　粗 cū 굵다 　　　　红 hóng 붉다

(5) 기본적인 동작과 변화

走 zǒu 걷다 　　　　死 sǐ 죽다 　　　　问 wèn 묻다 　　　　出 chū 나가다

(6) 신체부위

头 tóu 머리 　　　　心 xīn 마음 　　　　手 shǒu 손 　　　　脚 jiǎo 발

(7) 수량

三 sān 셋 　　　　十 shí 열 　　　　千 qiān 천 　　　　万 wàn 만

(8) 인칭, 지시

我 wǒ 나 　　　　你 nǐ 너 　　　　这 zhè 이 　　　　那 nà 저

기본어휘의 조건으로 흔히 꼽는 것이 안정성, 보편성, 조어능력이다. 안정성이란 오래전에 출현하여 지금까지 변함없이 사용되고 있음을 말한다. 보편성은 사회의 각 분야, 계층, 성별, 연령을 가리지 않고 널리 두루 쓰이고 있다는 의미이고, 조어능력은 새로운 단어를 생성하는 기초가 되는 요소라는 의미이다.

그런데 마지막의 조어능력을 기본어휘의 조건에서 제외해야 한다고 보는 사람도 있다. 예컨대 '你, 我, 他, 她' 같은 대명사는 기본어휘에서 빼놓을 수 없는 단어이지만 조어능력은 거의 없다. 이런 이유로 조어능력은 기본어휘의 조건이 될 수 없다는 것이다. 조어능력을 제외하고 나면 훨씬 더

많은 어휘들이 나머지 두 조건을 충족하게 된다.

기본어휘를 제외한 나머지 어휘들을 일반어휘라고 한다. 다시 말해서 기본어휘가 아닌 것은 모두 일반어휘이다. 사전에 등록된 단어 가운데 대부분은 일반어휘에 속한다. 하지만 기본어휘와 일반어휘는 그 경계가 칼로 무를 자르듯 명확한 것은 아니다.

통용어와 전용어

어휘는 사용범위에 따라 통용어(通用词)와 전용어(专用词)로 나눌 수 있다. 통용어는 사용범위에 제약이 없어 구어나 문어, 문학작품이나 과학기술논문 등을 가리지 않고 두루 쓰일 수 있으며 따라서 사용빈도가 높다. 전용어는 특정 범위에서만 사용되는 말이다. 전용어는 쓰이는 범위에 따라 아래처럼 몇 가지로 나눌 수 있다.

구어어휘(口语词)는 구어에 주로 쓰이는 어휘를 가리킨다. 아래의 어휘들은 구어에만 주로 쓰이고 문어에는 잘 쓰이지 않는다.

　　腮帮子 sāibāngzi 뺨　　　　　　吊儿郎当 diào'erlángdāng 건들건들하다

　　没谱儿 méipǔr 계획이 없다　　　挪窝儿 nuówōr 이사하다

문어어휘(书面语词)는 문어에만 주로 쓰이는 어휘이다. 아래 어휘들은 구어에는 잘 쓰이지 않는다.

　　比肩 bǐjiān 비견하다　　　　　　换言之 huànyánzhī 바꿔 말하면

　　甄别 zhēnbié 선별하다　　　　　聊以卒岁 liáoyǐzúsuì 가까스로 한 해를 보내다

『현대한어사전』(제5판)은 구어어휘에는 〈口〉, 문어어휘에는 〈书〉로 표기하고 있는데, 65,318개의 수록어 가운데 구어어휘는 884개, 문어어휘는 5,781개가 포함되어 있다(일부 의미항만 해당되는 경우 포함).

전문용어(专业术语)도 대표적인 전용어이다. 예컨대 '收官'(shōuguān 끝내기), '劫'(jié 패) 등은 바둑계에서 쓰이는 전문용어이고, '涅盘'(nièpán 열반), '来世'(láishì 내세), '舍利子'(Shèlìzǐ 사리자) 등은 불교에서 쓰이는 말이다. 경영 관련 용어나 IT 관련 용어들은 언론매체에도 자주 등장하므로 잘 알아둘 필요가 있다.

营销 yíngxiāo 마케팅   市场分额 shìchǎng fēn'é 시장점유율(M/S)

定位 dìngwèi 포지셔닝   品牌 pǐnpái 브랜드

高科技 gāokējì 하이테크   电子商务 diànzǐ shāngwù e-비즈니스

외래어

출처에 따라 어휘를 나눈다면 크게 고유어(固有词)와 외래어(外来词)로 나눌 수 있다. 고유어는 해당 언어 안에서 생성된 어휘이고, 외래어는 다른 언어로부터 유입된 단어이다. 중국어에서 외래어의 역사는 오래되었지만, 여기에서는 근현대 시기의 외래어를 차용방식에 따라 살펴보겠다.

먼저 외국어의 발음을 차용하여 만든 외래어이다. 이런 차용방법을 음역(音译)이라고 한다.

柠檬 níngméng   拷贝 kǎobèi   咖啡 kāfēi   巴士 bāshì
레몬(lemon)   카피(copy)   커피(coffee)   버스(bus)

沙拉 shālā   尼龙 nílóng   白兰地 báilándì   奥林匹克 Àolínpǐkè
샐러드(salad)   나일론(nylon)   브랜디(brandy)   올림픽(Olympic)

음역어 가운데에는 의미요소까지 고려한 것들이 있다. 이런 외래어들을

음의겸역(音意兼译)이라 하여 별도의 유형으로 보는 경우도 있는데, 엄밀히 말해서 원어의 의미를 옮겨왔다고 보기는 힘들다. 그 의미는 한자를 선택하는 과정에서 부차적으로 부여된 것이고, 본질적으로는 음역에 속한다고 볼 수 있다.

雷达 léidá	引得 yǐndé	托福 tuōfú	维他命 wéitāmìng
레이다(radar)	색인(index)	토플(TOEFL)	비타민(vitamin)

다음은 단어의 일부는 음역하고 일부는 의역하여 만들어진 외래어이다. 이런 유형을 반음반의역(半音半意译)이라고 한다.

奶昔	分贝	冰淇淋	因特网	新西兰
nǎixī	fēnbèi	bīngqílín	yīntèwǎng	Xīnxīlán
milk + shake	deci + bel	ice + cream	inter + net	New + Zealand
밀크셰이크	데시벨	아이스크림	인터넷	뉴질랜드

단어를 음역한 뒤에 의미를 나타내는 형태소를 부가한 외래어도 있다. 이 유형은 언뜻 보기에 반음반의역과 비슷해 보이지만 원어 전체를 음역한 다음 중국어 형태소를 덧붙였다는 점이 다르다. 이런 유형을 반음반첨가(音译加注)라고 한다.

啤酒	酒吧	保龄球	桑纳浴
píjiǔ	jiǔbā	bǎolíngqiú	sāngnáyù
beer + 酒(맥주)	酒 + bar(바, 술집)	bowling + 球(볼링)	sauna + 浴(사우나)

芭蕾舞	伦巴舞	卡片	沙丁鱼
bāléiwǔ	lúnbāwǔ	kǎpiàn	shādīngyú
ballet＋舞(발레)	rumba＋舞(룸바)	card＋片(카드)	sardine＋鱼(정어리)

다음으로 원어의 구성요소를 하나하나 축자적으로 번역한 말들이 있다. 이런 어휘들은 구성요소의 결합방식만 원어로부터 가져왔을 뿐 각각의 요소는 모두 의역하였기 때문에 상대적으로 중국어에 동화되는 속도가 빠른 편이다. 이런 유형을 번역차용어(calque 仿译词)라고 한다.

热线 rèxiàn	热狗 règǒu	黑板 hēibǎn	代沟 dàigōu	冷和平 lěnghépíng
hotline	hotdog	blackboard	generation gap	cold peace
핫라인	핫도그	칠판	세대 차이	긴장 속의 평화

이 밖에 일본어, 한국어, 베트남어 등으로부터 중국어로 유입된 한자어도 일종의 차용어이다. 한자어이기 때문에 별도의 번역과정 없이 그대로 가져와서 중국어 독음으로 읽는다. 이 유형은 중국어 밖에서 온 한자어라는 의미로 역외한자어(Sinoxenic word 域外汉字词)라고 부를 수 있다.

分析(ぶんせき bunseki)	→	分析 fēnxī 분석
階級(かいきゅう kaikyu)	→	阶级 jiējí 계급
電話(でんわ denwa)	→	电话 diànhuà 전화
蔘鷄湯(삼계탕)	→	参鸡汤 shēnjītāng 삼계탕

외국어 원어를 번역해서 옮긴 의역(意译)까지 외래어로 보는 경우도 있는데, 엄밀히 말하면 의역은 외래어로 볼 수 없다. 영어 computer(컴퓨터)를 의역한 '电脑'(diànnǎo)의 '电'과 '脑'는 모두 중국어의 형태소이며 그것을 조합하여 새로운 단어를 만든 것이다. 지시물이 같다는 점 외에 어떤 언어요

소도 원어로부터 차용되지 않았다. '菜单'(càidān)은 그보다 더한 경우이다. 컴퓨터, 휴대전화 같은 기기의 메뉴를 '菜单'이라고 하는데, 그 자체가 원래 식당의 '메뉴'를 뜻하는 중국어 단어이다. 전자기기의 기능 패널을 '메뉴'라고 부르는 방법만 외국어에서 왔을 뿐이다.

이처럼 의역을 배제하고 나면 중국어의 차용어는 위에서 살펴본 음역, 반음반의역, 반음반첨가, 번역차용어, 역외한자어의 다섯 가지이다. '차용어'와 '외래어'는 비슷한 말로 쓰이기도 하지만 동화정도에 따라 동화가 덜 된 것을 외래어(foreign word), 동화가 많이 이루어진 것을 차용어(loan word)로 구분하기도 한다. 이 둘을 통칭하는 용어도 차용어이다. 중국어의 차용어 다섯 가지를 동화정도에 따라 나누면 다음과 같다.

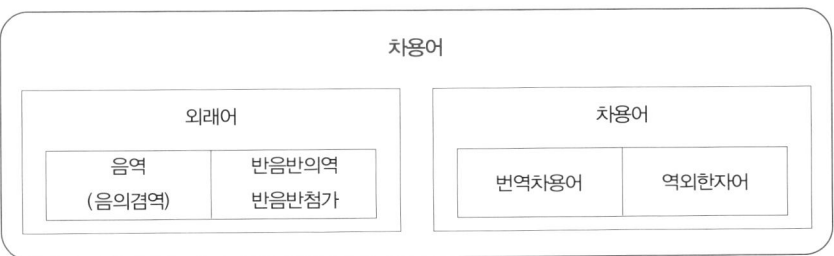

방언어휘

표준중국어에는 방언으로부터 흡수해온 어휘들이 있다. 외래어를 수용하는 이유와 마찬가지로 표준어 안에 그에 해당하는 어휘가 없거나 독특한 정서적 · 의미적 기능을 가지는 말들이 주로 차용된다.

표준어에 흡수된 방언어휘 가운데 가장 많은 것은 역시 북방방언 어휘들이다. 그 다음으로 많은 것이 오방언 어휘들인데, 20세기 초 상하이가 우세한 경제력과 함께 문인들의 활동 중심이 되면서 표준어에 많은 영향을 미쳤던 것으로 풀이된다.

(1) 북방방언에서 흡수된 어휘

撂荒 liàohuāng 밭을 묵히다　　　　耍钱 shuǎqián 노름하다

唠嗑 làokē 한담하다　　　　　　　多咱 duōzan 언제

(2) 오방언에서 흡수된 어휘

囡囡 nānnān 귀염둥이　　　　　　发痴 fāchī 멍해지다

白相 báixiàng 빈둥거리다　　　　　打烊 dǎyàng 가게문을 닫다

尴尬 gāngà 난감하다　　　　　　　瘪三 biēsān 뜨내기, 부랑아

1980년대 이후로는 경제적 우세에 힘입어 광저우와 홍콩의 영향력이 커져서 많은 어휘가 표준어로 흡수되고 있다.

(3) 월방언에서 흡수된 어휘

饼屋 bǐngwū 제과점　　　　　　　水货 shuǐhuò 밀수품, 암거래 물품

发烧友 fāshāoyǒu 마니아　　　　　埋单 máidān 계산하다

炒鱿鱼 chǎoyóuyú 파면하다　　　　打工 dǎgōng 일하다

『현대한어사전』(제5판)의 65,318개 수록어휘 중 1,683개가 방언어휘(〈方〉으로 표기)이며, 부분 의미항만 〈方〉에 해당하는 경우까지 포함하면 모두 2,376개가 방언어휘이다. 이미 표준어에 동화된 어휘는 표시를 하지 않고 있으므로 방언어휘 비율은 이보다 더 높을 것이다.

기타 어휘범주들

이상의 어휘범주들 외에도 고어(古语词), 신조어(新词), 공동체어휘(社区词) 등의 범주들이 있다.

고어는 '宰相'(zǎixiàng 재상)나 '科擧'(kējǔ 과거)처럼 과거에 사용되었던 어휘와 '邂逅'(xièhòu 해후하다), '苗裔'(miáoyì 후예)처럼 문언(文言)투의 어휘를 가리킨다. 후자를 따로 문언어휘(文言词)라고 부르기도 한다.

신조어는 시대의 변화와 함께 새롭게 만들어지는 어휘들을 말한다. 21세기 들어 중국어에 등장한 신조어로는 '民资'(mínzī 민간자본), '剩女'(shèngnǚ 노처녀), '音源'(yīnyuán 음원) 등이 있다(신조어에 대해서는 12장 1절 참고).

공동체어휘란 특정 공동체 내에서 널리 사용되는 어휘이다. 공동체어휘는 정치, 경제, 문화적인 특징을 띠는 경우가 많다. 중국어는 중국뿐 아니라 홍콩, 마카오, 타이완, 싱가포르 같은 서로 다른 체제와 문화를 가진 지역의 언어로 쓰이면서 '粮单'(liángdān 급여명세서〔홍콩〕), '职阶'(zhíjiē 직급〔마카오〕), '差假'(chāijià 유급휴가〔타이완〕), '灵犬'(língquǎn 경찰견〔싱가포르〕) 등 그 공동체만의 어휘가 많이 만들어졌다.

| 5 | 숙어

숙어의 종류

黎小军: 李翘! 新年进步!　　Lǐ Qiáo! Xīnnián jìnbù!
　　　　　　　　　　　　　　리차오! 새해에 발전을 빈다!

李　翘: 恭喜发财!　　　　Gōngxǐ fācái!
　　　　　　　　　　　　　　돈 많이 벌어라!

黎小军: 一帆风顺!　　　　Yī fān fēng shùn!!
　　　　　　　　　　　　　　순풍에 돛단 듯!

李　翘: 身体健康!　　　　Shēntǐ jiànkāng!
　　　　　　　　　　　　　　건강하길 빌어!

黎小军: 事事如意!　　　　Shì shì rúyì!
　　　　　　　　　　　　　　매사가 뜻대로 되길!

李　翘: 龙马精神!　　　　Lóng mǎ jīngshén!
　　　　　　　　　　　　　　활기 넘치는 마음으로!

黎小军: 如意吉祥!　　　　Rúyì jíxiáng!
　　　　　　　　　　　　　　좋은 일만 생기길!

李　翘: 大吉大利!　　　　Dà jí dà lì!
　　　　　　　　　　　　　　엄청난 행운이 함께 하길!

黎小军: 万事顺意!　　　　Wànshì shùnyì!
　　　　　　　　　　　　　　하는 일마다 순조롭길!

李　翘: ……友谊万岁!　　…… Yǒuyì wànsuì!
　　　　　　　　　　　　　　…… 우리들의 우정 만세!

영화 「첨밀밀」(甜蜜蜜)에 나오는 두 주인공의 대화는 중국어에서 사자성어를 이용한 간결하고 함축적인 의사소통의 예를 잘 보여준다. 여기 등장한 성어들처럼 습관적으로 널리 쓰이는 고정된 형식의 말을 숙어(熟语)라고한다. 중국어에서는 일반적으로 성어(成语), 관용어(惯用语), 속담(谚语), 끝줄임말(歇后语) 네 가지를 숙어로 본다. 이 가운데 속담은 그 자체가 문장으로 쓰이는 경우가 많고, 성어, 관용어, 끝줄임말은 문장의 구성성분으로 쓰이는 경우가 많다.

숙어는 단어가 아님에도 그것을 어휘의 한 종류로 다루는 이유는 단어처럼 형식이 고정되어 있고, 의미가 융합되어 있으며, 문장의 구성성분으로 사용되기 때문이다.

성어

성어(成语)는 간결한 구조 안에 의미심장한 내용을 담고 있는 고정적인 형식의 어휘이다. 이런 특징 때문에 성어는 복잡한 상황을 간단한 말로 표현하고자 할 때 곧잘 사용된다. 소풍 갈 준비를 마치고 모자 쓰고 물통까지 메고 잠자리에 들려던 어린아이가 '有备无患'(yǒu bèi wú huàn 유비무환)이라고 한 마디 툭 던지는 모습, 정성껏 써낸 보고서의 한귀퉁이에 선생님께서 빨간펜으로 쓴 '画蛇添足'(huà shé tiān zú 사족을 더하다)라는 한 마디가 성어의 기능과 특징을 잘 보여준다.

성어는 네 글자로 된 것이 많아 흔히 '사자성어'(四字成语)라고 한다. 유래를 살펴보면 역사 고사에서 온 것, 신화나 우언에서 온 것, 시나 산문 등의 문학작품에서 온 것, 민간의 구어에서 발생한 것 등으로 나눌 수 있다.

(1) 역사 고사

卧薪尝胆 wò xīn cháng dǎn '섶나무 위에서 자고 쓰디쓴 곰의 쓸개를 핥으며 굴욕을 되
새기다' → 목적을 이루기 위하여 괴로움을 참고 견디다.
(『사기』)

洛阳纸贵 Luòyáng zhǐ guì '(좌사의 삼도부를 사람들이 다투어 베끼느라) 낙양의 종이
값을 올리다' → 책이 잘 팔리다. (『진서』)

(2) 신화 우언

愚公移山 Yúgōng yí shān '우공이 산을 옮기다' → 의지만 있다면 어떤 어려움도 두
렵지 않다. (『열자』)

塞翁失马 sài wēng shī mǎ '변경의 늙은이가 말을 잃어버리다' → 인생의 길흉화복은
항상 바뀌어 미리 헤아릴 수가 없다. (『회남자』)

(3) 문학작품

妄自菲薄 wàng zì fěibó 함부로 자신을 하찮게 여기다. (「출사표」)

水落石出 shuǐ luò shí chū '물이 마르니 돌이 드러나다.' → 진상이 밝혀지다. (「취옹정
기」)

(4) 민간 언어

事在人为 shì zài rén wéi 일의 성공 여부는 사람이 하기에 달렸다.

半斤八两 bàn jīn bā liǎng '반근이나 8냥이나' → 피차일반, 피장파장.

한국어와 중국어의 성어

한국어에도 사자성어가 많이 쓰이는데, 중국어의 성어와 비교해보면 같은
것도 있지만 차이를 발견하게 되는 것도 있다. 글자의 구성이나 배열이 다
른 경우도 있고, 글자는 똑같은데 의미가 다른 경우도 있으며, 중국에서만
쓰는 성어가 있는가 하면 한국에서만 쓰는 성어도 있다.

한국어와 중국어에서 같은 의미로 쓰이는 성어로는 '유비무환(有備無患), 일거양득(一擧兩得), 이구동성(異口同聲), 만사여의(萬事如意), 천편일률(千篇一律)' 등이 있다. 중국어 성어 사전을 열어보면 제법 많은 성어를 서로 공유하고 있음을 알 수 있을 것이다.

다음으로 의미는 같은데 일부 한자가 다른 경우가 있다. 이런 예는 그 수가 많지는 않다.

> 새옹지마(塞翁之馬) : 塞翁失马 sài wēng shī mǎ
> 주마간산(走馬看山) : 走马看花 zǒu mǎ kàn huā
> 주마가편(走馬加鞭) : 快马加鞭 kuài mǎ jiā biān
> 삼고초려(三顧草廬) : 三顾茅庐 sān gù máo lú

또 의미는 같은데 한자의 배열순서가 다른 경우도 있다. 이런 예도 그다지 많이 보이지는 않는다.

> 소탐대실(小貪大失) : 贪小失大 tān xiǎo shī dà
> 시종일관(始終一貫) : 终始一贯 zhōng shǐ yī guàn
> 여유작작(餘裕綽綽) : 绰绰有余 chuòchuò yǒu yú

글자 구성은 같은데 의미가 다른 경우도 있다. 우리말에서 '낙화유수'는 지는 꽃과 흐르는 물로 가는 봄의 경치를 나타내거나 힘과 세력이 약해져 쇠퇴해가는 것을 비유하는 말이다. 그러나 중국어에서는 '참패하다, 산산이 부서지다'라는 뜻이다.

敵人被打得落花流水。Dírén bèi dǎ de luòhuā-liúshuǐ.

적군은 아군의 공격에 산산이 부서졌다.

중국어에는 없고 한국어에만 있는 성어도 있다. '역지사지'(易地思之)는 한국식 성어이다. 중국어에서는 '推己及人'(tuī jǐ jí rén)이라고 한다. '막상막하'(莫上莫下)는 중국어로 '不上不下'(bú shàng bú xià)이다.

자업자득(自業自得) : 自作自受 zì zuò zì shòu

개과천선(改過遷善) : 改邪归正 gǎi xié guī zhèng

마지막으로 한국어에서는 쓰지 않고 오직 중국어에서만 사용되는 성어가 있다.

老马识途 lǎo mǎ shí tú

'늙은 말이 길을 안다.' → 경험이 많으면 일에 능숙하다.

班门弄斧 Bān mén nòng fǔ

'노반(魯班)의 문 앞에서 도끼질한다.' → 공자 앞에서 문자 쓴다.

有的放矢 yǒu dì fàng shǐ

'과녁을 보고 활을 쏘다.' → 목표를 정하고 일을 하다.

속담

속담(谚语)은 표현이 통속적이면서도 깊은 의미를 담고 있는 민간의 어구이다. 우리말에서도 평범하지 않은 강렬한 표현이나 압축적이면서 통속적인 표현이 요구될 때 '호랑이도 제 말 하면 온다더니', '제 눈에 안경'과 같은 속담을 쓰게 된다. 중국인들도 일상생활에서 속담을 자주 사용한다.

중국어의 속담은 성어에 비해서 글자 수도 자유롭고 내용도 이해하기 쉽기 때문에 일상구어에서 사람들의 입에 쉽게 오르내린다. 속담은 한 구절이나 두 구절로 되어 있어서 문장의 성분으로 쓰이기보다는 그 자체로 하나의 구절이 되는 경우가 많다.

情人眼里出西施。Qíngrén yǎn lǐ chū Xīshī.
'애인 눈에는 서시로 보인다.' → 제 눈에 안경.

关公面前耍大刀。Guāngōng miànqián shuǎ dàdāo.
'관우 앞에서 큰 칼을 휘두른다.' → 공자 앞에서 문자 쓴다.

姜是老的辣。Jiāng shì lǎo de là.
'생강은 여문 것이 맵다.' → 일도 해본 사람이 낫다.

出头的椽子先烂。Chūtóu de chuánzi xiān làn.
'튀어나온 서까래가 먼저 썩는다.' → 모난 돌이 정 맞는다.

说曹操，曹操就到。Shuō Cáo Cāo, Cáo Cāo jiù dào.
'조조 얘기를 하면 조조가 나타난다.' → 호랑이도 제 말하면 온다.

吃一堑，长一智。Chī yí qiàn, zhǎng yì zhì.
'실패 한 번에 하나의 지혜가 늘어난다.' → 지혜는 경험을 통해서 얻는다.

성어나 속담은 모두 깊은 의미를 담고 있지만, 성어가 문어적인 데 반해 속담은 구어적인 특징이 강하다. 이 때문에 '班门弄斧'와 '关公面前耍大刀', '老马识途'와 '姜是老的辣'처럼 의미가 유사한 성어와 속담의 쌍이 있을 때는 격식을 갖추는 자리에서 성어를 주로 쓰고 스스럼없는 자리에서 속담을 많이 쓴다. 이런 쌍들을 모아 수록한『중국어 성어·속담 대조사전』(汉语成语俗语对照洞典) 같은 책도 있다.

관용어

관용어(惯用语)는 구어에서 관습적으로 형성된 의미를 표현하는 고정된 형식의 구이다. 관용어의 의미는 성어처럼 깊은 철리를 담고 있거나 속담처럼 많은 내용이 담겨 있는 것은 아니다. 단어나 구로도 가능한 말을 관습적으로 형성된 독특한 표현을 사용하기 때문에 문면의 의미에서 그 의미를 도출하는 것이 어려운 경우가 많다. 예컨대 '拍马屁'(pāi mǎpì)는 문자 그대로는 '말엉덩이를 두드리다' 이지만 관용적으로는 '아부하다' 의 의미로 쓰인다. 단어를 익히듯 관용어의 의미와 용법을 익혀야 하는 까닭이 여기에 있다.

관용어는 시대정신을 빠르고 강렬하게 반영한다. 필요에 따라 수시로 만들어지며, 곧바로 널리 전파된다. '走后门'(뒷거래하다), '关系学'(인간관계학) 같은 말들은 신시기(新时期)라는 역사적 · 사회적 배경에서 만들어진 것이다.

> 他是走后门进到这里来的。 Tā shì zǒu hòumén jìn dào zhèlǐ lái de.
> 그는 연줄을 통해서 여기에 취직했다.
>
> 要搞好关系学。 Yào gǎo hǎo guānxìxué.
> 인간관계를 잘 처리할 줄 알아야 한다.

성어가 네 글자 구조가 많은 데 반해 관용어는 세 글자인 것이 대다수인데, 간혹 글자 수가 더 많은 것도 있다.

碰钉子 　　　　　　　　　开绿钉
pèng dīngzi 난관에 부딪치다 　　kāi lǜdēng 허락하다. 앞으로 나아가게 하다

単打一
dāndǎyī 한쪽으로만 전념하다

马后炮
mǎhòupào 뒷북, 사후약방문

揭不开锅
jiēbukāi guō 먹을 것이 없다

不管三七二十一
bùguǎn sān qī èrshí yī 다짜고짜

관용어는 '동사+목적어' 구조인 것이 많아서 그 사이에 조사나 관형어 등이 삽입되거나 아예 목적어가 문두로 이동할 수도 있다. 이 때문에 문장에 등장하는 관용어의 실체를 파악하지 못하면 사전을 찾을 때 애를 먹는 일이 생긴다.

拍马屁   拍领导的马屁。Pāi lǐngdǎo de mǎpì. 상사에게 아부하다.

马屁拍得挺有水平。Mǎpì pāi de tǐng yǒu shuǐpíng. 아부가 수준급에 이르렀군.

碰钉子   碰了不少钉子。Pèng le bùshǎo dīngzi. 적잖은 장애물을 만났다.

钉子碰了不少。Dīngzi pèng le bùshǎo. 장애물을 적잖이 만났다.

끝줄임말

끝줄임말(歇后语)은 비유적인 표현의 앞부분과 그 의미를 직설적으로 풀어낸 뒷부분의 두 부분으로 이루어진 어구로서 그로부터 수수께끼 풀이와 같은 즐거움과 수사적인 효과를 준다. 앞부분만 말하는 경우가 곧잘 있기 때문에 '뒷부분을 쉰다'(歇后)는 의미로 끝줄임말이라는 이름이 만들어졌다.

끝줄임말의 앞뒤 두 부분은 수수께끼의 문제와 풀이의 관계처럼 되어 있다. 예컨대 '개가 쥐를 잡는다'는 표현을 통해 제 일이 아닌 고양이 일에 간섭한다는 의미를 비유적으로 나타내고, 그 뒤에 '쓸데없이 참견한다'는 뜻풀이를 덧붙이는 것이다.

狗拿耗子 　　　　　— 　　多管闲事 gǒu ná hàozi, duō guǎn xiánshì.
개가 쥐를 잡는다(비유) 　　　　쓸데없이 참견한다(본 뜻)

끝줄임말은 앞구절의 수사법에 따라 크게 비유법을 사용한 것과 해음(諧音)을 사용한 것의 두 부류로 나눌 수 있다(해음에 대해서는 5장 3절 참고).

(1) 비유

千里送鹅毛 – 礼轻人情重。Qiānlǐ sòng émáo, lǐ qīng rénqíng zhòng.
천리 밖에서 거위 깃털을 보내다. – 선물은 보잘것없지만 마음은 깊다.

泥菩萨过河 – 自身难保。Nípúsà guò hé, zìshēn nán bǎo.
진흙 부처가 강물을 건넌다. – 제 몸뚱이도 간수하기 어렵다(내 코가 석 자).

哑巴吃黄连 – 有苦说不出。Yǎba chī huánglián, yǒu kǔ shuōbuchū.
벙어리가 황련을 먹다. – 쓰디써도(고충이 있어도) 말을 못한다.

(2) 해음

外甥打灯笼 – 照舅(旧)。Wàishēng dǎ dēnglong, zhàojiù.
외조카가 등불을 밝히다. – 외삼촌을 비추다(照旧 : 하던 대로 하다).

老九的弟弟 – 老十(实)。Lǎojiǔ de dìdi, lǎoshi.
아홉째의 동생. – 열 번째(老实 : 성실하다).

孔夫子搬家 – 净是书(输)。Kǒngfūzǐ bānjiā, jìng shì shū.
공자가 이사하다. – 온통 책뿐이다(净是输 : 매번 지기만 한다).

이상으로 중국어의 숙어들을 살펴보았다. 성어는 형식과 글자가 가장 고정적이어서 같은 의미를 나타내는 다른 글자로 대체하는 것이 불가능한 경우가 많은데, 관용어나 속담, 끝줄임말은 글자를 조금씩 달리 쓰는 경우도 있다. 다른 언어와 마찬가지로 중국어에서도 숙어는 언어표현을 간결하면서도 풍부하게 만들어주는 요소이다.

5

———

단어의 의미

———

언어는 의사소통의 도구이다. 의사(意思) 소통이라는 말에 이미 잘 드러나 있는 것처럼 언어는 궁극적으로 의미를 전달하는 도구이다. 의사소통은 기본적으로 문장단위로 진행되는데, 문장이 담고 있는 의미는 문장의 구성성분인 단어의 의미로부터 출발한다.

이 장에서는 의미의 의미는 무엇인지, 단어의 의미를 더 작은 의미자질로 나눠 보는 방법, 그리고 하나의 의미만 가진 단의어와 한 단어가 여러 가지 의미를 가지는 다의어 등에 대해서 살펴보고자 한다. 이어서 발음이 같은 동음어를 의미표현에 활용하는 방법을 알아보고, 의미가 같거나 비슷한 단어들 사이의 동의관계, 의미가 상반되는 단어들의 반의관계, 그리고 끝으로 낱말밭과 하의관계로 나누어 그 특징은 무엇인지 알아보려 한다.

| 1 | 의미란 무엇인가

의미의 의미

의미(meaning)란 전통적으로 단어가 지시하는 사물과 동일한 것으로 간주되어 왔다. 즉 '老虎'(lǎohǔ)는 호랑이라는 동물을 가리킨다는 것이다. 이처럼 어떤 표현이 가리키는 것이 그 표현의 의미라고 생각하는 견해를 '지시설'이라고 한다. 하지만 어떤 표현이 지시하는 사물이 항상 존재하는 것은 아니다. 지시설에 따르면 'dragon'이나 '龙'(lóng 용), 'phoenix'나 '凤凰'(fènghuáng 봉황)처럼 존재하지 않는 사물을 가리키는 단어는 의미가 없다는 이상한 결론에 이르게 된다. 또

老虎 - 호랑이

존재하던 사물이 사라졌을 때도 문제가 되며 '启明星'(qǐmíngxīng 샛별)과 '金星'(jīnxīng 금성)처럼 지시물은 같지만 기호가 다른 경우도 설명하기 어렵다.

이러한 문제점은 의미를 다른 방식으로 이해할 때 해결이 가능해진다. 우리가 '어떤 것이 무엇을 의미한다'고 말할 때, '의미한다'는 '가리킨다'는 뜻일 수도 있고 '나타낸다'는 뜻일 수도 있다. '가리킨다'는 것은 객관적인 실체를 지시한다는 뜻이고 '나타낸다'는 것은 개념이나 속성을 표시한다는 뜻이다. 언어학에서는 '의미한다'가 지닌 이러한 두 가지 속성을 각각 지시(reference)와 의의(sense)라고 한다.

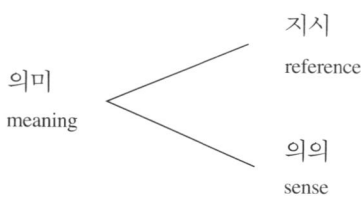

의미를 이렇게 나눠볼 경우, '老虎'(호랑이, tiger)는 의의와 지시물을 모두 가지고 있지만 '龙'(용, dragon)은 의의만 있고 지시물은 없다고 설명할 수 있다. 이처럼 단어 중에는 표시기능(의의)은 가지고 있지만 지시기능은 가지고 있지 않은 것들이 있는 것이다.

  한편 말을 기호(symbol)와 개념(concept)과 지시물(referent)로 나누어 설명하는 방식이 있다. 예를 들어 '나무'라고 표기되는 단어가 있다면 이때 한글로 표기된 '나무'는 기호가 된다. 한국인은 '나무'라는 말을 들으면 곧바로 '나무'에 대한 어떤 개념이 떠오른다. '딱딱하다, 줄기와 가지와 잎이 있다, 뿌리도 있다, 여름에는 잎이 무성하고 겨울에는 앙상한 가지만 남는다' 등. 이러한 개념은 여러 가지 나무들이 지닌 다양한 속성 중에서 특징적이면서 공통적인 성질을 바탕으로 만들어진 것이다. 그리고 한국인은 '무엇이 나무냐?'는 질문에 구체적으로 주위에 있는 어떤 나무를 지시할 수 있다. 한편 이러저러한 나무들을 '나무'라고 부르는 것은 한국어에 국한된다. 중국어로는 shù(树)라 하고, 영어로는 tree라 하고 일본어로는 き(木 ki)라 한다. 기

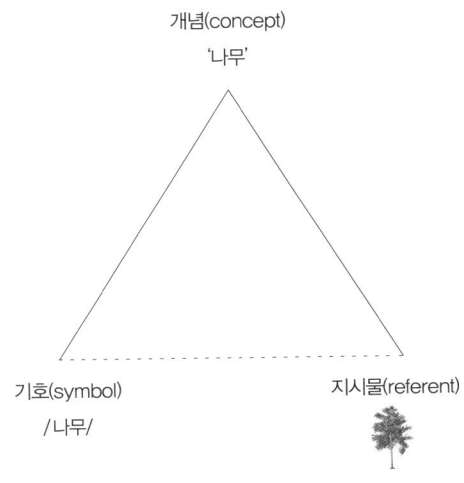

개념(concept)
'나무'

기호(symbol)
/나무/

지시물(referent)

호와 지시물 사이에 필연적인 연결고리가 없는 것이다. 그 결과 기호와 직접적으로 관련을 맺는 것은 지시물을 제외한 개념이 된다. 이들 사이의 관계는 다음과 같이 표현된다. 이것을 의미삼각형이라 한다.

　의미를 용법으로 보는 견해도 있다. 단어의 의미는 언어에서 그것이 어떻게 쓰이느냐에 따라 결정된다는 것이다. 예컨대 '看电影'(kàn diànyǐng 영화 보다)의 '看'은 '감상', '看书'(kàn shū 책을 보다)의 '看'은 '독서', '看病'(kàn bìng 진료하다)의 '看'은 '진찰, 치료'의 의미라는 것을 '看'의 실제 쓰임(용법)을 통해 파악하는 것이다. '용법설'이라 불리는 이 견해는 다의어의 분석에 유용하다.

어휘적 의미와 문법적 의미

단어의 의미를 분류하는 여러 가지 방법 중 하나는 단어의 의미를 어휘적 의미(lexical meaning)와 문법적 의미(grammatical meaning)로 나누는 것이다. 어휘적 의미란 단어가 반영하고 있는 내용으로서의 의미를 말한다. '人'(rén 사람), '跑'(pǎo 달리다) 등은 사물이나 행위를, '爱情'(àiqíng 애정)은 추상적인 감정을 담고 있다. '零'(líng 영), '无'(wú 없다) 같은 단어는 언뜻 반영물이 없다고 생각할 수도 있지만 실은 그 '없음'이라는 현상 혹은 개념을 반영하고 있다. 이렇게 단어들이 반영하고 있는 의미, 즉 우리가 단어의 뜻이라고 부르는 의미를 어휘적 의미라고 한다.

　문법적 의미는 구조적 의미(structural meaning)라고도 하는데, 단어들이 문장에서 사용될 때 문장구조 속의 위치에 따라 갖게 되는 의미를 말한다. '这个人要跑'(Zhège rén yào pǎo. 이 사람이 달리려고 한다)라는 문장에서 '人'은 주어로 쓰였고 '跑'는 술어로 쓰였다. 이 두 단어는 '人(주어) + 跑(술어)'의 관계로는 만날 수 있지만 '跑(주어) + 人(술어)'의 관계로는 만나지 못한다. 이처럼 단어가 문장을 형성할 때 갖는 기능, 용법, 관계 등을 문법적 의미라고 한다.

언어에는 어휘적 의미는 없고 문법적 의미만을 가진 단어들이 있다. 예 컨대 '我和你'(wǒ hé nǐ 나와 너)라고 할 때의 '和'나 '我的朋友'(wǒ de péngyou 내 친구)라고 할 때의 '的' 같은 단어에는 어휘적 의미가 없다. '和'는 단어와 단어를 연결해주는 접속의 '기능'만 할 뿐이며, '的'는 수식어와 피수식어 사이에서 수식관계를 표시해주는 '기능'만 할 뿐이다.

개념의미와 연상의미

'月儿'(yuè'ér), '月球'(yuèqiú)는 모두 '달'(月亮 yuèliang)이라는 뜻을 갖는다. 이 것을 '月儿'과 '月球'의 개념의미라고 하는데, 의미의 개념적인 부분을 가 리키며 이성의미라고도 한다. 한편 '月儿'은 사람들에게 친근감을 주므로 시나 소설 같은 문학작품에서 많이 쓰이는 반면, '月球'는 딱딱한 느낌을 주며 과학적인 글에 주로 쓰인다. '月亮'은 그 중간쯤 된다. 이 예에서처럼 단어는 개념의미 외에 이런저런 부가적인 의미를 가지는데, 이를 중국에서 는 '색채의미'(色彩意义)라고 한다. 우리는 이를 '연상의미'(associative meaning)라고 부르기로 하겠다.

연상의미에는 다음과 같은 여러 가지가 있다. '成果'(chéngguǒ 성과)는 어떤 일의 결과를 가리킨다. 그렇지만 '成果'라는 말에는 거기에 더하여 긍정적 인 뉘앙스가 있다. '后果'(hòuguǒ)도 어떤 일의 결과를 가리키지만 여기엔 반 대로 부정적인 뉘앙스가 담겨 있다. 단어가 주는 이런 정서적인 느낌을 '감 정색채' 즉 '정서적 의미'라고 한다. 만남을 나타내는 '会晤'(huìwù 회견하다) 라는 말이 있다. 이 말은 '见面'(jiànmiàn 만나다)과 동의어이지만 주로 글말에 쓰이기 때문에 문어적인 느낌을 준다. 이렇게 주로 쓰이는 어체에서 비롯 되는 느낌을 '풍격색채' 즉 '문체적 의미'라고 한다. 앞서 예로 든 '月儿'과

'月球'의 차이도 문체적 의미의 차이로 설명할 수 있다. '水泥'(shuǐní)와 '洋灰'(yánghuī)는 모두 '시멘트'를 가리킨다. 그렇지만 전자는 물에 반죽해서 쓰는 진흙같이 생긴 것이라는 느낌을 주는 데 반해 후자는 서양에서 온 가루라는 느낌을 준다. 이렇게 단어가 주는 시각, 청각, 후각, 미각 등의 느낌을 '형상색채' 즉 '형상적 의미'라고 한다.

연상의미를 잘 이해하는 것은 동의어를 적절하게 구별하여 사용하는 데 도움을 준다. 긍정적인 내용의 문장에 부정적인 느낌의 단어를 사용하거나 과학 논문에 너무 문학적이거나 구어적인 단어를 사용한다면 좋은 글이 될 수 없으므로 문맥에 따라 적절한 단어를 선택해서 사용해야 한다.

의미자질

단어의 의미는 몇 개의 자질(features)로 표시할 수 있다. 예컨대 '哥哥'(형/오빠)라는 단어에 대해서 〔+사람〕〔+친족〕〔+연장자〕〔+남성〕 등으로 의미를 구성하는 성분을 나누어 표시하는 것이다. 이와 같은 의미의 성분을 의미자질(semantic feature)이라고 하고 이렇게 의미를 분석하는 것을 의미성분분석(componential analysis)이라고 한다. 의미자질은 보통 +와 −기호를 사용해서 표시한다. 물론 위의 예에서 〔+남성〕은 〔-여성〕으로 표기해도 무방하다. 초기에 성 평등에 대한 의식이 없이 만들어진 것을 지금도 습관적으로 쓰고 있을 뿐이다.

妹妹(mèimei 여동생) : 〔+사람〕〔+친족〕〔-연장자〕〔-남성〕……
石头(shítou 돌멩이) : 〔+구체〕〔-생물〕〔+딱딱한〕……

어떤 말의 의미특성을 정확히 묘사하려 한다면 의미자질의 개수는 무수히 많아질 것이다. 하지만 실제 언어분석에서는 보통 의미특성을 나타내는 데 필요한 최소한도 내에서 사용한다. 이렇게 의미자질을 언어분석에 사용하면 단어의 의미파악과 아울러 다른 단어와의 의미관계도 쉽게 설명할 수 있다.

단어 사이의 의미관계

단어들 사이에는 의미가 같은 것, 의미가 반대인 것, 한 단어의 의미가 다른 단어의 의미에 포함되는 것 등등 여러 가지 관계가 있는데, 다음의 몇 가지로 정리할 수 있다.

의미관계 유형	의미	발음
다의어	상호 관련	일치
동음어	불일치	일치
동의어	일치 또는 유사	불일치
반의어	대립 또는 상반	불일치
하의어	귀속 또는 포함	불일치

아래에서 이 다섯 가지 의미관계에 대해 자세히 살펴보자.

| 2 | 단어의 다의성

단의어와 다의어

단어 중에는 오직 하나의 의미만을 가지는 것이 있다. 이를 단의어(monosemy)라고 하는데 주로 다음의 세 가지를 들 수 있다.

(1) 일상에서 접하는 사물의 명칭

桌子	沙发	电视机 ……
zhuōzi	shāfā	diànshìjī
테이블	소파	텔레비전

(2) 고유명사

上海	李白	黄河	长江 ……
Shànghǎi	Lǐ Bái	Huánghé	Chángjiāng
상하이	이백	황허	창장

(3) 전문용어

尼龙	函数	电子 ……
nílóng	hánshù	diànzǐ
나일론	함수	전자

이와 달리 하나의 단어가 여러 개의 의미를 나타내는 경우가 있는데, 그런 단어를 다의어(polysemy)라고 한다. 중국어 사전을 펼쳐보면 알 수 있듯 대부분의 단어는 여러 개의 의미를 지닌 다의어이다. 동사 '说'(shuō)는 '말하다'와 '설명하다', '나무라다'라는 세 가지 의미를 지닌 다의어이다. 그리고 사용빈도가 높은 단어일수록 나타내는 의미도 더 많고 다양하다. 아래에서 살펴볼 '开'라는 동사는 최소한 16개의 의미로 쓰인다. 다의성은 어느 언어에나 보편적으로 나타나는 현상이다. 예컨대 옥스퍼드 영어사전(OED)에서 영어 run은 '달리다'를 필두로 하여 모두 82개의 풀이가 실려 있다.

다의어의 생성과정

사실 모든 단어는 처음 형성되었을 때 한 가지 의미만을 나타냈을 것이다.

본래는 단의어이던 말들이 발전과 변화를 거쳐 다의어가 된다. 한 단어가 여러 개의 의미를 가질 때 그 의미들이 하나의 단어로 묶이려면 그 의미들 사이에 유연성(有緣性)이 인식되어야 한다. 다시 말해서 의미들 사이에 관련성이 인식된다면 하나의 단어로 표현하게 되고, 그 과정에서 단어의 의미는 풍부해진다. 이것을 의미의 확장이라고 한다.

동사 '开'를 예로 들어 설명해보자. '开'의 원래 의미는 소전(小篆)開에서 알 수 있듯 '빗장(-)'을 두 손으로 제거하고 문을 열다'라는 뜻이다.

(1) 开门。Kāi mén. 문을 열다

이러한 의미는 쉽게 유사한 상황으로 확장 적용된다. 문이 아니라도 일단 닫혀 있는 것을 여는 데 '开'를 쓰게 된다.

(2) 开{窗户, 抽屉, 锁} kāi {chuānghu, chōuti, suǒ} {창문, 서랍, 자물쇠}를 열다

'开'의 의미는 더 확장되어 붙어 있는 것을 분리시키는 데에도 쓰인다.

(3) a. 路开通了。Lù kāitōng le. 길이 개통되었다.

　　b. 铁树开花了。Tiěshù kāihuā le. 소철이 꽃을 피웠다.

　　c. 老板把他开了。Lǎobǎn bǎ tā kāi le. 사장은 그를 해고시켰다.

　　d. 开汽车。Kāi qìchē. 자동차를 몰다.

길이 개통된다는 것은 이어져 있던 땅이 길로 인해 분리된다는 말이고, 꽃이 핀다는 것은 오므려져 있던 것이 분리되어 펼쳐진다는 말이고, 해고

한다는 것은 누군가를 원래 있던 자리에서 분리하여 떼어내 버린다는 말이고, 자동차를 몬다는 것은 차를 원래에 있던 자리에서 분리하여 이동시킨다는 말이다. 위와 같이 다양한 의미들이 '开'로 표현될 수 있는 까닭은 바로 그것들이 '분리'라는 의미를 공유하기 때문이다. 다음의 경우도 '분리'의 의미를 공유하는 사례이다.

> (4) a. 开工资。Kāi gōngzī. 임금을 지불하다.
>
> b. 开收据。Kāi shōujù. 영수증을 발부하다.

임금을 지불한다는 것은 내가 가지고 있는 돈 중 일부를 나누어준다는 뜻이고, 영수증을 발부한다는 것은 영수증을 끊어준다는 뜻이다.

한편 '문을 열다'라는 '开'의 기본 의미는 어떤 일을 시작하거나 행한다는 의미로 확장되어 쓰인다.

> (5) a. 工厂正式开工。Gōngchǎng zhèngshì kāigōng. 공장이 정식으로 작업을 시작하다.
>
> b. 开了一个医院。Kāile yí gè yīyuàn. 병원을 개업하다.

'开'가 보어로 쓰일 때에도 그것이 나타내는 의미는 '분리'라는 의미를 중심으로 확장되는 것으로 보인다.

> (6) a. 请站开一些。Qǐng zhànkāi yīxiē. 좀 떨어져 서세요.
>
> b. 请勿随便走开。Qǐng wù suíbiàn zǒukāi. 마음대로 떠나지 마세요.
>
> c. 消息一下就传开了。Xiāoxi yīxià jiù chuánkāi le. 그 소식이 금방 퍼져나갔다.

중심의미가 항상 그 단어의 원래의미와 일치하는 것은 아니다. 예컨대 오늘날 현대중국어에서 중심의미가 '걷다' 인 '走'의 원래 의미는 '달리다' 였다. 이 단어가 의미 변화를 일으켜 원래 의미를 상실하고 '걷다, 떠나다, 사라지다' 라는 의미로 쓰이는 것이다. 한편 현대중국어에서 '달리다' 라는 의미는 '跑' 가 대신하고 있다.

'开' 의 의미 가운데 '열다' 를 중심의미라 하고 나머지를 주변의미라고 한다. 중심의미가 언어의 사용과정에서 적용범위를 넓혀가면서 다양한 주변의미를 갖게 되는 것이 일반적이다.

다의어의 사용

이제 구체적으로 언어의 다의성이 어떤 문제를 일으키는지 살펴보자. 단어가 나타내는 다양한 의미를 모르면 때로 의사소통에 문제가 생길 수도 있다.

有一对男女朋友一起骑车出去玩, 结果, 半路上没油了。于是两人去加油, 眼看加油站就在前头, 女孩的帽子突然被风吹走了。男孩说, 我去捡帽子, 你来加油, 女孩说"好"。男孩就跑去捡帽子, 捡到帽子后, 回头一看, 那女孩站在那里高喊："加油！加油！"

Yǒu yí duì nánnǚ péngyou yìqǐ qí chē chūqù wán, jiéguǒ, bànlù shang méi yóu le. Yúshì liǎng rén qù jiāyóu, yǎnkàn jiāyóuzhàn jiù zài qiántou, nǚhái de màozi tūrán bèi fēng chuī zǒu le. Nánhái shuō, wǒ qù jiǎn màozi, nǐ lái jiāyóu, nǚhái shuō "hǎo". Nánhái jiù pǎoqù jiǎn màozi, jiǎn dào màozi hòu, huítóu yí kàn, nà nǚhái zhàn zài nàli gāo hǎn : "Jiāyóu! Jiāyóu!"

남녀 한 쌍이 함께 오토바이를 타고 놀러 나갔다. 그런데 도중에 기름이 떨어져서 둘은 주유하러 가게 되었다. 눈앞에 주유소가 바로 보일 때쯤 갑자기 여자의 모자가 바람에 날아가 버렸다. 남자가 말했다. "내가 가서 모자 주워 올 테니까 네가 '加油'해!" 그러자 여자는 "좋아"라고 대답했다. 남자가 달려가서 모자를 줍고 뒤돌아보니 여자는 저쪽에 서서 큰소리로 '화이팅! 화이팅!' 하고 소리치고 있었다.

중국어로 '화이팅'이라고 응원을 할 때 '加油'라는 말을 사용한다. 그런데 '加油'는 '기름을 넣다'라는 의미로도 쓰인다. '你来加油'는 '네가 기름 넣어라'라는 뜻도 되지만 '네가 응원해라'라는 말도 된다.

다의어를 사용할 때는 오해를 피할 수 있도록 신중을 기해야 한다. 안 그러면 두 가지 해석의 여지를 남기게 되므로 불필요한 문제를 일으킬 수 있다. 예컨대 차용증서를 쓰면서 '张某借李某三十万元。'(Zhāng Mǒu jiè Lǐ Mǒu sānshí wàn yuán.)이라고 쓰면, 이것은 '장 아무개가 이 아무개에게 삼십만 위안을 빌려주다'와 '장 아무개가 이 아무개에게 삼십만 위안을 빌리다'의 두 가지 의미로 해석되기 때문에 나중에 말썽이 생길 수 있다. 이를 피하기 위해 빌려주는 경우에는 전치사 '给'(gěi)를 쓰고 빌리는 경우에는 전치사 '向'(xiàng)을 쓴다.

한 가지 예를 더 살펴보자. '打招呼'(dǎ zhāohu)는 '말이나 손짓으로 인사를 건네다'와 '먼저 연락하다'의 의미를 가지고 있다. 다음에서는 어떤 의미로 쓰였을까?

你在中国人家里做过客吗？一般去做客以前，要先打个招呼。去认识的朋友家，有时也不一定打招呼。初次去做客，一般要带点儿水果等小礼物。

Nǐ zài Zhōngguórén jiā lǐ zuòguo kè ma? Yìbān qù zuòkè yǐqián, yào xiān dǎ ge zhāohu. Qù rènshi de péngyou jiā, yǒushí yě bù yídìng dǎ zhāohu. Chū cì qù zuòkè, yìbān yào dài diǎnr shuǐguǒ děng xiǎo lǐwù.

여기에서는 두 번째의 의미로 쓰였으므로 다음과 같이 해석되어야 한다.

중국사람 집에 손님으로 방문한 적이 있습니까? 보통 방문하기 전에 전화 같은 것을 해서 연락을 취해야 합니다. 안면이 있는 사람 집이라면 연락을 하지 않고 가는 경우도 있을 수 있지만 말이죠. 처음 방문하는 경우라면 대개 과일 같은 선물을 조금 준비합니다.

의미성분 분석은 다의어의 의미관계를 관찰하는 데 적절하게 활용될 수 있다. 예컨대 '走'(zǒu)가 지닌 세 개의 의미 항목을 분석해보자.

'走'	이동	동물	두 발의 움직임	지표면
① 걷다	+	+	+	+
② 떠나다	+	+	±	±
③ (냄새가) 사라지다	+	−	−	−

이 분석을 통해 세 개의 의미항목은 〔이동〕이라는 의미성분을 공유하면서 나머지 의미성분을 보유하는 데 있어서만 차이를 보인다는 것을 알 수 있다. 참고로 현대중국어에서 네 발 짐승의 이동에 대해서는 '跑'(pǎo)를 쓴다.

| 3 | 동음관계

동음어

영화배우 저우룬파(周潤发)는 이름 덕분에 샴푸 광고 모델이 되었다. '润发'(rùn fā)는 '모발을 윤기 있게 하다'는 뜻이 되는데, 저우룬파의 '发'(fā)와 모

발을 뜻하는 '发'(fà)는 성조만 다를 뿐 나머지 발음은 똑같다. '开门'(kāimén 문을 열다)의 '开'는 '열다'라는 뜻이지만 '十四开金'(shísì kāi jīn 14K 금)의 '开'는 캐럿(karat)을 음차한 것이다. 또 중국에서는 배(梨)를 나누어 먹지 않는데, '배를 나누다'라고 할 때의 '分梨'(fēn lí)가 '헤어지다'의 '分离'(fēnlí)와 발음이 같기 때문이다. 괘종시계(钟)를 선물하지 않는 것도 같은 이유다. '시계를 선물하다'의 '送钟'(sòng zhōng)이 '장례 치르다'의 '送终'(sòngzhōng)과 발음이 같다. 이렇게 발음은 같지만 뜻은 다른 단어를 동음어, 또는 동음이의어(homonym)라고 하고, 이런 현상을 중국어로는 '谐音'(xiéyīn 해음)이라 한다.

일반적으로 중국어에서 동음어라고 하면 형태가 다른 것, 즉 글자는 다르고 발음은 같은 것을 말한다. 그러므로 정확하게 말하면 '이형동음이의어'이다. 하지만 동형동음이의어도 존재한다. 위에 예로 든 '开'(열다)와 '开'(캐럿)이 그런 경우이다. 영어의 bat(방망이)과 bat(박쥐)가 그렇듯 이 둘은 글자는 같지만 별개의 단어이다. 한 단어라면 여러 의미를 가진 다의어라고 하겠지만, 별개의 단어이기 때문에 이 경우는 동음이의어이다. 동음이의어는 유한한 소리에 무한한 의미를 실어야 하는 언어의 특성에서 비롯되는 것으로 인간의 언어가 운명적으로 지니고 있는 속성의 하나라고 할 수 있다.

중국어는 다른 언어에 비해 동음이의어가 많은 편이다. 이는 글자수와 음절 수의 현격한 차이에서 기인한다. 성모와 운모의 결합에 의해 만들어지는 중국어 기초 음절의 개수는 399개이고 거기에 성조를 더하면 1,206개인데 한자의 수는 이보다 훨씬 많다. 상용자는 3,500자이고 통용자는 7,000자이다. 많은 글자를 소수의 한정된 음절로 표현하다 보니 발음은 같

한국어의 '눈'은 사람의 눈도 될 수 있고 겨울에 하늘에서 내리는 눈도 될 수 있다. "눈 오는 날에 눈(雪)이 눈(目)에 들어가 눈물을 흘리면 눈물이라 하겠습니까, 눈물이라 하겠습니까?"라는 구절은 유명하다. 또 한국의 어른들은 '빗'(comb)이 '빚'(debt)과 발음이 같다고 해서 선물을 하면 안 되는 것으로 여기고 있다.

지만 의미가 다른 동음자가 많다. 이렇게 동음자가 많다보니 두 글자 이상을 조합하여 만들어진 단어도 동음인 쌍들이 많을 수밖에 없다. 『현대중국어 동음어 사전』(現代汉语同音词典)에는 '机关(jīguān 기관)-鸡冠(jīguān 닭의 벗)'과 같은 동음어 약 1만 5,000단어가 수록되어 있는데, 동음어군으로 묶은 수치로도 약 7,000개 그룹에 달한다.

동음어의 활용

중국인들은 동음어를 의식적으로 사용하여 재미를 선사하는 경우가 많다. 음력설이 되면 중국거리 곳곳에서 상하가 뒤바뀐 '福'(fú)자를 볼 수 있다. 한국의 중화요리 집에 가도 벽에 붙어 있는 거꾸로 된 '福'자를 쉽게 볼 수 있다. 중국어에서 '뒤집히다'라는 의미의 '倒'(dào)는 '오다'라는 의미의 '到'(dào)와 발음이 같다. 따라서 '福'자가 거꾸로 뒤집혔다는 뜻의 '福倒了'는 '福到了'(복이 왔다)가 된다. 거꾸로 붙여진 '福'자에는 '복이 왔다'는 의미가 담기게 되는 것이다.

중국에서 설날 집 안에 거는 그림을 '年画'(niánhuà)라고 한다. '年画'에 많이 등장하는 그림 소재가 바로 물고기와 연꽃인데 여기서 '鱼'(yú)와 '莲'(lián)은 특별한 의미를 담고 있다. 이 그림을 두고 '连年有余'(lián nián yǒu yú)라고 읽으면 해마다 늘 풍요롭다는 뜻이 된다. 남을 여(余)자와 물고기 어

(鱼)가 동음이고, 연꽃 련(蓮)과 이을 련(连)이 동음인 것에 착안하여 연꽃과 물고기로 한 해의 풍요를 나타낸 것이다. l과 n을 구분하지 않는 방언지역으로 가면 '年年有余'(nián nián yǒu yú)로도 읽을 수 있게 된다.

'연꽃들 사이에 물고기가 있다'는 말과 '해마다 풍요롭다'는 말이 동음어에 의해 중의적으로 겹치는 것이다.

중국어에서 기관지염은 공처가를 의미한다. 기관지염을 뜻하는 '气管炎'(qìguǎnyán)과 '妻管严'(qī guǎn yán 아내의 간섭이 엄하다)이 거의 동음이기 때문이다. 침대 머리맡의 협탁을 가리키는 '床头柜'(chuángtóuguì)도 공처가를 의미한다. '床头跪'(chuángtóu guì 침대 머리맡에 꿇어앉다)와 동음이기 때문이다. 우리가 예전에 무선호출기 삐삐를 사용할 때 '빨리빨리'를 숫자로 '8282'라고 표현했던 것처럼 중국어에도 숫자의 발음을 이용한 표현이 많이 있다. 인터넷상에서 쓰이는 숫자표현 중에서 '1414'는 '意思意思'(yìsi yìsi 작은 성의), '7456'는 '气死我了'(qì sǐ wǒ le 열 받아 죽겠다)를 의미한다.

동음어는 특히 유머나 신문의 타이틀, 그리고 현대 자본주의 상품경제의 꽃이라고 일컬어지는 광고 카피에서 그 특유의 진가를 발휘한다. 광고 속의 문장 '随时随地吃个"堡"'(suíshí-suídì chī gè bǎo)는 '언제 어디서나 햄버거 하나 먹는다'라는 뜻인데 "堡"에 따옴표를 찍어놓은 것은 또 다른 의도가 있다는 표시이다. '堡'는 '饱'와 발음이 같다. 결국 '随时随地吃个饱'(언제 어디서든 배불리 먹는다)라는 뜻이 된다. 광고는 너무 어려우면

안 된다. 일반 소비자들이 읽고 약간만 생각하면 즉시 숨은 의미를 알 수 있어야 한다. 그러므로 광고에서 활용하는 정도의 동음 현상은 우리도 기본적으로 알아두어야 한다고 말할 수 있다. 몇 개의 예를 더 보자.

'酒死一生' jiǔ sǐ yī shēng
= 九死一生 : 구사일생. 여러 번 죽을 뻔하다 겨우 살아나다.
술로 죽었다가 (이 약을 먹고) 살아납니다. 〔숙취해소제, 알코올중독 치료제 광고〕

'十泉十美' shí quán shí měi = 十全十美(완전무결하다)
열 샘물이면 열 샘물 모두 훌륭하다. 〔생수회사 광고〕

'食全食美' shí quán shí měi = 十全十美(완전무결하다)
음식이 다 갖춰져 있고, 모두 훌륭하다. 〔식품회사, 식당 광고〕

'八鲜过海, 各显神通' bā xiān guò hǎi, gè xiǎn shén tōng = 八仙过海, 各显神通(여덟 신선이 바다를 건너다. 각자 제 수완을 발휘하다)
온갖 해물이 바다를 건너다. 해물 메뉴 하나하나가 뛰어난 맛을 자랑하다. 〔해물 음식점 광고〕

'广开岩路' guǎng kāi yán lù = 广开言路(언로를 크게 열다. 누구나 의견을 말하게 하다)
바윗길을 넓게 열다. 〔다이너마이트 광고〕

'三味一体' sān wèi yì tǐ = 三位一体(삼위일체)
세 가지 맛(갖가지 맛)이 한 몸이 되다. 〔조미료 광고〕

'睛明强干' jīng míng qiáng gàn = 精明强干 (매우 기민하고 총명하고 유능하다)
눈이 밝고 강건하면 유능하다. 〔눈병치료제, 안과 광고〕

[문학작품 속의 동음어 유희] ────────────────

다음에 예시한 다큐멘터리 형식의 문학작품 『황릉의 비밀』의 한 대목은 동음어를 활용한 유머를
잘 보여준다.

　　접시에 담긴 음식을 다 비우고서 "이건 가정(嘉靖 jiājìng) 때 거라네. '집어 다 놓으니까
'깨끗해졌잖은가'!" 〔'嘉'(jiā) = '夹'(jiā 집다), '靖'(jìng) = '净'(jìng 깨끗하다)〕

　　국그릇을 엎으며 "이것은 도광(道光) 연간의 것이지. '쏟아부으니까' '비어버렸잖아'. 안
그래?" 〔'道'(dào) = '倒'(dào 쏟다), '光'(guāng 비어서 아무것도 없다)〕

　　"내가 그냥 여러분에게 계속해서 음식을 주고 있잖아. 그러니 이 그릇은 분명 광서(光绪)
연간에 나온 것일 게야." 〔'光'(그냥), '绪'(xū) = '续'(xù 계속하다, 여기선 계속 공급하다)〕

　　"백자(白瓷 báicí)라…… 아무래도 이름을 '白吃 báichī'로 바꿔야겠는걸!" 〔'白吃'(아무
일도 하지 않고 거저먹다)〕

│ 4 │ 동의관계

동의어

어떤 단어들이 형태는 다르지만 동일한 대상을 지시하거나 유사한 의미를
나타낼 경우 이들은 동의관계에 있다고 하고, 이때 한쪽을 다른 단어의 동
의어(synonym)라고 부른다. 예컨대 중국어에서 '보다'라는 뜻을 나타내는
'看'(kàn)의 동의어에는 다음과 같은 것들이 있다.

瞧 qiáo 보다 　　　　瞟 piǎo 힐끗 보다 　　　瞥 piē 언뜻 보다

盯 dīng 주시하다 　　瞪 dèng 노려보다 　　　窥 kuī 엿보다

물론 이 단어들의 의미나 용법이 모두 완전히 일치하는 것은 아니다. '看'과 '瞧'는 일반적인 의미의 '보다'에 해당되는 동사인데 '瞧'가 '看'보다 더 구어적이고, '瞟'는 곁눈질로 힐끗 보는 것이며, '瞥'도 빠른 속도로 획 보는 것이다. 또 '盯'은 시선을 집중해서 살펴보는 것이고, '瞪'은 화가 나서 눈을 부릅뜨고 보는 것이며, '窥'는 좁은 틈새나 구멍으로 몰래 보는 것이다.

이처럼 우리가 보통 동의어라고 부르는 단어들은 의미가 비슷하되 미묘한 차이가 있는 것들이 대부분이다. 물론 의미가 완전히 같은 것도 있다. 의미가 완전히 같은 것은 절대 동의어(等义词)라고 한다.

维生素 wéishēngsù　　－　　维他命 wéitāmìng 비타민

西红柿 xīhóngshì　　－　　番茄 fānqié 토마토

이처럼 의미가 완전히 같은 동의어는 그 상태가 오래 지속되지 못하는 것이 일반적이다. 언어의 경제성에도 맞지 않아서 언중에게 기억과 선택의 부담을 주기 때문이다. 그래서 이들은 일시적으로 절대 동의어 상태를 유지하다가 오래지 않아 곧 두 갈래의 다른 길을 가게 된다. 하나는 한쪽이 도태되는 것이다. 예컨대 telephone의 음역어였던 '德律风'(délǜfēng)이 일본어에서 온 의역어 '电话'(diànhuà)와의 경쟁에서 패하여 사라진 사례를 들 수 있다. 비타민의 음역어인 '维他命'(wéitāmìng)이 점점 사라지고 '维生素'(wéishēngsù)가 그 자리를 대신하는 것도 같은 현상이다. 다른 하나의 길은 두 단어의 사이에 의미의 분화가 일어나면서 둘 다 살아남는 것이다. 일례로 '魂灵'(húnlíng)과 '灵魂'(línghún)은 모두 본래 '영혼'을 가리키는 동의어였으나 점차 '灵魂'에 '마음, 생각, 인격, 양심'과 같은 의미들이 부여되면서 둘

다 살아남게 되었다.

　이러한 절대 동의어와 달리 대부분의 동의어들은 앞서 예로 든 '보다' 류의 동사들처럼 의미상 미묘한 차이를 보이거나 용법과 기능에서 차이를 보인다. 그래서 동의어라는 말 대신에 유의어(類義語, 중국어로는 近义词)라는 말을 쓰기도 한다. 다음 예를 보자.

生日 shēngri 생일　　　－　　　诞辰 dànchén 탄신

固执 gùzhí 고집스럽다　　－　　　顽固 wángù 완고하다

　'生日'와 '诞辰'은 동의관계에 있는데 전자는 주로 구어체에 쓰이고 후자는 주로 문어체에 쓰인다는 차이점이 있다. '固执'와 '顽固'도 동의관계에 있는데 이 둘을 비교해보면 전자보다는 후자가 고집의 정도가 더 심하다. 이처럼 동의어에는 일부의 절대 동의어와 대다수의 유의어가 있다고 말할 수 있다.

동의어의 활용
의미가 같거나 비슷한 단어가 많다는 것은 그만큼 언어표현을 정확하고 세밀하게 할 수 있다는 것을 의미한다.

A：咱们商量商量旅游问题吧。Zánmen shāngliang shāngliang lǚyóu wèntí ba.
　　여행에 대해 의논 좀 하세.

B：小明，旅游还一定要意见一致吗？ Xiǎomíng, lǚyóu hái yídìng yào yìjiàn yízhì ma?
　　샤오밍, 여행 가는 데 꼭 의견이 같아야 하나?

A : 能一块儿去不更好吗？Néng yíkuàir qù bú gèng hǎo ma?

함께 갈 수 있으면 더 좋은 거 아닌가?

B : 在这点上，我跟你的 看法不一样。Zài zhè diǎn shang, wǒ gēn nǐ de kànfǎ bù yíyàng.

그 점에선 난 자네와 생각이 좀 다르네.

C : 我也不赞成小明的意见。Wǒ yě bú zànchéng Xiǎomíng de yìjiàn.

나도 샤오밍의 의견에는 찬성하지 않네.

A : 我还不同意你们的意见呢。Wǒ hái bù tóngyì nǐmen de yìjiàn ne.

난 그래도 자네들 의견에 동의할 수가 없네.

C : 你这个人啊，真是的。Nǐ zhè ge rén a, zhēn shì de.

어허, 이 친구, 정말……

위에서 밑줄 친 표현들은 동의 관계에 있다. B가 '看法不一样'이라고 다소 완곡하게 반대 표명을 하고 이어서 C도 '不赞成'이라고 자신의 생각을 보다 명확하게 밝히니까 A도 단호하게 '不同意'라는 표현으로 대응하고 있다. 세 표현은 기본의미는 같지만 이처럼 나타내는 뉘앙스는 다르다. A가 만약 지나치게 완곡한 표현으로 대응했다면 자신의 의사가 보다 분명하게 전달되지 않았을지도 모른다.

동의어를 적절하게 잘 활용한다면 표현의 효과를 배가시킬 수도 있다.

人无完人，张三会有缺点，李四可能有毛病，王五也可能有错误。Rén wú wánrén, Zhāng Sān huì yǒu quēdiǎn, Lǐ Sì kěnéng yǒu máobìng, Wáng Wǔ yě kěnéng yǒu cuòwù.

완전한 사람은 없다. 장 아무개는 결점을, 이 아무개는 흠을, 왕 아무개는 잘못을 가지고 있을 수 있다.

만약 앞 문장에서 '缺点, 毛病, 错误'와 같은 비슷한 말을 쓰지 않고 한 단어를 세 번 반복했다면 문장의 표현효과는 크게 감소했을 것이다.

또 동의어를 연이어 씀으로써 대상에 대한 묘사를 더 강하게 나타낼 수도 있다.

在妇女，美丽、丰韵、娇媚，就是她们的出身。Zài fùnǚ, měilì, fēngyùn, jiāomèi, jiù shì tāmen de chūshēn.

여인에게 있어 아름다움, 우아함, 교태는 신분 그 자체이다.

掌握的词语丰富了，写起文章来才能够生动活泼。Zhǎngwò de cíyǔ fēngfù le, xiě qǐ wénzhāng lái cái nénggòu shēngdòng huópō.

숙달된 어휘가 많아지면 글을 쓸 때 생동감과 활기가 넘치게 된다.

첫 번째 예문은 모파상의 『목걸이』에 나온 문장이다. 여인의 아름다움을 묘사하는 동의어를 셋씩이나 연이어 씀으로써 사교에서 외모가 얼마나 중요한지를 강조하고 있다. 두 번째 문장에서는 동의어 둘을 연이어 써서 네 글자의 구를 만들어 의미 표현은 물론 운율적인 면까지 강화하고 있다. 이렇게 동의어가 연결되어 네 글자의 구를 형성한 예는 중국어에 흔히 보인다.

聪明伶俐 cōngmíng línglì   兴旺发达 xīngwàng fādá

총명하고 영리하다   번창하고 발달하다

骄傲自满 jiāo'ào zìmǎn   繁荣昌盛 fánróng chāngshèng

교만하고 자만심에 차 있다   번영하고 창성하다

胡思乱想 hú sī luàn xiǎng   异国他乡 yìguó tāxiāng

터무니없는 생각   이국 타향

동의어 간의 차이

동의관계에 있는 단어들은 크고 작은 차이를 가지고 있다. 구체적으로 어떤 차이가 있는지 살펴보자. 5장 1절에서 단어의 의미를 개념의미와 연상의미로 나눈 바 있다. 우선 동의 관계에 있는 단어들이 개념의미에서 차이를 보이는 경우를 살펴보자.

战争 zhànzhēng : 战役 zhànyì

'战争'(전쟁)은 '战役'(전투)에 비해 지칭 범위가 크다. 일련의 '战役'에 의해 '战争'이 구성된다.

胖 pàng : 肥 féi

'胖'과 '肥'는 모두 뚱뚱하다는 뜻이지만 '胖'은 대개 사람에게 사용되고 '肥'는 "这只鸭子很肥。"(이 오리는 토실토실하다), "这件大衣有点肥。"(이 외투는 품이 좀 큰데)처럼 동물과 같은 사물에 쓰인다.

批判 pīpàn : 批评 pīpíng

'批评'(지적)에 비해 '批判'(비판)은 의미가 강하고 무겁다. 예컨대 "他没有完成作业, 老师批判他。"(그가 숙제를 하지 않아서 선생님께서 그를 비판했다)는 적절한 표현이 아니다. '批判'은 보통 사상적인 문제를 따질 때 쓰므로 숙제를 하지 않은 상황에 쓰면 어색하다. 이런 경우는 '批评'을 쓴다.

다음에는 연상의미에서 차이를 보이는 동의어들을 살펴보자.

女士 nǚshì : 女人 nǚrén : 女子 nǚzǐ : 女性 nǚxìng

모두 성인 여성을 가리키는 말인데, 여기에도 정서적 의미의 차이가 있다. '女士'에는 존경의 의미가 있고 '女人'에는 비하의 의미가 있다. '女性'은 내재하는 본성 즉 여성성에 중점을 두고 있고 '女子'는 성별 구분으로서 남성에 대한 여성을 가리킨다.

女士们, 先生们!   nǚshìmen, xiānshengmen!
                        신사 숙녀 여러분!

这位女士挺时髦的。   Zhè wèi nǚshì tǐng shímáo de.
                        이 여자분은 아주 멋쟁이다.

这个女人心太狠了。   Zhège nǚrén xīn tài hěn le.
                        이 여자는 마음이 독하기 그지없다.

她是一个弱女子。   Tā shì yí ge ruò nǚzǐ.
                        그녀는 나약한 여자이다.(체질이나 성격이 나약한)

她是一位新女性。   Tā shì yí wèi xīn nǚxìng.
                        그녀는 신여성이다.(사상이나 관념이 현대적인)

面貌 miànmào : 嘴脸 zuǐliǎn

'面貌'(용모)는 긍정적인 어감이지만 '嘴脸'(낯짝)은 부정적이다.

다음은 문체적 의미에서 차이를 보이는 동의어들이다.

死 sǐ : 逝世 shìshì

'死'(죽다)는 구어에 많이 쓰이고 '逝世'(작고하다)는 문어에 많이 쓰인다.

拉屎/撒尿 lāshǐ/sāniào：大便/小便 dàbiàn/xiǎobiàn：方便/净手/更衣 fāngbiàn/jìngshǒu/gēngyī

'拉屎'(똥 누다)나 '撒尿'(오줌 싸다)는 품위가 없는 매우 노골적인 표현이고, '大便'(대변을 보다)이나 '小便'(소변을 보다)은 그에 비해 점잖지만 처음 만난 사람이나 다수의 청중에게 쓸 수 있을 정도는 아니다. 다수의 청중을 상대로 하는 격식이 있는 자리라면 '方便'(용변을 보다), '净手'(손 씻다), '更衣'(옷을 갈아입다 → 화장실에 가다)와 같은 완곡어법이 좋을 것이다.

한편 5장 1절에서 우리는 단어의 의미를 어휘적 의미와 문법적 의미로 나누어 살펴본 바 있다. 동의어 중에는 어휘적 의미는 비슷한데 문법적 의미에서 차이를 보이는 쌍이 있다.

突然 tūrán：忽然 hūrán

'突然'(갑작스럽다)은 형용사이다. 그러므로 부사어는 물론 서술어, 관형어, 보어로도 쓰인다. 하지만 '忽然'(갑자기)은 부사이다. 따라서 서술어나 관형어로 쓰일 수 없고 부사어로만 쓰인다.

(1) 外面{忽然, 突然}下起雨来了。Wàimiàn {hūrán, tūrán} xià qǐ yǔ lái le.
밖에 갑자기 비가 내렸다.

(2) 这件事发生得很{*忽然, 突然}。Zhè jiàn shì fāshēng de hěn {*hūrán, tūrán}.
이 사건은 갑자기 발생했다.

(3) 这种{*忽然, 突然}事件, 是很难预料的。Zhè zhǒng {*hūrán, tūrán} shìjiàn, shì

hěn nán yùliào de.

　　이런 갑작스런 사건은 예측하기 어려운 것이다.

(4) 这消息真{*忽然, 突然}。Zhè xiāoxi zhēn {*hūrán, tūrán}

　　이 소식은 너무 갑작스럽다.

維持 wéichí : 保持 bǎochí

'維持'와 '保持'는 모두 '유지하다'의 의미를 가진 동사이다. 그러나 '維持'는 주로 '生活'(shēnghuó 생활), '秩序'(zhìxù 질서), '状况'(zhuàngkuàng 상황)과 같은 말이 목적어가 되는 데 반해 '保持'는 '清洁'(qīngjié 청결), '卫生'(wèishēng 위생), '健康'(jiànkāng 건강), '记录'(jìlù 기록) 등이 목적어로 쓰인다.

동의어 의미성분 분석

동의어 사이의 의미 차이를 밝히는 방법으로 의미성분 분석을 활용할 수 있다. 예를 들어 '到达'(dàodá)와 '达到'(dádào)는 모두 '어떤 곳에 도달한다'는 의미를 가지고 있는 동의어이다. 그러나 '到达'의 목적어를 분석해보면 '北京'(Běijīng 베이징), '机场'(jīchǎng 공항), '目的地'(mùdìdì 목적지)처럼 모두가 구체적인 장소를 가리키는 명사이며 추상명사는 목적어로 선택하지 않는다. 이와 달리 '达到'의 목적어를 분석하면 '目的'(mùdì 목적), '水平'(shuǐpíng 수준), '标准'(biāozhǔn 기준), '程度'(chéngdù 정도), '地步'(dìbù 지경), '理想'(lǐxiǎng 이상)과 같은 추상명사이며 구체명사는 목적어로 선택하지 않는다.

(4) a. 他们今天下午三点到达北京。Tāmen jīntiān xiàwǔ sān diǎn dàodá Běijīng.

　　　그들은 오늘 오후 세 시에 베이징에 도착한다.

　b.*他们今天下午三点达到北京。

(5) a. 许多指标达到了世界先进水平。Xǔduō zhǐbiāo dádào le shìjiè xiānjìn shuǐpíng.

　　　많은 지표가 세계의 선진국 수준에 도달했다.

　　b. *许多指标到达了世界先进水平。

　두 동사의 공통점은 모두 어느 지점에 '도달' 한다는 의미를 지녔다는 것이고, 차이점은 취하는 목적어의 성격이 다르다는 것이다. 의미성분 분석을 활용하면 '到达' 와 '达到' 의 공통점과 차이점을 다음과 같이 나타낼 수 있다.

　(6) a. 到达: 〔+도달〕, 〔___〔+구체〕〕

　　b. 达到: 〔+도달〕, 〔___〔-구체〕〕

　앞서 살펴보았던 동의어들 중에도 의미성분 분석을 통해 차이를 명시할 수 있는 것들이 있다. 예컨대 '胖'과 '肥'의 차이는 〔+인간〕과 〔-인간〕으로 간단히 표시할 수 있다.

| 5 | 반의관계

반의어

사람은 간단한 것을 좋아한다. 왜냐하면 간단한 것이 더 쉽게 기억되기 때문이다. 사람은 특히 인지적으로 과다한 자원을 쓰는 것을 싫어하기 때문에 세상에 대한 이해도 간명하게 처리하는 것을 좋아한다. 세상을 간명하게 이해하는 방법이 몇 가지 있을 텐데 그중 하나가 세상을 둘로 나눠보는 것이다.

남과 여

아군과 적군

좋은 것과 나쁜 것

　이처럼 어떤 단어들이 서로 반대 또는 대립되는 의미를 지닐 때 이들을 서로 반의관계에 있다고 하며, 한 단어를 다른 단어에 대해 반의어(antonym)라고 한다. 반의어는 사물을 인식하는 인간의 일반적인 인지작용에서 비롯되는 것으로서 어느 언어에나 존재한다.

반의관계의 유형

반의관계는 단계적 반의, 상보적 반의, 관계적 반의 등으로 나눌 수 있다. 우선 단계적 반의(graded antonymy)란 양극 사이에 연속적인 정도의 차이가 존재하며, 따라서 단계에 따른 표현이 순차적으로 존재하는 것을 말한다. 두껍다(厚)면 당연히 얇지 않은(不薄) 것이고 얇다면 두껍지 않은 것이다. 그런데 두껍지 않다(不厚)고 해서 곧 얇은 것이 아니며, 얇지 않다(不薄)고 해서 곧 두꺼운 것은 아니다. 그 사이에는 약간 두껍거나 약간 얇거나 두껍지도 않고 얇지도 않은 다양한 두께가 존재한다.

薄 ←		不薄　不厚		→ 厚

厚 hòu 두껍다 … 薄 báo 얇다　　　　软 ruǎn 부드럽다 … 硬 yìng 딱딱하다

忙 máng 바쁘다 … 闲 xián 한가하다　　新 xīn 새롭다 … 旧 jiù 낡았다

高 gāo 높다 … 低 dī 낮다　　　　　美 měi 아름답다 … 丑 chǒu 추하다

快 kuài 빠르다 … 慢 màn 느리다　　粗 cū 굵다 … 细 xì 가늘다

轻 qīng 가볍다 … 重 zhòng 무겁다　　大 dà 크다 … 小 xiǎo 작다

冷 lěng 차다 … 热 rè 뜨겁다　　善 shàn 착하다 … 恶 è 악하다

迅速 xùnsù 신속하다 … 迟缓 chíhuǎn 완만하다

清明 qīngmíng (정치) 깨끗하다 … 腐败 fǔbài 부패하다

轻易 qīngyì 수월하다 … 艰难 jiānnán 힘들다

切实 qièshí 착실하다 … 浮夸 fúkuā 허풍 떨다

　　다음으로 상보적 반의(complementary antonymy)란 양극만이 존재하고 중간 상태는 있을 수가 없는 것을 말한다. A를 긍정하면 반드시 B가 부정되고 B를 긍정하면 반드시 A가 부정되는 경우이다. '真'(zhēn 참이다)이면 '不假'(bù jiǎ 거짓이 아니다)이고 '不真'(bù zhēn 참이 아니다)이면 곧 '假'(jiǎ 거짓이다)이다.

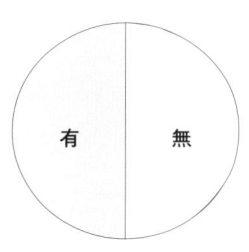

男 nán 남 … 女 nǚ 여　　开 kāi 열다 … 关 guān 닫다

分 fēn 나누다 … 合 hé 합치다　　正 zhèng 바른 … 反 fǎn 거꾸로의

对 duì 맞다 … 错 cuò 틀리다　　动 dòng 움직이다 … 静 jìng 고요하다

存 cún 살아남다 … 亡 wáng 없어지다　　真 zhēn 진짜의 … 假 jiǎ 가짜의

生 shēng 살다 … 死 sǐ 죽다　　有 yǒu 있다 … 无 wú 없다

出席 chūxí 출석하다 … 缺席 quēxí 결석하다

正确 zhèngquè 올바르다 … 错误 cuòwù 틀리다

　　마지막으로 관계적 반의(relational antonymy)란 한 가지 일을 반대의 관점에서 보는 것이라고 생각하면 쉽다. 즉 A가 존재하면 반드시 B가 존재하며 B

가 존재하면 반드시 A가 존재하는 경우이다. 함께 공존하며 서로의 존재를 전제한다. 물건을 판다면 사는 이가 존재하고 장가를 간다면 시집오는 사람이 있기 마련이이다.

```
┌─────────────────────────────┐
│   팔다          사다          │
│           ⇔                  │
│   卖            买            │
└─────────────────────────────┘
```

买 mǎi 사다 … 卖 mài 팔다

教 jiào 가르치다… 学 xué 배우다

娶 qǔ 장가들다 … 嫁 jià 시집가다

赢 yíng 이기다 … 输 shū 지다

授 shòu 주다 … 受 shòu 받다

胜 shèng 이기다 … 败 bài 지다

攻 gōng 공격하다 … 守 shǒu 방어하다

赚 zhuàn 이익을 보다 … 赔 péi 손해를 보다

师傅 shīfu 스승 … 徒弟 túdì 제자

出售 chūshòu 팔다 … 购买 gòumǎi 구매하다

上级 shàngjí 상사 … 下级 xiàjí 하급자

行贿 xínghuì 뇌물 주다 … 收贿 shōuhuì 뇌물 받다

관계적 반의의 또 다른 형태로 A와 B가 서로 대립하기는 하지만 독립적으로 존재하여 A를 긍정하든 부정하든 B에게 영향을 미치지 않는 경우가 있다. 상대방의 존재를 전제하지 않으나 그렇다고 객관적인 모순관계에 있지도 않다. 사회적인 관습에 따라 결정되는 만큼 주관성이 강하다.

국내의 한 백화점은 일본인 손님을 위한 안내책자에서 '매장'(賣場)을 모두 '매장'(買場)으로 바꿔 쓰고 있다. 일본의 일부 백화점도 매장(買場)이라는 표현을 쓰고 있다고 한다.

　업체의 관점에서 물건을 파는 장소를 의미하던 매장이 손님의 입장에서 물건을 사는 장소로 바뀐 것이다. 고객의 입장에서 좋은 서비스와 좋은 제품을 제공하겠다는 백화점 측의 의지가 담긴 일종의 '수사'(修辭)라고 할 수 있다.

城 chéng 도시 ··· 乡 xiāng 시골

春 chūn 봄 ··· 秋 qiū 가을

土 tǔ 본토의 ··· 洋 yáng 외국의

天 tiān 하늘 ··· 地 dì 땅

文 wén 문 ··· 武 wǔ 무

红 hóng (경사의 색) ··· 白 bái (애사의 색)

文科 wénkē 문과 ··· 理科 lǐkē 이과

城市 chéngshì 도시 ··· 农村 nóngcūn 농촌

国产 guóchǎn 국산 ··· 进口 jìnkǒu 수입

自动 zìdòng 자동 ··· 手动 shǒudòng 수동

'红'과 '白'의 대칭관계는 '红事'(hóngshì)와 '白事'(báishì)로 표현되어 '경사'와 '애사'를 나타낸다. '红事'는 주로 결혼식을 의미하며 중국의 전통 혼례에서 신부는 빨강색 옷을 입는다. '白事'는 장례식을 뜻하며 흰색 상복을 입는 까닭에 이같이 불리게 되었다.

임시로 만들어지는 반의관계

문장에서 설득력을 높이기 위해 임시로 반의어를 만들어 쓰는 경우도 있다. 다음은 클린턴 전 대통령(42대)의 선거유세 연설문의 한 대목이다. 상대 후보였던 부시 전 대통령(41대)을 떠올리며 반의어의 절묘한 활용을 음미해보자. 실제 현실에서는 이렇게 임시로 반의어를 만들어 쓰는 경우가 많다.

> "한쪽은 여러분이 가지고 있는 두려움에 호소하고 있고 또 다른 한쪽은 여러분이 가지고 있는 희망에 호소하고 있습니다. 여러분은 여러분이 가지고 있는 희망에 호소하는 정치인을 뽑아야 합니다."

다음 역시 임시 반의어에 속하는 사례이다.

A : 这是你女朋友吧?　　　Zhè shì nǐ nǚpéngyou ba?
네 여자친구 맞지?

B : 不是，他是我的干妹。　Bú shì, tā shì wǒ de gānmèi.
아냐, 친한 동생이야.

A : 什么干妹湿妹的。　　　Shénme gānmèi shī mèi de.
동생 좋아하네.

'干妹'의 '干'은 우리말 의형제의 '의'에 해당하는 말로, 혈연이 아닌 의리로 맺은 관계라는 의미다. '干妹' '친동생은 아니지만 동생처럼 여기는 여자 애'가 되는데 '干'에는 '마르다'라는 의미도 있기 때문에 반대말 '湿'를 써서 '湿妹'라는 말장난을 만들어낸 것이다. 다음 예문도 역시 글의 흥미를 돋우기 위해 의도적으로 새로 만들어 쓴 것이다.

读者一定会觉得这是一条"新闻"吧，其实却是一条"旧闻"。Dúzhě yídìng huì juéde zhè shì yì tiáo xīnwén ba, qíshí què shì yì tiáo jiù wén.

독자들은 분명 이것을 하나의 '뉴스(새소식)'라고 느낄 것입니다. 그러나 사실 이것은 '낡은 소식(과거의 일)'입니다.

世界上最快而又最慢，最久而又最短，最易被人忽视而又最易令人后悔的，就是时间！Shìjiè shang zuì kuài ér yòu zuì màn, zuì jiǔ ér yòu zuì duǎn, zuì yì bèi rén hūshì ér yòu zuì yì lìng rén hòuhuǐ de, jiù shì shíjiān!

이 세상에서 가장 빠르고도 가장 느린 것, 가장 오래되고 가장 짧은 것, 가장 천대받기 쉬우면서도 사람을 가장 후회하게 만드는 것, 그것은 바로 시간이다!

宁可站着死，不愿跪着生。Nìngkě zhànzhe sǐ, bú yuàn guìzhe shēng.

차라리 서서 죽을지언정 무릎 꿇고 살기를 원하지 않는다.

임시로 만들어진 반의어도 자주 사용하다보면 정식 반의어로 굳어지게 된다. 중국어에서 '黑客'(hēikè 해커)에 대항하는 해킹 전문가들을 '红客'(hóngkè)라고 했던 것도 처음에는 임시로 사용된 반의어였다. 악의적으로 웹사이트에 침입하여 교란행위를 하는 자들을 일컫는 '黑客'의 반대말로는 '白客'(báikè)가 적절할 것 같지만 이것은 중국인의 색채관념에 어긋난다. '白'는 긍정적인 뜻도 있지만 부정적인 뉘앙스도 많이 풍기기 때문에 이 상황에서는 적절하지 않다. 그래서 긍정적인 의미를 지닌 '红'을 써서 '红客'라는 반의어를 만들어낸 것이다.

반의어 분석

의미성분 분석은 반의어 사이의 의미관계를 파악하고 반의어의 속성을 이해하는 데 큰 도움이 된다. 반의어는 의미상 무조건 반대일 것으로 생각하기 쉽다. 그런데 그 속을 들여다보면 노는 물이 같음을 알 수 있다.

公鸡 gōngjī 수탉　　= 〔+동물〕, 〔+날개〕, 〔+부리〕, 〔+수컷〕

母鸡 mǔjī 암탉　　= 〔+동물〕, 〔+날개〕, 〔+부리〕, 〔-수컷〕

哥哥 gēge 형/오빠　　= 〔+사람〕, 〔+친족〕, 〔+연장자〕, 〔+남성〕

姐姐 jiějie 언니/누나　= 〔+사람〕, 〔+친족〕, 〔+연장자〕, 〔-남성〕

来 lái 오다　　= 〔+이동〕, 〔+화자 쪽〕

去 qù 가다　　= 〔+이동〕, 〔-화자 쪽〕

보다시피 반의관계는 동일한 범주에 속한 단어들 중에서 단 하나의 의미자질에서만 차이를 보이는 경우이다. 반의관계에 있다고 해서 그 단어들이 서로 무관한 것이 아님을 알 수 있다. 나머지 자질은 모두 같고 단 하나의 자질만 차이가 있는데 그것을 우리가 아주 큰 차이로 인식하는 것일 뿐이다.

이것을 알면 왜 '妈妈'(māma 엄마)와 '儿子'(érzi 아들)가 반의관계가 성립되기 어려운지도 설명할 수 있다. 그 이유는 이들은 두 개 이상의 의미성분에서 차이를 보이기 때문이다.

妈妈 = 〔＋사람〕, 〔－남성〕, 〔＋결혼〕, 〔＋어른〕
儿子 = 〔＋사람〕, 〔＋남성〕, 〔－결혼〕, 〔－어른〕

한편 개념의미는 반대이더라도 정서적 의미가 다르면 반의관계가 성립하지 않는다. '爸爸'(bàba 아빠)의 반의어는 '母亲'(mǔqīn 어머니)이 아니라 '妈妈'(māma 엄마)가 적절하고 자연스럽다. 의미성분 분석을 해보면 그 이유를 명확히 알 수 있다. 즉, 두 개 이상의 의미성분에서 차이를 보이기 때문에 반의관계가 성립되지 않는 것이다.

爸爸 = 〔＋사람〕, 〔＋남성〕, 〔＋결혼〕, 〔＋어른〕, 〔＋구어적〕
母亲 = 〔＋사람〕, 〔－남성〕, 〔＋결혼〕, 〔＋어른〕, 〔－구어적〕

| 6 | 낱말밭과 하의관계

낱말밭

단어는 비슷한 것끼리 묶어서 하나의 장을 만들 수 있다. '기쁘다, 슬프다, 좋다, 싫다'와 같은 것은 '인간의 감정'으로 묶이고, '말하다, 달리다, 멈추다, 앉다, 먹다, 마시다' 등은 '인간의 행동'으로 묶인다. '생각, 사고, 통찰력, 직관, 지성'과 같은 것은 사유와 관련된 추상명사로 묶인다. 이렇게 단어들을 의미 면에서 서로 관련이 있는 것끼리 모아놓은 것을 낱말밭(lexical field)이라고 한다. 색의 명칭이라든가 친족용어의 명칭, 또는 군대의 계급을 나타내는 명칭 등이 각각 낱말밭을 구성한다. '신체 관련 동사 낱말밭', '여가선용 동사 낱말밭', '농업 어휘 낱말밭', '양잠(養蠶)의 낱말밭' 같은 표현에서도 알 수 있듯 낱말밭이란 단어와 단어를 의미상의 공통점에 따라 모아놓은 것이다.

컴퓨터로 작업을 할 때 같은 부류의 파일을 동일한 폴더에 모아놓는 것과 마찬가지이다. 이렇게 하면 기억하기도, 나중에 찾아 들어가기도 편리하다. 새로운 파일이 만들어지면 그것을 이미 존재하는 폴더에 넣으면 되는 것처럼 어휘도 그렇게 하면 된다. 이런 과정은 인간의 대뇌에서 자동적으로 진행된다. 이처럼 의미장이라는 폴더가 존재하기 때문에 우리는 단어와 단어 사이의 관계를 분석하고 비교함으로써 그 단어의 정확한 의미를 파악할 수 있다.

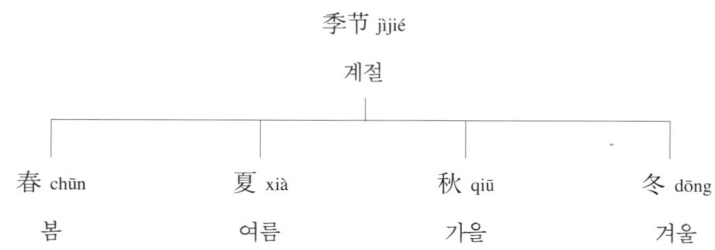

季节 jìjié
계절

| 春 chūn | 夏 xià | 秋 qiū | 冬 dōng |
| 봄 | 여름 | 가을 | 겨울 |

'秋'라는 말의 의미를 이해하려면 위의 낱말밭에서 '秋'와 다른 단어들의 관계를 이해해야만 한다. '春, 夏, 冬'과 같은 말과의 관계를 배제하고

'秋'의 의미를 그 자체로 이해한다는 것은 불가능하다. 다시 말해서 '季节'라는 낱말밭 안에서 '秋'의 위치를 이해했을 때 비로소 우리는 그 말의 의미를 파악했다고 할 수 있다.

하의관계

어떤 단어 A에서 다른 단어 B를 사실적 지식에 관계없이 언어의 의미만으로 논리적으로 추론할 수 있을 때 'A는 B의 하의어(hyponym) 또는 하위어(subordinate)이다'라고 말한다. 역으로 B는 A의 상위어(hyperonym)이다. 예를 들면 '제비꽃'은 '꽃'의 하위어가 되며 '꽃'은 '제비꽃, 민들레, 패랭이꽃' 등의 상위어가 된다. '제비꽃'이라는 말에서 곧바로 이 식물이 '꽃'의 일종이라는 것을 논리적으로 추론할 수 있기 때문이다. 그리고 '제비꽃, 민들레, 패랭이꽃'은 동위어(cohyponym)이다. 다음은 중국어의 교통수단 관련 낱말밭이다.

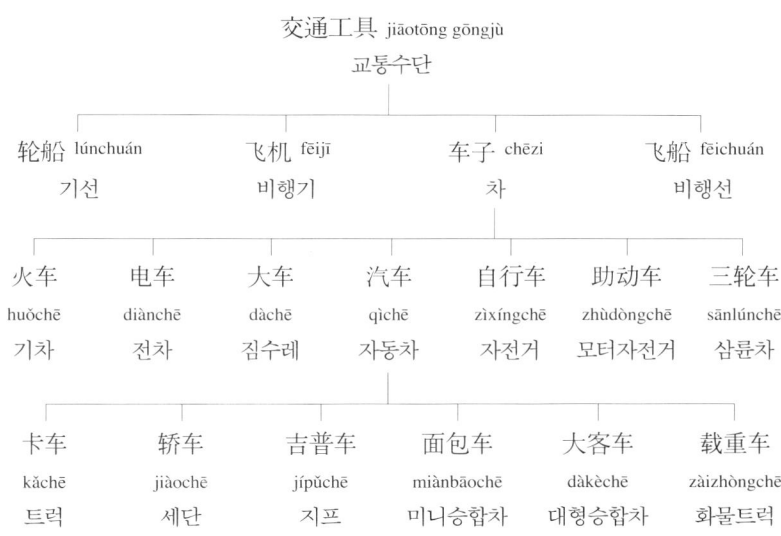

이 낱말밭에서 '交通工具'(교통수단)는 상위어이고 '轮船(배), 飞机(비행기), 车子(차), 飞船(비행선)'은 하위어이다. 마찬가지로 '车子'(차)는 상위어가 되며 '火车(기차), 电车(전차), 大车(대형차), 汽车(자동차), 自行车(자전거), 助动车(엔진장착 자전거), 三轮车(삼륜차)'는 하위어가 된다.

우리는 앞에서 의미성분 분석을 통해 단어의 의미자질을 살펴보았는데, 자세히 보면 낱말밭의 상위어는 하위어의 의미자질의 하나임을 알 수 있다. 즉 '卡车, 轿车, 吉普车' 등은 모두 '汽车'의 하위어인데, 이는 이 단어들이 〔+자동차〕라는 자질을 공유하고 있음을 의미한다. 그러므로 단어 사이의 동의관계와 반의관계는 낱말밭의 동위어 사이에서만 성립된다. 상위어와 하위어 사이에서는 이러한 관계가 성립되지 않는다. '엄마'와 '아들'이 겉으로는 반의어 같지만 실제 반의어가 되지 않는 것도 이들이 동위가 아닌 하의관계에 있기 때문이다.

6

화용론, 문장의 의미

언어를 통한 의사소통의 궁극적 목적은 의미의 전달에 있다. 언어표현의 의미는 때로 축자적 의미를 넘어 언어표현을 둘러싼 외부 상황 또는 문맥에 의해 달라지기도 한다. 예를 들어 "방안이 너무 춥다!"라는 문장은 "방안의 기온이 예상한 수준보다 훨씬 낮다."라는 뜻일 수도 있지만, 이 문장이 쓰인 상황에 따라 다음과 같은 다양한 의미를 가질 수도 있다. 1) 창문을 닫아라!(창문이 열려 있을 경우), 2) 보일러나 난로를 켜라!(난방기구가 꺼져 있을 경우), 3) 다른 집을 알아보자!(집을 보러 온 세입자의 경우), 4) 기타 다른 의미.

이와 같이 문장의 의미를 문장이 실제로 쓰인 외부 상황과 연관지어 파악하는 언어학의 한 갈래를 화용론(pragmatics)이라고 한다. 언어학자 모리스(C.W. Morris, 1901~1979)에 따르면, 기호들 사이의 형식적 관계를 연구하는 분야가 통사론, 기호와 대상 사물 사이의 관계를 연구하는 분야가 의미론, 기호와 그것의 사용자와의 관계를 연구하는 분야가 화용론이다. 화용론에서는 '무엇이 전달되는가'가 아니라 '어떻게 전달되는가'가 주된 관심사로서 대화상의 함축, 전제, 직시성, 중의성 등이 주요 논의 과제이다.

| 1 | 대화상의 함축

우리는 대화를 나눌 때 모든 의도를 다 표현하지 않고, 겉으로 드러나지 않은 의미로도 많은 말을 한다. 말을 잘 하는 사람은 말하지 않고도 많은 말을 하며, 말을 잘 듣는 사람 역시 겉으로 표현되지 않은 말을 잘 듣고 그에 반응한다. 이처럼 표면에 드러난 의미의 뒤에 숨어 있는 보이지 않는 의미를 대화상의 함축(conversational implicature)이라고 한다. 대화상의 함축은 미국의 언어철학자 그라이스(H. P. Grice, 1913~1988)에 의해 처음으로 논의되었다.

협력원리와 대화 격률

사람들 사이에 대화가 진행될 수 있는 까닭은 대화하는 쌍방이 어느 정도 서로 협력하기 때문이다. 예를 들어 수업시간이나 토론, 여러 가지 협상의 자리에서 대화 참여자들은 대화 초기에 결정된 화제를 대화가 종료될 때까지 지속시키려고 노력할 것이다. 어떠한 상황이든 참여자들은 진행 중인 대화의 각 단계에서 자신의 말이 해당 주제에 부합되게 하기 위해 노력을 하게 된다는 것이다. 이것을 그라이스는 '협력원리'(cooperative principle)라고 부른다.

> 협력원리
>
> 대화가 진행되는 각 단계에서 대화의 방향이나 목적이 요구하는 만큼 기여하라.

협력의 원리는 대화의 대강령이다. 협력의 원리를 지키지 않으면 대화 자체가 진행될 수 없다. 쌍방의 대화가 순조롭게 진행되기 위하여 구체적으로 어떻게 해야 하는가? 대화 참여자들은 다음의 격률을 지켜야 한다.

대화 격률(maxims of conversation)

1) 질의 격률(maxim of quality) : "진실된 기여가 되도록 노력하라."

 i . 거짓이라고 믿는 것은 말하지 말라.

 ii . 충분한 증거가 없는 것은 말하지 말라.

2) 양의 격률(maxim of quantity) : "적당한 양을 제공하라."

 i . 진행되고 있는 대화의 목적에 필요한 만큼 정보를 제공하라.

 ii . 필요 이상의 정보를 제공하지 말라.

3) 관련성의 격률(maxim of relevance) : "주제와 관련된 내용을 말하라."

4) 방식의 격률(maxim of manner) : "명료하게 표현하라."

 i . 모호한 표현을 피하라.

 ii . 중의적인 표현을 피하라.

 iii . 간결하게 하라.

 iv . 조리 있게 하라.

　말할 때도 그렇고 글을 쓸 때도 그렇다. 학교나 기업의 면접시험을 치를 때도 마찬가지이다. 질문의 취지에 맞지 않는 엉뚱한 말을 하거나(관련성의 격률 위반), 잘 알지도 못하며 정확하지 않은 정보를 마치 사실인 것처럼 말하거나(질의 격률 위반), 정해진 한도를 넘어 불필요한 이야기를 장황하게 늘어놓는다거나(양의 격률 위반), 맞는 이야기라도 조리가 없이 뒤죽박죽 순서를 바꿔서 설명한다면(방식의 격률 위반) 심사위원으로부터 결코 좋은 점수를 받을 수 없다.

대화 격률의 위반과 함축된 의미의 발생

일반적으로 협력의 원리가 준수되는 상황에서 대화 격률을 위반하는 경우에는 함축된 의미가 발생하게 된다. 앞서 네 가지의 대화 격률을 제시하였는데, 이 가운데 어느 하나를 위반하더라도 마찬가지이다.

다음은 질의 격률을 위반한 예이다.

(1) A: 张三的毛笔字还真有水平, 够得上当个书法家。 Zhāng Sān de máobǐzì hái zhēn yǒu shuǐpíng, gòudeshàng dāng ge shūfǎjiā.

장싼의 붓글씨는 정말 수준 높아. 서예가 해도 될 거 같아.

B: 是啊, 和他比, 王羲之可差远了。 Shì a, hé tā bǐ, Wáng Xīzhī kě chà yuǎn le.

그럼, 그에 비하면 왕희지는 아직 멀었지.

왕희지(A.D. 307~365)는 고금을 막론하고 누구나 인정하는 일급 서예가이다. 따라서 B의 말은 누가 들어도 진실이 아니다. B는 A의 발언을 빈정대는 말투로 받아치는 것에 불과하다. B의 말이 함축하고 있는 뜻은 '장싼의 글씨가 별로라는 것'(张三的字并不那么好)이다.

다음은 양의 격률을 위반한 예이다.

(2) A: 你认识王教授吗? Nǐ rènshi Wáng jiàoshòu ma?

너 왕 교수님 알아?

B: 认识, 我经常去他家。向他请教问题, 王教授家的猫都跟我很好。 Rènshi, wǒ jīngcháng qù tā jiā. Xiàng tā qǐngjiào wèntí, Wáng jiàoshòu jiā de māo dōu gēn wǒ hěn hǎo.

알지. 그분 댁에 자주 가는 걸? 문제 풀이도 지도받고, 교수님댁 고양이도 나와 친해.

A가 요구하는 답은 B가 왕 교수님을 '아는가' 또는 '모르는가' 이다.

이에 대해 B는 필요 이상으로 많을 말을 함으로써 자신이 왕 교수님을 그저 아는 정도(认识)가 아니라 매우 친한 사이라는 것을 함축적으로 알리고 있다.

다음은 관련성의 격률을 위반한 예이다.

(3) A：我的数学书在哪里？ Wǒ de shùxuéshū zài nǎli?

　　 내 수학책이 어디 있지？

　 B：我上午看见大明在你房间里。 Wǒ shàngwǔ kànjian Dàmíng zài nǐ fángjiān li.

　　 오전에 다밍이 네 방에 있는 걸 봤어.

이 대화에서 B는 A의 질문에 대해 수학책이 어디 있는지는 답하지 않고 질문의 내용과는 관련이 없는 다밍(大明)을 언급하고 있다. 그렇다면 B는 왜 대화 격률을 어기고 있을까？ 그는 '어쩌면 다밍이 수학책을 가져갔을지도 몰라'(或许大明把数学书拿走了)라는 의미를 에둘러 표현하기 위해 그러한 전략을 선택했다고 볼 수 있다.

다음은 방식의 격률을 위반한 예이다.

(4) A：买到什么好东西啦？ Mǎidào shénme hǎo dōngxi la?

　　 뭣 좀 좋은 것 샀니？

　 B：买到一只会报时的金字塔。 Mǎidào yì zhī huì bàoshí de jīnzìtǎ.

　　 시간을 알려주는 피라미드 하나를 샀지.

B가 산 것은 시간을 알리는 기능이 있는 피라미드 모양의 시계인데 그것을 있는 그대로 말하지 않고 모호하게 표현하고 있다. B의 속마음은 아마

이럴 것이다. "이것은 보통 시계가 아니라 피라미드만큼이나 가치가 있는 특이한 시계이다."

함축된 의미의 추론

대화 격률은 의사소통에서 대화 당사자 모두가 지켜야 할 규약이지만 현실 속의 생활에서는 그것이 지켜지지 않는 경우가 생긴다. 의사소통능력이 떨어져서 그럴 수도 있지만 의도적으로 어기는 경우도 있다. 뻔히 아는 거짓말을 하는 경우도 있고 과도하게 많은 이야기를 늘어놓는 경우도 있으며 평소의 그 사람답지 않게 조리 없이 말하는 경우도 있다. 대화 과정에서 상대방이 대화의 격률을 지키고 있지 않다고 깨닫게 될 때, 우리는 상대방 말의 심층으로 파고들어 그 이면에 있는 진정한 의도를 알아내려 하게 된다. 그리고 현재 처해진 상황에 따라 그의 의도를 추론하고 해석하게 된다. 이와 같은 추론과 해석은 일상생활에서 누구나 자연스럽게 행하고 있는 것이다.

중국인과 가격 협상을 하고 있는 상황에서 한국인 임직원 사이에 다음과 같은 대화가 오갔다고 하자.

(5) 이 상무 : (한국어로) 김 과장, 이 정도 가격이면 되는 거 아냐?

김 과장 : (한국어로) 상무님, 이것을 중국어로 뭐라고 합니까?

이 상무의 생각에 김 과장은 대화 격률을 위반하고 있다. 내 질문에 김 과장이 딴 얘기를 하고 있다. 감히 나에게 이럴 수가 있는가? 이 상무는 생각한다. '평소 나를 깍듯이 모시던 김 과장이 갑자기 왜 이럴까? 나를 업신여기는 것은 아닐 터이다(그러다간 회사에서 어떻게 될지 알고 있으니까). 그렇다면 다른 무언가를 말하려 하는 것이다. 그것이 무엇일까? 아차! 저들은 협상

팀 안에 몰래 한국어 능통자를 배치한다고 했지? 김 과장은 나에게 한국어 사용을 경고한 것이었구나.' 이렇게 판단한 이 상무는 즉각 한국어 대화를 중지하게 될 것이다.

앞에서 말한 '협력원리'와 '대화 격률'에 따라 이 상무와 김 과장 사이에 오간 함축된 의미와 그 추론 과정을 따라가보자.

> (6) 대전제: 화자는 대화의 격률을 위반하는 경우에도 협력의 원칙을 준수한다고 가정된다.
>
> i. 김 과장은 이 상무의 질문에 올바로 대답하지 않았다. 게다가 이 상무에게 중국어 표현을 물었다. [관련성의 격률 위반]
>
> ii. 김 과장이 협력의 원리를 위반할 사람으로 볼 수 없다. 김 과장이 이같은 격률을 위반한 것은 더욱 깊은 수준의 협력의 원리를 준수하기 위함일 것이다.
>
> iii. 김 과장은 이 상무가 i과 ii의 단계를 이해할 것이라고 믿고 있고, 또한 자기가 그렇게 믿고 있음을 이 상무가 알고 있을 것이라고 생각한다.
>
> iv. 그러므로 중국어를 들먹인 김 과장이 대화에서 함축하고 있는 것은 "한국어로 가격을 들먹이면 안 된다."이다.

이와 같은 추론은 눈 깜짝할 사이에 이루어진다. 오랜 기간 동안의 습관으로 일련의 생각의 흐름이 마치 번갯불처럼 뇌리를 스쳐간다. 청자는 보통 상대의 말을 듣자마자 곧바로 결론을 도출하고 행동에 옮긴다. 그러나 어쨌든 그 중간에는 일정한 단계가 있음이 틀림없다. 만약 상호 협력한다는 가정이 깔려 있지 않다면 김 과장의 말을 듣는 이 상무는 적절한 추론을 끌어낼 수 없을 것이다.

중국어 사례를 보자. 다음은 다이허우잉(戴厚英, 1938~1996)의 소설『사람아, 아, 사람아』(人啊, 人)의 한 대목이다.

(7) "何叔叔, 告诉我, 到底怪爸爸, 还是怪妈妈?" 她在恳求我了。 "Hé shūshu, gàoshu wǒ, dàodǐ guài bàba, háishì guài māma?" Tā zài kěnqiú wǒ le.

"你妈妈是个好人啊, 憾憾!" 我回答。 "Nǐ māma shì ge hǎorén a, Hànhan!" Wǒ huídá.

"爸爸呢?" 她又问。 "Bàba ne?" Tā yòu wèn.

"也不是坏人。" 我答。 "Yě bú shì huàirén." Wǒ dá.

我想还是这样回答好。 Wǒ xiǎng háishì zhèyàng huídá hǎo.

"不如妈妈, 是吗? 那么是爸爸的错?" "Bù rú māma, shì ma? Nàme shì bàba de cuò?"

"아저씨, 말씀해주세요. 도대체 누가 잘못한 거예요? 아빠예요 엄마예요?"
소녀가 간절히 답을 요구했다.
"한한, 네 엄마는 좋은 사람이란다."
"그럼 아빠는요?" 그녀가 또 물었다.
"나쁜 사람은 아니지." 나는 이렇게 대답하는 것이 좋다고 생각했다.
"엄마만큼 좋은 사람은 아니라는 거군요. 그렇죠? 그럼 아빠 잘못이겠네요?"

아저씨의 말씀에 따르면 엄마는 '좋은' 사람이고 아빠는 '나쁘지 않은' 사람이라고 한다. 겉으로 드러난 의미는 그것이 전부다. 하지만 소녀는 이 말을 통해 너무나 쉽게 그 이면의 뜻을 찾아낸다. 결국 아빠 때문이라는 것이다. 어떻게 그 같은 결과를 도출할 수 있었을까? 한한의 머릿속을 들여다보자.

조그만 만두집을 개점한 왕 씨가 가까운 친구 몇 사람을 초대했다. 하필이면 당일 폭우가 내리는 바람에 시간이 다 되어도 두어 사람밖에 오지 않았다. 왕 씨가 혼자서 중얼거렸다. "와야 할 사람이 아직도 안 오네?"(该来的还不来. Gāi lái de hái bù lái.) 그 말을 듣고 먼저 와서 기다리던 A가 속으로 생각했다. "그렇다면 나는 오지 말아야 할 사람이란 말인가?"(那我是不该来的吗? Nà wǒ shì bù gāi lái de ma?). 기분이 나빠진 A는 의자에서 일어나 그 자리를 떠났다. 왕 씨가 놀라서 말했다. "가지 말아야 할 사람이 왜 가는 거지?"(不该走的为什么走呢? Bù gāi zǒu de wèishénme zǒu ne?) 이 말을 듣고 옆에 앉아 있던 B도 기분이 나빠졌다. "그렇다면 내가 가야 할 사람이란 말이군."(那我就是该走的吧。Nà wǒ jiù shì gāi zǒu de ba.) B도 벌떡 일어나 비를 맞으며 집으로 돌아가 가버렸다. 왕 씨는 이들이 도대체 왜 돌아가는 건지 모르는 채 멍하니 바라볼 수밖에 없었다. 아직 대화상의 함축을 배우지 못했기 때문이었다.

(8) 대전제: 화자는 대화의 격률을 위반하는 경우에도 협력의 원칙을 준수한다고 가정된다.

    i. 누가 잘못이냐고 물었을 때 아저씨는 바로 대답하지 않고 엄마가 좋은 사람이라고 말했다. 그렇다면 아빠가 문제라는 얘기다.

    ii. 아빠는 어땠느냐고 물었다. 아빠도 역시 좋은 사람이라거나 아니면 아빠가 나쁜 사람이라는 대답을 기대했다. 그런데 대답은 나쁜 사람은 아니라는 것이었다. 대화에서 지켜야 할 어떤 원칙을 위반하고 있다.

    iii. 좋은 사람과 나쁘지 않은 사람 사이에는 분명히 의미 차이가 있고, 그것을 아저씨가 모를 리가 없다. 그렇다면 아저씨는 그러한 원칙 위반을 통해 무언가 다른 정보를 전달하려고 하고 있다.

    iv. 그것은 바로 '아빠가 잘못했다'는 것이다.

사회 문화적 배경과 대화 격률

협력원칙과 대화 격률은 의사소통에서 가장 중요한 원리이다. 그러나 실제 대화에서 쌍방이 협력의 원칙을 지키는가 안 지키는가, 어떤 격률이 더욱 지켜져야 하는가 하는 것은, 대화에 참여하는 쌍방의 사회 문화적 배경의 영향을 받지 않을 수 없다.

가장 전형적인 예는 동서양의 언어 차이이다. 예를 들면, 어느 미국인 교수가 중국인 학자에게 전화를 걸어 자기 집으로 초대하려 할 때, 이 중국인 학자는 통화 내내 "Thank you", "All right, I'll try to come."을 연발하고 끝까지 미국인 교수가 바라는 "Yes or no"(올 것인지 안 올 것인지)를 확실하게 답하지 않음으로써 그를 화나게 만들 수 있다(양의 격률 위반). 중국인의 문화 습관으로는, 타인의 초대에 이 학자처럼 대답하는 것이 바로 협력의 원칙을 준수하는 것이며, 이 정도로 초대에 응하겠다는 자신의 뜻을 확실히 전달했다고 생각한다. 그러나 서양에서 이러한 대답은 비협조적인 것으로 여겨진다.

중국인들은 정말 훌륭한 의견을 제안하고서도 다음과 같이 말하는 것이 습관으로 되어 있다.

(9) 我的看法不一定对, 请大家批评指正。Wǒ de kànfǎ bù yídìng duì, qǐng dàjiā pīpíng zhǐzhèng.

제 생각이 꼭 옳다고는 할 수 없습니다. 여러분의 지적과 조언을 바랍니다.

이런 말을 들으면 '잘못되었을지도 모른다면서 발표는 왜 하지?'라는 생각이 들 수 있다. 하지만 이런 오해는 중국인의 문화에 대한 이해 부족 때문이다. 그들은 속으로는 자신감이 철철 넘치면서도 예의상 이렇게 질의 격률을 어기며 말하는 것을 좋은 화법이라고 생각하는 것이다.

반대의 경우도 있다. 다음은 어느 영국인 여교사와 중국인 학생의 대화이다.

(10) 영국인: 噢, 你这件毛衣真漂亮! Ō! Nǐ zhè jiàn máoyī zhēn piàoliang!

어머, 이 스웨터 정말 예쁘구나!

중국인: 漂亮什么? 穿了好几年了。Piàoliang shénme? Chuān le hǎo jǐ nián le.

예쁘기는요? 벌써 몇 년째 입는 건데요.

누군가에게 칭찬을 받았을 때 중국인들은 그 내용을 부인하거나 또는 그 정도를 낮춤으로써 겸손함을 표시하는 것을 예의로 생각한다(이 점은 우리와 크게 다르지 않다). (10)의 대화에서 중국인 학생은 질의 격률을 지키는 것이 올바르다고 생각하는 것이다. 이러한 반응은 연령대가 높아질수록 더 많이 보인다. 영국인 교사가 이러한 문화적 특성을 모르고 있었다면 중국 학생의 반응에 순간 머쓱해졌을 것임에 틀림없다.

이런 예는 많다. 오랜 친구 사이인 두 중국인이 한참 만에 만났다.

(11) A : 你还是老样子。Nǐ hái shì lǎo yàngzi.

너 그대로구나!

B : 不! 我老了。Bù! Wǒ lǎo le.

아냐, 많이 늙었지.

그냥 듣기 좋으라고 하는 말에도 쉽게 동의하지 않고 질의 격률을 지키려고 하는 것이 그들의 언어습관이기도 하다.

대화 함축의 추론은 단어나 구, 문장의 의미를 다루는 의미론의 영역과 다르다. 대화 함축의 추론은 문장의 언어구조가 아니라 대화 참여자들의 상황을 바탕으로 이루어지기 때문이다. 협력의 원칙과 대화 격률은 문화와 밀접한 관련이 있다. 어떤 경우에는 대화 격률을 지키려 하고 어떤 경우에는 그것을 어기려 하는 행태를 보인다. 문화가 다르면 대화 격률이 지켜지는 양상도 달라진다. 이 때문에 대화 과정에서 오해가 발생할 수도 있으므로 이런 오해를 피하기 위해서는 상대의 문화에 대한 깊은 이해가 필요하다.

[외교적 수사]

대화 함축은 외교적인 수사를 이해하는 데도 중요하다. 외교 언어는 파장도 크고 주워 담기도 어렵다. 그래서 외교관들은 정중하면서도 에둘러가며 격식을 갖추는 말을 배운다. 외교관이 'yes'라고 하면 'perhaps' (아마)를, 'perhaps'라고 하면 'no'를 뜻하고, 'no'라고 하면 더 이상 외교관이 아니라고 한다. 'influence' (영향)라는 표현은 'pressure' (압력)로 받아들인다. 냉전시대 미·소 협상에서 'We will study your proposal' (당신의 제안을 연구하겠다)은 'We will bury it' (무시하겠다)라는 뜻이었다.

| 2 | 전제

전제란?

다른 종류의 화용론적 추론인 전제에 대해 알아보자. 화용론에서 말하는 전제(presupposition)란 어느 문장이 발화되기 전 이미 그 문장에 대한 배경으로 존재하는 사실을 말한다. 예를 들어 "주말엔 주로 누구와 연애를 하나요?"라는 말이 전제하는 것은 무엇일까? 이 말은 첫째로 상대방에게 연애 상대가 많다는 것을 담고 있고, 둘째로 그중에서도 주말에 만나는 사람이 하나둘이 아니라는 것을 담고 있으며, 나아가 주말에 만나는 사람과 주중에 만나는 사람이 다를 수도 있음을 바탕에 깔고 있다. 그래서 이 말은 이제까지 미팅 한 번 제대로 못해본 사람에게 하면 대단히 이상하게 들린다.

그런 의미에서 다음과 같은 말을 중국의 미혼 남녀에게 하면 경우에 따라 생각지 못한 반응에 놀라게 된다.

(1) 你什么时候结婚? Nǐ shénme shíhòu jiéhūn?

당신은 아마 상대방에게 "너는 앞으로 언제쯤 결혼을 할 거니?"라는 뜻으로 가볍게 생각하고 물었을 것이다. 그런데 이 말의 의미는 '결혼을 약속한 애인이 있다'는 사실을 전제로 결혼식은 언제 올릴 것인지 묻는 것이다. 그러한 전제가 충족된 상황이라면 문제가 없겠지만, 그렇지 않은 상황이라면 "아직 결혼할 사람도 없는데요."(我还没有对象呢。)라는 답변을 받게 될 것이다.

좀 더 쉬운 사례를 보자.

(2) A: 屋子里太热了, 把门开开, 好吗? Wūzi lǐ tài rè le, bǎ mén kāikai, hǎo ma?
방안이 너무 덥군. 저 문을 좀 여는 게 어때?

B: 收音机的声音比较大, 别开门了, 开窗户吧! Shōuyīnjī de shēngyīn bǐjiào dà, bié kāi mén le, kāi chuānghu ba!
라디오 소리가 제법 크니까 문을 열지 말고 창문을 열자.

이 대화가 원만히 진행되기 위해서는 어느 특정의 '门'과 '窗户'가 존재하고(존재가 전제되어야 함) 동시에 발화 시점에서 그것이 닫혀 있어야 한다(닫혀 있는 상태가 전제되어야 함). 첫 번째 전제는 8장에서 다룰 '한정성'에서 비롯되는 것이고, 두 번째 전제는 동사 '开'가 가지고 있는 어휘의미에서 비롯되는 것이다.

일반적으로 이러한 전제는 부정사에 의해 부정될 수 없다.

(3) 别把门打开! Bié bǎ mén dǎ kāi!

　　문을 열지 말아라!

(3)과 같이 부정문으로 만든다고 해도 '门'은 여전히 발화 이전에 존재해야 하고 또한 발화 이전에는 열려 있어서는 안 된다. 만약 이러한 전제가 충족되지 않은 상황에서 (2)와 같이 말한다면 정상적인 발화로 인정받지 못할 것이다. 우리가 전제에 대하여 알아야 하는 까닭은 바로 문법에 맞게 말을 해야 할 뿐만 아니라 또한 주어진 상황에 맞게 말을 할 수 있어야 하기 때문이다.

전제와 초점

전제와 상대되는 개념은 초점(focus)이다. 전제는 화자와 청자 모두가 이미 알고 있다고 화자에 의해 상정되고 있는 정보이다. 초점은 전제된 지식을 배경으로 하여 새롭게 제시 또는 제안되는 정보를 가리킨다. (4a)의 전제는 '그녀가 해리에게 무언가(x)를 주었다'이다. 이 전제를 배경으로 (4a)와 같은 질문이 성립한다. 이 전제의 변항 X를 채우는 'the shirt'가 바로 초점이 된다.

(4) a. What did she give to Harry? (전제: She gave X to Harry.)

그녀가 해리에게 뭘 줬지?

b. She gave the shirt to Harry.

그녀는 해리에게 그 셔츠를 주었어.

전체—초점 구조를 이해하는 데 있어서 게슈탈트 심리학의 전경(foreground)과 배경(background) 개념은 매우 유용하다. 보통 '형태심리학'이라고 번역하는 게슈탈트 심리학은 1912년 베르트하이머의 연구로 시작되었다. 게슈탈트(Gestalt)는 우리가 어떤 사물이나 현상을 지각할 때 떠오르는 어떤 형태를 말한다. 게슈탈트 심리학의 가장 기초적인 논의대상으로 착시현상이 있는데, 가장 널리 알려진 예는 '루빈의 컵'이다.

이 그림은 어디에 중점을 두느냐에 따라 컵이 보이기도 하고 두 사람의 옆얼굴이 보이기도 한다. 전경은 앞에 떠오르는 형상이고 배경은 전경 이

루빈의 컵

외의 형상이다. 컵이 전경이 되면 까만 부분은 배경이 되고, 사람 얼굴이 전경이 되면 하얀 부분이 배경이 된다. 게슈탈트 심리학의 전경-배경은 정보구조의 전제-초점과 유사한 개념이다. 이 그림에서 전경의 모습이 배경과의 관계에 의해서만 드러나듯, 초점은 전제와의 관계에 의해서만 의미가 있는 개념이 된다.

다음의 예문은 전경과 배경 즉 초점과 전제가 달라짐에 따라 서로 다른 문장이 만들어짐을 보여준다.

(5) a. The dot is inside the circle.
점이 원 안에 있다.

b. The circle is around the dot.
원이 점 밖에 있다.

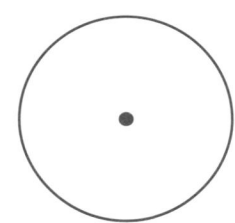

이제부터 중국어 문장의 전제에 대해 좀 더 자세히 이야기할 텐데, 전제를 배경으로 하여 표현되고 있는 초점에 대해서도 관심을 가지고 살펴보자.

상(相) 의미를 지닌 동사와 전제

相(aspects)이란 어떤 상황의 내부 구조를 관찰하는 다양한 관점들을 일컫는다. 어떤 상황의 내부 구조는 여러 가지로 나누어 관찰할 수 있는데, 예를 들어 동작의 경우에는 처음에 동작이 시작되는 부분, 동작이 지속되는 중간 부분, 그리고 동작이 종료되는 끝부분으로 나눌 수 있다. 이것을 각각 기동상(inchoative aspect), 지속상(durative aspect), 완성상(performative aspect)이라고 한다.

동사 중에는 자체의 어휘 의미 안에 이러한 상(aspects) 의미를 지니고 있는 것들이 있다. 이러한 상 의미를 지닌 동사들이 문장에 사용될 경우에는 특정한 의미를 전제하게 된다. 다음 예를 보자.

(6) a. Susan stopped beating her husband.
　　　수전은 남편 구타를 그쳤다.

　　b. Susan didn't stop beating her husband.
　　　수전은 남편 구타를 그치지 않았다.

(6a)는 이전에 수전이 남편을 구타했었음을 전제로 하고 있으며 현재 그 행위를 그쳤음을 함의하고 있다. 이러한 전제는 부정문 (6b)에서도 사라지지 않고 남아 있다. 다시 말하면, 이 문장이 적절하게 발화되고 이해되기 위해서는 수전이 남편을 구타하고 있었다는 것이 기정 사실로서 존재하고 있어야 한다. 이것은 〔완성〕이라는 상 의미를 지닌 동사 'stop'이 이 문장이 발화되기 전까지 어떤 행동이 진행되고 있었다는 사실을 전제하고 있기 때문에 발생하는 것이다. 그러므로 누군가 이 말을 듣는다면 수전은 남편을 상습적으로 폭행하고 있다고 생각할 것이다.

중국어의 동사 '戒'(끊다)의 전제도 'stop'의 경우와 유사하다.

(7) 老张戒烟了。 Lǎo Zhāng jiè yān le.
　　라오장 선생은 담배를 끊었다.

(8) 老张原来是抽烟的。 Lǎo Zhāng yuánlái shì chōu yān de.
　　라오장은 원래 끽연가였다.

(7)은 (8)을 전제로 한다. 즉 (8)의 의미는 (7)을 발화하기 이전에 이미

사실로 존재하는 것이다. 이 때문에 (7)을 부정문으로 바꾸어도 그것이 전제하고 있는 (8)의 의미는 부정되지 않고 여전히 존재한다.

　(9) 老张没有戒烟。Lǎo Zhāng méi yǒu jiè yān.
　　　라오장은 담배를 끊지 않았다.

　만약 이 전제가 만족되지 않는 상태에서 화자가 이 말을 한다면 청자는 매우 이상하게 생각할 것이며, 더 이상의 의사소통이 어려워질 것이다. 이 동사 역시 상황의 종료라는 상 의미를 지니면서 이전에 어떤 상황이 존재하고 있음을 전제하는 동사라고 할 수 있다.

　이와 유사한 화용론적 전제를 유발하는 어구로서 '开始(kāishǐ 시작하다), 离开(líkāi 떠나다), 停止(tíngzhǐ 정지하다), 到达(dàodá 도착하다), 站(zhàn 서다), 来(lái 오다), 去(qù 가다)' 등이 있다. 예를 들어 시작부분에 초점이 놓이는 동사 '开始'가 사용된 문장 '小明开始做这件事'(샤오밍은 이 일을 하기 시작했다)는 이 문장을 발화하기 전의 시점에는 그 일을 하고 있지 않았음을 전제로 한다. 이러한 전제는 '小明没开始做这件事'(샤오밍은 이 일을 하기 시작하지 않았다)에서도 여전히 유지된다. 나머지 동사들도 이와 동일한 방식으로 설명할 수 있다.

사실성 동사의 전제

어떤 동사의 내포문은 반드시 사실을 전제로 한다. 다음의 두 쌍의 예문은 문법 구조가 완전히 동일하지만 전제의 관점에서 볼 때는 크게 다르다.

　(10) a. 他发现〔钱丢了〕。Tā fāxiàn qián diū le.
　　　　그는 돈을 잃어버린 사실을 알아차렸다.

b. 他以为〔钱丢了〕。 Tā yǐwéi qián diū le.

그는 돈을 잃어버렸다고 여겼다.

(11) a. 小玲后悔〔跟王教授结婚〕。 Xiǎolíng hòuhuǐ gēn Wáng jiàoshòu jiéhūn.

샤오링은 왕 교수와 결혼한 것을 후회한다.

b. 小玲希望〔跟王教授结婚〕。 Xiǎolíng xīwàng gēn Wáng jiàoshòu jiéhūn.

샤오링은 왕 교수와 결혼하기를 희망한다.

(10a)와 (11a)의 내포문의 진리치는 참(true)으로서 '돈을 잃어버렸다'와 '왕 교수와 결혼했다'는 것은 기정사실이다. 이에 반해서 (10b)와 (11b)의 내포문의 진리치는 반드시 참인 것은 아니며, 참으로 돈을 잃어버렸는지 또는 참으로 결혼을 하는지는 확실하지 않다. 이러한 차이는 다음과 같이 부정문으로 만들었을 때에도 여전히 존재한다.

(12) a. 他没发现〔钱丢了〕。 Tā méi fāxiàn qián diū le.

그는 돈을 잃어버린 것을 알아차리지 못했다.

b. 他不以为〔钱丢了〕。 Tā bù yǐwéi qián diū le.

그는 돈을 잃어버렸다고 여기지 않는다.

(13) a. 小玲不后悔〔跟王教授结婚〕。 Xiǎolíng bú hòuhuǐ gēn Wáng jiàoshòu jiéhūn.

샤오링은 왕 교수와 결혼한 것을 후회하지 않는다.

b. 小玲不希望〔跟王教授结婚〕。 Xiǎolíng bù xīwàng gēn Wáng jiàoshòu jiéhūn.

샤오링은 왕 교수와 결혼할 것을 바라지 않는다.

(12a)와 (13a)에서는 내포문이 여전히 사실로 전제되어 있지만 (12b)와 (13b)에서는 그렇지 못하다. '发现'과 '后悔'와 같이 내포문의 내용이

사실임을 전제하는 동사를 사실성 동사라고한다.

사실성 동사가 지니고 있는 이러한 전제는 의문문에서도 여전히 유지된다.

(14) a. 他发现〔钱丢了〕。 Tā fāxiàn qián diū le.

그는 돈을 잃어버린 것을 발견했다.

b. 他发现〔钱丢了〕吗? Tā fāxiàn qián diū le ma?

그는 돈을 잃어버린 것을 발견했니?

사실성 술어 '发现'을 포함한 의문문인 (14b)도 돈을 잃어버렸다는 사실을 전제로 한다. 즉, (14b)의 의문대상은 돈을 잃어버렸는지 여부가 아니라 그러한 사실을 발견했는지 여부인 것이다. 다음과 같이 의문대명사를 사용한 의문문도 동일한 양상을 보인다.

(15) a. 小玲后悔〔跟王教授结婚〕。 Xiǎolíng hòuhuǐ gēn Wáng jiàoshòu jiéhūn.

샤오링은 왕 교수와 결혼한 것을 후회한다.

b. 谁后悔〔跟王教授结婚〕? Shéi hòuhuǐ gēn Wáng jiàoshòu jiéhūn?

누가 왕 교수와 결혼한 것을 후회하니?

이러한 현상은 명백히 동사 '后悔'의 의미에서 비롯되는 것이다. 이와 같이 내포문의 사실을 전제로 하는 사실성 동사(factive verbs)로서 '知道(zhīdao 알다), 发现(fāxiàn 발견하다), 忘记(wàngjì 잊어버리다), 后悔(hòuhuǐ 후회하다), 意识到(yìshí dào 의식하다), 体会到(tǐhuì dào 체득하다), 看见(kànjiàn 보이다), 庆幸(qìngxìng 다행이다)' 등이 있다.

한편 내포문의 내용이 사실일 수도 있고 사실이 아닐 수도 있는, 다시 말하면 사실성 여부를 판단할 수 없는 동사도 있다. 이와 같은 동사를 비사실성 동사(non-factive verbs)라고 한다.

(16) A：老张怎么不见了呢? Lǎo Zhāng zěnme bú jiàn le ne?

라오장이 왜 안 보이지?

B：我听说〔老张下岗了〕。 Wǒ tīngshuō Lǎo Zhāng xiàgǎng le.

라오장은 퇴직했다고 들었다.

B의 대답을 분석하면 라오장은 실제로 퇴직했을 수도 있고 그렇지 않을 수도 있다. B는 단지 전해들은 말을 전하고 있을 뿐이지 본인이 직접 확인한 것은 아니다.

이와 같은 비사실성 동사로서 '听说' 이외에 '说(shuō 말하다), 以为(yǐwéi 여기다), 认为(rènwéi 생각하다), 希望(xīwàng 희망하다), 假定(jiǎdìng 가정하다), 相信(xiāngxìn 믿다), 感到(gǎndào 느끼다), 觉得(juéde 느끼다), 想(xiǎng 생각하다), 看(kàn 여기다), 估计(gūjì 추정하다), 主张(zhǔzhāng 주장하다)' 등이 있다.

반사실성 동사의 전제

그런데 내포문의 내용에 대한 전제 현상은 사실성 동사와 상반되는 반사실성 동사(counter-factive verbs)의 경우에도 발견된다. 다음의 예를 보자.

(17) 他假装〔生病〕了。 Tā jiǎzhuāng shēngbìng le.

그는 병이 난 척했다.

(17)에서 그가 병이 났다는 것은 거짓이다. 즉 동사 '假装'은 내포문의 내

용이 사실이 아님을 전제한다. 그렇다면 사실을 전제하건 거짓을 전제하건 어떤 명제를 전제한다는 점에서는 다를 게 없다. 이런 점에서 사실성 동사와 반사실성 동사는 서로 반대관계에 있으면서도 하나의 공통점을 공유하고 있다. 이와 같은 반사실성 동사로서 '假裝' 이외에 '胡说(húshuō 허튼소리하다), 遥传(yáochuán 풍설로 전하다), 造谣说(zàoyáoshuō 헛소문으로 전하다), 幻想(huànxiǎng 공상하다), 谎称(huǎngchēng 거짓말하다), 妄称(wàngchēng 멋대로 말하다)' 등이 있다.

서술절의 전제

중국어 동사 중에는 내포문이 사실임을 전제하는 특이한 동사들이 있다. 이 동사들은 주로 '爱(ài 사랑하다), 喜欢(xǐhuan 좋아하다), 嫌(xián 싫어하다), 批评(pīpíng 꾸짖다)' 등과 같이 인간의 희로애락(喜怒哀乐)의 감정을 나타내는 심리 활동 동사들이다.

(18) a. 我们喜欢他聪明。Wǒmen xǐhuan tā cōngming.

우리는 그를 총명해서 좋아한다.

b. 〔我们喜欢他〕〔他聪明〕。

〔우리는 그를 좋아한다〕〔그는 총명하다〕

c. *我们〔喜欢〔他聪明〕〕。

중국어 문법학자들은 (18)의 a를 c처럼 동사와 목적어의 구조로 분석하지 않고 b와 같이 겸어문으로 분석한다. 영어로 치면 5형식 문장으로서 '聪明'이 '他'의 목적보어가 된다는 것이다. 전체 문장의 의미는 '우리는 그를 (그가) 총명해서 좋아한다'로 된다. 이때 '그가 총명하다'는 것은 이미 기정 사실로 전제되어 있다. 부정문으로 만들어도 그 사실이 여전히 참이라는 점에서 그 전제성이 확인된다.

(19) a. 我们不喜欢他聪明。Wǒmen bù xǐhuan tā cōngming.

우리는 그를 총명해서 싫어한다.

b. 〔我们不喜欢他〕〔他聪明〕。

〔우리는 그를 싫어한다〕〔그는 총명하다〕

(19a)는 (19b)와 같이 분석되는데, 여기에서도 '그가 총명하다'는 점은 여전히 사실로 전제되고 있는 것이다. 하나의 예를 더 보기로 하자.

(20) A : 你过去那个男朋友为什么吹了？Nǐ guòqu nàge nán péngyou wèi shénme chuī le?

전에 사귀던 그 남자 왜 틀어졌니?

B : 我嫌他身高不到一米七六。Wǒ xián tā shēngāo bú dào yì mǐ qī liù.

그의 키가 1m 76cm가 안 되는 게 싫어서.

A : 你最近交的这个男朋友不是身高一米七八吗, 怎么又吹啦？Nǐ zuìjìn jiāo de zhège nán péngyou bú shì shēngāo yì mǐ qī bā ma, zěnme yòu chuī la?

요즘 사귀는 남자는 키가 1m 78cm 아니었니? 왜 또 틀어졌어?

B : 他嫌我身高不到一米六二。Tā xián wǒ shēngāo bú dào yì mǐ liù èr.

내가 1m 62cm가 안 된다고 싫어하더군.

(20)의 A의 발화에서 '他身高不到一米七六'는 이미 존재하고 있는 사실로서 화자가 그 사람을 싫어하는 원인이다. '嫌'도 겸어문을 구성할 수 있는 감정동사 가운데의 하나이며, 내포문의 내용이 사실임을 전제로 하는

동사이다.

이와 같은 원인 구문에 사용되는 동사들은 일부 심리동사와 칭찬, 또는 비판의 의미를 지닌 동사들로서 '喜欢(xǐhuan 좋아하다), 爱(ài 사랑하다), 感谢(gǎnxiè 감사하다), 祝贺(zhùhè 축하하다), 表扬(biǎoyáng 칭찬하다), 恨(hèn 증오하다), 讨厌(tǎoyàn 미워하다), 怪(guài 책망하다), 埋怨(mányuàn 원망하다), 批评(pīpíng 꾸짖다), 嫌(xián 싫어하다), 生气(shēngqì 화내다)' 등이 있다.

│ 3 │ 직시: '나' '지금' '여기'

'직시'는 다소 낯선 용어이기는 하지만 실제 생활 속에서 늘 접하는 현상 중의 하나이다. 예를 들어 '그해 8월에 열린 베이징올림픽에서……'로 시작하는 기사를 스크랩해두고 연도를 기록하지 않았다면, 한참 시간이 흐른 뒤에는 베이징올림픽이 개최된 때가 어느 해 8월인지 알 수 없을 것이다. '그해'라는 표현 때문이다. 다른 사례를 들어보자. 네 살짜리 꼬마가 밖에서 놀다가 다급하게 뛰어 들어와 말한다.

  (1) 꼬마: 로봇태권브이 합체 장난감 사주세요!
    아빠: 내일 사다 줄게.
    (다음날 저녁)
    꼬마: 아빠, 장난감!
    아빠: (깜빡 잊은 것을 깨닫고 짐짓 시치미를 떼며)
        '내일' 사다 준다고 하지 않았니?

이처럼 '그해'나 '내일'은 어느 시점에서 말하느냐에 따라 연도와 날짜가 정해진다. 다시 말하면 발화 시점이 달라짐에 따라 그 내용도 달라진다. 고정불변의 의미가 없다는 말이다. 이와 같이 단어와 표현의 의미가 발화 상황에 의존하는 문법현상을 직시(直示 deixis)라고 한다. 'deixis'(다익시스)는 그리스어에서 온 것으로 원래의 뜻은 '가리키다'이다. 직시 기능이란 화자가 여러 사람이나 사물, 또는 사건, 과정, 행동 등에 대하여 그 중 어느 것을 말하는 것인지를 가리켜 식별하는 것이다. 용어의 한자 표기도 直視가 아니라 直示임을 유의하라. 현장에서 직접 가리키는 말이라는 뜻이다. 모든 언어에는 이와 같은 언어현상이 존재한다. 직시의 전형적인 범주는 1) 인칭(person), 2) 시간(time), 3) 장소(place)이다. 먼저 세 가지 직시에 대해 설명하고, 이어서 특수한 동사 직시어인 '來'와 '去'에 대해 살펴보자.

인칭 직시

대명사(pronoun)는 '명사를 대신하는 말'이지만 그 본질적인 기능은 직시(deixis)이다. 중국어의 인칭대명사는 다음과 같다.

　　(2) 我, 我们, 你, 你们, 他(她), 他们(她们), 自己, 人家

　예를 들어, 어느 회사에서 인사 담당자가 채용 대기자에게 다음과 같이 말했다고 하자.

　　(3) 我们决定录用你, 你, 还有你。Wǒmen juédìng lùyòng nǐ, nǐ, hái yǒu nǐ.
　　　　우리는 당신, 당신, 그리고 당신을 채용하기로 결정했소.

　이 세 개의 '你'자는 A, B, C 세 사람을 가리키며 말한 것으로서, 대화

중에는 손이나 눈짓, 또는 다른 보조수단을 이용하여 한 사람씩 가리킬 것이다. 이것이 대명사 '你'의 직시 용법이다.

인칭대명사 이외에 지시대명사 '这', '那'도 직시 기능을 한다. 앞서 얘기한 인사 담당자는 입사 원서에 붙어 있는 사진을 가리키면서 사장에게 다음과 같이 말할 수 있다.

> (4) 我们决定录用这个人和那个人。Wǒmen juédìng lùyòng zhège rén hé nàge rén.
> 우리는 이 사람과 저 사람을 채용하기로 결정했다.

중국어의 대명사는 명사뿐만 아니라 형용사, 부사, 문장 전체를 대신하기도 한다. 이 때문에 중국어 문법학계에서는 '代名词'라는 말 대신에 '代词'라는 말을 쓴다. 이 책에서는 '代词'라는 생소한 용어 대신 '대명사'라는 친숙한 용어를 사용하고 있다(대명사의 명칭과 개념에 대한 설명은 7장 3절 참고).

시간 직시

다음으로 시간 직시(time deixis)에 대해 살펴보자. 중국어에서 사용되는 시간 직시의 표현은 아래와 같다.

> (5) 现在(xiànzài 현재), 明天(míngtiān 내일), 那个时候(nàge shíhòu 그때), 这次
> (zhè cì 이번), 八天前(bā tiān qián 8일 전), 上星期(shàng xīngqī 지난주), 下周
> (xià zhōu 다음주), 下个月(xià ge yuè 다음달), 明年这会儿(míngnián zhè huìr 내년
> 이맘때)

이 표현들이 어느 시간을 지시하는지 알기 위해서는 그 말을 언급한 시

점을 알아야 한다. 앞에서 꼬마와의 대화에서 나왔듯이 '明天'은 오늘 말했을 경우와 일주일 뒤에 말했을 때 실제로 지시하는 날짜가 다르다. 만약 "明天大降价!"(Míngtiān dà jiàngjià! 내일 대 바겐세일)라고 쓰인 광고 쪽지를 발견했는데 거기에 날짜가 적혀 있지 않다면 당신은 그 바겐세일이 언제 시작해서 언제 끝나는지 알 수 없을 것이다. 이처럼 '明天'은 정해진 날짜가 있어야 비로소 의미를 갖는 특수한 단어인 것이다.

마찬가지로 다음 예문에서 회의 시작 시간을 알려면 반드시 현재의 시각을 알고 있어야 한다.

(6) 开会时间离现在还有十分钟。Kāihuì shíjiān lí xiànzài hái yǒu shí fēnzhōng.
회의 시간은 이제부터 아직 10분 남았다.

이처럼 시간 직시에 사용되는 표현들은 이 표현들이 언급된 특정 시점이 있어야 비로소 의미를 갖는 특수한 단어인 것이다

장소 직시
다음으로 장소 직시(place deixis)에 대해 살펴보자. 중국어에서 사용되는 시간 직시의 표현은 아래와 같다.

(7) 这儿(zhèr 여기), 这里(zhèli 여기), 那儿(nàr 저기/거기), 这个地方(zhège dìfang 이곳), 里面(lǐmiàn 안쪽), 外面(wàimiàn 바깥쪽), 左边(zuǒbiān 왼쪽), 上边(shàngbiān 윗쪽), 前面(qiánmiàn 앞쪽)

이 표현들이 어느 장소를 지시하는지 알기 위해서는 그 말을 언급한 장

소에 대한 추가 정보가 있어야 한다.

(8) 图书馆离这里大约有二百米。Túshūguǎn lí zhèli dàyuē yǒu èr bǎi mǐ.

도서관은 여기에서 대략 200m 떨어져 있다.

(9) A: 外面有雪吗? Wàimiàn yǒu xuě ma?

밖에 눈 오니?

B: 那有关系吗? Nà yǒu guānxi ma?

그게 문제가 되니?

(8)에서 '这里'가 어디냐에 따라 이 문장이 참이 될 수도 있고 거짓이 될 수도 있다. (9)의 '外面'은 통상 현재 대화를 나누고 있는 건물의 바깥이 될 것이다. 그러므로 이 문장을 어디에서 발화하느냐에 따라 '外面'이 지시하는 곳이 달라질 수 있다.

'来'와 '去'

장소 이동을 나타내는 '来'와 '去'도 직시어에 해당한다. 이 동사들은 중국어의 이동동사(motion verb) 중에서 가장 기본이 되는 것으로서, 단독으로 문장의 술어로 쓰일 수 있으며 또한 다른 동사의 뒤에 붙어서 방향보어(directional complement)로 사용될 수도 있다.

'来'와 '去'의 방향은 단어 자체가 가지고 있지 않고 이 단어를 사용하는 화자의 위치에 따라 결정된다. 보통 대상이 화자 쪽으로 가까워지면 '来'를 쓰고 멀어지면 '去'를 쓴다.

(10) a. 小明来了吗? Xiǎomíng lái le ma?

샤오밍 왔니?

b. 小明去了吗? Xiǎomíng qù le ma?

샤오밍 갔니?

한편 화자가 청자 쪽으로 이동할 때에는 '來'와 '去' 모두 사용할 수 있다.

(11) 我马上过来。 Wǒ mǎshàng guòlai.

제가 곧 가겠습니다. 〔영어표현: I'm coming now.〕

(12) 我马上过去。 Wǒ mǎshàng guòqu.

내가 곧 가겠다.

(11)과 (12)는 기본적으로 의미가 같지만 (12)보다는 (11)과 같이 말할 때 청자가 화자로부터 대우나 존중을 받는 느낌을 갖는다. (12)에서 발화의 중심은 화자이지만 (11)에서 발화의 중심은 청자이기 때문이다. 영어에도 이러한 화법이 있지만 한국어에는 없다.

'来'와 '去'는 상태의 변화에도 쓰일 수 있다. 사물이 놓여 있는 상태는 정상적인 상태(normal state)와 비정상적인 상태(abnormal state)로 나눌 수 있는데, 상황이 정상 상태 쪽으로 변화되면 '来'를 쓰고 비정상 상태 쪽으로 바뀌면 '去'를 사용한다.

(13) a. 他醒过来了。 Tā xǐng guòlai le.

그가 깨어났다.

b. 他又昏迷过去了。 Tà yòu hūnmí guòqu le.

그가 또 정신을 잃었다.

화자의 위치와 생각, 외부 환경에 의해 '来'와 '去'의 사용이 결정된다는 점에서 이들도 직시어라고 할 수 있다.

이처럼 직시어들은 고유의 사전인 의미와 무관하게 그 직시어를 누가, 언제, 어디에서 사용하느냐에 따라 구체적인 지시대상이 달라진다. 실질적인 의미가 직시어가 사용되는 환경 또는 문맥에 의해 결정된다는 말이다.

| 4 | 중의성: '손숙의 어머니'

언젠가 연극배우 손숙이 주연한 공연 팸플릿을 보고 혼란에 빠진 적이 있다. 연극 제목은 〈손숙의 어머니〉. 손숙의 어머니에 대한 연극으로 오해한 것이다. 얼마 후에야 팸플릿의 의도를 이해하게 되었다. '손숙의 어머니'에 대한 연극이 아니라, 손숙이 주연하는 연극 '어머니'였던 것이다. 3탄까지 이어지며 인기를 끌었던 영화 〈조폭 마누라〉는 또 어떤가? 영화를 본 사람이라면 이 영화가 '조폭의 마누라'가 아니라 '조폭인 마누라'에 대한 영화임을 알 것이다.

이처럼 하나의 표현이 둘 이상의 다른 의미를 나타내는 것을 중의성(ambiguity)이라고 한다. 의미의 중의성이 일어나는 경우로 두 가지가 있다. 하나는 구조적 중의성(structural ambiguity)이고 다른 하나는 어휘적 중의성(lexical ambiguity)이다.

구조적 중의성

하나의 문장이 두 가지 이상의 구조를 가짐으로써 두 가지 이상의 의미로 해석되는 경우를 구조적 중의성이라고 한다. 한국어에서 "닭은 먹었니?"는 문맥에 따라 여러 가지 의미를 나타낼 수 있다. 먹이로 준 사료를 오리는 먹었는데 닭은 어떤지 묻는 것일 수도 있고, 아이에게 내준 이런저런 음식 중에서 닭은 먹었는지 묻는 것일 수도 있다. 마찬가지로 "鸡不吃了"는 '닭이 모이를 안 먹으려 한다'로 해석될 수 있고 '(나는) 닭고기는 안 먹겠다'로 해석될 수도 있다. '鸡'를 문장의 주어로 보느냐 아니면 목적어에서 전치된 것으로 보느냐에 따른 구조적인 차이에서 기인하는 중의성이다.

    (1) a. 〔鸡〕주어 〔不吃〕술어 (ø)목적어 了。Jī bù chī le.

        닭이 (모이를) 안 먹는다.

     b. (ø)주어 〔不吃〕술어 〔鸡〕목적어 了。Bù chī jī le.

        (나는) 닭을 안 먹겠다.

이처럼 한 가지 문장이 두 가지 이상의 의미구조와 대응되는 현상을 '구조적 중의성'이라 한다.

    (2) 我家来了两封信。Wǒ jiā lái le liǎng fēng xìn.

이 문장도 역시 두 가지의 의미를 지니고 있다. 하나는 '우리 집에서 (나에게) 편지 두 통을 보내왔다'는 것이고, 또 하나는 '우리 집에 편지 두 통이 도착했다'는 것이다. 전자의 경우에는 '我家'가 '기점'이 되고, 후자의 경우에는 '我家'가 '종점'이 된다.

다음 예문도 중의적인 문장이다.

    (3) 这件事情要由他们领导负责。Zhè jiàn shìqing yào yóu tāmen lǐngdǎo fùzé.

     a. 这件事情要〔由他们〕领导负责。

이 일은 그들이 주관하고 책임져야 한다.

  b. 这件事情要〔由他们领导〕负责。

이 일은 그 부서장들이 책임져야 한다.

　다음의 문장은 세 가지의 상이한 의미를 나타내는데, 각각의 의미에 따라 세 가지로 구조분석을 할 수 있다.

　(4) 大转变中的中国经济理论问题 Dà zhuǎnbiàn zhōng de Zhōngguó jīngjì lǐlùn wèntí.

　　a.〔大转变中的〕〔中国〕经济理论问题

　　대전환기에 있는 중국의 경제이론 문제

　　b.〔大转变中的〕〔中国经济〕理论问题

　　대전환기에 있는 중국경제의 이론 문제

　　c.〔大转变中的〕〔中国经济理论〕问题

　　대전환기에 있는 중국경제이론의 문제

어휘적 중의성

문장 속의 단어가 둘 이상의 의미를 나타냄으로써 빚어지는 중의성을 '어휘적 중의성'이라고 한다. 예를 들어 '영희가 철수의 배를 걷어찼다'는 그 대상이 철수의 배꼽 언저리일 수도 있고 먹던 배일 수도 있고 그의 나룻배일 수도 있다.

　중국어 사례를 보자. '生'은 '(과일이) 익지 않다'의 뜻도 나타내지만 '(음식이) 익지 않다'라는 뜻으로도 쓰인다. 이 때문에 다음 예문에서는 두 가지 의미 해석이 모두 가능하다.

(5) 这些南瓜还是生的, 不能吃。 Zhè xiē nánguā hái shì shēng de, bù néng chī.

　　이 호박은 아직 익지 않아서 먹지 못해.

이 문장만으로는 때가 안 되어서 익지 않은 것인지 열을 충분히 가하지 않아 덜 익은 것인지 알 수 없다. 둘 다 가능하다. 열을 덜 가하여 익지 않은 경우라면 '还没煮熟 hái méi zhǔ shú'라고 하면 중의성이 사라질 것이다.

　　중국어에서 '借'는 '빌리다'의 뜻도 있지만 반대로 '빌려주다'의 의미로도 사용된다.

(6) 他借我那本书, 还没看完呢。 Tā jiè wǒ nà běn shū, hái méi kàn wán ne.

(6)만 봐서는 그가 나에게서 책을 빌린 것인지, 아니면 나에게 책을 빌려준 것인지 알 수 없다. 두 가지 해석이 모두 가능하다.

(7) a. 그는 내게서 빌려 간 그 책을 아직 다 못 봤다.

　　b. 그가 나에게 빌려준 그 책을 (나는) 아직 다 못 봤다.

화자는 일반적으로 이런 중의적 상황의 발생을 피하려 한다. '他向我借了那本书, 还没看完呢'라고 바꾸면 (7a)의 의미가 되고, '他借给我的那本书, 还没看完呢'라고 바꾸면 (7b)의 의미가 되어 중의성이 해소된다.

다음 예문들도 중의적이다.

(8) 这篇稿子你给我看看。 Zhè piān gǎozi nǐ gěi wǒ kànkan.

다음 대화가 우리에게 웃음을 주는 까닭이 어디에 있는지 중의성의 관점에서 생각해보자.

病人: "大夫, 我头部拍的 X 光片, 结果出来了没有?"

Bìngrén: Dàifu, wǒ tóubù pāi de X guāngpiàn, jiéguǒ chūlai le méiyou?

"선생님, 제 머리에 X선 사진 찍었는데, 결과가 나왔나요?"

医生: "出来了, 里面什么也没有。"

Yīshēng: Chūlai le, lǐmiàn shénme yě méiyou.

"나왔습니다만, 안에 아무 것도 없더군요."

a. 이 원고를 나를 위해 좀 읽어봐주렴.

b. 이 원고를 내가 읽도록 나에게 주렴.

(9) 我只看内科。 Wǒ zhǐ kàn nèikē.

a. 나는 내과만 진료한다.

b. 나는 내과만 진료를 받는다.

(10) 我今天考语文。 Wǒ jīntiān kǎo yǔwén.

a. 나는 어문 과목 시험을 본다(학생).

b. 나는 어문 과목 시험을 시행한다(교사).

(11) 我去打针。 Wǒ qù dǎ zhēn.

a. 나는 침 맞으러 간다.

b. 나는 침 놓으러 간다.

(12) 我去理发。 Wǒ qù lǐfà.

a. 나는 이발하러 간다.

b. 나는 이발해주러 간다.

(8)에서 '給'가 전치사라면 (8a)와 같이 해석되고, '給'가 동사라면 (8b)와 같이 해석된다. (9-12)의 경우 주어는 능동적 행위자일 수도 있고 피동적 경험자일 수도 있다. 예컨대 (9)에서 주어가 의사라면 주어는 능동적 행위자로서 진료행위의 주체가 되고, 주어가 환자라면 주어는 피동적 경험자로서 진료행위의 대상이 된다. (10-12)도 주어가 행위자인지 경험자인지에 따라 문장의 의미가 달라진다.

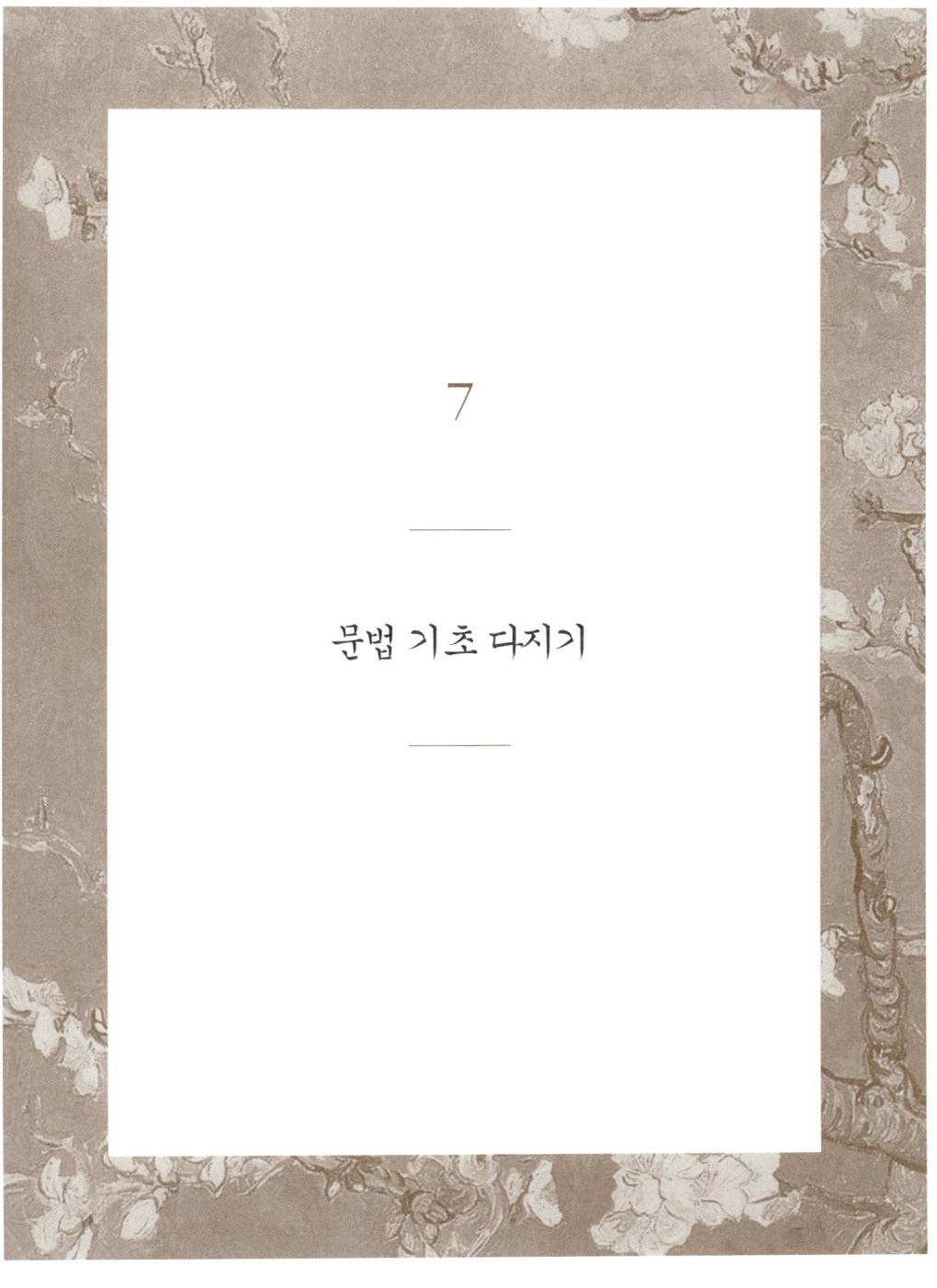

7

문법 기초 다지기

'문법'이란 용어는 크게 두 가지 의미를 가지고 있다. 하나는 넓은 의미의 문법, 즉 'grammar'로서, 여기에는 언어에 관한 모든 규칙, 그리고 이것을 연구하는 형태론, 음운 및 음성학, 통사론, 의미론, 화용론 등이 포함된다. 또 하나는 좁은 의미의 문법, 즉 'syntax'(통사론)로서, 이것은 구조적인 관점에서 문장을 정확하게 구성하는 방법을 가리킨다. 이 장에서 문법은 좁은 의미인 통사론을 가리킨다.

　문법의 기초는 어순이다. 어순이란 단어의 배열순서를 가리키는데, 좀 더 범위를 좁혀서 말하면, 동사를 중심으로 주어와 목적어의 상대적 어순을 지칭한다. 단어의 의미와 기능을 알고 그것을 어순에 맞게 배열하면 문법에 맞는 문장이 된다. 이 장에서는 우선 중국어의 어순을 기본어순과 부가 성분의 어순으로 나누어 살펴보고, 그 다음에 단어의 문법기능을 품사의 관점에서 살펴본다. 중국어의 어휘 안에는 단어 같기도 하고 구 같기도 한 것들이 있는데 이것을 중국의 문법학계에서는 이합사(离合词)라고 한다. 이합사는 품사나 어순에 관한 이론과 관련되면서도 그것에 도전하는 측면이 있기 때문에 여기에서 다룬다.

| 1 | 중국어의 기본어순

중국어의 어순을 이해하는 것은 중국어 문법을 습득하는 데 대단히 중요하다. 문법, 즉 통사론(syntax)의 핵심은 어순이다. 어느 나라 언어이건 모두 그렇다. 문장 안에서 단어(word)의 선후 순서(order)가 바로 어순(word order)이다. 어순을 알고 그 어순에 맞게 단어를 배열하면 문법적인 문장이 만들어진다. 한국어와 중국어를 비교할 때 문법적으로 가장 큰 차이를 보이는 것이 어순이다.

SVO vs. SOV

보통 어순의 유형을 따질 때에는 동사(Verb)를 중심으로 해서 주어(Subject)와 목적어(Object)로 쓰이는 명사구의 상대적인 위치가 논의의 중심이 된다. 이들의 상대적인 위치의 가능한 경우는 'SOV, SVO, VOS, VSO, OVS, OSV'와 같이 모두 여섯 가지다. 세계의 언어를 조사해보면 SVO 어순이 45%이고, SOV 어순이 42%로서 언어의 대부분을 차지한다. 이 두 가지를 뺀 나머지를 보면, VSO 어순이 9%, VOS 어순이 3%, OVS 어순이 1%이며, OSV 어순의 언어는 존재가 확인되지 않았다(Baker 2001:128, Fromkin 2000:186).

SVO : 영어, 독일어, 프랑스어, 중국어 등은 주어 뒤에 동사가 출현하며 목적어가 맨 뒤에 위치한다. 다음은 중국어 예이다.

(1) 我　喜欢　　嬉哈。Wǒ xǐhuan xīhā.
　　나　좋아한다　힙합

'나는 힙합을 좋아한다'

SOV : 한국어, 일본어, 알타이어, 티벳어 등은 주어 뒤에 목적어가 나오고 동사가 맨 뒤에 위치한다. 다음은 일본어의 예이다.

(2) 英姫がりんごを食べる。

　　영희-가 사과-를 먹는다

　　'영희가 사과를 먹는다'

VSO : 웨일스어(Welsh), 아일랜드어(Irish), 고대 아랍어(Classical Arabic) 등이 이에 해당한다. 다음은 웨일스어 사례이다.

(3) Darllenais　i　y　llyfr.

　　읽다　　　나　그　책

　　'나는 그 책을 읽는다'

VOS : 대부분의 오스트로네시아 어족(Austronesian)의 언어들이 이에 해당한다. 이 어족에 속하는 언어로는 대다수 타이완 원주민 언어들을 비롯하여 하와이 원주민어, 필리핀 토착어인 타갈로그(Tagalog), 마다가스카르 언어인 말라가시(Malagasy) 등 해양민족의 언어들이 있다. 이제부터 사례는 생략한다.

OVS : 극소수만 발견되었으며 힉스카리아나(Hixkaryana)라는 언어가 비교적 자세히 기술되었을 뿐이다. 힉스카리아나는 브라질의 아마존 유역 원주민 언어 중 하나로서, 사용인구가 약 500명에 불과한 멸종위기 언어이다.

OSV : 기본어순으로서의 존재 여부 자체가 논란이 되고 있다. 베네수엘라 원주민 언어 중 하나인 와라오(Warao) 어가 유일하게 이 어순에 속할 가능성이 있는 언어로 거론되고 있지만 아직 확언할 수 있는 단계는 아니다.

일반적으로 중국어의 주어는 동사 앞에 놓이고 목적어는 동사 뒤에 놓인다. 실제로 중국어 텍스트를 조사해보면 중국어는 목적어가 동사의 뒤에 놓이는 경우가 그렇지 않은 경우보다 압도적으로 많다. 이렇게 볼 때 중국어는 동사의 뒤에 목적어가 출현하는 SVO 유형의 언어라고 말할 수 있다. 이것을 나무그림으로 나타내면 다음과 같다.

(4) 중국어의 어순(1)

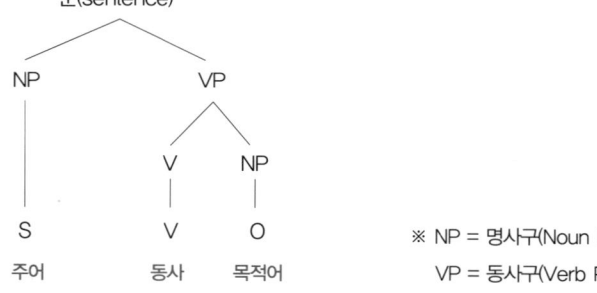

※ NP = 명사구(Noun Phrase)
VP = 동사구(Verb Phrase)

중국어 문법에서 어순을 강조하는 이유는 그것이 문장의 의미에 직접적으로 관여하기 때문이다. 이 점은 중국어를 배우는 초기부터 자주 들어왔을 텐데, 바로 어순이 바뀌면 (5b)처럼 의미가 달라지거나 (5c)처럼 비문법적인 문장으로 된다는 것이다.

(5) a. 我 喜欢 嘻哈。Wǒ xǐhuan xīhā.

'나-좋아한다-힙합'

나는 힙합을 좋아한다.

b. 嘻哈 喜欢 我。Xīhā xǐhuan wǒ.

'힙합-좋아한다-나'

힙합이 나를 좋아한다

c.*我 嘻哈 喜欢。

'나-힙합-좋아한다'

주의해야 할 사항이 하나 있다. 중국어를 SVO 언어 유형으로 규정하는 것은 이와 다른 어순이 중국어에 존재하지 않는다는 것이 아니라 이 어순이 상대적으로 많이 쓰인다는 말이다. 뒤에서 기술하겠지만 의미상으로 동사의 목적어가 동사의 앞쪽에 출현하는 경우도 많이 있다. 다만 실제 예문들을 빈도를 조사해보면 SVO인 경우가 SOV인 경우보다 훨씬 많다는 것이다.

화제와 주어

동사와 주어, 목적어의 상대적인 위치만 따진다면 중국어는 SVO 유형의 언어임에 틀림없다. 그런데 이 틀만으로 설명되지 않는 사례가 있다. 다음 예문은 술어 앞에 명사가 두 개나 있다. 하나를 주어로 본다면 다른 하나는 무엇인가?

(6) 〔兔子〕尾巴短。Tùzi wěiba duǎn.

토끼는 꼬리가 짧다.

(7) 〔五个苹果〕两个坏了。Wǔ ge píngguǒ liǎng ge huài le.

　　다섯 개의 사과가 두 개가 상했다.

　　이들은 주어가 두 개라고 해야 하나? 그렇다면 SSVO 유형이라고 해야 하지 않는가?(형용사가 술어로 쓰인 경우도 편의상 V로 표시). 이런 관점에서 위의 문장을 '주술술어문'이라고 부르는 경우가 있다. (6)을 예로 들면, 〔주어 + 술어〕 구조인 '尾巴短'이 전체 문장의 술어로 쓰였다는 뜻이다. 이것은 문장을 술어의 관점에서 분류할 때 쓰는 용어이다. 명사가 술어로 쓰이면 '명사술어문', 동사가 술어로 쓰이면 '동사술어문'이라고 하듯이, '주어 + 술어'의 구조가 술어로 쓰였다고 보고 '주술술어문'이라고 부르는 식이다. 이렇게 분석한다면, 우리가 화제라고 부르는 것은 주어가 되고 그 뒤에 있는 진술 부분은 술어가 되는데, 술어가 다시 주어와 술어로 구성되는 구조가 된다. 중국의 문법학계에서는 전통적으로 이러한 분석방법을 취하고 있다.

　　(8) 전통적인 문장구조 분석방법

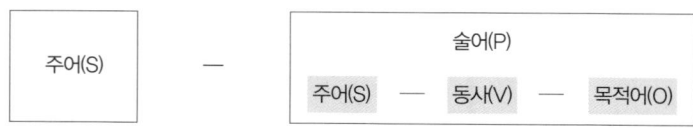

　　이렇게 분석할 경우 (6-7)과 같은 문장은 설명이 되지만 다음의 경우에는 자연스럽게 설명되지 않는다. 다음 예문에서 '我的生活'와 '这件衣服', '这个东西'는 동사의 주어도 아니고 목적어도 아니다. 그렇다면 무엇인가?

(9) 〔我的生活〕我自己做主。 Wǒ de shēnghuó wǒ zìjǐ zuòzhǔ.

　　내 삶은 내가 알아서 한다.

(10) 〔这件衣服〕花了多少钱？ Zhè jiàn yīfu, huā le duōshao qián?

　　이 옷은 (사는 데) 얼마나 썼니?

(11) 〔这个东西〕名字叫‘电脑’。 Zhè ge dōngxi míngzi jiào ‘diànnǎo’.

　　이것은 이름이 ‘电脑’ 다.

　이렇듯 중국어에는 SVO라는 틀만으로 설명하기 어려운 유형이 다수 존재한다. 동사 앞에 주어라고 보기 어려운 명사성 성분이 존재하며, 또한 이들은 대단히 자주 출현한다. 전통적인 중국어 문법에서는 문장을 구성하는 성분으로서 ‘주어, 술어, 목적어, 보어, 관형어, 부사어’의 여섯 가지를 들고 있는데, 이 가운데 어느 것도 위의 명사구의 문법기능을 설명하는 데 도움이 되지 않는다. 주어라는 용어 하나에 이렇게 많은 내용을 담는 것보다는 새로운 용어를 도입하여 서로 역할을 나누는 것이 중국어 문법을 명확하게 설명하고 이해하는 데 도움이 될 것이다. 이에 대한 해결안으로 제시된 것이 바로 ‘화제’(Topic)라는 개념이다. 중국어의 화제성을 강조하는 관점에서 보면 중국어 문장은 기본적으로 〔화제(Topic)-진술(Comment)〕구조로 분석된다. 그리고 SVO라는 말은 진술 내부의 구조를 따질 때 비로소 적용된다.

　(12) 중국어의 어순(2)

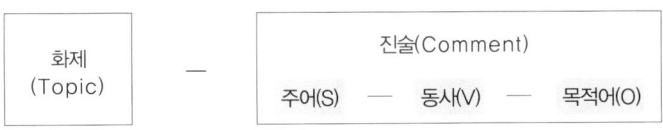

이것을 나무그림으로 나타내면 다음과 같다.

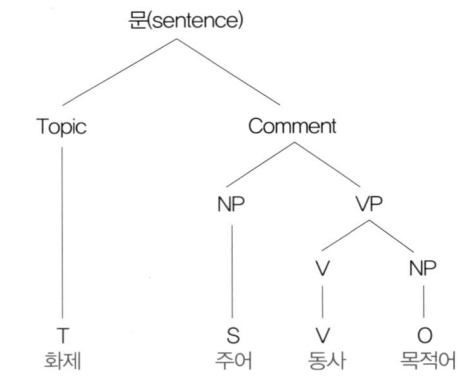

화제는, '문장의 맨 앞에 위치하며, 그 문장이 진술하는 대상으로서, 그 뒤의 진술 부분에 대하여 공간적 · 시간적, 또는 그 밖의 특정한 틀을 설정하는 기능을 하는 것'으로 정의된다. (6)을 다시 본다면 '兔子'는 화제가 되고 그 뒷부분은 모두가 이 화제에 대한 진술이 되는 것으로서, 진술 부분의 내용은 모두가 화제인 '兔子'를 배경으로 하여 진행되는 것이다. 다른 예문들도 모두 똑같이 설명할 수 있다. 이렇게 화제라는 용어를 도입함으로써 중국어 문법의 특성을 더 명료하게 설명할 수 있다.

다음도 역시 화제 구문의 예이다. 각 예문의 (a)에서 첫 번째 명사구는 의미상으로 동사의 목적어이다. 즉 (b)의 목적어가 화제의 자리로 이동한 것으로 볼 수 있다.

(13) a. 〔那本书〕我已经看完了。Nà běn shū wǒ yǐjing kànwán le.

　　　그 책을 나는 벌써 다 보았다.

　　b. 我已经看完〔那本书〕了。Wǒ yǐjing kànwán nà běn shū le.

나는 그 책을 다 보았다.

(14) a. 〔身体〕检查了。Shēntǐ jiǎnchá le.

신체는 검사했다.

b. 检查〔身体〕了。Jiǎnchá shēntǐ le.

신체를 검사했다.

다음에서 '这种花'는 구조적으로는 목적어로 보기 어렵겠지만(동사 뒤에 '两盆'이 있으므로) 의미상으로는 목적어임에 틀림없다.

(15) a.〔这种花〕我栽了两盆。Zhè zhǒng huā wǒ zāile liǎng pén.

이런 꽃을 나는 두 화분 심었다.

b. 我栽了两盆〔花〕。Wǒ zāile liǎng pén huā.

나는 꽃을 두 화분 심었다.

| 2 | 부가 성분의 어순

이제까지 논의의 주인공은 문장의 뼈대를 이루는 화제, 주어, 동사와 목적
어였다. 이제 그 뼈대에 풍성한 살을 입히는 수식 성분에 대해 알아보자.
명사를 수식하는 성분을 관형어라고 하고 형용사나 동사를 수식하는 성분
을 부사어라고 한다. 이들이 출현하는 위치는 피수식어의 앞이다. 중국어
에는 보어라는 성분이 더 있다. 동사 뒤에 위치하여 동작의 결과나 상태 등
을 나타낸다. 전통적으로 중국어문법학계에서는 주어, 술어, 목적어, 보
어, 관형어, 부사어의 여섯 가지 문장 성분을 설정하고 있는데, 여기에 화
제를 포함시킨다면 일곱 개가 된다.

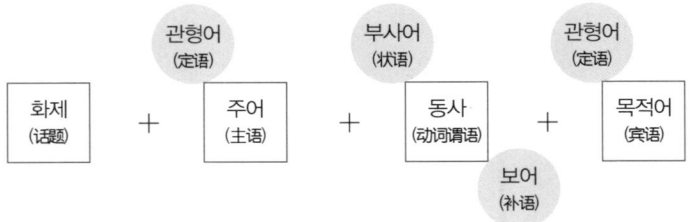

관형어는 명사(구)를 수식하는 성분이며 부사어는 형용사(구)나 동사(구)를 수식하는 성분이다. 이들은 기능이 단순하기 때문에 이 밖에 특별히 기술할 것이 없다. 하지만 의미 면에서 보면 문장에서 차지하는 비중이 상당히 크다는 것을 알 수 있다. 다음은 관형어의 예이다.

(1) a. 他喜欢跳舞。 Tā xǐhuan tiàowǔ.

　　그는 춤추기를 좋아한다.

b. 他喜欢跳芭蕾舞。 Tā xǐhuan tiào bālěiwǔ.

　　그는 발레 하는 것을 좋아한다.

c. 他喜欢跳现代的芭蕾舞。 Tā xǐhuan tiào xiàndài de bālěiwǔ.

　　그는 현대 발레 하는 것을 좋아한다.

(1a)에서 말하는 의미상의 중점은 '跳舞'가 되겠지만 (1c)쯤 되면 그것이 바뀌어 '现代的'가 된다. 좋아하는 것이 춤(舞) 중에서도 '현대적'인 춤이라는 것이다. '그가 뭔가를 좋아한다'는 것을 전제로 한 상태에서 실제 무엇을 좋아하는지 구별하여 표현하는 것은 관형어가 하는 일이다. 다음은 부사어의 예이다.

(2) 他绝对不会骗你的。 Tā juéduì bú huì piàn nǐ de.

　　그는 절대로 너를 속이지 않을 거야.

　　여기에서도 화자가 강조하여 전달하려는 의미는 '绝对'이다. 그가 당신을 속이지 않을 것인데 그것이 '절대적'으로 사실이라는 말이다. 이 문장에서 가장 강하게 읽히는 것은 '绝对'이다. '绝对'는 부사어이면서 동시에 의미상으로 아주 중요한 역할을 담당하고 있다.

　　요약하면, 관형어나 부사어는 문법적으로는 그리 중요한 성분이 아니다. 이들이 없어도 얼마든지 문법적인 문장을 만들 수 있다. 그러나 의미라는 측면에서 보면 이야기가 달라진다. 문장을 통해 보다 명확하고 풍성한 의미를 전달하려면 수식 성분이 필요하며, 이들이 등장하면 의미의 무게 중심이 수식 성분으로 이동하게 된다. 실제 말하거나 읽을 때에도 강세가 보통 이들 위에 놓인다(중국어의 강세에 대해서는 10장 5절 참고).

중국어 문법의 백미, 보어

보어의 위치는 동사의 바로 뒤이다. 중국어의 보어는 종류가 다양하여 결과보어, 정도보어, 방향보어, 가능보어, 수량보어의 다섯 가지나 된다. 우선 결과보어에 대해 알아보자. 내가 친구에게 책을 빌려주었는데 그 친구가 책을 잃어버렸을 때 한국어로는 '내 책 찾았니?'라고 물어볼 것이다. 중국어로는 어떻게 할까? 다음 두 가지 문장이 가능할 텐데 어느 것이 맞을까?

(3) a. (　) 我的书, 找了吗?

　　b. (　) 我的书, 找到了吗?

답은 (3b)이다. 언뜻 보면 (3a)도 될 것 같지만 적절하지 않다. 이것은 한국어와 중국어의 동사의 성격에 차이가 있기 때문이다. 한국어의 '찾았다'는 '찾는 행위를 했다'와 '찾아냈다'라는 두 가지 의미를 가질 수 있지만 중국어의 '找了'는 '찾는 행위를 했다'는 의미만 나타낼 수 있을 뿐 후자의 의미는 나타낼 수 없다. '찾아냈다'라는 것은 '찾는 동작을 행했고 그 결과 그 목적을 달성했다'는 것인데, '找了'는 '찾는 동작을 행했다'는 뜻은 나타내지만 후자의 의미는 나타낼 수 없다는 것이다. 중국어의 동작동사는 대부분이 이처럼 '了'만 가지고는 동작의 목적 달성을 나타낼 수 없다. 그래서 별도의 보조장치가 필요한데 그것이 바로 보어이다. (3b)에서는 여러 가지 보어 중에서 소위 결과보어인 '到'를 사용했을 뿐이다. 다시 말하면 중국어에서 다양한 보어가 발달한 까닭은 바로 동작동사의 의미가 불완전하기 때문이다.

다음의 예문을 통해 결과보어(밑줄 친 부분)의 쓰임이 얼마나 다양한지 살펴보자.

(4) 你慢点儿吃, 吃快了容易胃疼! Nǐ màn diǎnr chī, chī kuài le róngyì wèi téng!
천천히 먹으렴. 너무 빨리 먹으면 위가 아플 수 있어.

(5) 这双鞋买大了, 能给换一下吗? Zhè shuāng xié mǎi dà le, néng gěi huàn yíxià ma?
이 신발을 사놓고 보니 너무 커요. 바꿔주실 수 있습니까?

(6) 科学技術的发达使地球变小了。Kēxué jìshù de fādá shǐ dìqiú biàn xiǎo le.
과학과 기술의 발달은 지구를 변화시켜 작게 만들었다.

동사를 보조하는 장치의 또 다른 예로 정도보어가 있다. 정도보어는 크게 조사 '得'(de)를 사용하는 것과 사용하지 않는 것으로 나눌 수 있다. 다음은 '得'를 사용한 예이다.

(7) 你来得太迟了，我们分手吧。Nǐ lái de tài chí le, wǒmen fēnshǒu ba.

너는 너무 늦게 왔어. 우리 헤어지자.

(8) 这间屋子大得能坐下二十个人。Zhèjiān wūzi dà de néng zuòxià èrshí ge rén.

이 방은 20명이 앉을 수 있을 정도로 크다.

이와 같이 '得'를 사용한 정도보어 구문에서는 의미상의 중점이 바로 이 보어들에 놓인다. 다시 말하면 이 보어들이 문장의 핵심 의미가 된다는 말이다. 다음은 '得'를 사용하지 않은 예이다. 이 경우 보어는 단지 그 앞의 술어를 강조하는 기능만 한다.

(9) 这个电影好极了。Zhège diànyǐng hǎo jí le.

이 영화는 무지무지 좋다.

(10) 天气暖和多了。Tiānqì nuǎnhuo duō le.

날씨가 많이 따스해졌다.

다음은 방향보어에 대해 알아보자. 중국어에는 '来, 去'를 비롯하여 '上, 下, 进, 出, 回, 过, 起, 开' 등 10개의 방향동사가 있다. 이들은 단독으로 동사의 뒤에 붙어서 보어로 쓰이기도 하고, '上来, 上去, 下来, 下去' 등과 같이 '来'와 '去'가 다른 방향동사와 결합한 다음 다른 동사의 뒤에 붙어서 보어로 쓰이기도 한다. 전자를 단순방향보어라고 하고 후자를 복합방향보어라고 한다.

	上	下	进	出	回	过	起	开
来	上来	下来	进来	出来	回来	过来	起来	开来
去	上去	下去	进去	出去	回去	过去		

다음은 방향보어의 예이다.

(11) a. 小明在楼上等你, 你快上来吧。Xiǎomíng zài lóushàng děng nǐ, nǐ kuài shàng lai ba.

샤오밍이 위층에서 너를 기다리니 빨리 올라오거라.

b. 请把门打开。Qǐng bǎ mén dǎ kāi.

문을 열어주세요.

(12) a. 他走进礼堂来了。Tā zǒujìn lǐtáng lái le.

그는 강당으로 걸어 들어왔다.

b. 前边开过一辆汽车来。Qiánbiān kāiguò yíliàng qìchē lái.

앞쪽에서 차 한 대가 왔다.

다음은 가능보어의 예이다. 동사와 결과보어, 그리고 동사와 방향보어 사이에 조사 '得'를 써서 가능을, '不'를 써서 불가능을 나타낸다.

(13) A: 你看得见他吗? Nǐ kàndejiàn tā ma?

저 사람 보이니?

B: 看得见。Kàndejiàn.

보여.

(14) 父亲 : "孩子, 晚上为什么睡不着觉?" Háizi, wǎnshang wèi shénme shuìbuzháo jiào?

얘야, 밤인데 왜 잠을 못 자는 거냐?

儿子 : "爸爸, 我在上课时已经睡够了。" Bàba, wǒ zài shàngkè shí yǐjīng shuì gòu le.

아빠, 수업시간에 벌써 푹 잤어요.

(15) a. 你现在走得开走不开? Nǐ xiànzài zǒudekāi zǒubukāi?

너 지금 떠날 수 있니 없니?

b. 这间屋子站得下二十个人。 Zhè jiān wūzi zhàn de xià èrshí ge rén.

이 방에는 20명이 서 있을 수 있다.

다음은 수량보어의 예이다.

(16) 我们休息了十分钟。 Wǒmen xiūxi le shí fēn zhōng.

우리는 십분(을) 쉬었다.

(17) 小明去了两趟, 也没找到他。 Xiǎomíng qù le liǎng tàng, yě méi zhǎodào tā.

샤오밍은 두 번(을) 갔었지만 그를 찾지 못했다.

이상의 보어들은 하나같이 한국어에 없는 대단히 특이한 문법현상이다. 한국인으로서 중국어를 잘 구사하기 위해서는 이 보어를 문법에 맞게 적절히 사용할 수 있는 능력이 반드시 필요하다.

| 3 | 단어의 분류, 품사

단어의 분류

단어는 그 문법적 성질에 따라 몇 갈래로 나눌 수 있는데 이는 한 언어의 문법을 이해하는 데 큰 도움을 준다. 단어를 문법적 성질로 나눌 때 가장 널리 쓰는 분류가 품사 분류다. 품사(parts of speech)란 단어를 그 문법적 성질에 따라 나눈 한 갈래 한 갈래를 가리킨다. 즉 문법적 성질에 의하여 나뉜 단어들의 집합 하나 하나가 바로 품사이다. 우리는 영어나 다른 외국어를 배우면서 이미 품사의 존재를 알고 있다. 그러므로 품사란 말이 그리 낯설지는 않을 것이다.

중국어를 예로 들어보자.

(1) 我 很 喜欢 这 个 新 电脑。 Wǒ hěn xǐhuan Zhège xīn diànnǎo.
나는 이 새 컴퓨터를 매우 좋아한다.

(1)은 '我, 很, 喜欢, 这, 个, 新, 电脑'와 같이 일곱 단어(word)로 구성되어 있는데 각 단어가 하는 일을 보면 제각기 다르다. '很'은 '喜欢'을 꾸미는 일을 하고 '喜欢'은 '很'의 꾸밈을 받는다. '新'과 '电脑'의 관계도 비슷하다. 그러나 '很'은 '喜欢'은 꾸밀 수 있어도 '电脑'는 꾸미지 못하며, 마찬가지로 '新'은 '电脑'는 꾸밀 수 있어도 '喜欢'은 꾸밀 수 없다. 이처럼 단어들이 문장 안에서 다른 단어와 가지는 관계를 기능(function)이라 하는데, 이 기능은 위에서 보았듯 단어에 따라 몇 가지로 다르게 나타나므로 품사 분류는 이 기능에 크게 의존하게 된다. 특히 형태 변화가 없는 중국어의 경우 이 기능에 크게 의존할 수밖에 없다.

이것은 다음과 같이 좀 더 도식화하여 설명할 수도 있다.

(2) a. 我 吃 〔   〕.
나-먹는다〔   〕

b. 饭 fàn, 苹果 píngguǒ, 面条 miàntiáo, 炸酱面 zhájiàngmiàn, 牛肉 niúròu ……

　　밥, 사과, 국수, 짜장면, 소고기 ……

c. *来 lái, 去 qù, 说明 shuōmíng, 高 gāo, 大 dà, 小 xiǎo, 忽然 hūrán ……

　　오다, 가다, 설명하다, 높다, 크다, 작다, 갑자기 ……

(2a)에서 〔　〕안에 b는 들어갈 수 있지만 c는 안 된다. b 속의 단어를 보면 공통점이 하나 있는데, 모두 어떤 사물을 가리키고 있다는 것이다. 이들을 묶어서 '명사'라고 부른다. 명사에도 구체명사, 추상명사 등 여러 갈래가 있지만 이에 대한 상세한 설명은 생략하기로 한다.

다시 다음 틀을 보자.

(3) a. 我 〔　〕苹果.

　　나 – 〔　〕 – 사과

b. 吃 chī, 喜欢 xǐhuan, 画 huà, 摘 zhāi ……

　　먹다, 좋아하다, 그리다, 따다 ……

c. *饭, 面条, 炸酱面, 牛肉 ……

　　밥, 국수, 짜장면, 소고기 ……

(3a)의 〔　〕 안에 쓰일 수 있는 것은 (b)에 제시된 '吃, 喜欢, 画' 등이다. 이들은 신체적인 것이든 심리적인 것이든 어떤 움직임을 나타내고 있다. 이들을 묶어서 '동사'라고 부르는 것이다.

물론 품사를 정의할 때 '사물의 이름을 나타내는 말'을 명사, '사물의 동작을 나타내는 말'을 동사라고 하는 것처럼 의미의 측면 역시 고려 대상이 된다. 의미 면에서 공통점이 많은 단어들은 문법적인 성질도 대체로 같게 나타나기 때문이다. 하지만 보다 중요한 것은 문장 안에서 다른 성분들과의 관계이다.

이런 방식으로 중국어의 단어를 나누어 보면 대개 다음과 같이 12가지가 된다.

(4) 명사, 대명사, 수사, 양사, 동사, 형용사, 부사, 전치사, 접속사, 조사, 감탄사, 의성어

각각의 품사에 대해 예를 들면 다음과 같다.

(5) 품사별 사례

명사: 人 rén, 苹果 píngguǒ, 本子 běnzi, 电脑 diànnǎo, 北京 Běijīng, 早晨 zǎochén, 国庆节 guóqìngjié

수사: 一 yī, 二 èr, 三 sān, 十 shí, 百 bǎi, 千 qiān, 万 wàn, 零 líng, 半 bàn

양사: 个 ge, 本 běn, 条 tiáo, 分 fēn, 张 zhāng, 双 shuāng, 次 cì, 回 huí, 趟 tàng, 遍 biàn

동사: 来 lái, 去 qù, 走 zǒu, 吃 chī, 说 shuō, 在 zài, 笑 xiào, 同意 tóngyì, 喜欢 xǐhuan, 愿意 yuànyi

형용사: 好 hǎo, 高 gāo, 大 dà, 小 xiǎo, 红 hóng, 白 bái, 多 duō, 少 shǎo, 漂亮 piàoliang, 干净 gānjìng

부사: 很 hěn, 更 gèng, 挺 tǐng, 非常 fēicháng, 已经 yǐjing, 都 dōu, 就 jiù, 才 cái, 也 yě, 不 bù, 没 méi

대명사: 我 wǒ, 你 nǐ, 他 tā, 咱们 zánmen, 这 zhè, 这儿 zhèr, 这样 zhèyàng, 那 nà, 那么 nàme, 谁 shéi, 怎么 zěnme, 什么 shénme, 多少 duōshao

전치사: 和 hé, 跟 gēn, 同 tóng, 从 cóng, 向 xiàng, 对 duì, 除了 chúle, 在 zài, 从 cóng, 向 xiàng, 对 duì, 把 bǎ, 给 gěi, 按照 ànzhào

접속사: 和 hé, 跟 gēn, 而 ér, 或者 huòzhě, 还是 háishi, 不但 búdàn, 因为 yīnwèi, 虽然 suīrán, 只要 zhǐyào

조사: 了 le, 着 zhe, 过 guo, 呢 ne, 吗 ma, 的 de, 地 de, 得 de

감탄사: 哼 hēng, 噢 ō, 哎呀 āiyā, 嗯 èng, 哎 āi, 哎呀 āiyā

의성어: 嘻嘻 xīxī, 叮咚 dīngdōng, 哗啦啦 huālālā, 轰隆 hōnglōng

[실사와 허사] ───────────────────────────────

단어를 나누는 방법을 하나 더 소개하겠다. 이른바 실사와 허사로 나누는 것인데, 일반 언어학에서는 실사를 내용어(content words)라고 하고 허사를 기능어(function words)라고 한다.

명사, 동사, 형용사, 수사, 양사 등이 실사이다. 이 단어들은 '爱情, 喜欢, 美丽'와 같이 물건, 행동, 속성과 같은 개념을 구체적으로 지시한다. 실사에는 새로운 단어를 추가할 수 있고 실제 끝없이 추가되고 있기 때문에 개방류(open class)라고 한다. 컴퓨터와 인터넷의 도입과 함께 '因特网(internet), 电子商务(e-business), 伊妹儿(e-mail)'와 같은 명사와 '上网'(인터넷에 접속하다)과 같은 동사구가 새로 사전에 첨가되는 것이 그 예이다.

명확한 어휘적 의미나 연상되는 분명한 개념을 가지지 않은 품사가 있는데, '的, 地, 得, 了, 着, 过'와 같은 조사, '把, 从'과 같은 전치사, '和, 或者' 같은 접속사가 그것이다. 이런 단어들은 문법적 기능을 주로 한다고 하여 허사라고 한다. 예를 들면 '我的小说'에서 조사 '的'는 소유의 관계를 나타낸다. '老师和学生'에서 '和'와 같은 접속사는 두 개의 명사를 연결시켜주고 있다. 허사는 좀처럼 새로운 단어가 추가되지 않기 때문에 폐쇄류(closed class)라고 한다.

부사는 실사와 허사의 중간쯤에 위치한다. '就, 才, 很, 都' 같은 경우 고유한 의미가 있는 것 같기도 하지만 단지 문법적 기능만 하는 경우도 있다. 그래서 반(半) 실사니 반 허사라는 말을 쓰기도 한다. 대명사의 경우 어느 한 쪽으로 규정하기는 어렵지만, 허사에 가깝다. 스스로 특정 의미를 지니고 있는 것이 아니라 지칭하는 대상에 따라 의미가 달라지기 때문이다(6장 3절 참고).

| 4 | 품사의 문법적 기능

명사

앞에서 말했듯, 문장 안에서 어떤 단어와 결합을 하는가는 중국어 품사를 분류하는 데 유효한 기준이 된다. 명사는 그 앞에 관형어가 놓일 수 있는 단어로서 주로 사물의 명칭을 나타내는 일을 한다. '朋友, 苹果, 本子, 电脑'는 모두 '新'이나 '这个' 등의 관형어 뒤에 나올 수 있다는 면에서 명사의 자격을 갖추고 있다.

명사는 문장 안에서 (1)에서처럼 주어나 목적어로 많이 쓰이며 (2)에서처럼 관형어로도 쓰일 수 있다.

> (1) 小明买了一台新电脑。Xiǎomíng mǎile yì tái xīn diànnǎo.
> 　　〔주어〕　　　　〔목적어〕

> (2) 小明的电脑是新的。Xiǎomíng de diànnǎo shì xīn de.
> 　　〔관형어〕

명사는 술어로도 쓰일 수 있다. 명사를 술어로 사용하기 위해서 계사(copula verb)의 도움이 필요하다. 한국어에서 '나는 대통령이다'의 '-이다', 영어에서 'I am a President.'의 'be 동사' 등이 계사이다. 중국어에서 명사 술어를 유도하는 계사는 '是'이다. 그러나 중국어에서는 명사가 계사의 도움 없이 곧바로 문장의 술어로 쓰일 수 있는데, 이는 다른 언어에서는 잘 보이지 않는 특이한 현상이다.

> (3) 小明: 喂, 我小明。你是阿里吗? Wèi, wǒ Xiǎomíng. nǐ shì Ālǐ ma?

여보세요. 나 샤오밍인데. 너 아리니?

阿里 : 听到你的声音，我真高兴。Tīng dào nǐ de shēngyīn, wǒ zhēn gāoxìng.

네 목소리를 들으니 정말 기쁘구나.

'我小明'은 그 자체가 주어와 술어로 구성된 자연스러운 하나의 문장이다. 즉 명사구 '小明'이 문장의 술어로 쓰이고 있는 것이다. 중국어에서 이처럼 명사가 술어로 쓰이는 예는 매우 많다.

(4) 甲 : 他哪里人？Tā nǎli rén?

그는 어디 사람이야?

乙 : 他香港人。Tā Xiānggǎng rén.

그는 홍콩 사람이야.

(5) 甲 : 今天星期几？Jīntiān xīngqī jǐ?

오늘 무슨 요일이지?

乙 : 今天星期三。Jīntiān xīngqī sān.

오늘 수요일이야.

이와 같이 명사구가 문장의 술어로 쓰인 문장을 명사 술어문이라고 한다. 나이, 본적, 날씨, 절기, 직업, 기념일 등을 나타내는 명사구들이 명사 술어문에 사용할 수 있다. 명사 술어문은 일반적으로 모두 비교적 짧고 구조도 간단하며 문어에서보다는 구어에서 많이 쓰인다.

명사 술어문에서 주어와 술어 사이에 동사 '是'를 쓸 수도 있지만 일반적인 상황에서는 쓰지 않는 것이 자연스럽다. 다만 강조를 할 경우에는 쓸 수도 있다. 부정문에서는 '不'만을 사용해서는 안 되며 반드시 '是'를 써야 한다.

(6) a. 今天晴天。 Jīntiān qíngtiān.

오늘은 맑다.

b. 今天不是晴天。 Jīntiān bú shì qíngtiān.

오늘은 맑지 않다.

(7) a. 他研究生。 Tā yánjiūshēng.

그는 대학원생이다.

b. 他不是研究生。 Tā bú shì yánjiūshēng.

그는 대학원생이 아니다.

대명사

대명사는 흔히 명사를 대신하는 말로 정의된다. 실제 '我, 你, 他'나 '这, 那'는 다른 명사를 대신하여 지칭하는 일을 한다.

그런데 이러한 정의가 중국어에서는 수정되어야 한다. 중국어의 대명사는 명사뿐만 아니라 형용사를 대신하기도 하고('这样, 怎样' 등), 부사를 대신하기도 하며('那么, 怎么' 등), 문장까지도 대신할 수 있기 때문이다. 이 때문에 중국의 문법학계에서는 '代名词'라는 용어를 쓰지 않고 '代词' dàicí라는 말을 씀으로써 지시 대상을 넓게 열어놓고 있다. 하지만 여기에서는 굳이 '대사'라는 용어보다는 '대명사'라는 용어를 쓰려 한다. 이미 알고 있는 용어의 개념을 다소 수정하여 씀으로써 생소한 용어의 도입에 따른 부담을 줄이려 한다. 그러니까 이 책에서 '대명사'라는 용어를 쓸 때에는 기존의 대명사 이외에 중국어 특유의 새로운 용법까지도 포함하는 것으로 이해하면 된다.

(8) 인칭대명사: 我, 你, 您, 他, 她, 我们, 你们, 他们, 她们, 咱们 …

지시대명사: 这, 那, 这样, 那样 …

의문대명사: 谁, 什么, 怎么, 怎么样, 几, 多少 …

대명사는 명사와 마찬가지로 주어와 목적어와 관형어로 쓰일 수 있다.

(9) 您要多少? Nín yào duōshao? 몇 개를 원하세요?
    〔목적어〕

(10) 这是谁的书? Zhè shì shéi de shū? 이것은 누구 책이지?
    〔주어〕〔관형어〕

그러나 대명사는 명사와 달리 다른 관형어의 수식을 받지 않는다.

(11) 어제 저녁에 온 그는 오늘 새벽에 바로 떠났다.

    a. 他昨天晚上来, 今天早晨就走了。 Tā zuótiān wǎnshang lái, jīntiān
       zǎochén jiù zǒu le.

    b. ?昨天晚上来的他, 今天早晨就走了。 Zuótiān wǎnshang lái de tā, jīntiān
       zǎochén jiù zǒu le.

(11b)는 완전히 비문법적이지는 않지만 규범적인 중국어 문법에는 다소
어긋나는 문장이다. 혹시 이런 문장을 보았다면 그것은 서구 언어, 특히 영
어의 영향을 받아 만들어진 영어투 문장으로 보면 된다.

수사와 양사

'一, 二, 三, 十' 같은 수사는 어느 언어에나 다 있는 것이므로 쉽게 이해할 수 있다.

> (12) 수사의 종류
>
> 　　기수 : 一, 二, 三, 四 …
>
> 　　서수 : 第一, 第二, 第三, 第四 …
>
> 　　분수 : 1/3 (三分之一 sān fēn zhī yī) …
>
> 　　소수 : 3.14 (三点一四 sān diǎn yī sì) …

중국어에서는 수사가 바로 명사를 수식하는 경우가 거의 없다. 수사와 명사 사이에 '个, 件, 条' 등과 같은 것을 쓰는데, 이를 양을 표시하는 품사라는 의미에서 양사(quantifier)라고 하기도 하고, 명사를 분류하는 기능을 담당하는 품사라는 의미에서 분류사(classifier)라고 하기도 한다. 명사뿐만 아니라 동작이나 시간의 양을 나타낼 때에도 양사를 쓴다.

> (13) 양사의 종류:
>
> 　　a. 명량사: 个 gè, 件 jiàn, 条 tiáo, 把 bǎ
>
> 　　b. 동량사: 次 cì, 回 huí, 趟 tàng, 顿 dùn
>
> 　　c. 시량사: 天 tiān, 分 fēn, 秒 miǎo, 小时 xiǎoshí
>
> 　　d. 도량 양사: 公斤(kg) gōngjīn, 斤 jīn, 克(g) kè, 公里(km) gōnglǐ, 米
>
> 　　　(m) mǐ

이와 같이 중국어에는 수사 바로 뒤에 쓰여서 사물이나 동작의 양을 나타내는 양사의 종류가 아주 많다. 이 때문에 중국어 문법에서는 양사를 독립된 하나의 품사로 설정하고 있다.

동사와 형용사

의미상 사물의 움직임을 나타내는 것을 '동사'라고 한다. '来, 去, 走, 吃, 说'와 같은 동사는 모두 부사 '已经'의 수식을 받을 수 있다. 다시 말하면 이들은 모두〔他们已经__了〕라는 환경에 출현할 수 있다는 공통점이 있다.

(14) 他们已经 {来, 去, 走, 吃, 说 …} 了。
Tāmen yǐjing {lái, qù, zǒu, chī, shuō …} le.

부사의 수식을 받을 수 있는 것으로 또 하나의 부류가 있다. 이들은 특히 '很'과 같은 정도부사와 잘 결합한다. 이들은 의미상 사물의 성질이나 상태를 표시한다는 공통점이 있는데, 이들을 형용사라고 한다.

(15) 很 {好, 高, 大, 小, 红, 漂亮, 高明 …}
hěn {hǎo, gāo, dà, xiǎo, hóng, piàoliang, gāomíng …}

동사와 형용사는 둘 다 문장의 술어가 될 수 있다는 공통점이 있다. 형용사가 술어로 쓰이기 위해서 be 동사의 도움을 받아야 하는 영어와는 다르다.
동사 중에도 '爱 ài, 喜欢 xǐhuan, 讨厌 tǎoyàn, 了解 liǎojiě, 理解 lǐjiě' 등과 같이 심리활동을 나타내는 동사들도 역시 '很'의 수식을 받을 수 있다. 이 때문에 이 동사들과 형용사의 구분이 다소 어려울 수도 있다. 하지만 목적어 선택에서 차이를 보인다는 점에 주목하면 양자의 구분이 가능해진다.

	목적어의 선택	'很'의 수식	예
일반 동사	+	-	来, 去, 走, 吃, 说
심리활동 동사	+	+	爱, 喜欢, 讨厌, 了解, 理解
형용사	-	+	好, 高, 大, 小, 红, 漂亮

부사

동사와 형용사를 논하면서 자연스럽게 또 하나의 품사를 도출할 수 있는데
이들 앞에 수식어로 쓰이는 '很, 已经, 又, 都' 등과 같은 부사가 그것이다.

> (16) 부사의 종류
>
>   也 yě, 都 dōu, 很 hěn, 已经 yǐjing
>
>   就 jiù, 才 cái, 再 zài, 还 hái
>
>   也许 yěxǔ, 大概 dàgài, 果然 guǒrán, 难道 nándào, 恐怕 kǒngpà

중국어에서 부사는 일반적으로 술어의 바로 앞에 놓인다. '也, 都, 就,
才, 再, 还'와 같은 부사들이 모두 그러하다. 두 가지 예외가 있는데, 하나
는 '也许, 大概, 果然, 难道, 恐怕'와 같은 문장부사가 술어의 앞뿐만 아니
라 주어의 앞에도 놓일 수 있다는 것이고, 또 하나는 '忙得很'(매우 바쁘다)의
'很'처럼 중심 술어의 뒤에서 정도부사로 쓰이는 경우이다.

전치사와 접속사

품사 구분을 하다보면 어휘적 의미가 약화되고 주로 문법적 기능만을 하는
것들을 발견할 수 있다. 하나는 전치사인데, 이들은 마치 동사처럼 명사를
목적어로 취할 수 있다. '从上海来'(상하이에서 오다), '向他学习'(그에게 배우

다), '把他叫来'(그를 불러오다), '对我很好'(나에게 잘해주다)의 '从, 向, 把, 对'
가 그것이다. 이들은 명사구의 앞에 쓰이므로 전치사(preposition)라고 부른
다. 한국어에서 '-을/를, -에게, -부터, -에, -에서' 등이 명사구의 뒤에
쓰이므로 후치사(postposition)라고 부르는 것과 대조된다. 전치사를 중국어
로는 '介词'라고 한다. 전치사 뒤에 나온 명사를 그 뒤의 동사에 소개시켜
주는 역할을 한다는 뜻에서 붙여진 이름이다.

또 단어와 단어를 이어주는 역할을 하는 것들이 있는데 '我和你', '简而
明', '你去或者我去'의 '和, 而, 或者' 같은 것을 접속사(连词)라고 한다.

접속사는 단어 또는 구를 연결하는 것, 절이나 문장을 연결하는 것, 두
가지를 다 할 수 있는 것으로 구분할 수 있다. 몇 가지씩만 예를 들어보자.

기능	사례
단어나 구를 연결	和, 跟, 同, 与, 或, 及 등
절이나 문장을 연결	虽然, 因为, 于是, 与其, 不如, 不但 등
둘 다 가능	而, 而且, 并, 并且, 或者, 只有 등

조사

특정한 어휘적 의미를 지니지 않고 단지 문장 안에서 어구의 사이에 쓰여
서 문법적 기능을 보여주는 것이 있다. 이들을 조사(助词)라고 한다. 동사
바로 뒤에 출현하는 '了, 着, 过' 등을 동태조사라고 하고, '的, 地, 得' 등
을 구조조사라고 한다. 또 '你去吗?'(너 가니?), '他呢?'(그 사람은?), '来啦!'
(왔다!)의 '呢, 吗, 啦'와 같이 주로 동사의 뒤나 문장의 마지막에 쓰이는 조
사를 어기조사라고 한다.

조사의 종류	기능	사례
동태조사	동사 바로 뒤에 출현하여 동작의 상(相 aspect)을 표현	了, 着, 过, 来着
구조조사	관형어의 뒤('的'), 부사어의 뒤('地')나 보어의 앞('得')에 붙어서 앞뒤 성분간의 관계를 표현	的, 地, 得
어기조사	문장의 끝에 붙어서 문장의 어기를 표현	呢, 吗, 啦, 吧

감탄사와 의성어

중국어 문법에서는 '哼(hēng 흥!), 噢(ō 오!), 哎呀(āiyā 아이고!)'와 같은 것을 감탄사라고 하고, '轰隆'(hōnglong 우르릉), '呼呼'(hūhū 휘익) 같이 소리를 본뜬 말을 의성어(拟声词)라고 부른다.

감탄사의 일반적인 기능은 다음과 같이 독립어구로 쓰이는 것이다.

(17) a. 啊呀, 不得了啦! Āyā, bùdéliǎo la!

　　　아이고, 큰일 났다!

　　 b. 噢! 我一会儿就来。 Ō! wǒ yíhuìr jiù lái.

　　　어, 나 곧 갈게.

간혹 다음과 같이 목적어나 술어로 쓰일 수 있다.

(18) a. 只听见一声 '啊呀'。 Zhǐ tīng jiàn yìshēng 'āyā'.

　　　'아이구' 소리 한 마디밖에 안 들렸다.

　　 b. 他 '噢' 了一下就走了。 Tā 'ō' le yíxià jiù zǒu le.

　　　그는 '어' 하고는 자리를 떴다.

각 품사들은 나름대로의 문법적 기능이 있다. 동사라면 문장의 술어로 쓰일 수 있고, '了, 着, 过'와 같은 시상표지와 결합할 수 있으며, 목적어나 보어를 선택할 수 있다. 형용사라면 정도부사 '很'의 수식을 받을 수 있고, 문장의 술어로 쓰일 수 있으며, 다른 명사구를 수식할 수 있다.

문장의 재료는 단어이다. 단어를 익힐 때 우리는 단어의 의미뿐만 아니라 단어가 문장 안에서 어떻게 쓰이는지까지 알아야 한다. 하나의 단어에 대해 고유한 의미와 함께 위에서 설명한 문법기능까지 알아야 실제 상황에서 정확히 사용할 수 있다는 말이다.

| 5 | 품사의 전환

단어의 품사는 고정된 것인가? 중국어 단어를 보면 하나의 단어가 둘 또는 셋 이상의 품사로 쓰이는 경우가 많다. 그렇다고 해서 영어나 한국어처럼 눈에 띄는 형태변화가 있는가 하면 그것도 아니다. '빠르다, 빨리'와 'quick, quickly'와 같은 변화를 중국어에서 발견하기 어렵다. 다음 예를 보자.

(1) a. 이번 일 참 귀찮은 일인데 폐를 많이 끼쳤네요. 성가시게 해서 미안합니다.

    b. 这件 事 很 麻烦, 给你 带了 许多 麻烦, 那 就 麻烦 您 了。
             〔형용사〕　　　　　〔명사〕　　〔동사〕
      Zhè jiàn shì hěn máfan, gěi nǐ dàile xǔduō máfan, nà jiù máfan nín le.

첫 번째 '麻烦'은 형용사로서 문장의 술어로 쓰였고, 두 번째는 명사로서 문장의 목적어로 쓰였으며, 세 번째는 목적어를 취하는 동사로서 문장의 술어로 쓰였다. 이 같은 현상을 중국어로는 몇 개의 품사〔类〕를 겸〔兼〕한다는 뜻으로서 '兼类'라고 한다.

다음은 명사가 형용사로도 쓰이는 경우이다. (2a)의 '科学'는 명사로서 주어로 쓰이고 있지만 (b)에서는 부사의 수식을 받으며 술어로 쓰인다는 면에서 전형적인 형용사의 성격을 보인다.

(2) a. 科学技术是第一生产力。Kēxué jìshù shì dì-yī shēngchǎnlì.

　　　 과학과 기술은 제1의 생산력이다.

　　b. 这样的分类不科学。Zhèyàng de fēnlèi bù kēxué.

　　　 이러한 분류는 과학적이지 않다.

다음은 명사와 동사를 겸하는 경우이다. (3)에서는 '锁'가 형태의 변화 없이 명사와 동사로 쓰이고 있고, (4)와 (5)에서는 각각 '翻译'와 '代表'가 역시 형태의 변화 없이 명사와 동사로 쓰이고 있다.

(3) a. 请你到商店买把锁。Qǐng nǐ dào shāngdiàn mǎi bǎ suǒ.

　　　 상점에 가서 자물쇠 하나 사오세요.

　　b. 请你把门锁上。Qǐng nǐ bǎ mén suǒ shàng.

　　　 문을 잠가 주세요.

(4) 这位翻译今天翻译得不怎么好。Zhèwèi fānyì jīntiān fānyi de bù zěnme hǎo.

　　 이 통역사는 오늘 통역하는 게 영 신통찮다.

(5) 上海代表代表上海人民向大会表示了决心。Shànghǎi dàibiǎo dàibiǎo Shànghǎi rénmín xiàng dàhuì biǎoshì le juéxīn.

　　 상하이 대표가 상하이 시민을 대표하여 대회 주최측에 그들의 결심을 표시하였다.

다음은 형용사와 동사를 겸하는 경우이다. (6)에서 첫 번째 '端正'은 형용사이다. 술어의 중심어이고, 정도부사의 수식을 받고 있기 때문이다. 두 번째 '端正'은 동사이다. 문장의 술어로 쓰이고 있고, 목적어를 취하고 있으며, 사동의 의미를 지니고 있기 때문이다. (7a)의 '丰富'는 동사이고 (7b)의 '丰富'는 형용사이다.

(6) 学习态度不端正的人必须迅速端正学习态度。Xuéxí tàidu bù duānzhèng de rén bìxū xùnsù duānzhèng xuéxí tàidu.

학습태도가 바르지 못한 사람은 한시바삐 학습태도를 바르게 고쳐야 한다.

(7) a. 学校安排了各种文化活动, 丰富了学生的暑期生活。Xuéxiào ānpái le gè zhǒng wénhuà huódòng, fēngfù le xuésheng de shǔqī shēnghuó.

학교 측에서는 여러 가지 문화활동을 마련해서 학생들의 하계생활을 풍성하게 만들어주었다.

b. 中国地大物博, 具有丰富的矿山资源。Wǒ guó dìdàwùbó, jùyǒu fēngfù de kuàngshān zīyuán.

국토가 넓고 물산이 풍부한 중국은 풍부한 광산자원을 가지고 있다.

중국어의 명사는 표정 하나 바뀌지 않고 문장의 술어로도 쓰일 수 있다. 이때에는 품사가 바뀌었다고 보지 않고 임시 활용되었다고 본다.

(8) 大学生了, 应该知道自己该做什么事。Dàxuéshēng le, yīnggāi zhīdao zìjǐ gāi zuò shénme shì.

대학생이 되었으니 스스로 무슨 일을 해야 할지 알아야 한다.

(9) a. 你这样做是个人主义。Nǐ zhèyàng zuò shì gèrénzhǔyì.

당신 이렇게 하는 거 개인주의야.

    b. 你太个人主义了。Nǐ tài gèrénzhǔyì le.

        당신 너무 개인주의적이야.

(10) 不管他经理不经理, 我给他说几句。 Bùguǎn tā jīnglǐ bù jīnglǐ, wǒ gěi tā shuō jǐ jù.

    그 사람이 매니저이건 말건 몇 마디 해야겠어.

    (8)에서 '大学生'은 문장 안에서 술어로 쓰이고 있지만 그 자체가 동사나 형용사라고 할 수 없다. (9)에서 '个人主义' 역시 '太'라는 정도부사의 수식을 받고 문장의 술어로 쓰이고 있지만 그 자체는 명사로서 결코 형용사라고 할 수 없다. (10)의 '经理' 역시 그러하다.

    이렇듯 중국어에서는 하나의 단어가 다양한 품사로 사용되는 현상은 보편적이다. 그러면서도 형태가 바뀌지 않기 때문에 진정으로 품사가 바뀐 것인지 아닌지 판단하기 어렵다. 물론 아래 예와 같이 발음이 변하여 다음어가 되는 경우도 있다.

    (11) 다음어 사례

        好 : (형) hǎo 좋다. (동) hào 좋아하다.

        长 : (형) cháng 길다. (동) zhǎng 자라다.

        乐 : (형) lè 즐겁다. (명) yuè 음악. (동) yào 좋아하다.

        差 : (명) chā 차이. (형) chà 부족하다. (동) chāi 파견하다. (형) cī 들쑥날

           쑥하다.

    이들은 글자는 같지만 발음이 다르고 이에 따라 문법기능과 의미도 달라진다. 문제는 한자로 쓰인 텍스트에서는 이 글자들이 시각적인 변화가 없

기 때문에 그것이 어떤 기능을 하는가, 어떤 의미로 쓰이는가의 판단이 전적으로 문맥에 달려 있다는 것이다. 그래서 중요한 것은 위치, 즉 어순이다. 어느 위치에 쓰이느냐에 따라 기능과 의미가 정해진다. 사실 그것이 쓰인 자리만 보면 그 용법을 알 수 있고, 그러면 품사는 저절로 알게 된다. 결국 중국어에서는 품사보다는 그 의미와 용법을 익히는 것이 중요하다.

| 6 | 이합사, 단어와 구 사이

중국어에는 하나의 단어이면서도 상황에 따라 분리되어 구(phrase)처럼 쓰이는 예가 많다.

(1) a. 我很头疼。 Wǒ hěn tóuténg.

　　 나는 머리가 아프다.

　 b. 我的头很疼。 Wǒ de tóu hěn téng.

　　 나의 머리가 아프다.

(2) a. 态度决定一切。 Tàidu juédìng yíqiè.

　　 태도가 모든 것을 결정한다.

　 b. 我一时决不定该不该去拿它。 Wǒ yìshí juébudìng gāi bù gāi qù ná tā.

　　 나는 한순간 그것을 받아야 할지 말아야 할지 결정을 하지 못했다.

(3) a. 您就放心好了。 Nín jiù fàngxīn hǎo le.

　　 이제 안심하셔도 됩니다.

　 b. 听了那个消息, 他才放下了心。 Tīng le nàge xiāoxi, tā cái fàng xià le xīn.

　　 그는 그 소식을 듣고서야 마음을 놓았다.

(1a)에서 '头疼'은 부사 '很'의 수식을 받는 하나의 단어이지만 (1b)에서는 주어와 술어로 분리되어 쓰이고 있다. (2a)의 '决定'은 하나의 동사이지만 (2b)에서는 동사와 보어로 분리되어 쓰이고 있다. (3a)의 '放心'은 하나의 동사이지만 (3b)에서는 동사와 목적어로 분리되어 쓰이고 있다. 이들을 중국어문법학계에서는 '离合词'라고 부른다. 하나의 단어(词)의 성격을 띠면서도 마치 구처럼 분리(离)되었다 합(合)해졌다 하기 때문에 붙여진 이름이다. 이중 특히 (3)과 같이 동사(动词)와 목적어(宾语)로 구성된 것들을 따로 '动宾离合词'라고 부르고 있다.

동목이합사의 사례

중국어에는 이러한 이합사가 매우 많다. 그래서 이들만 따로 모아놓은 사전까지 나와 있다. 『현대중국어이합사용법사전』(现代汉语离合词用法词典)에는 각종 이합사를 4,066개나 싣고 있다. 여기에서는 동목이합사의 사례만 좀 더 살펴보기로 한다. 중국어사전을 펼쳐보면 아래와 같이 글자 사이에 사선을 그어놓은 것이 있다. 이들이 바로 동목이합사이다.

(4) 结 // 婚(결혼하다)

　　a. 我们结婚已经三年了。Wŏmen jiéhūn yĭjing sānnián le.
　　　 우리는 결혼한 지 벌써 3년 되었다.

　　b. 我们结不了婚。Wŏmen jiébùliăo hūn.
　　　 우리는 결혼할 수 없어요.

(5) 请 // 客(한턱내다)

　　a. 他星期天请客。Tā xīngqītiān qĭngkè.
　　　 그는 일요일에 한턱 쏜다.

위징(魏徵)은 당 나라의 개국공신이다. 당 태종은 그의 공적에 따라 높은 벼슬을 하사했다. 보통 당시의 재상들은 처첩을 여럿 두는 것이 관례였는데 위징은 오로지 늙은 조강지처와 사랑을 가꾸며 살았다. 당 태종이 그것을 알고 위징을 따로 불러서 미녀 몇 명을 첩으로 삼도록 하려 했다. 위징이 한사코 사양을 했으나 당 태종도 결코 물러서지 않았다. 소문을 들은 위씨 부인이 불같이 화를 내며 궁전 안으로 쳐들어 왔다. "폐하, 저와 저의 남편은 평생 고락을 같이 한 부부입니다. 지아비가 선대 황제를 따라 18년간 전국을 떠돌아다니는 동안 저는 집에서 낮이면 밭을 갈고 밤이면 베를 짜면서 지아비를 뒷바라지하는 한편 아이들을 길렀습니다. 이제 서로 함께 지내게 된 게 3년이 채 되지 않는데 우리 부부를 떼어놓으려 하시니 이 어찌된 일입니까?"

"황제의 명령인데도 따르지 않겠다는 거요?" "그래봤자 죽기밖에 더 하겠습니까? 절대로 안 됩니다!" "그렇다면 원하는 대로 해주지." 당 태종은 내시에게 독주(毒酒)를 가져오라고 명했다. "자, 부인, 남편에게 첩을 허락하겠소? 아니면 저 독주를 마시겠소?" "차라리 독주를 마시고 죽겠소." 위 부인은 이를 부득부득 갈며 독주를 마셨다.

그런데 이상한 일이 벌어졌다. 시간이 지나서 독기운이 퍼졌어야 하는데 아무런 조짐도 보이지 않았다. 그때 당 태종이 껄껄 웃으며 말했다. "부인, 식초 맛이 어떠하오?" 당 태종은 처음부터 그저 위 부인을 놀려주려고 내시에게 오래 묵은 식초를 한 사발 가져오도록 시켰던 것이다. 이때부터 '식초를 먹다'(吃醋)가 '질투하다'라는 뜻을 가지게 되었다.

'吃醋'는 전형적인 이합사이다. '남 질투하지 말라'고 할 때 정확한 중국어 표현은 "*你别吃醋人家。"가 아니라 "你别吃人家的醋。"라고 해야 맞다.

b. 这回我请你的客吧。 Zhè huí wǒ qǐng nǐ de kè ba.

　　 이번엔 내가 너에게 한턱낼게.

(6) 亲 // 嘴(입 맞추다)

　　 a. 他们俩常常当众亲嘴。 Tāmen liǎ chángcháng dāngzhòng qīnzuǐ.

　　　　 그들은 사람들 있는 데서 자주 입을 맞춘다.

　　 b. 他跟女友亲了一下嘴。 Tā gēn nǚyǒu qīnle yíxià zuǐ.

　　　　 그는 여친과 한 차례 입을 맞추었다.

(7) 帮 // 忙 (돕다)

    a. 我明天搬家, 请你帮帮忙, 好吗？Wǒ míngtiān bānjiā, qǐng nǐ bāngbang máng, hǎo ma?

       나 내일 이사하는데 좀 도와줘. 응?

    b. 他帮了我一个大忙。Tā bāngle wǒ yíge dà máng.

       그가 나에게 큰 도움을 주었다.

(8) 上 // 课 (수업하다. 수업 받다)

    a. 他刚才去上课。Tā gāngcái qù shàngkè.

       그는 방금 수업에 갔다.

    b. 我刚才上完课。Wǒ gāngcái shàngwán kè.

       나 방금 수업 끝났다.

(9) 开 // 玩笑 (농담하다. 놀리다)

    a. 你别开玩笑。Nǐ bié kāi wánxiào.

       농담하지 마.

    b. 不要开他的玩笑。Bú yào kāi tā de wánxiào.

       그 사람 가지고 농담하지 마세요.(그를 놀리지 마세요.)

(10) 上 // 当 (속다)

    a. 你上当了。Nǐ shàng dàng le.

       너 속았어.

    b. 你上了他们的当！Nǐ shàngle tāmen de dàng!

       너 걔네들한테 속은 거야!

한국인들에게 이합사는 생소한 문법현상이다. 주의하지 않으면 실생활에서 자주 비문을 만들어낸다. 예컨대 아래와 같은 문장을 중국어로 옮기게 해보면 금방 드러난다.

(11) 어제 그 사람을 만났어.

  a. *我昨天见面他了。

  b. 我昨天跟他见面了。 Wǒ zuótiān gēn tā jiànmiàn le.

(12) 그는 대학을 졸업한 다음 바로 대기업에 공채로 들어갔다.

  a. *他毕业大学，就考入一个大公司。

  b. 大学毕了业，他就考入一个大公司。 Dàxué bìle yè, tā jiù kǎorù yíge

    dàgōngsī.

(13) 나는 엄마를 도와야 해.

  a. *我要帮忙妈妈.

  b. 我要帮妈妈的忙。 Wǒ yào bāng māma de máng .

(14) 어떤 학생들은 일주일에 이틀 수업 듣는다.

  a. *有些学生一个星期两天上课。

  b. 有些学生一个星期上两天的课。 Yǒuxiē xuésheng yíge xīngqī shàng liǎngtiān

    de kè.

  (11)은 '见面'을 한국어 식으로 '만나다'라는 하나의 단일한 단어로 생각을 하기 때문에 일어나는 현상이다. 마찬가지로 (12)에서처럼 '대학을 졸업하다'를 *'毕业大学'라고 하는 경우도 있다. '毕业'를 하나의 동사로 보고 그 뒤에 '大学'을 목적어로 사용한 것이다. 답은 '大学毕业'이다. (13-14)도 마찬가지이다. 동목이합사는 문법적으로 여전히 동사와 목적어 형태로 구성되므로 그 뒤에 또다시 목적어를 선택할 수 없다는 점을 꼭 기억해야 한다.

이러한 동목이합사는 역사적으로 볼 때 중국어가 단음절 단어에서 2음절 이상의 다음절 단어로 넘어가는 과도기적 단계에서 발생한 현상이다. 동사와 목적어로 구성된 어구 중의 일부는 완전히 분리불가능한 하나의 단어로 고정되어 가고 있으며(예를 들면 '关心'), 다른 한쪽에서는 새롭게 이합사가 만들어지고 있는 것이다(예를 들면 '幽了一次默'의 '幽默'). 거시적 관점에서 보면 어느 경우든 습관적으로 하나의 덩어리처럼 쓰이므로 일단 이들을 하나의 단어로 보고 익혀둘 필요가 있다.

이제까지의 논의를 정리해보자. 첫째, 중국어 문법은 한국어에 비해 단순한 편이다. 일반적으로 주어는 동사의 앞에 나타나고 목적어는 동사의 뒤에 나타난다. 시제나 수에 무관하게 형태는 늘 일정하다. 품사가 바뀌어도 마찬가지다. 둘째, 한국어와 대조되는 중국어의 가장 기본적인 특징은 어순이 다르다는 것이다. 통계를 내보면 일반적으로 목적어는 동사의 뒤에 출현한다. 중국어 문법에 맞도록 말하고 쓰려면 항상 이 점을 머리에 떠올려야 한다. 물론 어순이 변화하면서 한국어 어순과 같은 문장이 만들어진다. 화제 구문과 '把' 구문이 그 예이다. 이 점 때문에 중국어 학습이 타 언어에 비해 쉽다는 느낌을 받는다. 셋째, 보어도 중요하다. 여기에서는 간략하게 다루었지만 중국어를 중국어답게 하는 문법 특성 중 하나가 보어이다. 보어를 제대로 알면 중국어 문법의 상당 부분을 이해한다고 말할 수 있다. 넷째, 하나의 단어에 대해 안다는 것은 생각보다 많은 문법사항을 안다는 것을 의미한다. 품사에 따른 문법적 기능을 기본으로 하여 문법범주나 의미상의 선택제약도 결국 단어의 의미와 기능에서 비롯되는 것이다. 다섯째, 이합사라는 것이 있는데 이는 하나의 단어처럼 알아놓고 필요에 따라 분리해서 쓰면 된다.

'幽默' (yōumò)는 영어의 humor를 음역해서 만들어진 것으로서 분리시킬 수 없는 하나의 단어이다. 그런데 중국인들은 이것을 마치 동목이합사인 것처럼 생각해서 '幽了一次默' (한 차례 유머를 하다)라는 말을 자연스럽게 쓰고 있다. 이것은 중국어 어휘론에서 대단히 흥미로운 현상에 속한다. 중국인의 머릿속에 잠재되어 있는 이합사의 문법 특성이 무의식적으로 이 단어에 적용되어 원래 분리될 수 없는 것이 분리되어 쓰이게 된 것이었다. 결과적으로 '幽'와 '默'가 각각 하나의 형태소가 되는 '형태소화'가 진행되었다. 이런 현상을 역형성(back-formation)이라고 한다.

영어에서의 사례를 보면 역형성이라는 말을 좀 더 쉽게 이해할 수 있다. 영어에서는 일반적으로 동사에 '-er'이나 '-or'를 덧붙여 '-하는 사람'이라는 의미의 명사를 만들 수 있다. teach-er, buy-er, stalk-er, counsel-or가 그 예이다. 그렇다면 'peddler' (행상인)나 'editor' (편집자)도 그렇게 해서 만들어진 것일까? 사실을 알아보면 원래 'peddle'이나 'edit'라는 단어는 존재하지 않았다. 'peddler'와 'editor'만 있었는데, 언중들이 명사 파생 규칙을 역으로 적용하여 'peddl(e)-er', 'edit-or'로 분석하게 되자 이전에 없던 'peddle' (행상하다)과 'edit' (편집하다)라는 단어가 새롭게 만들어진 것이다.

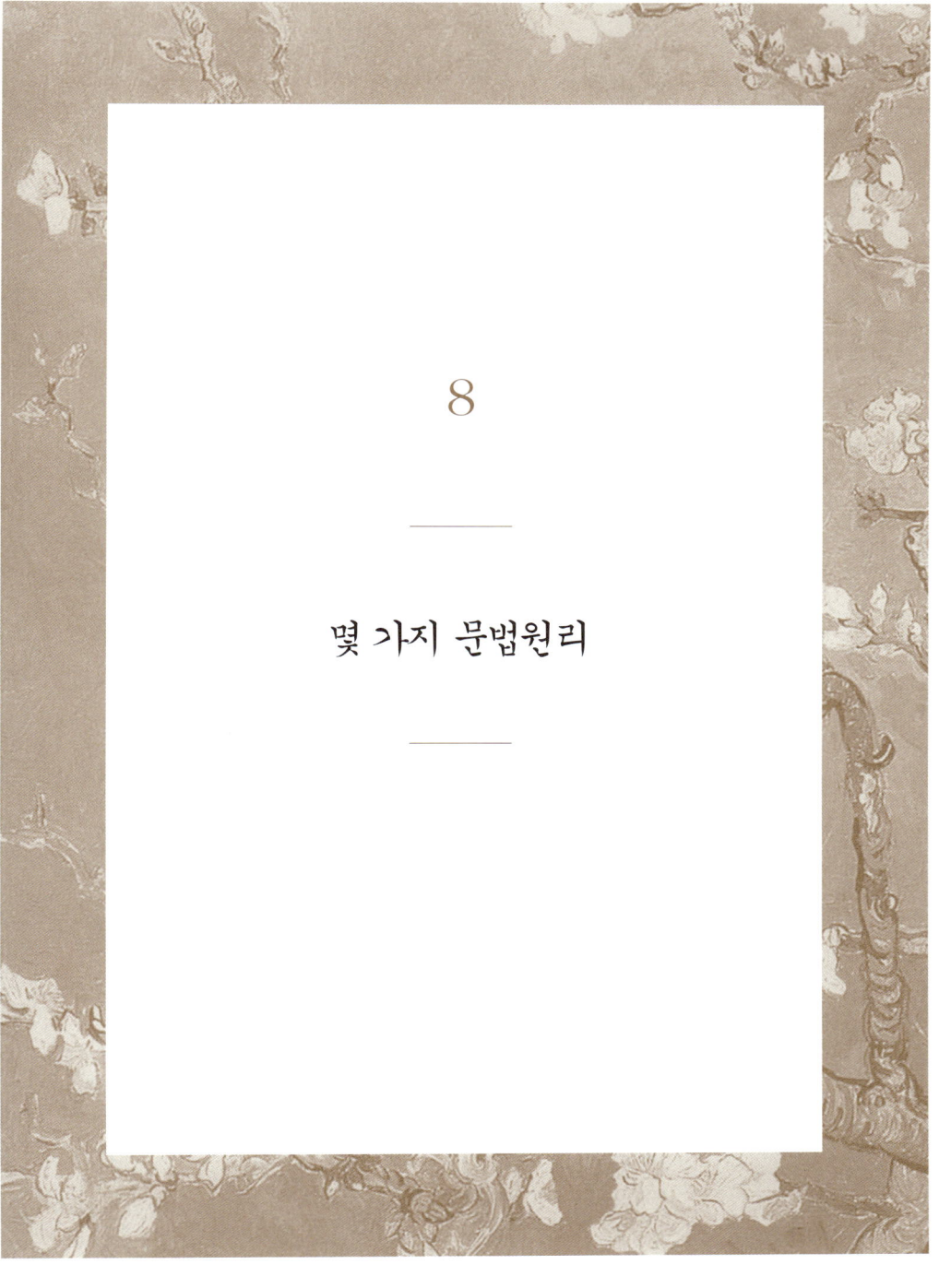

8

몇 가지 문법원리

잘 다듬어진 이론의 효용은 짧은 몇 마디로 많은 문제를 분석하고 이해하고 설명할 수 있다는 데 있다. 마치 마구 뒤엉켜 있는 밧줄을 일도양단할 때 쓰던 알렉산더 대왕의 칼과 같다. 이 장에서는 한정성 효과, 시간순서원리, 선택제약규칙, 문법화라는 다소 생소하지만 중국어를 이해하는 데 아주 중요한 이론들을 만나게 될 것이다. 한정성 효과는 문장 안에서 명사구의 이동을 설명하는 데 도움이 될 것이고, 시간순서원리는 문장 안에서 명사구 이외의 부가 성분의 위치를 이해하는 데 도움이 될 것이다. 어떤 두 가지 요소가 문법적으로 문제를 일으키지 않고 동일한 문장이나 구 안에 쓰이기 위한 제약을 따지는 것이 선택제약규칙이다. 단어나 어구가 본래의 의미를 잃고 점차 문법적 기능을 하는 어구로 바뀌는 과정을 문법화라고 한다. 이런 이론을 많이 알면 알수록 언어에 대한 분석과 해석과 통찰력이 늘어나게 된다.

| 1 | 한정성 효과와 어순

한정성 효과와 어순의 변화

화자가 청자에게 전달하는 정보에는 크게 두 가지 종류가 있다. 하나는 화자도 알고 있으며 이와 동시에 청자가 알고 있을 것이라고 화자가 가정하는 기지(既知)의 정보이고, 또 하나는 화자는 알지만 청자는 모를 것이라 화자가 가정하는 미지(未知)의 정보이다. 전자를 구정보(old information)라 하고 후자를 신정보(new information)라 한다. 앞장에서 살펴본 화제-진술(topic-comment) 구조에서 화제가 구정보이고 진술이 신정보이다. 구정보는 일반적으로 한정 명사구(definite NP)로 표현되고 신정보는 비한정 명사구(indefinite NP)로 표현된다. 한정 명사구란 그것이 특정의 대상을 지시하는 경우를 말한다. '中国, 张三, 那个朋友'와 같은 것이 그 예인데, 이들은 모두 특정의 지시대상을 가지고 있다. 비한정 명사구란 그것이 지시하는 대상이 명확하지 않은 경우를 말한다. 예컨대 '朋友'라고 하면 '친구'라는 어휘적 의미는 있지만 그것이 구체적으로 어느 친구를 지시하는지 알 수 없다. '一个朋友'라고 해도 그 사정은 마찬가지다.

중국인들은 말을 할 때 이미 알고 있는 대상을 문장 앞쪽에 두고 그렇지 않은 것을 뒤쪽에 두는 습관이 있다. 다시 말하면 문장에서 한정 명사구는 동사의 앞쪽에 놓이는 경향이 있고 비한정 명사구는 동사의 뒤쪽에 놓이는 경향이 있다. 이에 대한 사례는 다음에서 살펴볼 화제 구문, '把' 구문, 수동문 등에서 쉽게 구할 수 있다. 이와 같이 명사구의 한정성이 어순에 영향을 미치는 현상을 한정성 효과(definiteness effect)라고 한다. 이 한정성 효과가 한국어에서는 큰 영향을 미치지 않는데, 중국어에서는 어순 구성에 깊숙이 관여하고 있다.

한정성 효과와 화제

앞장에서 말했듯이 중국어 문장은 크게 화제와 진술로 분석된다. 화제는 화자와 청자가 이미 알고 있는 구정보이고, 진술은 화제에 대해 설명을 가하는 신정보이다.

(1) 〔那本书〕我已经看完了。 Nà běn shū wǒ yǐjing kànwán le.
　　'그 책'을 나는 벌써 다 보았다.

(2) 〔房子〕盖好了。 Fángzi gàihǎo le.
　　'그 집'은 다 지었다.

(3) 〔这个东西〕名字叫 '电脑'。 Zhè ge dōngxi míngzi jiào 'diànnǎo'.
　　'이것'은 이름이 '电脑'다.

(1)은 목적어가 주어 앞으로 이동하여 화제가 된 예이고, (2)는 목적어가 이동하여 화제가 되었는데 주어가 보이지 않는 예이며, (3)은 화제의 자리와 주어 및 목적어의 자리가 꽉 차 있는 예이다. 어느 경우든 공통점이 하나 있다. 화제로 쓰인 명사구가 한정적(definite)이라는 것이다. (1)의 화제도 특정의 대상을 지시하고 (2)의 화제도 비록 형태적으로는 비한정적인 것 같지만 내용상으로는 특정의 대상을 지시하고 있다. (3)의 화제 역시 특정의 대상을 지시하고 있다. 그렇다면 비한정 명사구는 화제가 될 수 있을까 없을까? 결론을 먼저 말하면 일반적으로 불가능하다. 중국어 문장에서 화제는 반드시 한정적이어야 한다는 조건 때문이다.

(1′) * 〔一本书〕我已经看完了。 Yì běn shū wǒ yǐjing kànwán le.
　　〔한 권의 책〕나는 벌써 다 보았다.

(2′) * 〔一所房子〕盖好了。Yì suǒ fángzi gài hǎo le.

〔한 채의 집〕 다 지었다.

(3′) * 〔一个东西〕名字叫 '电脑'。Yí ge dōngxi míngzi jiào 'diànnǎo'.

〔하나의 물건〕 이름이 '电脑' 다.

[수량어구의 수식을 받는 명사]

수량명사구가 언제나 어디서나 반드시 비한정적인 표현인 것은 아니다. 수량명사구는 어떤 문맥에서 쓰이느냐에 따라 한정성 판단이 달라진다. 예컨대 다음과 같은 문맥에서 '一本书' 나 '一所房子' 는 지시하는 것이 무엇인지 알 수 있으므로 한정적이다.

ⅰ) 昨天买了两本书，一本书我已经看完了。Zuótiān mǎile liǎng běn shū, yì běn shū wǒ yǐjing kànwán le.

어제 책 두 권을 샀는데 (그중) 한 권은 벌써 다 보았다.

ⅱ) 他们现在在三个地方盖房子，一所房子盖好了，两所房子还没盖好。Tāmen xiànzài zài sān ge dìfang gài fángzi, yì suǒ fángzi gàihǎo le, liǎng suǒ fángzi hái méi gàihǎo.

그들은 지금 세 곳에서 집을 짓고 있는데, 한 채는 다 지었고 두 채는 아직 다 짓지 못했다.

ⅰ) 에서 두 번째 절에 나온 '一本书' 는 앞서 사온 두 권의 책 중 하나임을 쉽게 알 수 있고, ⅱ) 에서도 '一所房子' 는 현재 짓고 있는 세 집 중 하나라는 것을 금방 알 수 있다. 그러므로 이 표현들은 모두 한정적이다.

한정성 효과와 제시문

한정성 효과를 설명하기 위해 특이한 어순의 문형 하나를 소개하기로 한다. 중국어는 전형적으로 SVO 어순 유형의 언어이다(7장 1절 참고). 그런데 아주 흥미롭게도 주어가 동사의 뒤에 오는 VS 어순의 문장도 존재한다.

(4) a. 上午来一个人了。 Shàngwǔ lái yí ge rén le.

　　　오전에 한 사람이 왔다.

　　b. 他家跑了一只鸡。 Tā jiā pǎole yì zhī jī.

　　　그의 집에서 닭 한 마리가 달아났다.

　(4a)에서 이동의 주체는 '一个人'이고 (4b)에서 이동의 주체는 '一只鸡'이다. 의미상 이들은 동사의 주어로 해석되는데 문장 속에서는 목적어의 위치에 놓여 있다. 이렇게 의미상의 주어가 동사 뒤로 가고, 주어 위치에 장소나 시간 명사가 출현하는 문장을 제시문(presentative sentence)이라고 한다. 중국의 문법학계에서는 이것을 '存现句'(존현문)라고 한다. 이 구문의 특징은, 뒤의 주어를 그 모습 그대로 동사 앞으로 이동시키면 비문법적인 문장이 된다는 것이다. 그 이유는 한정 명사구가 아닌 비한정 명사구가 주어 위치에 출현했기 때문이다.

　(5) a. *上午一个人来了。

　　　（오전에 한 사람이 왔다）

　　b. *一只鸡从他家跑了。

　　　（닭 한 마리가 그의 집에서 도망갔다）

　그런데 다른 상황을 상정해보자. 나와 화자가 알고 있는 특정의 사람이 왔고, 또한 나와 화자가 알고 있는 특정의 닭이 달아났다는 것이다. 그때에는 명사구의 한정성을 표시하기 위해 '一个人'이 '那个人'으로, '一只鸡'가 '那只鸡'로 바뀔 것이다.

(6) a.*上午来那个人了。

(오전에 그 사람이 왔다.)

b.*他家跑了那只鸡。

(그의 집에서 그 닭이 달아났다.)

(6)과 같이 해도 비문법적인 문장이 된다. 그 이유는 '那个人'이나 '那只鸡' 같은 한정적 표현이 목적어 위치에 놓여 있기 때문이다. 이것이 문법적인 문장이 되려면 다음과 같이 각각의 명사구를 동사 앞으로 이동시켜야 한다.

(7) a. 那个人上午来了。Nà ge rén shàngwǔ lái le.

그 사람이 오전에 왔다.

b. 那只鸡从他家跑了。Nà zhī jī cóng tā jiā pǎo le.

그 닭이 그의 집에서 달아났다.

이와 같이 중국어 문법에는 비한정 명사구는 동사의 뒤쪽으로, 한정 명사구는 동사의 앞쪽으로 위치시키는 경향이 있는데, 이것을 '한정성 효과'라고 부르는 것이다.

한정성 효과를 알면 다음 문장의 문법구조를 쉽게 설명할 수 있다. 다음 문장은 보통 중국어 학습 초기에 접하게 되는데, 주어인 '人' 앞에 왜 동사 '有'를 써야 하는지 많이 궁금해한다. 어떤 사람은 이것을 놓고 '有人' 전체가 주어라고 하는 이도 있는데, 이것은 잘못된 설명이다.

(8) 有人来找你。Yǒu rén lái zhǎo nǐ.

어떤 사람이 와서 너를 찾는다.

이 문장에서 '人'은 비한정적이다. 화자는 단지 그 존재만 알 뿐 그가 누구인지 모른다. 그가 누구인지 화자가 모르므로 청자는 당연히 알 수 없다. 만나보면 아는 사람인지 아닌지 알 수 있겠지만 지금은 불가능하다. 그러므로 '人'은 신정보이고, 따라서 비한정 명사구이다. 한정성 효과가 작용하는 중국어에서 비한정 명사구는 동사의 앞으로 나가 주어로 쓰일 수 없기 때문에 그것을 동사의 뒤로 보내기 위해 '有'를 도입한 것이다.

만약 화자와 청자가 모두 아는 사람(예컨대 '张三')이 왔다면 다음의 (6a)와 같이 말했을 것이다.

> (9) a. 张三来找你。 Zhāngsān lái zhǎo nǐ.
>
>   장싼이 와서 너를 찾아.
>
>   b. *有张三来找你。

이때에는 '张三'의 앞에 '有'를 쓸 수 없으며, '有'를 쓰면 오히려 비문법적인 문장이 된다. 그 이유도 바로 한정성 효과 때문이다.

한정성 효과와 '把' 구문

중국어 문장은 기본적으로 SVO 어순 유형에 속하지만 목적어(object)가 동사의 바로 앞으로 이동한 SOV 어순의 문장도 자주 보인다. SOV 어순을 구성하는 경우 전치사 '把'가 함께 쓰이는 경우가 많은데, 이때 '把' 뒤에 쓰인 명사구는 일반적으로 한정적이며, 비한정적인 명사구는 '把'의 뒤에 쓰이지 않는다. 다음의 (10b)와 (11b)가 비문법적인 까닭은 각각 비한정 명사구가 '把' 뒤에 쓰였기 때문이다.

(10) a. 我把这本书看完了。Wǒ bǎ zhè běn shū kànwán le.

　　 나는 그 책을 다 보았다.

　　 b. *我把一本书看完了。

　　 (나는 책 한 권을 다 보았다)

(11) a. 我把今天的作业做完了。Wǒ bǎ jīntiān de zuòyè zuòwán le.

　　 나는 오늘 숙제를 끝냈다.

　　 b. *我把一些作业做完了。

　　 (나는 숙제 몇 가지를 끝냈다)

　　동사의 목적어에 대해 어떤 처치 상황을 알려주고자 할 때에는 목적어를 동사의 앞으로 이동시키고 동사의 뒤에 보어를 쓰게 된다. 이때 목적어가 한정 명사구인가 아닌가에 따라 두 가지 문형이 가능하다. 다음 예를 보자.

(12) a. 他养牛养得很好。Tā yǎng niú yǎng de hěn hǎo.

　　 그는 소를 잘 기른다. (=소 기르기를 잘 한다)

　　 b. 他把牛养得很好。Tā bǎ niú yǎng de hěn hǎo.

　　 그는 '그' 소를 잘 길렀다. (특정 시공간의 소)

(13) a. 他说话说得很清楚。Tā shuō huà shuō de hěn qīngchu.

　　 그는 말을 명확하게 한다. (=평소 말을 할 때 명확하게 말한다)

　　 b. 他把话说得很清楚。Tā bǎ huà shuō de hěn qīngchu.

　　 그는 (해야 할) 말을 명확하게 했다. (특정 시공간에서 한 말)

(12a)는 그가 평소에 소 기르기를 잘 한다는 뜻이고 (12b)는 특정 소를 지칭하며 그가 그 소를 잘 길렀다는 뜻이다. (13a)는 그가 평소 말을 할 때 명확하게 말을 한다는 뜻이고 (13b)는 특정 시간과 공간에서 어떤 말을 했는데 그 말을 아주 명확하게 했다는 뜻이다. (12a)와 (13a)의 목적어는 특정 대상을 지시하지 않으므로 비한정적이고, (12b)와 (13b)의 목적어는 특정 대상을 지시하므로 한정적이다. 여기에서도 명사구의 한정성이 '把'의 사용 여부를 결정함을 알 수 있다.

화제 구문과 '把' 구문의 비교

화제 구문과 '把' 구문을 비교해보면 한 가지 공통점이 있다. 한정 명사구 목적어를 동사의 앞쪽으로 이동시킨다는 것이다. 그렇다면 한 가지 의문이 떠오른다. 어떤 경우에 동사 바로 앞으로 이동하고 어떤 경우에 문장 맨 앞쪽까지 이동하는가? 다음 예문을 놓고 생각해보자.

(14) A : 今天的功课你复习完了吗? Jīntiān de gōngkè nǐ fùxí wán le ma?

　　　　오늘 배운 것 복습 다 했니?

　　B : 我复习完了。Wǒ fùxí wánle.

　　　　복습 다 했어.

(15) A : 你把今天的功课复习完了吗? Nǐ bǎ jīntiān de gōngkè fùxí wán le ma?

　　　　너 오늘 배운 것 복습 다 했니?

　　B : 我复习完了。Wǒ fùxí wán le.

　　　　복습 다 했어.

(14)와 (15) 모두가 '오늘 배운 숙제'에 대해 상대방에게 묻고 있다. 하

지만 묻는 태도와 상대방이 받아들이는 느낌에 차이가 있다. (15)의 '把' 구문은 상대를 추궁하는 느낌이 있다. 그래서 엄마가 밖으로 놀러 나가려 하는 아이에게 묻는 말로 적당하다. 그런데 (14)에서는 그 느낌이 보다 부드럽다. 상대방을 일방적으로 추궁하는 것이 아니라 함께 관심을 공유하는 느낌이 많다.

이와 같은 느낌의 차이는 다음의 (16)에서 보다 극명하게 드러난다.

(16) a. 你把那件事处理好了吗? Nǐ bǎ nà jiàn shì chǔlǐ hǎo le ma?

　　　　당신 그 업무 잘 처리했어?

　　 b. 那件事, 处理好了吗? Nà jiàn shì, chǔlǐ hǎo le ma?

　　　　그 업무 말이야, 잘 처리했는가?

(16a)에서 청자인 '你'는 그 업무를 실행해야 할 사람이다. 상사나 동료가 바로 그 사람을 지적하여 업무의 처리 여부를 묻고 있다. 실행에 책임을 지고 있는 청자는 자기도 모르게 긴장하게 될 것이다. 이와 같이 '把' 구문은 추궁의 의미가 강하므로 명령문에 많이 쓰인다. 그런데 목적어를 화제화한 (16b)에서 청자는 그 업무의 책임자일 수도 있고 아닐 수도 있다. 듣는 사람에게는 화자가 청자 '你'의 입장에서 함께 걱정하고 있다는 느낌을 전달받게 된다.

이동상의 제약에 있어서도 차이가 있다. '把'를 이용하여 목적어를 동사 앞으로 이동시키는 데에는 동사의 의미와 관련하여 여러 가지 제약이 따른다. 하지만 화제화하는 데에는 그다지 제약이 많지 않다. 예컨대, 다음의 (b)는 모두 화제 구문인데 이들은 모두 '把' 구문으로 바꿀 수 없다. 동사의 의미 속에 목적어인 대상을 변화시키거나 이동시키는 처치성이 없기 때문이다.

(17) a. 我知道那个人。 Wǒ zhīdào nà ge rén.

　　나는 그 사람을 알고 있다.

　　b. 那个人，我知道。 Nà ge rén, wǒ zhīdào.

　　그 사람을 나는 알고 있다.

　　c.*我把那个人知道。

(18) a. 我相信小芳。 Wǒ xiāngxìn Xiǎofāng.

　　나는 샤오팡을 믿는다.

　　b. 小芳，我相信。 Xiǎofāng, wǒ xiāngxìn.

　　샤오팡을 나는 믿는다.

　　c.*我把小芳相信。

　보통 정도보어 구문에서는 목적어가 동사의 앞으로 이동하게 된다. 이때 보어가 의미상 동사의 처치 결과를 나타내지 않고 단순히 주어의 태도나 심리적 상태를 표시할 때에는 '把' 구문을 쓸 수 없다. 하지만 화제 구문에는 이러한 제약이 없다.

(19) 그는 중국어를 성실히 공부한다.

　　a. 中文，他学得很认真。 Zhōngwén, tā xué de hěn rènzhēn.

　　b.*他把中文学得很认真。

(20) 나는 그의 말을 듣고 그의 뜻을 이해했다.

　　a. 他的意思，我听明白了。 Tā de yìsi, wǒ tīng míngbai le.

　　b.*我把他的意思听明白了。

경험을 나타내는 문장에는 '把' 구문을 사용하지 않는다. 예를 들어 '그는 이런 음식을 먹어본 적이 없다'라는 말을 중국어로 옮기고자 할 때 "*他没把这种菜吃过。"라고는 말하지 않는다. 이때에는 목적어를 동사 뒤에 위치시켜서 "他没吃过这种菜。"라고 하거나 "这种菜, 他没吃过。"와 같이 화제화해야 한다.

(21) 그는 이런 음식을 먹어본 적이 없다.

    a. 他没吃过这种菜。 Tā méi chīguo zhè zhǒng cài.

    b. 这种菜, 他没吃过。 Zhèzhǒng cài, tā méi chīguo.

    c.*他没把这种菜吃过。

'제거'가 아니라 '취득'의 의미를 나타내는 경우에도 '把' 구문보다는 화제 구문을 사용하는 것이 자연스럽다.

(22) 그 편지를 그가 이미 받았다.

    a. 那封信他已经收到了。 Nà fēng xìn tā yǐjing shōudào le.

    b.*他已经把那封信收到了。

(23) 그 책을 그가 벌써 샀다.

    a. 那本书他已经买了。 Nà běn shū tā yǐjing mǎi le.

    b.*他已经把那本书买了。

특히 한국학생들은 (22b)와 (23b)가 왜 성립하지 않는지 잘 이해하지 못한다. 이것은 '收'와 '买'가 지닌 '취득' 의미가 '把' 구문이 지닌 처치성의 의미와 모순되기 때문이다. 그러나 화제 구문에는 이러한 제약이 없으므로 다양한 동사들이 화제 구문을 구성할 수 있다.

　이제까지의 설명이 보여주듯 화제 구문을 구성하는 데는 한정성 이외에 특별한 제약이 없는데 '把' 구문의 경우에는 한정성 이외에도 제약 조건이 많고 다양하다. 이렇듯 '把' 구문을 사용하는 데는 화제 구문보다 제약이 많기 때문에 중국어에는 '把' 구문보다는 화제 구문이 더 많이 보인다.

　이제까지 살펴본 바와 같이 한정성 효과는 중국어 문장 구성에 깊숙이 관여하고 있다. 화제 구문이나 제시문, '把' 구문에서 목적어의 이동을 이해하려면 반드시 한정성 효과에 대해 알아야 한다.

| 2 | 시간순서원리와 어순

중국어에서 명사구의 어순은 한정성 효과로 설명할 수 있음을 앞에서 보였다. 그렇다면 명사구 이외의 성분들, 즉 부사어와 보어, 연동문 속의 동사구들이 왜 그러한 어순을 보이는지 설명이 필요하다. 왜 같은 어구가 때로는 동사 앞 부사어 자리에 출현하고 때로는 동사 뒤 보어 자리에 출현하는가, 이때 각각의 의미는 어떻게 달라지는가, 연동문에서 두 개 이상의 동사구들이 연이어 나타날 때 왜 그러한 어순을 보이는가 등에 대해 적절한 설명이 필요하다. 7장에서는 보충성분의 어순에 대해 '부사어는 피수식어 앞에 위치하고, 보어는 동사 뒤에 위치한다'고만 기술했을 뿐 그것이 왜 그러한지는 설명하지 않았다. 어순을 통해 문법관계의 많은 부분을 표현하는 중국어라면 어순이 어떤 원리에 의해 구성되는가를 아는 것은 대단히 중요하다. 여기에서는 그 이유를 '시간순서원리'로 설명하려 한다(시간순서원리에 대한 기술은 전체적으로 Tai(1985)의 주장을 많이 참고하였다).

(1) 시간순서원리(The principle of temporal sequence, 이하 PTS로 간칭)

　　통사단위 두 개의 상대적인 순서는 그들이 나타내는 인지범위 내 상태의 시간적 순서에 의해 결정된다.

　　이 원리는 동작을 묘사하는 성분의 출현 위치(즉, 보충성분을 동사의 앞에 쓸 것인가 동사의 뒤에 쓸 것인가), 연동구문에서 동사구 사이의 어순, 복문에서 절 사이의 어순을 이해하고 설명하는 데 도움이 된다.

전치사구 부사어 vs. 전치사구 보어

영어에서는 전치사구가 항상 동사의 뒤에 출현한다. 그런데 중국어에서는 전치사구가 동사의 앞에 출현하기도 하고 뒤에 출현하기도 한다. 이러한 비일관성 때문에 외국인 학생들이 중국어를 말하거나 쓸 때 심리적으로 부담감을 느낀다. 이러한 부담감을 일거에 날려버릴 수 있는 어떤 원리가 없을까? PTS를 활용하면 다음과 같이 동사 앞뒤에 모두 '在'를 쓴 전치사구를 허용할 수 있는 이유와 두 예문의 의미상의 차이를 설명할 수 있다.

(2) a. 他〔在厨房里〕〔做饭〕。 Tā zài chúfáng lǐ zuò fàn.

　　　그는 부엌에서 밥 짓는다.

　 b. *他〔做饭〕〔在厨房里〕。

(3) a. 他〔掉〕〔在水里〕。 Tā diào zài shuǐ lǐ.

　　　그는 물로 떨어졌다.

　 b. *他〔在水里〕〔掉〕。

　　PTS의 관점에서 본다면 (2)에서 '부엌에 있는'('在厨房里') 상태는 '밥 짓는' 상태에 선행한다. PTS에 따라 '在厨房里'는 반드시 동사 앞에 배치되어야 한다. 따라서 (2a)는 올바른 문장이지만 (2b)는 올바른 문장이 아니다. (3)에서 '掉'의 상황은 '在水里'에 선행하며, 또한 그 상황은 '在水里'에서 종결된다. PTS에 따라 (3a)는 올바른 문장이지만 (3b)는 올바른 문장이 아니다. 예를 하나 더 보기로 하자.

(4) 小猴子〔在马背上〕〔跳〕。 Xiǎo hóuzi zài mǎbèi shàng tiào.
　　꼬마원숭이가 말 등 위에서 뛰고 있다.

(5) 小猴子〔跳〕〔在马背上〕。 Xiǎo hóuzi tiào zài mǎbèi shàng.
　　꼬마원숭이가 말 등 위로 뛰었다.

'在马背上'이 동사 앞에 나타나기도 하고 동사 뒤에 나타나기도 하는 이유는 무엇인가? 그것은 명확히 PTS와 관련이 있다. 즉 양자 간에 인지 또는 발생순서에 차이가 있다는 것이다. (4)에서 꼬마원숭이가 '跳'라는 동작을 하기 위해서는 말 위에 있어야 한다. '在马背上'의 상태가 동작의 개시보다 선행하므로 (4)와 같은 문장의 어순을 구성한다. (5)에서 꼬마원숭이가 말 등에 있기 위해서는 먼저 뛰는 동작을 해야 한다. 그러므로 '跳'가 '在马背上'보다 앞에 쓰인 것이다.

다음 예 역시 PTS를 가지고 쉽게 설명할 수 있다.

(6) a. 他〔从中国〕〔来〕。 Tā cóng Zhōngguó lái.
　　　그는 중국에서 온다.

　　b. *他〔来〕〔从中国〕。

(6a,b)는 '从'을 사용한 전치사구가 동사의 앞에만 출현할 수 있음을 보여준다. 일반 문법서에서는 대부분 (6a)가 옳고 (6b)는 비문법적이라고만 기술할 뿐 그것이 왜 비문법적인지 설명하지 않고 있다. 이를 PTS에 의거하여 해석한다면, '从'을 사용한 전치사구는 명확히 기점을 지시하며, 따라서 동작이 발생하기 전단계의 상태이다. 전치사 '从'이 동사에서 기원하였다는 사실을 참고하면 보다 쉽게 이해할 수 있을 것이다. 그러므로 '从中国'가 '来'에 선행할 수밖에 없다. (6b)가 성립하지 않는 이유는 그것이 이와 같은 PTS를 위배하고 있기 때문이다.

[PTS와 고대중국어]

(6b)에서 만약 '從' 대신 문언사 '自'를 사용한다면 이 문장은 문법적으로 된다. 문언사 '於'나 '以'를 써도 현대중국어의 전치사구가 동사의 뒤에 출현할 수 있다. 이로 보아 고대중국어는 PTS를 준수하지 않음을 알 수 있다. 그러므로 고대 문언의 문법 특성을 지니고 있는 이들 사례를 가지고 현대중국어 PTS의 반증례로 삼을 수 없다.

다음 예문도 같은 방식으로 설명할 수 있다.

(7) a. 他〔往南〕〔看〕。 Tā wǎng nán kàn.

그는 남쪽을 (향해) 바라본다.

b. *他〔看〕〔往南〕。

(8) a. 他〔对我〕〔说〕。 Tā duì wǒ shuō.

그는 나에게(나를 대하고) 말한다.

b. *他〔说〕〔对我〕。

(9) a. 他〔跟我〕〔去〕。 Tā gēn wǒ qù.

그는 나와 함께 간다.

　　b.*他〔去〕〔跟我〕。

　(7)에서 누구든 남쪽을 보려면 먼저 얼굴을 남쪽으로 돌려야 한다. (8)에서 그가 나를 마주하고 말하려면 먼저 몸을 나를 마주하도록 돌려야 한다. (9)에서 그가 나와 함께 가려면 먼저 나와 함께 하는 상황이 선행되어야 한다. 시간순서원리 때문에 위와 같은 어순을 구성하지 않을 수 없다는 것이다.

정황부사어 vs. 정도보어

PTS는 또한 정황이나 도구를 나타내는 표현의 어순과 의미 간의 관계를 설명하는 데 이용된다. 이 표현들이 동사의 앞에 있을 때는 보통 특정의 사건을 묘사하며, 동사의 뒤에 있을 때는 일반적인 설명을 표시한다.

　(10) 他〔很快地〕〔跑〕了。Tā hěn kuài de pǎo le.

　　　그는 재빨리 도망갔다.

　(11) 他〔跑得〕〔很快〕。Tā pǎo de hěn kuài.

　　　그는 달리는 정도가 매우 빠르다. → 그는 달리기를 잘 한다.

　중국어에서는 특정 시각에 발생한 특정 행동을 묘사하려 한다면 (10)과 같이 말해야 한다. 이 문장은 '그는 매우 신속한 동작을 취하여 달아났다'는 뜻이다. 바꾸어 말하면 '달아나는' 동작이 발생하기 전에 그가 반드시 매우 빠른 속도로 달아나는 동작을 발동했다는 것이다. 쾌속으로 발동하는 정황이 행동의 실시에 선행하기 때문에 시간순서원리에 의하여 '很快'가 반드시 '跑了' 앞에 위치해야 하는 것이다. 그러나 평상시 관찰된 그의 달리는 행위에 대한 일반적인 평가라면 (11)과 같이 말해야 한다. 그는 평소에 달리는 속도가 빠르다는 말이다. 속도를 평가하려면 먼저 달리는 행위가 존재해야 하므로 이것이 어순에 반영되어 '跑'가 '很快'의 앞에 위치하게 되는 것이다.

　　PTS는 또한 정황부사와 관련된 다른 어순현상을 설명할 수 있다. 만약 행위자의 심리상태를 묘사하는 정황부사가 동사의 앞에 위치한다면 이 위치는 심리상태가 동작의 기점에 선행하는 동시에 전체 동작과정에 수반된다는 것을 표시한다. 만약 그것이 동사의 뒤에 위치한다면, 이 위치는 심리상태가 행위동작이 발생한 다음에 출현했음을 나타낸다.

> (12) 他〔很高兴地〕〔玩儿〕。 Tā hěn gāoxìng de wánr.
>
> 　　　그는 매우 기분 좋게 놀고 있다.〔놀이에 참여하고 있다〕
>
> (13) 他〔玩儿得〕〔很高兴〕。 Tā wánr de hěn gāoxìng.
>
> 　　　그는 놀다보니 기분이 좋아졌다.

　　(12)는 행위자가 노는 동작을 행하기 전부터 '기분 좋은' 상태에 있었음을 함의한다. '很高兴'이 위치상 '玩儿'에 선행하는 것은 바로 이 때문이다. (13)은 '玩儿'이라는 동작이 발생한 결과 행위자가 기분이 좋아졌음을 의미한다. 중국어에서 흔히 보이는 정도보어 구문은 이처럼 행위의 결과에 대한 판단을 담고 있다. (12)와 (13)에 대한 이러한 판단은 중국어 어순에서 자연스럽게 도출되는 것이다.

시간부사어 vs. 시량보어

중국어에서 시간의 양, 즉 시량을 나타내는 보어는 동사의 뒤에만 출현할 수 있다.

    (14) a. 他〔病了〕〔三天〕了。 Tā bìngle sān tiān le.

          그는 3일째 앓고 있다.

      b. *他〔三天〕〔病〕了。

      c. *〔三天〕他〔病〕了。

    (14)에서 '他病了'의 상태의 기점은 '三天'에 선행하며, 문장의 주요 의도는 '他'가 병이 나기 시작한 이래 시간이 얼마나 지났는지를 설명하는 것이다. 즉 병나는 상황이 먼저 발생했고, 그로부터 3일이 흘러갔다는 것이다. 이러한 분석이 옳다는 것은 다음의 방증 자료를 통해 알 수 있다. 즉, '已经'이나 '有'가 각각 또는 동시에 동사와 보어 사이에 출현할 수 있다.

    (15) a. 他病了已经三天了。 Tā bìngle yǐjing sān tiān le.

          그는 병 난 지 벌써 3일 되었다.

      b. 他病了有三天了。 Tā bìngle yǒu sān tiān le.

          그는 병 난 지 3일 되었다.

      c. 他病了已经有三天了。 Tā bìngle yǐjing yǒu sān tiān le.

          그는 병 난 지 벌써 3일 되었다.

    중국어에서 횟수를 나타내는 보어도 동사의 뒤에만 출현한다. 이것도 역시 PTS에 따라 설명할 수 있다. 그가 몇 번 왔는지 알 수 있으려면 먼저 오는 동작이 발생해야 한다. 그러므로 PTS에 따라 다음과 같은 어순을 구성하는 것이다.

(16) a. 他〔来了〕〔三次〕。 Tā láile sān cì.

그는 3번 왔다.

b.*他〔三次〕〔来了〕。

c.*〔三次〕他〔来〕了。

연동구문의 어순

접속부사를 포함하지 않은 연동구문도 PTS를 준수한다. 두 개의 동사구가 연속된 행위 동작을 나타낼 때 그들 간의 순서는 인지상의 시간순서에 따라 결정된다. 다음 예문은 시간순서에 따라 상이한 어순을 구성한다는 것을 명확히 보여준다.

(17) a. 他〔坐公共汽车〕〔来这儿〕。 Tā zuò gōnggòngqìchē lái zhèr.

그는 버스를 타고 이곳에 왔다.

b. 他〔来这儿〕〔坐公共汽车〕。 Tā lái zhèr zuò gōnggòngqìchē.

그는 버스를 타러 이곳에 왔다(이곳에 와서 버스를 탄다).

(17a)에서는 버스를 타는 동작이 먼저 발생했고 그 다음에 이곳으로 오는 상황이 이어졌음을 나타내고 있다. (17b)에서는 반대로 이곳으로 오는 상황이 먼저 발생했고 그 다음에 버스를 타는 동작이 이어졌음을 나타내고 있다.

이렇게 상황에 따라 두 가지 문장이 가능한 경우도 있지만, 그것은 논리적으로 두 가지 모두 타당한 경우에 한한다. 다음과 같이 시간순서가 한 가지밖에 존재할 수 없는 경우에는 단 한 가지 문장만 문법적이다.

(18) a. 张三〔上楼〕〔睡觉〕。Zhāngsān shàng lóu shuìjiào.

　　　　장싼은 잠자러 위층으로 올라간다.

　　 b.*张三〔睡觉〕〔上楼〕。

(18a)는 문법에 맞지만 (18b)는 맞지 않는다. 그 이유는 잠자는 행위('睡觉')가 위층으로 올라가는 행위('上楼')의 목적이 되는데, 잠자는 행위가 실행되기 위해서는 그 전에 위층으로 올라가는 행위가 발생해야 하기 때문이다. 다음 예문도 마찬가지다.

(19) a. 我们〔开会〕〔解决问题〕。Wǒmen kāi huì jiějué wèntí.

　　　　우리는 문제를 해결하기 위해 회의를 한다.

　　 b.*我们〔解决问题〕〔开会〕。

회의를 여는 목적은 주어진 문제를 해결하는 데 있다. 그런데 문제를 해결하려면 먼저 회의를 열어야 한다. 따라서 (19a)는 올바른 문장이지만 (19b)는 그렇지 못하다. 이 경우에도 PTS가 작용하는 것이다. 이처럼 중국어는 한국어와 다르게 동작의 발생순서를 바로 어순에 반영하고 있다는 점이 흥미롭다.

이제까지 '在'와 관련된 장소부사어와 장소보어의 출현 위치, 정황부사어와 정도보어의 출현 위치, 시간부사어와 시량보어, 전치사구 부사어와 전치사구 보어, 연동구문의 어순을 PTS에 의거하여 설명하였다. 이러한 현상들은 여태껏 서로 아무런 관련이 없는 것으로 여겨졌던 것이다. 하지만 PTS를 적용하는 순간 이들이 서로 관련이 있음을 알게 된다. PTS의 관점에서 중국어의 어순을 살펴본다면, 이 어순이 우리가 생각하는 것보다 훨씬 더 많이 인지 및 사건 발생의 시간과 관련이 있음을 알게 될 것이다.

| 3 | 선택제약

어떤 요소들이 서로 함께 어울려 쓰이는 데는 일정한 제약이 따른다. 어순에 맞춰 단어를 나열한다고 해서 모두가 의미 있는 문장이 되는 것은 아니다. 예를 들면 '그곳에 사람이 산다'는 올바른 문장이지만 '*그곳에 중국이 산다'는 옳지 못한 문장이고, '영희가 울었다'는 올바른 문장이지만 '*중문법이 울었다'는 옳지 않은 문장이다. 그 이유는 '살다'와 '울다'는 생명이 있는 명사만을 주어로 취할 수 있기 때문이다. 촘스키가 만들어서 유명해진 "*Colorless green ideas sleep furiously."(무색의 초록 생각들이 격렬하게 잔다)도 마찬가지이다. 문법구조상으로는 문제가 없지만 의미상으로는 성립되지 않는다.

어떤 두 가지 요소가 문법적으로 문제를 일으키지 않고 동일한 문장이나 구 안에 쓰이기 위한 제약을 선택상의 제약, 즉 선택제약(selectional restriction)이라고 한다. 중국의 언어학자들은 '搭配关系 dāpèi guānxi'라는 용어를 쓰는데, 이는 어구와 어구가 함께 어울려 쓰일 수 있는 관계라는 뜻으로서 일반언어학에서 말하는 공기관계(共起關係 co-occurrence relation)의 번역어이다.

문장 안의 모든 성분이 서로 선택상의 제약을 받는다. 주어와 술어 사이, 동사와 목적어 사이, 수식어와 피수식어 사이에 존재하는 선택제약을 충족시켜야 올바른 문장이 된다. 선택제약은 범주상의 선택제약(categorial selectional restriction)과 의미상의 선택제약(semantic selectional restriction)의 두 가지로 나누어 설명할 수 있다. 여기에서는 동사와 목적어 사이의 선택제약을 자세히 기술하려 한다.

문법범주상의 선택제약

동사와 목적어 사이에 문법범주상의 선택제약이 있을 수 있다. 문법범주 (grammatical category)란 명사구, 동사구, 형용사구, 절 등을 말한다. 어떤 동사의 목적어로서 명사구만 쓰이는가, 동사구만 쓰이는가, 아니면 특별한 제약 없이 다양한 범주의 어구가 쓰일 수 있는가를 따지는 것이다. 어떤 문법범주의 어구를 목적어로 선택할 수 있는가는 동사에 따라 달라진다.

첫째, '学'(汉语), '成为'(制度), '打'(电话), '买'(东西), '开'(汽车) 등과 같은 동사는 오로지 명사구(Noun Phrase, NP)만을 목적어로 선택한다.

(1) 你学过〔汉语〕NP吗? Nǐ xuéguo Hànyǔ ma?

중국어 배운 적 있나?

(2) 这已经成为〔制度〕NP了。 Zhè yǐjing chéngwéi zhìdù le.

이것은 이미 제도화되었다.

이들은 동사구, 형용사구, 절을 목적어로 취할 수 없다. 다시 말하면 동사구, 형용사구, 절과 같은 범주를 목적어로 선택하지 못한다는 것이다.

둘째, 목적어로서 명사구를 선택하지 않고 동사구(Verb Phrase, VP), 형용사구(Adjective Phrase, AP)나 절(Sentence, S)만 선택하는 동사들이 있다. '开始, 觉得, 希望, 从事, 声明, 以为, 断定, 认为' 등이 그 예이다(편의상 형용사구도 VP로 표시).

(3) a. 他开始〔做作业〕VP。 Tā kāishǐ zuò zuòyè.

　　　　그는 숙제하기를 시작한다.

　　b. *他开始〔作业〕NP。

(4) a. 我觉得〔很累〕VP。 Wǒ juéde hěn lèi.

　　　　나는 매우 피곤하다.

　　b. *我觉得〔这个人〕NP。

(5) a. 希望〔你们有机会再来〕S。 Xīwàng nǐmen yǒu jīhuì zài lái.

　　　　당신들이 다시 올 기회가 있기를 바랍니다.

　　b. *我希望〔你〕NP。

　이 동사들은 모두 명사구를 목적어로 선택할 수 없다는 범주상의 제약을
지니고 있다.

　셋째, '知道, 问, 记得, 通知, 表示, 研究, 准备' 등의 동사는 명사성 어구
와 비명사성 어구를 모두 목적어로 취할 수 있다. 다음은 '知道'의 예로서
명사구와 동사구, 그리고 문장이 이 동사의 목적어로 쓰이고 있음을 보여
준다.

(6) a. 我知道〔这件事〕NP。 Wǒ zhīdào zhè jiàn shì.

　　　　나는 이 사건을 알고 있다.

　　b. 他只知道〔看书〕VP, 不爱护眼睛, 成了个大近视。 Tā zhǐ zhīdào kàn shū,
　　　　bú àihù yǎnjing, chéngle ge dà jìnshì.

　　　　그는 단지 책을 볼 줄만 알고 눈을 보호하지 않아서 심한 근시가 되었다.

　　c. 他知道〔列强是不会帮助弱国的〕S。 Tā zhīdào lièqiáng shì bú huì bāngzhù
　　　　ruòguó de.

그는 강대국들이 약소국을 돕지 않으리라는 사실을 알고 있다.

다음은 '问'의 예이다. 명사구와 절이 모두 직접목적어로 쓰일 수 있음을 보여주고 있다.

(7) a. 他问我〔一件事〕_NP 了。Tā wèn wǒ yí jiàn shì le.

그는 나에게 한 가지 일을 물었다.

b. 他问我〔明天去不去〕_S。Tā wèn wǒ míngtiān qù bu qù.

그는 나에게 내일 가는지 여부를 물었다.

이 동사들은 목적어를 선택하는 데 문법범주상의 제약이 없다. 그러므로 어떤 문법범주의 것이라도 모두 목적어로 선택할 수 있다.

넷째, 중국어에서 어떤 동사는 주어와 동사 뒤에 목적어가 나오고 그 뒤에 다시 보어가 출현해야 한다. 대표적인 것이 '使'나 '请'을 사용한 사동 구문이다.

(8) 这个消息使他很高兴。Zhège xiāoxi shǐ tā hěn gāoxìng.

이 소식이 그를 기쁘게 만들었다.

(8)에서 '他'는 '使'의 목적어이자 '很高兴'의 주어이다. '他'가 한 문장에서 두 개의 문장 성분을 겸하고 있으므로, 중국어 문법학계에서는 이것을 '兼语'(jiānyǔ)라고 하며, 이러한 문형을 '겸어문'(兼语句) 이라고 한다.

(9)〔这个消息〕〔〔使他〕〔他很高兴〕〕。

이 밖에도 전제 구문 중에서 사실성 동사들이 이러한 문형을 구성할 수 있다(사실성 동사의 전제에 대해서는 6장 2절 참고). (10)에서 '这孩子'는 '喜欢'의 목적어인 동시에 '懂事'의 주어이다.

(10) a. 我喜欢这孩子懂事。 Wǒ xǐhuan zhè háizi dǒngshì.

나는 이 아이가 철이 들어서 좋다.

b. 〔我喜欢这孩子〕〔这孩子懂事〕。

의미상의 선택제약

앞에서 선택제약을 문법범주의 관점에서 다루었는데, 여기서는 의미의 관점에서 살펴보기로 하자. 문법이 문장구조의 적격성을 다룬다고 해서 의미와 완전히 격리된 것은 아니다. 문장 자체가 의미전달을 목적으로 하는 만큼 문장의 문법성 판단에 의미가 관여하는 것은 당연한 일이다. 다음은 의미상의 선택제약의 성격을 보여주는 전형적인 사례이다(이 절에 쓰인 예문은 汤廷池(1980:28-30)를 많이 참고하였다).

(11) a. 林先生娶李小姐。 Lín xiānsheng qǔ Lǐ xiǎojie.

미스터 린은 미스 리를 아내로 맞이했다.

b. *李小姐娶林先生。

(*미스 리는 미스터 린을 아내로 맞이했다.)

일반적인 상황에서 '娶'는 남성명사를 주어로, 여성명사를 목적어로 취한다. (b)가 비문인 까닭은 이러한 의미상의 선택제약을 어겼기 때문이다. 계속해서 몇 가지 예를 더 살펴보자. (12a)의 '一只猫'와 (13a)의 '一块

石头'는 의미상 문법적인 표현이지만 (12b)의 '*一只石头'와 (13b)의 '*一块猫'는 의미상 비문법적인 표현이다. 또 (14a)처럼 '一条河'는 가능하지만 (14b)처럼 '*一条山'이라고는 말하지 않는다. 양사와 명사 사이에 존재하는 의미상의 선택제약을 어겼기 때문이다.

(12) a. 这是一只猫。 Zhè shì yì zhī māo. 이것은 고양이다.

　　 b.*这是一只石头。

(13) a. 这是一块石头。 Zhè shì yí kuài shítou. 이것은 돌멩이다.

　　 b.*这是一块猫。

(14) a. 前边有一条河。 Qiánbiān yǒu yì tiáo hé. 앞쪽에 강이 하나 있다.

　　 b.*前边有一条山。

　'只'는 동물을 나타낼 때 쓰이고 '块'는 딱딱한 덩어리를 가리킬 때 쓰이며 '条'는 길이가 긴 것을 나타낼 때 쓰인다. 중국어의 양사 중에는 이처럼 결합대상에 대하여 선택상의 제약을 지니고 있는 것들이 있다.

　복수를 나타내는 '们'과 명사 사이에도 선택제약이 존재한다. '们'은 '孩子们', '工人们'과 같이 사람을 표시하는 명사와 함께 쓰이지만 '石头'나 '狗' 등과는 함께 쓰이지 않는다.

(15) a. 孩子们都跑到哪儿去了？ Háizimen dōu pǎo dào nǎr qù le?

　　　 아이들은 모두 어디로 달아났죠?

　　 b.*狗们都跑到哪儿去了？

　　　 (개들은 모두 어디로 달아났죠?)

　　 c.*石头们都放到哪儿去了？

(돌들은 모두 어디에 갖다놓았나?)

어떤 동사는 주어가 복수의 참여자일 것을 요구한다(李临定(1990:78).

    (16) a. 他们相处得很好。Tāmen xiāngchǔ de hěn hǎo.

        그들은 서로 잘 어울려 산다.

      b. *他相处得很好。

        (*그는 서로 잘 어울려 산다.)

    (17) a. 一家人又团圆了。Yì jiā rén yòu tuányuán le.

        한 집 식구들이 모두 모였다.

      b. *他又团圆了。

        (*그는 다시 모두 모였다.)

    (18) a. 恋人交换了相片。Liànrén jiāohuàn le xiàngpiàn.

        연인들끼리 서로 사진을 교환했다.

      b.*他交换了相片。

        (*그는 서로 사진을 교환했다.)

'의합법'(意合法): 의미상의 선택제약의 느슨함

한 가지 추가해야 할 점은 범주상의 선택제약에 비해 의미상의 선택제약이 다소 느슨하다는 것이다. 한국어 화자의 관점에서 볼 때 목적어로 쓰일 수 없는 것들이 목적어로 쓰이는 것을 자주 목격할 수 있다. 예를 들어 동사 '写'가 목적어를 선택하는 상황을 살펴보자. 우선 '写'와 가장 잘 어울리는 목적어는 '汉字'나 '小说' 등일 것이다.

(19) a. 他写汉字写得很清楚。 Tā xiě Hànzì xiě de hěn qīngchu.

그는 한자를 또박또박 잘 쓴다.

b. 张三今年写了一本小说。 Zhāngsān jīnnián xiěle yì běn xiǎoshuō.

장싼은 올해 소설책 한 권을 썼다.

여기에서 '汉字'나 '小说'는 쓰는 동작을 행한 뒤에 그 '결과'로 만들어
지는 산물이다. 이것을 결과 목적어라고 한다. 그런데 '写'와 목적어의 의
미관계는 이에 한정되는 것이 아니다.

(20) a. 写黑板。 Xiě hēibǎn.

칠판에 쓰다.

b. 写草字。 Xiě cǎozì.

초서로 쓰다.

(20)에서 (a)의 '黑板'은 글씨가 씌어지는 '장소'를, (b)의 '草字'는 쓰
는 '방식'을 가리킨다. 하나의 예를 더 보자. 다음 문장을 보면 '考'가 네
번 출현한다. 이 동사와 목적어 사이의 의미관계에 주의하면서 읽어보자.

(21) 两年前, 有人埋怨我说:"我考你的汉语史研究生, 为什么非考我外
语?"至于对考大学中文系而考外语有意见的, 那就更多了。

Liǎng nián qián, yǒu rén mányuàn wǒ shuō: "wǒ kǎo nǐ de hànyǔshǐ yánjiūshēng, wèi shénme fēi

kǎo wàiyǔ?" Zhìyú duì kǎo dàxué zhōngwénxì ér kǎo wàiyǔ yǒu yìjiàn de, nà jiù gèng duō le.

2년 전 어떤 학생이 나에게 불만을 늘어놓았다. "저는 선생님께서 담당하시는
중국어사 대학원 과정에 시험을 치러 하는데, 왜 꼭 외국어 능력을 평가하려는

겁니까?" 대학 중문과에 응시할 때 외국어시험을 치르는 데 불만을 품은 학생들은 훨씬 더 많다.

'考'의 가장 일반적인 용법은 '考数学'(수학시험을 치다), '考学生'(학생들을 시험하다), '考大学'(대학입학시험을 치다) 등일 것이다. 그런데 위에는 약간 특이한 예가 나와 있다. 그것은 "我考你的汉语史研究生"인데 이것을 '내가 당신의 중국어사 대학원생을 시험한다'로 본다면 그 뒤의 "为什么非考我外语?"와 의미 연결이 안 된다("为什么非考我外语?"는 "为什么非考我外语不可?"에서 '不可'가 생략된 것임). '考研究生'은 '考学生'과 구조는 같지만 위의 문맥에서만큼은 의미가 전혀 다르다. 이는 전적으로 '대학원생이 되기 위해 시험을 치다'라는 뜻이며 어떻게 이런 뜻을 나타내느냐는 오로지 담화 문맥에 의해 결정된다. 심지어 '考第一名'은 '시험을 친 결과 1등을 차지했다'는 뜻을 나타낸다.

다음 예를 보면 동사와 목적어의 의미상의 선택제약이 생각보다 느슨한 관계에 있음을 알 수 있다.

(22) 每件行李都要捆〔绳子〕。Měi jiàn xíngli dōu yào kǔn shéngzi.
    짐마다 모두 끈으로 묶어야 된다.
    (*끈을 묶어야 한다.)

(23) 你们俩睡〔大床〕，我睡〔小床〕。Nǐmen liǎ shuì dà chuáng, wǒ shuì xiǎo chuáng.
    너희 둘은 큰 침대에서 자렴. 나는 작은 침대에서 잘게.
    (*너희 둘은 큰 침대를 자렴. 나는 작은 침대를 잘게)

(24) 我踢〔中锋〕。Wǒ tī zhōngfēng.
    나는 (포지션이) 센터포워드이다.

(*나는 센터포워드를 발로 찼다)

　이와 같이 동사와 목적어 사이의 객관적인 문법형식이나 문법관계가 아니라 중국인의 머릿속에 있는 특유한 논리관계에 의해 문장을 구성하는 방식을 '의합법'(意合法 yìhéfǎ)이라고 한다.

　중국어에서 동사와 목적어의 의미관계를 보면 때로는 어떤 규칙도 없는 것 같지만 그 안에서도 나름대로 규칙은 있다. 중국인들은 자기네 언어를 마치 다음과 같이 그림 맞추기를 하는 식으로 부려 쓴다. 인간의 인지능력에 근거할 때, 어떤 도구나 장소가 나오면 그것과 관련된 용도가 연상된다. 사과 옆에 놓인 칼을 보면 껍질 까는 것이 연상되고, 은행(銀行)을 보면 그 안에서 이루어지는 입금과 출금 활동이 연상된다. 마찬가지로 사람과 밥그릇을 보면 식사 장면이 떠오른다. 상상력이 풍부한 이들은 또 다른 연상을 할 수도 있겠지만 가장 일반적이고 상식적인 수준에서 멈추도록 하자. 아래 (25)에서 '大碗'이 '吃'의 목적어로 쓰일 수 있는 것도 이러한 연상작용에 바탕을 둔 것으로 생각할 수 있다. 아울러 중국인의 언어능력 속에 자리잡고 있는 의합법의 관점에서 볼 때 "我吃大碗"이 "我用大碗吃饭"보다 훨씬 자연스럽게 들린다는 것도 기억해두자.

(25) 你吃小碗, 我吃大碗。 Nǐ chī xiǎo wǎn, wǒ chī dà wǎn.
　　〔너는 작은 그릇 먹어라, 나는 큰 그릇 먹겠다〕
　　→너는 작은 그릇의 밥을 먹어라. 나는 큰 그릇의 밥을 먹겠다.

　이상에서 알 수 있듯이, 중국어에서 동사와 목적어 사이의 의미상의 선택제약은 상당히 다양하다. 한국어의 관점에서 보면 도저히 이해되지 않는

수저를 들고 있는 '나'

[나(我)]

"吃"

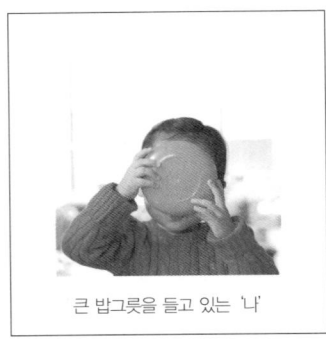

큰 밥그릇을 들고 있는 '나'

[큰 밥그릇(大碗)]

것들이 목적어 위치에 출현한다. 그것들이 중국인 사이에서도 자연스럽게 해석된다. 그 자체가 하나의 문법으로 자리잡혀 있다면 우리도 그것에 익숙해져야 한다. 그리고 이를 적극적으로 활용해보자.

　이제까지 문법범주상의 선택제약과 의미상의 선택제약에 대해 알아보았다. 용어는 새롭지만 그 내용에 있어서는 이미 알고 있는 것을 체계적으로 정리한 것에 불과하다. 말할 때나 글을 쓸 때 이 문법사항을 떠올리면 보다 자연스럽고 정확한 문장을 생성해낼 수 있을 것이다.

| 4 | 문법화

문법화의 정의

중국어 문법을 연구하거나 학습할 때 알아야 하는 이론의 하나로 '문법화' (grammaticalization)가 있다. 문법화란 어휘적 의미를 지닌 성분이 실질적인 의미를 잃고 점차 문법적인 기능을 하는 표현으로 바뀌는 과정을 말한다. 예를 들어 현대중국어에서 목적어를 동사 앞으로 이동시키고자 할 때 쓰는

'把'도 문법화의 산물이다. 고대중국어에서 '把'는 원래 '손으로 잡다'라는 뜻을 지닌 동사였다. 그것이 전치사의 기능을 하게 되는 변화는 대략 당(唐, 618-907)대에 일어난다.

(1) a. 禹亲把天之瑞令而征有苗。(先秦, 『墨子』) Yǔ qīn bǎ tiān zhī ruìlìng ér zhēng yǒu Miáo

　　　禹가 친히 하늘이 내린 부절을 들고 묘족을 정벌하였다.

   b. 明年此会知谁健, 醉把茱萸仔细看。(唐, 杜甫) Míngnián cǐ huì zhī shuí jiàn, zuì bǎ zhūyú zǐxì kàn

　　　내년 이맘때면 누가 살아 있을까. 술에 취해 수유를 들고 자세히 들여다본다.

   c. 莫言鲁国书生懦, 莫把杭州刺史欺。(唐, 白居易) Mò yán Lǔguó shūshēng nuò, mò bǎ Hángzhōu cìshǐ qì

　　　노나라 서생이 나약하다 말하지 말고, 이 몸 항주자사를 속이지 마오.

(1a)는 진(秦) 이전의 문헌인 『묵자』의 한 구절이다. 여기에서 '把'는 동사로서 '손으로 잡다'라는 뜻이다. 그래서 이 문장은 두 개의 동사구가 이어진 연동구문으로 분석된다. (1b)는 당(唐)의 시인 두보(712~770)의 〈九日蓝耕会饮 Jiǔ rì lán gēng huì yǐn〉의 한 구절이다. 여기에서 '把'는 동사의 의미를 지니고 있지만 한편으로는 현대중국어의 '把'처럼 전치사로 해석할 수도 있는 여지도 보이고 있다. (1c)는 두보보다 더 뒤에 출생한 백거이(772-846)의 〈戏醉客 Xì zuìkè〉 한 구절이다. 여기에서 '把'는 더 이상 동사의 의미로 해석할 수 없다. '항주자사를 잡아서 속이다'라는 해석이 논리적으로 성립되지 않는다. 이 문장을 현대적으로 바꾸면 "别把杭州刺史欺骗了。"(항주자사를 속이지 마오)가 된다. 이 단계의 '把'는 명확히 전치사로 기능하고 있음을

알 수 있다. 실제 당의 문헌에는 '把' 가 동사에서 전치사로 변화하고 있음을 보여주는 자료들이 많이 등장한다. 이와 같이 본래 어휘적 의미(lexical meaning)를 지닌 성분이 점차 그 의미를 잃고 점차 문법적 기능만을 하는 기능어(function words)로 변화하는 과정이 바로 문법화이다.

문법화 사례

접사 중에도 문법화를 통해 만들어진 것들이 많다. 예컨대 접두사 '老' 는 형용사에서 유래하였는데, 지금은 그 의미가 완전히 사라진 단계까지 나아가 있다. 다음 예를 보자.

> (2) a. 老人 lǎorén 노인
>
>   b. 老朋友 lǎopéngyou 오랜 친구
>
>   c. 老虎 lǎohu 범, 老鼠 lǎoshu 쥐

'老人' 은 〔老＋人〕의 복합어로서 여기의 '老' 는 '나이가 많다'(old)는 의미를 가지고 있지만 '老朋友'(오래 사귄 친구)에 이르면 '나이가 많다' 가 아니라 단지 시간상의 오래됨만을 의미한다. 젊은이들 사이에서도 서로 오래 사귄 친구를 지칭할 때 "他是我的老朋友."라고 한다. '老虎'(호랑이)와 '老鼠'(쥐)는 매우 흥미로운 양상을 보여준다. '老虎' 는 호랑이에 대한 통칭으로서 늙은 호랑이부터 어린 호랑이까지 모두 포괄하며, '老鼠' 는 쥐에 대한 통칭으로서 어린 쥐부터 늙은 쥐까지 모두 포괄한다. 즉 '老' 의 어휘 의미가 완전히 문법화되어 오직 순수하게 접두사로서만 기능한다. 그렇다보니 호랑이 중에서 특별히 어린 호랑이를 지칭할 때는 그 앞에 '小' 를 붙여서 '小老虎' 라고 하고, 쥐 중에서 특별히 어린 쥐만을 지칭할 때는 '小老鼠' 라

고 한다. 혹시라도 이것을 '어린 늙은 호랑이'나 '어린 늙은 쥐'로 이상하게 해석하는 일이 없어야 한다.

접미사 '儿'은 명사에서 연유한 것이다. '儿'은 (3a)처럼 어린아이('儿童'의 '儿') 또는 남자 아이('儿女'의 '儿')를 의미하다가 점차 (3b)처럼 '孩儿'과 같이 크기가 작은 대상에 붙어 쓰이게 되었고, 그 다음에는 (3c, d)처럼 사람이 아닌 경우에도 쓰이게 되었으며, 심지어 (3e)처럼 동사의 뒤에도 쓰이게 되었다(접미사 '儿'의 발음과 기능은 10장 4절 참조).

> (3) a. 儿童 értóng 아동, 儿女 érnǚ 아들 딸, 자식, 女儿 nǚ ér 딸
>
> b. 孩儿 háir 아이
>
> c. 小红花儿 xiǎo hóng huār 작고 빨간 꽃, 小鸟儿 xiǎo niǎor 작은 새
>
> d. 电影儿 diànyīngr 영화, 树枝儿 shùzhīr 나뭇가지
>
> e. 玩儿 wánr 놀다, 火儿 huǒr 화나다, 화내다

조사 '了 le' 역시 완료(完了)를 나타내는 동사 '了 liǎo'가 문법화되어 만들어진 것이며, 가능보어에 쓰이는 조사 '得' 역시 취득(取得)을 나타내는 동사에서 가능을 나타내는 조동사로 문법화되었다가 그 문법화가 계속 진전되어 현재의 조사로 된 것이다. 의문조사 '吗' 역시 문법화의 산물이다. 연원을 따라 올라가면 최초에는 실사 '无'에서 비롯된 것임을 알 수 있다. 문법화라는 용어의 장점은 이처럼 외견상 서로 관계가 없어 보이는 것들을 하나의 흐름 속에서 일관되게 파악하고 설명할 수 있다는 데 있다.

방향보어로 쓰이는 동사들은 대부분 원래의 위치 이동 의미 이외에 다양한 파생 의미를 갖고 있다. 문법화 이론의 관점에서 본다면 중국어에서 방향보어로 쓰는 모든 방향동사가 문법화의 길을 걷고 있다고 말할 수 있다.

'起来'를 예로 들어보자.

(4) a. 你起来，吃药吧。Nǐ qǐlai, chī yào ba.

　　　일어나 약을 먹으렴.

　　b. 老师一进，他就从床上坐起来了。Lǎoshī yí jìn, tā jiù cóng chuáng shàng zuò qǐlai le.

　　　선생님이 들어오자 그는 침대에서 몸을 일으켜 앉았다.

　　c. 谁有问题请把手举起来。shéi yǒu wèntí qǐng bǎ shǒu jǔ qǐlai.

　　　누구든 의문점이 있으면 손을 들어주기 바랍니다.

　　d. 他们听了我的话就笑起来了。Tāmen tīng le wǒ de huà jiù xiào qǐlai le.

　　　그들은 나의 말을 듣고 웃음을 터뜨렸다.

　　e. 说起来容易，做起来难。Shuō qǐlái róngyì, zuò qǐlai nán.

　　　말하기는 쉬워도 행하기는 어렵다.

　　f. 看起来要下雨。Kàn qǐlai yào xià yǔ.

　　　보아하니 비가 내리겠다.

　　'起来'의 원래 의미는 (4a)와 같이 '몸을 일으키다'이다. 이 의미는 '起来'가 방향보어로 쓰인 (4b)에서도 유지되고 있다. 하지만 (4c)에서는 단지 어떤 사물이 위쪽으로 이동하는 것만을 나타낸다. '起来'의 의미가 다소 문법화된 것이다. (4d)에서는 어떤 상황이 시작됨을 나타내고, (4e, f)에서는 어떤 동작이 단지 발생함만을 나타낸다. 원래의 어휘 의미는 완전히 사라져 문법화가 상당히 진행되었음을 알 수 있다. 이렇게 문법화가 진행되면 그에 따라 사용빈도가 증가한다. 복합방향보어 중에서 문법화가 가장 많이 진행된 것이 '起来'이며 사용빈도가 가장 높은 것이 또한 '起来'이다

(방향보어에 대해서는 7장 2절 참고).

　한 가지 흥미로운 점은, 이렇듯 역사적으로 문법화를 통해 만들어진 여러 의미와 기능들이 대부분 현 시점에서도 공존한다는 것이다. A의 의미를 가지고 있던 단어가 A'로 문법화되고, 그것이 다시 A"으로 문법화되었을 경우, 초기의 A의 의미가 사라지는 것이 아니라 대개 A' 및 A"과 공존한다. 이것은 세계의 모든 언어에서 보이는 보편적인 현상으로서 이를 '공존의 원리'(principle of coexistence)라고 한다. 이 때문에 문법화의 결과 그 단어의 기능 및 지시하는 범위가 더 넓어져서 한 형태의 다의성이 증가하게 된다. 앞에서 살펴본 '把', '起来', '老', '儿' 등이 그러하며, 사전에 있는 다른 많은 단어들이 그러하다(다의성에 대해서는 5장 2절 참고).

문법화의 비대칭성

어떤 단어들이 같은 품사에 속한다고 해서 문법화 정도까지 동일하지는 않다. 전치사를 예로 들어 설명해보자. 현대중국어의 대부분의 전치사는 동사의 문법화 과정을 통해 형성되었다. '在', '跟', '从', '把', '被' 등은 모두가 원래 동사로서, '존재하다', '발뒤꿈치를 따르다', '따르다', '잡다', '덮다'라는 어휘 의미를 가진 동사였는데 각각 문법화 과정을 통해 지금의 전치사가 되었다. 그런데 이들은 문법화의 정도에서 차이를 보인다.

　(5) '在'

　　a. 他在家里看书。 Tā zài jiā lǐ kàn shū.
　　　 그는 집에서 책을 본다.

　　b. 他在不在家里看书？ Tā zài bú zài jiā lǐ kàn shū?
　　　 그는 책을 집에서 봅니까 안 봅니까?

(6) '跟'

    a. 他跟我去。Tā gēn wǒ qù.

       그는 나와 함께 간다.

    b. 他跟不跟我去? Tā gēn bù gēn wǒ qù?

       그는 나와 함께 갑니까?

(7) '从'

    a. 你从香山走。Nǐ cóng Xiāngshān zǒu.

       너는 향산을 거쳐서 가거라.

    b. 你从不从香山走? Nǐ cóng bù cóng Xiāngshān zǒu?

       너는 향산을 거쳐서 가니 안 거쳐서 가니?

(8) '把'

    a. 把饭吃干净。Bǎ fàn chī gānjìng.

       밥을 남기지 말고 깨끗이 먹으렴.

    b. *把不把饭吃干净?

       (밥을 깨끗이 먹을래 안 먹을래?)

(9) '被'

    a. 他被小王欺骗了。Tā bèi Xiǎo Wáng qīpiàn le.

       그는 샤오왕에게 속임을 당했다.

    b. *他被沒被小王欺骗?

       (그는 샤오왕에게 속임을 당했니?)

    A不A 또는 A沒A 형식의 정반의문문을 만드는 것은 동사와 형용사의 특권이다. 완전히 문법화된 전치사는 이러한 의문문을 만들 수 없다. 즉, (5-7)처럼 '在', '跟', '从' 등은 비록 문법화가 진행되어 전치사의 기능을 하

고 있다 해도 아직 동사의 성격을 지니고 있지만, (8-9)처럼 '把'와 '被'가 전치사로 쓰일 때는 문법화가 더 진행되어 완전히 문법화된 기능어로서의 특징을 보이고 있다는 것이다. 역사적 근원을 추적해보면 이들은 모두가 동사에서 기원하고 있지만 정반의문문을 만드는 상황으로 미루어볼 때 문법화의 정도에 차이가 있음을 알 수 있다.

이제까지의 논의에서 알 수 있듯 문법화는 어휘적인 것에서 문법적인 것으로 혹은 덜 문법적인 상태에서 더 문법적인 상태로 나아가는 과정이다. 인간의 언어는 늘 문법화의 과정에 있다. 그 과정이 길고 느리게 진행되기 때문에 감지하기 어려울 뿐이다. 이러한 문법화 과정은 중국어의 어구와 어휘의 도처에서 일어나고 있다. 이합사(7장 5절 참고)도 크게 보면 문법화 과정의 산물이라고 할 수 있다. 문법화의 정도는 단어마다 다르다. 사전은 그때까지의 변화 결과를 한 곳에 기록한 것에 불과하다. 이제부터 사전을 볼 때에는 단어의 의미항목들을 문법화의 관점에서 바라보자. 최초의 어휘 의미를 찾아보고, 그로부터 어휘 의미가 사라지는 과정을 추적해보자. 그 단어의 의미와 기능에 대한 이해가 더욱 깊어질 것이다.

이제까지 중국어 문법을 이해하는 데 꼭 필요하다고 생각되는 몇 가지 원리를 다루었다. 문법이든 헌법이든 '法'자가 들어간 것은 다 사람을 긴장시킨다. 법이란 우리들이 일상생활에서 겪는 수많은 경험과 사례를 바탕으로 만든 규약인데, 일단 만들어진 다음에는 그것이 오히려 우리의 생각과 행동을 제약하기 때문이다. 이런 제약은 적을수록 좋다. 지금으로부터 2,000여 년 전에 한 고조 유방(劉邦)이 함양(지금의 시안)을 점령했을 때 단 세 개의 규약으로 된 '약법삼장'(約法三章)을 내놓은 것처럼 말이다. 실제 중국어 문법을 자세히 논하기로 하면 두꺼운 책 몇 권이 필요하다. 문법사항을 세세하게 기술한 책은 시중에 많이 있다. 그런 책을 보기 전에 일반적인 원리를 알아둘 필요가 있다. 나무를 보기 전에 숲을 봐야 한다는 말은 중국어 문법학습에도 적용된다. 우선 이 책에 있는 핵심 규칙과 원리를 익히기 바란다. 그러고 나서 시중의 책을 읽으면 수많은 설명과 사례 속에서 길을 잃는 경험을 하지 않을 것이다.

9

말소리의 세계

이 장에서는 중국어 말소리의 기본적인 요소들에 대해 살펴본다. 자음은
조음위치와 조음방법에 따라 나누고, 모음은 구강에서의 혀의 위치나 입술
모양에 따라 나눈다는 음성학의 상식에서부터 성모, 운모, 성조의 속성과
분류방법, 성운조의 결합과 음절구조를 그림, 표, 그래프를 뒤적이며 여행
하게 될 것이다.

중국어의 성모, 운모, 성조 안에는 분명 우리에게 익숙한 것도 있고 낯선
것도 있다. 발음을 따라하고 또 정확하게 익히기에도 때론 벅차게 느껴지
는 마당에 복잡하고 까다로워 보이는 말소리의 체계에 자연스런 관심을 기
울이기는 쉽지 않다. 그러나 기술된 내용에 따라 발음원리를 익히고 도표
들의 설명을 따라가다 보면 중국어 말소리의 수수께끼를 풀어가는 즐거움
을 느낄 수 있을 것이다.

| 1 | 말소리의 경계와 속성

중국과 쭝국

세계적으로 한국어의 영향력이 날로 커지고 있어 한국어를 배우는 외국인들이 꽤 많아졌다. 한국어를 배우고 있는 중국학생들, 특히 입문과정에 있는 학생들과 대화를 하다 보면 그들이 몇 가지 발음을 잘 구분하지 못한다는 사실을 발견하게 된다. 예컨대 그들은 '김밥을 샀다'와 '김밥을 쌌다'를 잘 구분하지 못한다. 그리고 대부분의 중국학생들은 어디에서 왔는지를 물으면 '쭝국에서 왔어요'라고 대답한다. 혹자는 '中國'의 중국어 발음이 '쭝궈'이기 때문에 중국학생들이 '중국'을 '쭝국'이라고 말하게 된다고 설명하는데, 이유가 그렇게 간단한 것만은 아니다. 중국어에는 '/ㅅ/-/ㅆ/' 또는 '/ㅈ/-/ㅉ/'와 같은 대립, 즉 평음과 경음의 대립이 없다. 그와 비슷한 대립이라도 있으면 좋으련만 중국어에는 한국어의 평음-경음 대립과 유사한 대립도 없다. 그래서 중국인에게는 '샀다'와 '쌌다'가 다른 말(소리)로 들리지 않는다. 다르게 들리지 않으니 말할 때에도 충분히 숙달되기 전에는 둘을 구분해서 발음하지 못하는 경우가 생긴다.

한국사람이 중국어를 배울 때도 마찬가지이다. 중국어에서는 분명히 구분되지만 한국어에서는 구분되지 않는 어떤 소리를 우리는 곧잘 혼동하게 된다. 물론 발음이 충분히 숙달된 뒤에는 그런 일이 없겠지만, 그렇게 되기 전에는 'Dàole bā chéng'(到了八成, 8할에 도달했다)과 'Dàole bā céng'(到了八層, 8층에 도착했다)이 잘 구분되지 않을 수 있고, 심한 경우에는 'Zhāo le'(招了, 모집했다), 'Zāo le'(糟了, 낭패다), 'Jiāo le'(焦了, 눌어붙었다)가 서로 오락가락할 수도 있다. 우리나라 TV드라마에서 중국인 역을 맡은 한국배우가 서툰 중국어로 대사를 할 때 우리는 이런 현상을 자주 목격하게 된다.

이는 서로 다른 모국어를 사용하는 지구상의 모든 사람들이 겪게 마련인 자연스러운 현상이다. 어떤 사람에게는 분명히 다른 소리로 들리는 말이 다른 사람에게는 전혀 구분되지 않을 수도 있다. 우리가 '감기'라고 말할 때 '감'의 /ㄱ/과 '기'의 /ㄱ/을 한국인은 다른 소리로 느끼지 않지만 미국인에게는 이 두 소리가 분명히 다른 소리로 인식된다. 앞의 /ㄱ/은 성대를 떨지 않으면서 내는 소리인 무성음이고, 뒤의 /ㄱ/은 성대를 떨면서 발음하는 유성음이다. 본래 한국어에서 /ㄱ/은 무성음이지만 이렇게 유성음들 사이에 놓이면 유성음으로 발음된다. 만약 어떤 사람이 모든 /ㄱ/을 유성음으로 발음한다 하더라도 우리는 그의 말씨가 '느끼하다'고 생각할 뿐, 그가 /ㄱ/이 아닌 다른 소리를 내고 있다고 생각하지는 않을 것이다. 이렇듯 우리가 어떤 외국어를 익히려면 그 언어가 지닌 말소리의 성질을 잘 알아야 한다.

말소리의 성질

말소리가 가지고 있는 물리적인 속성을 가리키는 것으로 음높이, 음세기, 음길이, 음색의 네 가지가 있다. 이것을 '말소리의 4요소'라고 한다. 이 네 가지 속성이 정확히 소리의 무엇을 가리키는지 그리고 각각의 속성은 어떤 차이를 유발하는지 살펴보자.

음높이(pitch)는 음고(音高)라고도 하며, 말 그대로 소리의 높낮이를 가리킨다. 소리의 높낮이는 어떻게 만들어질까? 소리는 공기의 진동이다. 이 진동수의 많고 적음에 따라 소리의 높낮이가 달라진다. 진동수가 많은 것을 높은 소리라고 하고 진동수가 적은 것을 낮은 소리라고 한다. 하프의 현은 짧을수록 높은 소리를 내고 길수록 낮은 소리를 내는데, 길이가 짧을수록 단위 시간당 진동수가 많고 길수록 진동수가 적기 때문이다. 기타는 현의 길이가 모두 같지만 가늘고 팽팽한 현은 진동수가 많아서 높은 소리를 내고 굵고 느슨한 현은 진동수가 적어 낮은 소리를 낸다. 성인 남자가 여자나 아이들보다 낮은 소리를 내는 것은 성인 남자의 성대가 여자나 아이의 성대보다 굵고 길기 때문이다. 음높이는 진동수를 표시하는 헤르츠(Hz)로 나타낸다. 성인 남자가 내는 소리의 평균 주파수는 60~200Hz이고 성인 여자는 150~300Hz, 아이들은 200~350Hz이다. 중국어에서 음높이의 변화와 관련되는 대표적인 현상이 성조(tone, 聲調)다(9장 4절 참고).

음세기는 소리의 강약을 가리키는데, 진동의 폭에 의해 결정된다. 즉 진폭이 크면 소리가 강하고 진폭이 작으면 소리가 약하다. 소리의 강약은 데시벨(dB)로 나타낸다. 진동수와 음높이, 진폭과 음세기의 물리적 차이를 시각화하면 다음 그래프와 같다.

왼쪽의 그래프는 각각 높은 소리와 낮은 소리의 주파수를 보여준다. 진동수가 적으면 낮은 소리이고 진동수가 많아지면 높은 소리가 된다. 오른

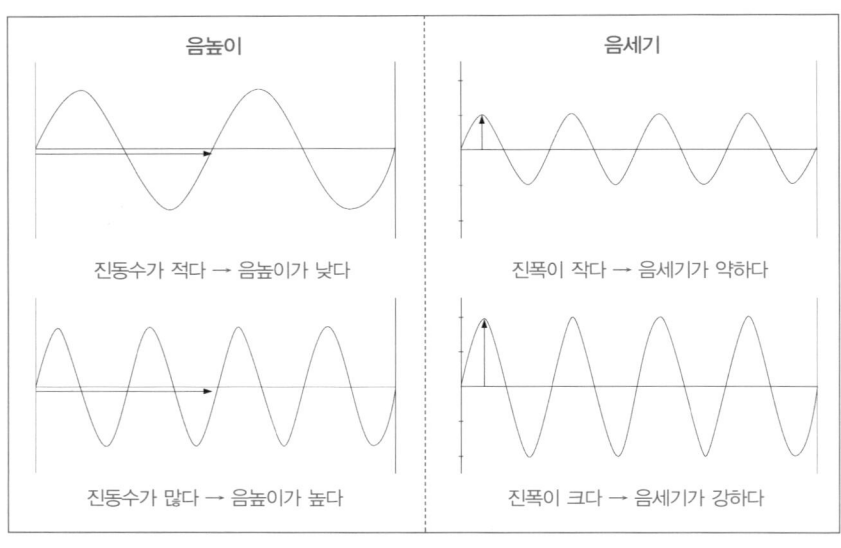

음높이와 음세기의 물리적 속성

쪽 그래프는 음세기의 차이를 나타낸다. 진폭이 작으면 소리가 작고 진폭이 크면 소리가 크다. 라디오의 볼륨을 높일 때 소리가 높아지는 것이 아니라 강해지는 것을 떠올리면 된다.

음길이는 말 그대로 말소리의 길이이다. 음길이는 진동의 지속시간에 의해 결정된다. 한국어에서는 음길이가 의미를 변별하는 기능을 한다. '오늘 밤 밤나무 밑에서 만나자'라고 할 때 첫 번째 '밤'(夜)은 음길이가 짧고 두 번째 '밤'(栗)은 길다. 현대표준중국어의 경성(輕聲)을 음세기가 약한 음이라고 설명한다. 경성은 경음(輕音)이라고도 부르며 이 말 자체가 가벼운 소리, 약한 소리라는 뜻이므로 음세기가 약한 음이라는 설명은 문제가 없는 듯 보이지만 실은 잘못된 설명이다. 데시벨을 낮춘다고 경성이 되는 것은 아니다. 측정을 해보면 경성은 다른 음절보다 음세기가 약한 것도 있지만 비슷한 것도 있고 오히려 다른 음절보다 강한 경우도 있다. 경성을 음세기가 약한 음이라고 생각하는 것은 용어에서 비롯된 오해이다. 사실 경성의 형성에 결정적인 역할을 하는 것은 음길이이다. 경성의 길이는 평균적으로 일반 음절의 56%밖에 되지 않는다(10장 3절 참고).

음색은 음의 성분 차이에 의해 생기는 감각적 특성을 가리킨다. 같은 음이라도 피아노로 낼 때와 색소폰으로 낼 때의 소리 특성이 다른 것은 진동체가 다르기 때문이다. 이런 음색을 절대음색이라고 한다. 말소리에서 음색은 절대음색 외에도 분절음의 차이로 나타난다. 진동체의 특성에 의한 차이가 아니라 분절음의 차이, 즉 발음의 차이를 상대음색이라고 한다. 예컨대 외국인 억양처럼 들리는 고 앙드레김의 한국어를 들으면서 색다른 느낌을 받는 이유는 앙드레김의 몸이라는 진동체가 다른 사람의 몸과 다르기 때문(절대음색)이기도 하지만, 그가 자음과 모음을 표준한국어와 다르게 소리내기 때문(상대음색)이기도 하다. 가령 그는 '가'의 /ㄱ/을 유성음으로 발음하고 / ㅏ /를 혀 뒤쪽에서 나는 소리로 발음하여 약간 느끼하게 들리는데, 이는 일반 사람들이 [ka]로 발음하는 것을 [gɑ]로 발음함으로써 생긴 차이이다.

상대음색은 주로 조음(調音)방법의 차이나 구강, 비강, 인후와 같은 공명기관의 모양 차이에서 비롯된다. 위에 예로 든 [k]와 [g]의 차이는 발음할 때 성대를 떠느냐 떨지 않느냐의 차이이므로 조음방법의 차이이고, [a]와 [ɑ]의 차이는 공명을 일으키는 구강의 크기와 모양의 차이이다.

[국제음성부호]

국제음성부호(International Phonetic Alphabet)는 현존하는 모든 언어의 소리를 표기하기 위해 고안된 기호체계이다. 흔히 IPA라고 부른다. 19세기 후반에 만들어져서 120년이 넘게 사용되는 동안 여러 차례 수정이 있었고 현재는 2005년판이 사용되고 있다.

표준중국어의 음성은 한어병음을 사용하여 표기할 수 있지만, 여러 가지 조건에 따른 소리의 차이나 보다 정확한 음가는 한어병음만으로 표현할 수 없다. 이런 경우에도 국제음성부호는 매우 유용하다.

본문의 [ ] 안에 표기된 기호가 바로 국제음성부호이다.

| 2 | 자음과 성모

중국어의 자음

자음은 폐에서 나온 기류가 조음(調音)기관의 어떤 부위에서 장애를 받아 나는 소리이다. 이때 장애가 발생하는 위치를 조음위치라고 하고 장애가 이루어지는 방식을 조음방법이라고 한다.

베이징음을 표준음으로 하는 현대중국어에는 모두 22개의 자음이 있다. 이 22개의 자음을 각각 한어병음과 국제음성부호(IPA)로 표기한 것이 다음

THE INTERNATIONAL PHONETIC ALPHABET (revised to 2005)

CONSONANTS (PULMONIC)

© 2005 IPA

	Bilabial	Labiodental	Dental	Alveolar	Postalveolar	Retroflex	Palatal	Velar	Uvular	Pharyngeal	Glottal
Plosive	p b			t d		ʈ ɖ	c ɟ	k g	q ɢ		ʔ
Nasal	m	ɱ		n		ɳ	ɲ	ŋ	N		
Trill	ʙ			r					R		
Tap or Flap		ⱱ		ɾ		ɽ					
Fricative	ɸ β	f v	θ ð	s z	ʃ ʒ	ʂ ʐ	ç ʝ	x ɣ	χ ʁ	ħ ʕ	h ɦ
Lateral fricative			ɬ ɮ								
Approximant		ʋ		ɹ		ɻ	j	ɰ			
Lateral approximant				l		ɭ	ʎ	ʟ			

Where symbols appear in pairs, the one to the right represents a voiced consonant. Shaded areas denote articulations judged impossible.

CONSONANTS (NON-PULMONIC)

Clicks		Voiced implosives		Ejectives	
ʘ	Bilabial	ɓ	Bilabial	ʼ	Examples:
ǀ	Dental	ɗ	Dental/alveolar	pʼ	Bilabial
ǃ	(Post)alveolar	ʄ	Palatal	tʼ	Dental/alveolar
ǂ	Palatoalveolar	ɠ	Velar	kʼ	Velar
ǁ	Alveolar lateral	ʛ	Uvular	sʼ	Alveolar fricative

OTHER SYMBOLS

ʍ	Voiceless labial-velar fricative	ɕ ʑ	Alveolo-palatal fricatives
w	Voiced labial-velar approximant	ɺ	Voiced alveolar lateral flap
ɥ	Voiced labial-palatal approximant	ɧ	Simultaneous ʃ and x
ʜ	Voiceless epiglottal fricative		
ʢ	Voiced epiglottal fricative		Affricates and double articulations can be represented by two symbols joined by a tie bar if necessary.
ʡ	Epiglottal plosive		k͡p t͡s

VOWELS

	Front		Central		Back
Close	i • y		ɨ • ʉ		ɯ • u
		ɪ ʏ		ʊ	
Close-mid	e • ø		ɘ • ɵ		ɤ • o
			ə		
Open-mid	ɛ • œ		ɜ • ɞ		ʌ • ɔ
		æ		ɐ	
Open			a • ɶ		ɑ • ɒ

Where symbols appear in pairs, the one to the right represents a rounded vowel.

SUPRASEGMENTALS

ˈ	Primary stress
ˌ	Secondary stress
	ˌfoʊnəˈtɪʃən
ː	Long eː
ˑ	Half-long eˑ
˘	Extra-short ĕ
ǀ	Minor (foot) group
ǁ	Major (intonation) group
.	Syllable break ɹi.ækt
‿	Linking (absence of a break)

TONES AND WORD ACCENTS

LEVEL			CONTOUR		
e̋ or	˥	Extra high	ě or	˩˥	Rising
é	˦	High	ê	˥˩	Falling
ē	˧	Mid	e᷄	˦˥	High rising
è	˨	Low	e᷅	˩˨	Low rising
ȅ	˩	Extra low	e᷈	˧˦˧	Rising-falling
↓		Downstep	↗		Global rise
↑		Upstep	↘		Global fall

DIACRITICS Diacritics may be placed above a symbol with a descender, e.g. ŋ̊

̥	Voiceless	n̥ d̥	̤	Breathy voiced	b̤ a̤	̪	Dental	t̪ d̪	
̬	Voiced	s̬ t̬	̰	Creaky voiced	b̰ a̰	̺	Apical	t̺ d̺	
ʰ	Aspirated	tʰ dʰ	̼	Linguolabial	t̼ d̼	̻	Laminal	t̻ d̻	
̹	More rounded	ɔ̹	ʷ	Labialized	tʷ dʷ	̃	Nasalized	ẽ	
̜	Less rounded	ɔ̜	ʲ	Palatalized	tʲ dʲ	ⁿ	Nasal release	dⁿ	
̟	Advanced	u̟	ˠ	Velarized	tˠ dˠ	ˡ	Lateral release	dˡ	
̠	Retracted	e̠	ˤ	Pharyngealized	tˤ dˤ	̚	No audible release	d̚	
̈	Centralized	ë	̃	Velarized or pharyngealized	ɫ				
̽	Mid-centralized	ě̽	̝	Raised	e̝ (ɹ̝ = voiced alveolar fricative)				
̩	Syllabic	n̩	̞	Lowered	e̞ (β̞ = voiced bilabial approximant)				
̯	Non-syllabic	e̯	̘	Advanced Tongue Root	e̘				
˞	Rhoticity	ɚ a˞	̙	Retracted Tongue Root	e̙				

의 표다.

한어병음	b	p	m	f	d	t	n	l	g	k	h	ng	j	q	x	zh	ch	sh	r	z	c	s
국제음성부호	p	pʻ	m	f	t	tʻ	n	l	k	kʻ	x	ŋ	tɕ	tɕʻ	ɕ	tʂ	tʂʻ	ʂ	ʐ	ts	tsʻ	s

한어병음 국제음성부호 대조표

위의 22개 자음을 각각 조음위치와 조음방법에 따라 나눈다면 일곱 개의 조음위치와 여덟 개의 조음방법으로 구분할 수 있다. 그리고 각각의 소리는 일곱 개의 조음위치와 여덟 개의 조음방법 가운데 반드시 하나 이상 차이를 보인다.

조음위치에 따른 자음 분류

다음의 그림은 현대중국어의 조음에 관여하는 조음기관들을 단면도 위에 표시한 것이다. 이 그림을 참고하면서 22개의 자음을 조음위치에 따라 나누어보고 각 소리의 특징을 살펴보자.

양순음(bilabial)은 아랫입술을 윗입술에 붙였다 떼면서 내는 소리이다(①+ⓐ). 중국용어로는 쌍순음(双唇音 shuāngchúnyīn)이라고 한다. 표준중국어의 양순음은 b[p], p[pʻ], m[m] 세 개이다.

순치음(labiodental)은 아랫입술을 윗니와 닿을듯 말듯 접근시켜서 내는 소리이다(①+ⓑ). 표준중국어의 순치음은 f[f]가 유일하며, 양순음과 순치음은 모두 아랫입술을 공통된 조음점으로 가지고 있으므로 둘을 묶어 순음, 즉 입술소리로 분류하기도 한다.

치음(dental)은 혀끝이 윗앞니의 뒷부분에 접촉 혹은 접근하여 내는 소리이다(②+ⓑ). 중국용어로는 설첨전음(舌尖前音 shéjiānqiányīn)이라고 부른다.

358 중국어의 비밀

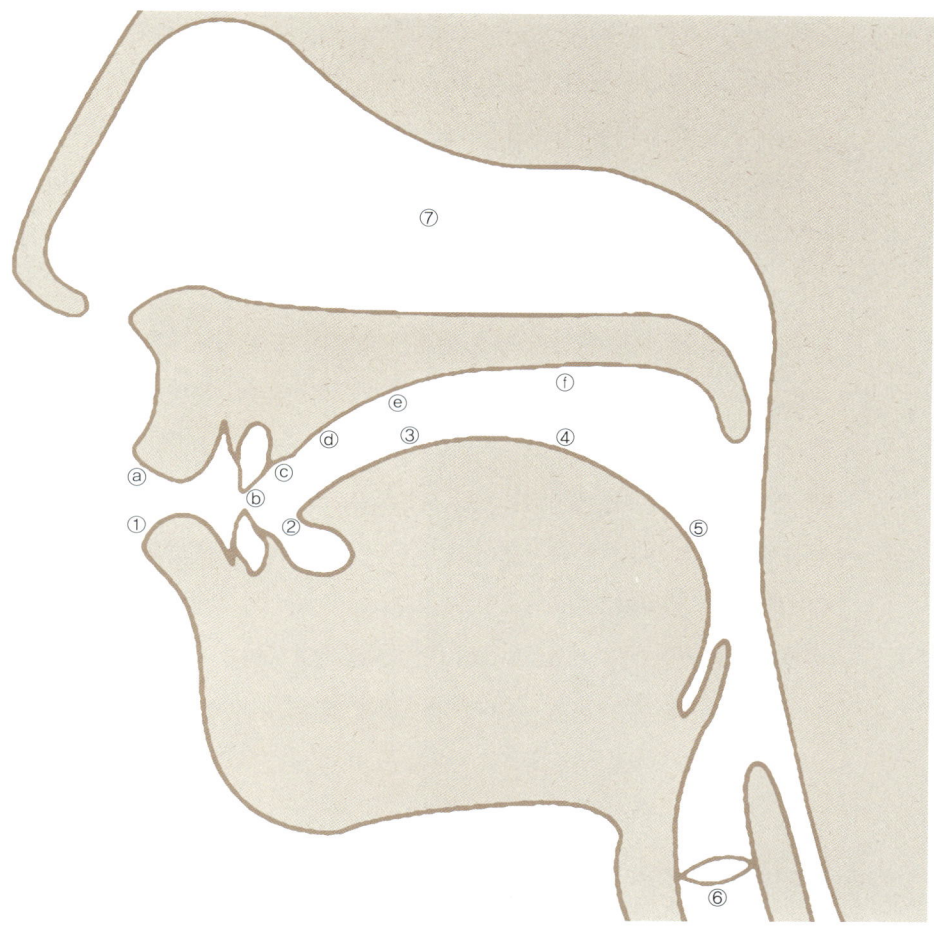

중국어의 조음에 관여하는 조음기관들

[피동기관]
ⓐ 윗입술(upper lip) ⓑ 윗니(upper front teeth) ⓒ 윗잇몸(치경, alveolar)
ⓓ 윗잇몸 뒤(back of the alveolar ridge) ⓔ 경구개(hard palate) ⓕ 연구개(soft palate)
[능동기관]
① 아랫입술(lower lip) ② 혀끝(설첨, tongue tip) ③ 전설(front of the tongue)
④ 후설(back of the tongue) ⑤ 설근(tongue root) ⑥ 성대(vocal folds) ⑦ 비강(nasal cavity)

중국어의 치음은 z[ts], c[tsʻ], s[s] 세 개다.

치경음(alveolar)은 혀끝이 윗잇몸(치경)과 접촉하면서 나는 소리이다(②+ⓒ). 이 위치에서 나는 소리를 국제음성학회에서는 혀가 접촉하는 위치에 따라 치경음이라 명명하고 있는데, 중국에서는 혀를 중심으로 명명하여 설첨중음(舌尖中音 shéjiānzhōngyīn)이라고 부른다. 표준중국어의 치경음은 d[t], t[tʻ], n[n], l[l] 네 개다.

권설음(retroflex)은 혀끝이 치경 뒷부분과 접촉 또는 접근하여 내는 소리이다(②+ⓓ). 윗잇몸과 경구개 사이에 튀어나와 있는 치경돌기부 뒷부분과 혀끝이 조음점이 된다. 표준중국어의 권설음은 zh[tʂ], ch[tʂʻ], sh[ʂ], r[ɻ] 네 개다. 중국에서는 설첨후음(舌尖后音 shéjiānhòuyīn)이라고 부른다. 물론 권설음(捲舌音 juǎnshéyīn)이라는 용어도 일반적으로 많이 사용하고 있다. 다만 이 명칭처럼 실제로 혀가 말려 올라가는 것이 아니라 혀끝이 치켜 올라갈 뿐이므로 교설음(翹舌音 qiàoshéyīn)이라고 부르기도 한다.

경구개음(palatal)은 설면(전설)이 경구개에 접촉 또는 접근하여 내는 소리

양순음	순치음	치음	치경음	권설음	경구개음	연구개음
			d[t]	zh[tʂ]	j[ɕ]	g[k]
			t[tʻ]	ch[tʂʻ]	q[tɕ]	k[kʻ]
		z[ts]	n[n]	sh[ʂ]	x[ɕ]	h[x]
b[p]	f[f]	c[tsʻ]	l[l]	r[ɻ]		ng[ŋ]
p[pʻ]		s[s]				
m[m]						

조음위치에 따른 중국어 자음 분류

이다(③+ⓔ). 중국용어로는 설면음(舌面音 shémiànyīn)이라고 부른다. 표준중국어의 j[tɕ], q[tɕʻ], x[ɕ]가 여기 해당된다.

연구개음(velar)은 혀몸(후설)이 여린입천장 즉 연구개와 접촉하거나 접근하여 내는 소리이다(④+ⓕ). 표준중국어의 g[k], k[kʻ], h[x]와 ng[ŋ]이 여기 해당된다. 중국에서는 설근음(舌根音 shégēnyīn)이라고 한다. 그러나 실제로 설근(혀뿌리)은 이 소리를 내는 데 관여하지 않는다. 장애가 일어나는 부위는 혀뿌리의 앞쪽에 있는 혀몸과 목젖 앞쪽의 연구개 사이이다. ng[ŋ]은 다른 자음과 달리 음절 맨 앞에는 쓰이지 않고 맨 뒤에만 쓰인다.

조음방법에 따른 분류

자음의 조음과정은 크게 세 단계로 구분할 수 있다. 조음점에서 장애가 이루어지는 단계, 그 장애가 지속되는 단계, 그리고 장애가 해제되는 단계이다. 이와 같은 장애의 발생(approach)-지속(hold)-해제(release)가 이루어지는 방법과 양상에 따라 자음은 크게 파열음, 파찰음, 마찰음, 비음, 설측음으로 나눌 수 있다. 그리고 조음기관을 통과하여 입 밖으로 나오는 기류의 강약에 따라 유기음과 무기음을 나눌 수 있고, 성대의 진동 여부에 따라 유성음과 무성음으로 나눌 수 있다.

파열음(plosive)은 폐에서 구강으로 올라온 기류가 장애를 받아 막혔다가 터지면서 나는 소리이다. 양순에서 파열이 일어나는 b[p], p[pʻ], 혀끝과 윗잇몸 사이에서 파열이 이루어지는 d[t], t[tʻ], 혀몸(후설)과 연구개 사이에서 파열이 일어나는 g[k], k[kʻ]가 여기에 해당된다. 위첨자 [ʻ]는 기류가 센 소리, 즉 유기음(aspirated sound)을 표시하는 국제음성부호이다. 그러므로 각 쌍에서 앞의 소리는 기류가 상대적으로 약한 소리, 즉 무기음(unaspirated sound)이고, 뒤의 소리는 유기음이다.

파찰음(affricate)은 파열이 일어난 뒤에 장애를 받았던 부위가 완전히 개방되지 않고 좁은 틈만 열리면서 마찰이 이어서 일어나는 소리이다. 혀끝과 윗앞니 사이에서 파열과 마찰이 이루어지는 z[ts], c[tsʻ], 혀끝과 치경 뒷부분 사이에서 파열과 마찰이 일어나는 zh[ʂ], ch[ʂ], 그리고 설면(전설)과 경구개 사이에서 파열과 마찰이 일어나는 j[tɕ], q[tɕʻ]가 여기 해당된다. 파찰음 쌍도 위의 파열음 쌍과 마찬가지로 앞의 것이 무기음, 뒤의 것이 유기음이다.

마찰음(fricative)은 폐에서 구강으로 올라온 기류가 조음점에서 좁은 틈을 통과하면서 마찰이 일어나는 소리이다. 순치음 f[f], 치음 s[s], 권설음 sh[ʂ], 경구개음 x[ɕ], 연구개음 h[x]가 여기 해당된다.

과거에는 권설음 중에서 sh와 r을 모두 마찰음으로 보았다. sh[ʂ]는 무성 마찰음이고 r는 유성 마찰음인 [ʐ]로 본 것이다. 그러나 음성실험 결과를 보면 r발음에 뚜렷한 마찰의 흔적이 발견되지 않으며 뒤에 이어지는 모음과의 경계도 뚜렷하지 않다. 게다가 표준중국어의 자음에는 다른 유성-무성의 대립쌍이 없기 때문에 만약 sh와 r을 유성-무성의 대립쌍으로 본다면 전체적인 체계를 해치게 된다. 그래서 r은 마찰음 [ʐ]가 아니라 권설접근음(retroflex approximant) [ɻ]이라는 설이 호응을 얻고 있다.

비음(nasal)은 기류가 비강을 통과하면서 비강을 진동시켜 내는 소리이다. 중국어에는 m[m], n[n], ng[ŋ] 세 개의 비음이 있다.

설측음(lateral)은 중국어로 변음(边音)이라고 하며, 기류가 혀의 양쪽을 타고 통과하면서 내는 소리이다. 중국어에는 l[l]이 유일하다.

중국어에서 기류가 강한 유기음과 기류가 약한 무기음은 대립쌍을 이루고 있다. 발음할 때 입술 앞에 화장지 같은 얇은 종이를 대고 발음해보면 종이의 흔들림에 뚜렷한 차이가 나는 것을 확인할 수 있다.

무기음	b[p]	d[t]	g[k]	z[ts]	zh[ʂ]	j[tɕ]
유기음	p[p']	t[t']	k[k']	c[ts']	ch[ʂ']	q[tɕ']

유기음과 무기음의 대립쌍

이에 반해 유성음과 무성음은 중국어에서 대립쌍을 이루지 않는다. 과거에는 r와 sh가 유일한 유성-무성 대립쌍으로 기술되었지만 그 타당성은 높지 않다. 중국어의 유성음은 m, n, ng, r, l이며, 나머지는 모두 무성음이다.

자음과 성모

지금까지 표준중국어의 자음에 대해 살펴보았다. 조음위치와 조음방법에 따라 살펴보았던 중국어의 자음 22개를 하나의 표로 정리하면 아래와 같다.

조음위치 调音部位 / 조음방법 调音方法		양순음 双唇音 윗입술 아랫입술	순치음 唇齿音 윗니 아랫입술	치음 舌尖前音 윗니 뒤 혀끝	치경음 舌尖中音 윗잇몸 혀끝	권설음 舌尖后音 윗잇몸 뒤 혀끝	경구개음 舌面音 경구개 혓바닥	연구개음 舌根音 연구개 혀 뒷부분
파열음 塞音	무기不送气	b[p]			d[t]			g[k]
	유기送气	p[p']			t[t']			k[k']
파찰음 塞擦音	무기			z[ts]		zh[tʂ]	j[tɕ]	
	유기			c[ts']		ch[tʂ']	q[tɕ']	
마찰음 擦音	무성清音		f[f]	s[s]		sh[ʂ]	x[ɕ]	h[x]
	유성浊音					(r[z])		
비음 鼻音	(유성)	m[m]			n[n]			ng[ŋ]
설측음 边音	(유성)				l[l]			
접근음 近音	(유성)					r[ɻ]		

표준중국어의 자음

중국어의 발음을 배울 때 '자음'과 '모음'을 배웠던 기억은 별로 없을 것이다. 그것은 중국어의 발음을 가르칠 때 대부분 전통적인 분석방법에 따라 '성모'(聲母)와 '운모'(韻母)로 나누어 가르치기 때문이다.

성모는 음절 맨 앞의 자음을 가리키며 운모는 성모를 제외한 나머지 부분을 가리킨다. 그러므로 성모에는 자음만 있을 뿐 모음이 성모가 되는 경우는 없다. 그런데 운모는 주로 모음으로 이루어지지만 운모 맨 끝에 자음이 오는 수가 있다. 운모 맨 끝에 오는 자음은 n과 ng 두 가지뿐이다. 결국 성모는 자음만으로 충당되고, 운모는 모음과 n, ng로 충당된다. 위의 표에 정리된 22개의 자음 가운데 ng는 운모에만 쓰이는 자음이고, n은 성모와 운모에 모두 쓰이며, 나머지 자음은 성모에만 쓰인다.

그런데 중국어 음절 중에는 ài(愛, 사랑하다)나 yuǎn(远, 멀다)처럼 모음으로 시작되는 음절이 있다. 이런 음절들은 성모는 없고 운모로만 이루어진 음절이라고 할 수도 있겠지만 그렇게 기술하면 전체적인 통일성도 깨지고 기술도 복잡해지므로, 여기에도 가상의 성모가 있는 것으로 간주하고 따로 이런 음절의 성모를 가리켜 '영성모'(零聲母)라고 부른다. 수학에서 소수를 표기하고 읽을 때 '0.5'를 '영점오'라고 하는 것과 비슷한 이치다. '1.5'나 '2.5'는 '일점오', '이점오'라고 하면서 '0.5'는 '.5'로 쓰고 '점오'로 읽는다면 그 자체로는 경제적으로 보일지 모르나 전체적인 체계가 깨지면서 혼란이 생기기 때문이다.

영성모는 실체가 없는 가상의 성모이지만 중국어의 성모운모 체계에서는 하나의 성모로 간주되므로 영성모를 포함하면 중국어의 성모수는 22개가 된다.

```
                          성모 22개
        ┌─────────────────────────────────────────────────┐
영성모  b p m f z c s d t n l zh ch sh r j q x g k h  ng
        └─────────────────────────────────────────────┘
                          자음 22개
```

| 3 | 모음과 운모

중국어의 모음

조음기관의 특정 부위에서 장애를 받아 소리가 형성되는 자음과 달리 모음은 조음기관의 모양의 차이에 의해 소리가 달라진다. 그런데 조음기관이 공명체의 역할을 할 뿐이고 모음과 인접 모음 사이에는 단절이 없기 때문에 모음과 모음 사이의 경계를 분명하게 나누기가 어렵다. 일례로 다음 모음사각도의 좌상단에 있는 모음 [i]와 그 아래의 모음 [e] 사이에도 무수한 중간음들이 존재한다.

이런 사정 때문에 모음의 음가(音價)에 대해서는 논란이 상대적으로 많은 편이다. 발음할 때 입모양이나 혀의 위치를 조금만 달리해도 곧 다른 소리가 되기 때문이다. 여기에서는 편의상 현재 통용되고 있는 한어병음방안을 기준으로 중국어의 모음에 대해 서술하도록 하겠다.

한어병음으로 표기되는 중국어의 모음은 a, e, i, o, u, ü의 여섯 가지이다. 그러나 한어병음은 정확성보다는 경제성과 통용성을 고려한 표기체계이므로 중국어 모음의 실제 개수 역시 여섯 개뿐일 것이라고 단정해서는 안 된다. 표기상으로는 e나 i로 표기되는 소리라도 실제로는 e[ɤ], ê[ɛ]와 i[i], -i[ʅ][ɿ] 등으로 다를 수 있고, 이들을 원래 같은 소리로 볼 것인지 다른 소리로 볼 것인지도 결론내리기 쉽지 않기 때문이다. e나 i뿐만 아니라 다른 모음도 마찬가지다. 상황에 따라 조금씩 다른 소리가 되게 마련이다.

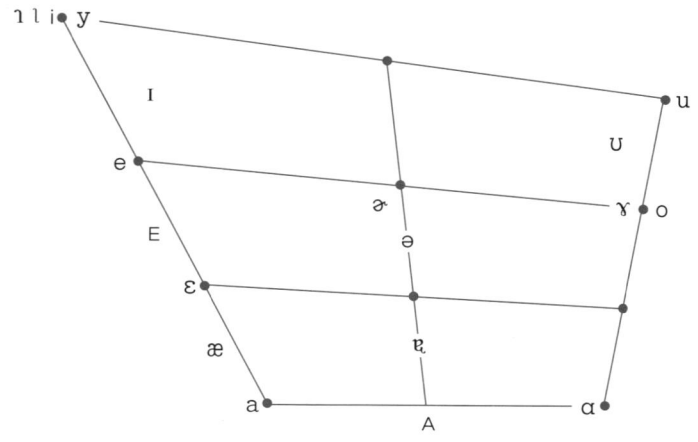

표준중국어 기술에 사용되는 모음들

그래서 나누는 기준에 따라 모음의 개수가 다를 수 있다. 이제 그 양상을 살펴보도록 하자.

　a는 중국어에서 개구도(開口度, 발음할 때 입을 벌리는 정도)가 가장 큰 모음이다. a는 발음되는 조건, 주로 뒤에 오는 음이 무엇이냐에 따라 음가가 달라진다. 뒤에 아무 소리도 없을 때, 즉 ia나 ua처럼 a로 끝나는 음절인 경우에는 중설저모음인 [A]로 발음되고, -i나 -n 앞일 때, 즉 ai나 an 같은 경우에

[한어병음 a]

한어병음 a의 올바른 표기는 a일까? ɑ일까? 규범을 중시하는 사람들 중엔 반드시 ɑ로 표기해야 한다고 강조하는 경우도 있지만 실은 어느 기호를 써도 무방하다. 한어병음방안에서는 ɑ를 사용하고 있지만 자모의 서사는 '알파벳의 일반적인 서사습관을 따른다' 고 분명히 명시하고 있다. 또 한어병음방안을 직접 고안한 저우유광(周有光 1906~)도 a나 ɑ, g나 g는 어느 쪽을 써도 무방하다고 재차 확인하고 있다. 한어병음 a는 중국어의 음소를 알파벳을 빌어 표기한 것일 뿐이어서 국제음성부호처럼 a와 ɑ를 구분해야 할 이유는 없는 것이다.

발음	조건	예		표현식
[A]	음절끝	家 jiā 집	挂 guà 걸다	$a \rightarrow [A] / \_ \#$
[a]	-i나-n 앞	爱 ài 사랑하다 按 àn 누르다	开 kāi 열다 关 guān 잠그다	$a \rightarrow [a] / \_ \left\{ \begin{matrix} i \\ n \end{matrix} \right\}$
[ɑ]	-o나-ng 앞	刀 dāo 칼 长 cháng 길다	跳 tiào 뛰다 江 jiāng 강	$a \rightarrow [ɑ] / \_ \left\{ \begin{matrix} o \\ ng \end{matrix} \right\}$
[ɛ]	i와 n 사이	天 tiān 날	眼 yǎn 눈	$a \rightarrow [ɛ] / i \_ n$
[æ]	ū와 n 사이	远 yuǎn 멀다	选 xuǎn 고르다	$a \rightarrow [æ] / ü \_ n$

* "a → b / _"는 a가 _의 조건에 놓이면 b가 됨을 의미하는 표현식이다. 예컨대 "a → [ɛ] / i_n"은 a라는 음이 i와 n 사이라는 조건에 처하면 [ɛ]가 된다는 뜻이다.
* #는 음절 경계를 의미한다.

a의 변이음

는 전설저모음인 [a]로 발음되며, –u나 –ng 앞, 즉 ao나 ang에서는 후설원
순저모음인 [ɑ]로 발음된다. 그리고 ian처럼 i와 n 사이에 놓였을 때는 반
저모음인 [ɛ]로 발음되고 üan처럼 ü와 n 사이에 놓였을 때는 [ɛ]보다 조금
더 낮은 [æ]로 발음된다.

ê[ɛ]는 한어병음으로 표기할 때 단독으로 쓰이는 경우는 ê로 표기하고
다른 모음과 함께 쓰이는 경우는 e로 표기한다. ê가 단독으로 쓰이는 경우
는 의성어 '欸' 정도가 유일하다. ie나 üe처럼 앞에 고모음 i나 ü가 오고 뒤

발음	조건	예		표현식
[E]	i나 ü 뒤, 음절끝	街 jiē 길 雪 xuě 눈	夜 yè 밤 约 yuē 약속하다	$e \rightarrow [E] / \left\{ \begin{matrix} i \\ ü \end{matrix} \right\} \_ \#$
[e]	i[i] 앞	给 gěi 주다	尾 wěi 꼬리	$e \rightarrow [e] / \_ i$

[ɤ]	단독	饿 è 배고프다 歌 gē 노래	鹅 é 거위 射 shè 쏘다	$e \rightarrow [ɤ] / \begin{Bmatrix} ø \\ con \end{Bmatrix} - \#$
[ə]	n이나 ng 앞	怎 zěn 어찌 灯 dēng 등	恩 ēn 은혜 疼 téng 아프다	$e \rightarrow [ə] / \_ \begin{Bmatrix} n \\ ng \end{Bmatrix}$

*ø는 영성모를 의미한다.

*con은 자음(consonant)을 의미한다.

e의 변이음

[설첨전모음과 설첨후모음]

우리는 청각인상에 근거해서 [ɿ]와 [ʅ]가 한국어의 /ㅡ/와 비슷하다고 생각할지 모르지만 한국어의 /ㅡ/는 후설고모음 [ɯ]이다. 셋 다 고모음이란 점은 비슷하나 [ɿ][ʅ]는 구강 앞쪽에서 나는 소리이고 [ɯ]는 구강 뒤쪽에서 나는 소리이므로 '상당한' 차이가 있다.

설첨전모음 [ɿ]와 설첨후모음 [ʅ]는 국제음성부호표나 음성부호 가이드북에 나와 있지 않다. 이 두 부호를 처음 사용한 사람은 중국어 역사음운론의 대가 칼그렌(Karlgren, B. 중국명 '高本汉')이다(칼그렌에 대한 소개는 13장 2절 참고).

에 다른 소리가 이어지지 않는 경우에는 [ɛ]로 발음되고, ei처럼 고모음 i[i] 앞에 놓인 경우에는 반고모음 [e]로 발음된다.

e[ɤ]는 뒤에 다른 성분이 없을 때는 후설모음 [ɤ]로 발음되지만, n, ng 앞에서는 중설모음 [ə]로 발음된다. 그리고 '呢'(ne, 어기조사)처럼 음절 자체가 경성인 경우에도 [ə]로 발음된다.

i[i]는 다른 모음과 결합하지 않을 때는 [i]로 발음되지만, ai나 ei처럼 a나 e 뒤에 오는 경우 전설고모음 [i]보다 조금 뒤쪽의 조금 낮은 모음인 [ɪ]로 발음되고, ia나 ie처럼 모음 a 또는 e 앞에 놓이면 [j]로 발음된다. 이렇게 다른 모음 앞이나 뒤에 붙어서 이완되어 나는 소리를 활음(glide)이라고 한

발음	조건	예		표현식
[i]	단독	衣 yī 옷 鸡 jī 닭	椅 yǐ 의자 西 xī 서쪽	$i \rightarrow [i] / \left\{ {\emptyset \atop con} \right\} \_ \#$
[ɪ]	a나 e 뒤	爱 ài 사랑하다 给 gěi 주다	海 hǎi 바다 尾 wěi 꼬리	$i \rightarrow [ɪ] / \left\{ {a \atop e} \right\} \_ \#$
[j]	a 또는 e 앞	家 jiā 집 夜 yè 밤	下 xià 아래 街 jiē 길	$i \rightarrow [j] / \_ \left\{ {a \atop e} \right\}$
[ɿ]	설첨전음 뒤	字 zì 글자	词 cí 단어	$i \rightarrow [ɿ] / den \_$
[ʅ]	설첨후음 뒤	吃 chī 먹다	日 rì 날	$i \rightarrow [ʅ] / ret \_$

*den은 치음(dental)을 의미한다.
*ret은 권설음(retroflex)을 의미한다.

i의 변이음

다. 활음에 대해서는 뒤에서 다시 살펴보기로 하자.

한어병음에서 i로 표기되는 모음에는 이외에 설첨전모음 [ɿ]와 설첨후모음 [ʅ]가 있다. 이 두 모음은 오로지 치음, 권설음하고만 결합한다. 다시 말해서 zi, ci, si처럼 치음(설첨전음) 뒤에 오는 i는 설첨전모음 [ɿ]이고 zhi, chi, shi, ri처럼 권설음(설첨후음) 뒤에 오는 i는 설첨후모음 [ʅ]이다.

모음 e[ə]는 '耳'(ěr, 귀)처럼 권설음화되는 경우가 있다. 이런 음절들은

발음	조건	예		표현식
[o]	u 뒤 단독	国 guó 나라 波 bō 파도	我 wǒ 나 佛 fó 부처	$o \rightarrow [o] / \left\{ {u \atop con} \right\} \_ \#$
[ə]	u 앞	狗 gǒu 개	有 yǒu 가지고 있다	$o \rightarrow [ə] / \_ u$

o의 변이음

권설모음 [ɚ]이 된다. 다만 '二'(èr. 둘)의 경우는 특이하게 [ɻ]로 발음된다.

o는 현대표준중국어에서 다른 소리와 결합하는 경우가 세 가지뿐이다. 첫째 양순음 혹은 순치음 뒤에 단독으로 결합하거나, 둘째 u와 결합하여 이중모음 uo가 되거나, 셋째는 u와 결합하여 이중모음 ou가 되는 경우이다. 이 세 경우는 o의 원순성, 즉 입술이 동그랗게 되는 정도에 약간씩의 차이가 있을 뿐 다른 큰 차이가 없으므로 모두 [o]로 볼 수 있다. 다만 학자에 따라서는 ou의 경우 o를 [ə]로 보기도 한다. 이렇게 o를 [o]와 [ə] 두 가지라고 본다면 아래와 같이 정리할 수 있다.

혀의 앞뒤 위치 / 입술 모양 / 혀의 높낮이	전설 비원순 원순	중설	후설 비원순 원순
고모음 설면모음	i[i] ü[y]		u[u]
고모음 설첨모음	-i[ɿ][ʅ]		
반고모음	e[e]		e[ɤ] o[o]
중모음		e[ə]	
중모음		er[ɚ]	
반저모음	ê[ɛ]		
저모음	a[a]	a[A]	a[ɑ]

표준중국어의 단모음

u는 그 뒤에 다른 모음이 와서 이중모음을 구성하는 경우에는 활음 [w]가 되고 그 외의 경우에는 [u]로 발음된다. 마찬가지로 ü도 뒤에 모음이 이어져 이중모음이 되면 활음 [ɥ]가 되고 그 외에는 [y]로 발음된다.

중국어 운모

중국어의 음절구성에서 맨 앞의 자음, 즉 성모를 제외한 나머지 부분을 운모라고 한다. 운모는 적게는 하나에서 많게는 세 개의 요소로 구성된다. 세 요소 가운데 가장 중심이 되는 요소를 주요 모음이라고 하는데, 전통적으로는 운의 몸통이라는 뜻으로 '운복'(韻腹)이라고 부른다. 그 앞에 오는 것은 성모와 주요 모음 사이에 낀 소리로 '개음' (介音)이라고 하는데, 전통적으로는 운의 머리라

개음 (운두)	주요 모음 (운복)	말음 (운미)	
	a		阿
	a	o	熬
	a	n	安
i	a		亚
i	a	o	要
i	a	ng	样

운모의 구조

는 뜻으로 '운두'(韻頭)라고 부른다. 주요 모음 뒤에 오는 소리는 운의 꼬리라는 뜻으로 '운미'(韻尾)라고 부른다.

먼저 운모의 수를 정리해보자. 운모의 수에 대해서는 책마다 다르게 기술하고 있는데, 다음 쪽의 '한어병음방안' 운모표와 부가설명을 살펴보면 이해가 쉽다. 표 안의 운모수는 35개이다. 한어병음방안의 운모표에는 세 가지 사항이 부기되어 있다. 우선 (1)항은 설첨전모음 [ɿ]와 설첨후모음 [ʅ]에 대한 설명이다. 둘 다 한어병음으로는 i로 표기한다. (2)항은 er에 대한 설명이다. 'huà'(画, 그리다)와 'huàr'(画儿, 그림)의 관계처럼 er은 e가 권설음화된 것이다. (3)항은 ê[ɛ]에 대한 설명이다. 감탄사 '欸' 외엔 거의 쓰이지 않는 소리이다.

운모표에 제시된 35개의 운모 외에 (1)~(3)항에 설명된 소리들을 모두 별개의 운모로 간주한다면 최대 네 개의 운모가 더해질 수 있다. 그래서 책마다 운모의 수를 35~39개로 다르게 기술하고 있는 것이다.

한어병음만으로 운모의 수를 판단할 때는 잘 드러나지 않지만 논쟁의 여지가 있는 운모가 하나 더 있다. 바로 ueng과 ong이다. 한어병음방안이 만

			i	|	衣	ㄨ	乌	ü	ㄩ	迂
a	ㄚ	啊	ia	|ㄚ	呀	ua	ㄨㄚ	蛙			
o	ㄛ	喔				uo	ㄨㄛ	窝			
e	ㄜ	鹅	ie	|ㄝ	耶				üe	ㄩㄝ	约
ai	ㄞ	哀				uai	ㄨㄞ	歪			
ei	ㄟ	诶				uei	ㄨㄟ	威			
ao	ㄠ	熬	iao	|ㄠ	腰						
ou	ㄡ	欧	iou	ㄡ	忧						
an	ㄢ	安	ian	|ㄢ	烟	uan	ㄨㄢ	弯	üan	ㄩㄢ	冤
en	ㄣ	恩	in	|ㄣ	因	uen	ㄨㄣ	温	ün	ㄩㄣ	晕
ang	ㄤ	昂	iang	|ㄤ	央	uang	ㄨㄤ	汪			
eng	ㄥ	(亨)	ing	|ㄥ	英	ueng	ㄨㄥ	翁			
ong	ㄨㄥ	(轰)	iong	ㄩㄥ	雍						

(1) "知, 蚩, 诗, 日, 资, 雌, 思" 등 한자의 운모표기는 i를 사용한다.
(2) 운모 儿은 er이라고 표기하며, 운미로 쓰일 때는 r로 표기한다.
(3) 운모 ㄝ가 단독으로 사용될 때는 ê로 표기한다.

표준중국어의 운모

들어진 뒤로는 별개의 운모로 취급되고 있지만 주음부호 표기는 ㄨㄥ으로 똑같다. 실제 발음에서는 두 소리가 뚜렷한 차이를 보인다. ong의 실제 음 가는 [uŋ]이나 [ʊŋ]이고, ueng의 음가는 [uəŋ] 또는 [wəŋ]이다. 그래서 ong은 개음이 없는 운모로 간주되었고, ueng은 eng[əŋ]과 같은 행에 놓여 개음 u와 eng이 결합된 운모로 간주되었다. 다만 분포에 있어서는 이 둘이 상보적이다. ueng(weng)은 그 앞에 자음이 오지 않고 단독으로만 쓰이는 반면 ong은 단독으로 쓰이는 경우가 없고 반드시 앞에 자음을 동반한다.

사호에 의한 운모 분류

중국에서는 전통적으로 운모를 입모양에 따라 분류하는 분류법이 있었다. 이를 '사호'(四呼 Sìhū)라고 하는데, 개구호(開口呼 Kāikǒuhū), 제치호(齊齒呼 Qíchǐhū), 합구호(合口呼 Hékǒuhū), 촬구호(撮口呼 Cuōkǒuhū)의 네 가지를 말한다. 개구호는 개음이 없고 주요 모음이 i[i], u, ü가 아닌 운모이고, 제치호는 개음이 i이거나 주요 모음이 i[i]인 운모이며, 합구호는 개음이 u이거나 주요 모음이 u인 운모, 촬구호는 개음이 ü이거나 주요 모음이 ü인 운모이다. 쉽게 확인하려면 앞의 운모표를 보면 된다. 왼쪽에서부터 네 개의 세로열이 각각 개구호, 제치호, 합구호, 촬구호에 해당된다. 그리고 (1)항에 설명된 i[ɿ][ʅ]는 개구호이다.

사호 분류에서도 두 개의 운모가 문제가 된다. 하나는 앞서도 문제가 되었던 ong이고 다른 하나는 iong이다. 주음부호 체계에서는 ㅣ(i)를 포함한 운모가 제치호, ㄨ(u)를 포함한 운모가 합구호, ㄩ(ü)를 포함한 운모가 촬구호이며, 나머지가 개구호이다. 이 기준으로 보면 ong은 ㄨㄥ이므로 합구호, iong은 ㄩㄥ이므로 촬구호이다. 실제로 과거의 사호 분류는 이 두 운모를 합구호와 촬구호로 분류했다.

위의 한어병음 운모표에서는 ong이 맨 왼쪽의 개구호 운모들과 같은 세로열에 놓여 있고 iong은 그 다음 세로열인 제치호 열에 놓여 있다. 한어병음체계만을 놓고 보면 iong은 다른 i열 운모들과 같은 부류가 되는 것이 자연스럽고, 그렇게 iong을 i＋ong으로 본다면, 개음 i를 제외한 나머지 부분인 ong은 개음이 없는 개구호가 될 수밖에 없다.

전통적으로 사호 분류는 입모양에 따른 분류이다. ong과 iong을 합구호

개구호	-i[ɿ][ʅ]	a	e	o	ai	ei	ao	ou	an	en	ang	eng	ong
제치호	i	ia	ie			iao	iu	ian	in	iang	ing	iong
합구호	u	ua	uo	uai	ui			uan	un	uang	ong
촬구호	ü	üe						üan	ün	iong

사호에 의한 운모 분류

와 촬구호로 보는 전통적인 분류는 중국어의 압운체계와 부합할 뿐 아니라
실제 입모양과도 부합한다. ong은 한어병음부호 표기로는 개구호 같지만
실제 음가는 [uŋ] 또는 [ʊŋ]이어서 합구호로 발음해야 한다. iong의 음가
역시 제치호가 아니라 촬구호인 [jʊŋ] 또는 [iʲʊŋ]이다. 두 번째 전사법의
[i] 아래 붙은 조그만 ʲ 기호는 '원순성'이 강함을 표시하는 국제음성부호이
다. iong을 발음할 때 입모양이 처음부터 둥글다는 것이다. 사실 이 점은
발음 학습에 있어서도 매우 중요한 포인트이다. iong을 알파벳 읽듯이 입술
을 납작하게 해서 i 소리를 내다가 점차 입술을 오므리면서 ong 소리를 내
면 좋지 않은 발음이 된다. iong을 발음할 때 입술모양은 처음부터 끝까지
거의 변함없이 둥근 모양을 유지해야 올바른 발음이 된다. 다만 실제 음가
가 ong은 [ʊŋ], iong은 [iʲʊŋ]이기 때문에 iong은 ong[ʊŋ]에 개음 i를 더한
것이라는 논리도 충분히 성립된다. 현재의 표기는 중국의 대표적인 언어학
자 자오위안런(趙元任, 1892~1982) 등이 만든 국어로마자 표기법에서 비롯된
것이다.

구성방식에 의한 운모 분류

사호에 의한 운모 분류는 사실상 운모의 첫소리를 기준으로 나눈 것이었
다. 운모는 전체가 최대 세 개의 구성요소로 이루어지기 때문에 구성요소

	기본운모 →	yi(-i)	wu(-u)	yu(-ü,-u)	단운모
단운모	a	ya(-ia)	wa(-ua)		
	o		wo(-uo)		
	e(ê)	ye(-ie)		yue(-üe/-ue)	
복운모	ai		wai(-uai)		
	ei		wei(-ui)		
	ao	yao(-iao)			
	ou	you(-iu)			
부성운모	an	yan(-ian)	wan(-uan)	yuan(-uan)	
	en	yin(-in)	wen(-un)	yun(-un)	
	ang	yang(-iang)	wang(-uang)		
	eng	ying(-ing)	weng		
	(ong)	yong(-iong)			
권설운모	er				

• 결합운모

기본운모와 결합운모

의 결합방식에 따라 운모의 종류를 나눌 수도 있다.

우선 운모는 개음의 유무에 따라 기본운모와 결합운모로 나뉜다. 개음이 없는 것이 기본운모이고 개음이 있는 것이 결합운모이다. 결합운모란 기본운모에 개음이 결합된 운모라는 의미이다. 기본운모는 다시 네 가지로 세분할 수 있다. 하나의 모음으로 이루어진 단운모, 두 개의 모음으로 구성된 복운모, 운미가 비음인 부성운모(附聲韻母), 그리고 권설음을 동반한 권설운모로 나뉜다.

이 분류체계는 본래 주음부호를 기준으로 한 것이기 때문에 −i[ʅ][ɿ]는 아예 등장하지 않는다. 주음부호에서 zi, ci, si, zhi, chi, shi, ri는 모두 ㄗ, ㄘ, ㄙ, ㄓ, ㄔ, ㄕ, ㄖ처럼 하나의 기호이다. −i[ʅ][ɿ]를 표시하는 별도의 기호가 없으니 분류체계에도 포함되지 않은 것이다.

구성음소에 의한 분류

이 분류법은 한어병음방안의 등장 이후에 나온 것이다. 앞의 주음부호 분류체계는 '결합운모＝개음＋기본운모'라는 공식에 따라 운모를 기본운모와 결합운모라는 두 개의 다른 층위로 나누고 있지만, 이 분류법은 하나의 층위 위에서 구성 음소의 개수와 비음의 유무라는 특성만으로 운모를 분류한다.

구성방식에 따른 분류체계   **구성음소에 따른 분류체계**

단모음운모에는 a, e, o, i, u, ü, −i[ɿ][ʅ], er이 있다. 주음부호식 체계에는 없던 −i[ɿ][ʅ]도 여기 포함되며, 주음부호식 체계에서는 권설운모로 따로 분류되었던 er도 단모음운모로 분류된다. er은 e + r이 아니라 e가 권설음화 된 것, 즉 권설모음으로 보기 때문에 하나의 모음만으로 구성된 운모인 것이다.

이중모음운모는 음성적 특징에 따라 다시 전향복운모와 후향복운모로 나뉜다. ai, ei, ao, ou는 앞부분의 소리가 크고 분명한 데 반해 뒷부분이 불확실한 전향복운모이고, ia, ie, ua, uo, üe는 반대로 뒤쪽의 소리가 크고 분명한 후향복운모이다. 전향복운모는 주요 모음 뒤에 이완된 모음 즉, 하강 활음(off-glide)을 동반한 이중모음이고, 후향복운모는 주요 모음 앞에 상승 활음(on-glide)을 동반한 이중모음이다.

삼중모음운모에는 iao, iou, uai, uei 네 개가 있다. 이 운모들은 가운데 모음의 소리가 크고 분명하므로 중향복운모라고 부른다. 주요 모음 앞뒤에

[활음]

활음(滑音)은 '미끄러지는(滑) 소리(音)'라는 명칭에서 알 수 있듯이 반드시 실제의 소리를 나타내는 것이 아니다. 예컨대 ai[ai]에서의 뒤쪽 [i]는 단지 혀의 위치나 입술의 모양이 [a]로부터 [i]의 방향으로 활동하고 있음을 표시한 것에 불과하며, 사실상 혀는 보통 [e]까지밖에 가지 않는다. 모음사각도 상에서 [a]와 [i]의 위치를 보면

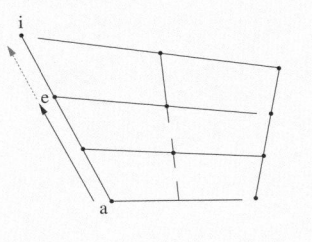

각각 저모음과 고모음으로 혀가 구강 내의 최저점과 최고점 사이를 이동하면서 내야 하는 소리라는 것을 알 수 있다. 이런 경우 실제발음에서는 혀가 최저점에서 최고점까지 완전하게 이동하지 못한다. 그러므로 ai에서 a 소리는 분명한 데 반해 i 소리는 분명하지 않다.

단모음운모		이중모음운모		삼중모음	비음운모			
		전향	후향	운모(중향)	치경비음		연구개비음	
a[A]	er[ɚ]	ai[ai]	ia[iA]	iao[iɑu]	an[an]	in[in]	ang[ɑŋ]	ing[iŋ]
e[ɤ]		ei[ei]	ie[iɛ]	iou[iou]	en[ən]	ün[yn]	eng[əŋ]	ong[uŋ]
o[o]		ao[ɑu]	ua[uA]	uai[uai]		ian[iæn]		iang[iɑŋ]
i[i]		ou[ou]	uo[uo]	uei[uei]		uan[uan]		uang[uɑŋ]
u[u]			üe[yɛ]			üan[yæn]		ueng[uəŋ]
ü[y]						uen[uən]		iong[iuŋ]
-i[ɿ][ʅ]								
단운모	권설운모	복운모			부성운모		부성운모	
기본운모		결합운모		기본운모	결합운모		기본운모	결합운모

구성음소 분류와 구성방식 분류 비교표

상승활음과 하강활음이 동반된 삼중모음인 것이다. 이중모음운모와 삼중 모음운모는 여러 개의 모음으로 구성된 운모라는 공통점이 있으므로 한데 묶어 복모음운모라고 한다.

운미에 비음 -n이나 -ng가 오는 것을 비음운모라고 한다. 중국에서는 n 의 조음점이 혀의 앞끝에 있다 하여 '설첨비음' 이라 하고, ng의 조음점이 혀뿌리 쪽에 있다 하여 '설근비음' 이라고 한다. 국제음성학회의 명명법을 따른다면 각각 치경비음, 연구개비음이 된다. 따라서 비음운모는 -n을 동 반한 치경비음운모(설첨비음운모)와 -ng을 동반한 연구개비음운모(설근비음운 모)로 나눌 수 있다.

| 4 | 성조

네 개의 기본성조

중국어의 음성적 특징 가운데 첫 번째로 꼽히는 것이 성조(聲調 tone)이다. 성조란 물리적으로는 소리의 고저 또는 고저의 변화를 가리킨다. 중국어는 모든 음절이 자음, 모음과 함께 성조를 가지고 있다. 성조가 중요한 이유는 자음이나 모음과 마찬가지로 의미의 변별 기능을 맡고 있기 때문이다.

　　표준중국어에는 네 개의 성조가 있다. 네 성조가 실제로 발음될 때 음높이의 패턴은 어떠한지 살펴보자. 아래는 실험을 통해 측정된 음높이 값을 상대수치로 변환한 다음 그래프로 나타낸 것이다.

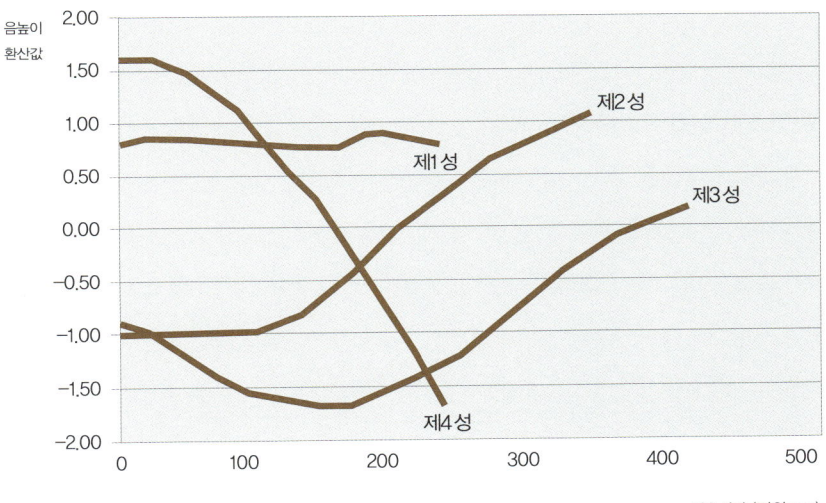

　　여기에서 약간의 차이를 무시하고 청각적인 특징이 잘 부각되도록 묘사한 것이 다음의 그림이다. 이 그림에서는 세로축에 최저점 1부터 최고점 5

까지 다섯 개의 기준점을 찍어 네 성조의 패턴을 표시하고 있다. 이런 성조 표시 방법을 '오도제 성조표기법'(五度制標調法)이라고 한다.

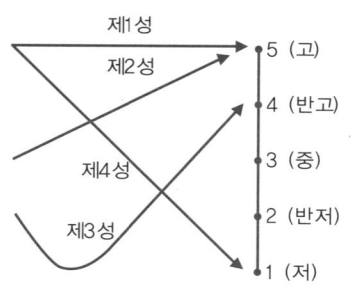

성조	명칭	특징	높이값	예
제1성 陰平	음평	높고 평탄함	5-5	妈 mā 엄마
제2성 陽平	양평	상승	3-5	麻 má 삼
제3성 上聲	상성	낮음	2-1-4	马 mǎ 말
제4성 去聲	거성	급격한 하강	5-1	骂 mà 욕하다

자연스런 성조 익히기

성조패턴 그래프를 각 성조의 핵심적인 특징만 부각시켜서 더 단순화하면 아래와 같다. 아래의 그림은 특히 제3성의 궤적을 단순화한 것이다. 제3성의 궤적은 그 뒤의 음절이 제3성이면 3-5로 발음되어 제2성과 같아지고,

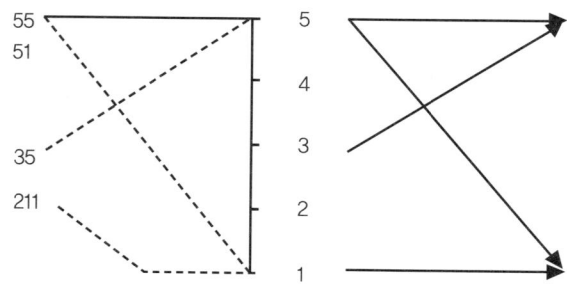

그 뒤의 음절이 제1성이거나 제2성, 제4성이면 2-1-1로 발음된다. 후반부의 상승곡선이 사라지고 2-1-1로 발음되는 경우를 가리켜 반삼성(半三声)이라 한다. 제3성은 실제로 반삼성으로 발음되는 경우가 대부분이어서 처음부터 제3성의 성조값을 2-1-1로 학습하도록 지도하는 교재도 개발되고 있으며, 제3성이 '낮은' 성조라는 특징이 더 잘 드러나도록 1-1로 표시하기도 한다.

[성조가 달라지면 의미도 달라진다]

성모와 운모가 같아도 성조가 달라지면 의미도 달라진다. 성조의 중요성이 여기에 있다. 다음 예문에서 오른쪽 뜻풀이를 손으로 가리고 왼쪽 발음만 읽어가며 의미의 차이를 추측해보자.

chōu bu chōu?	抽不抽?	"담배 피울래?"
chóu bu chóu?	愁不愁? (他考试不及格~ 그 애 낙방하고) "우울해하지 않아?"
chǒu bu chǒu?	丑不丑? (昨天见面的那位长得~ 어제 본 그분) "못생겼니?"
chòu bu chòu?	臭不臭? (你闻闻~ 냄새 맡아봐) "악취 안 나니?"

발음에 얽힌 고전적인 실화(?) 한 토막. 한 유학생이 길 가던 아가씨에게 길을 물었다.

"小姐, 请问一下。" Xiǎojiě, Qǐng wèn yíxià. 아가씨, 말씀 좀 물을게요.

그 아가씨는 흘낏 이상한 눈으로 쳐다보더니 말이 끝나기도 전에 그냥 가버리더라는 얘기. 뒤에 다른 친구에게 물어보니 따귀를 안 맞은 것이 다행이라는데, 그 이유는 "请问一下"를 "请吻(wěn)一下"로 발음했기 때문이었다. 백주대낮에 낯선 아가씨에게 공개적으로 키스를 해달라고 조른 것이다. 그런데 간혹 주방에 들어가면 요리사에게서 이런 말을 듣기도 한다. "请 wén一下" 이건 또 무슨 말일까? 이는 "请闻一下" '냄새 좀 맡아보세요' 라는 말이다. 그럼 "请 wēn一下"는 없나? 있다. 중국의 전통술 중엔 발효주인 황주(黄酒)가 있는데, 남방 지역에서 많이 마시는 이 술은 흔히 데워서 마신다. 술을 데워달라고 할 때 쓰는 동사가 바로 '温' 이다.

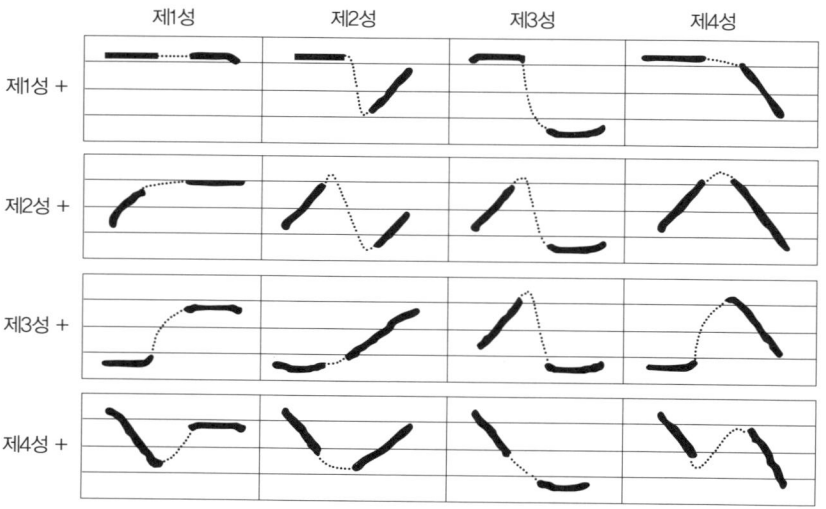

	제1성	제2성	제3성	제4성
제1성 +				
제2성 +				
제3성 +				
제4성 +				

　한 글자 한 글자의 성조에만 지나치게 얽매이면 오히려 자연스러운 발음에 장애가 된다. 네 개의 성조를 익혀서 각각 정확하게 발음하는 능력은 물론 중요하지만, 그것만으로 만족스러운 발음이 보장되지는 않는다. 보다 자연스런 중국어 발음을 위해서는 다음 단계로 두 글자의 연쇄, 즉 2음절 연쇄의 성조패턴을 익히는 것이 좋다.

　위의 그래프는 음성실험 결과로 나온 것이다. 같은 성조라도 앞뒤에 오는 음절에 따라 조금씩 값이 다른 것을 알 수 있다. 특히 두 번째 음절의 제2성이나 제4성이 그렇다. 또 제3성은 '하강 후 상승'이라는 굴곡보다는 제1성과 대칭을 이룰 정도로 '낮음'의 속성이 중요함을 알 수 있다. 이는 우리가 절대적인 성조값에 얽매여서는 자연스런 발음이 되지 않는다는 사실을 시사한다. 이보다 더 긴 문장 속에서는 더더욱 그럴 것이다. 이 때문에 개별 성조의 연습보다 단어나 문장 단위의 연습이 더 중요하다. 다음의 2음절 단어를 가지고 연습해보자.

ānxīn(安心)	jiātíng(家庭)	yōudiǎn(优点)	gāoxìng(高兴)
míngtiān(明天)	xuéxí(学习)	nánnǚ(男女)	wénhuà(文化)
lǎoshī(老师)	gǎigé(改革)	kǒushuǐ(口水)	mǎlù(马路)
dàjiā(大家)	diànchí(电池)	hànyǔ(汉语)	diànshì(电视)

| 5 | 음절의 구조

성운조의 결합

중국어의 음절은 성모, 운모, 성조의 세 가지 요소로 이루어져 있다. 이를 가리켜 '성운조'(聲韻調)의 결합이라고 한다. 이 세 가지가 모두 정확하고 자연스럽게 발음되어야 제대로 의미를 전달할 수 있다. 'hàn'(汉)에서 맨 앞의 자음 h는 성모이고, 나머지 요소인 an은 운모이다. 그리고 'hàn'(汉)의 성조는 거성(去聲) 즉 제4성이다. 하나의 음절을 이와 같이 나누는 방법은 중국에서 오래전부터 사용되어왔고 지금도 여전히 사용되고 있다.

그렇다면 'hàn'(汉)은 h, a, n 세 개의 음소로 구성된 음절일까? 그렇지 않다. 성조도 하나의 음소이다. 자음과 모음처럼 독립적으로 존재할 수 있으면서 소리의 연쇄를 구성하는 요소를 분절음소(segmental phoneme)라고 하고, 소리의 높낮이나 길이, 강세와 같이 독립적으로 존재하지 못하고 분절음에 얹혀서 분절음에 영향을 주는 요소를 초분절음소(suprasegmental phoneme)라고 한다. 중국어의 성조는 전형적인 초분절음소이다.

소리의 높낮이 변화를 나타내는 성조는 대개 첫 유성음에서 시작하여 운미에 이르기까지 전체에 걸쳐 실현된다. 성조를 표기할 때는 편의상 주요 모음에 표시한다. 이상을 도식화하면 다음과 같다.

성조(모든 음절에 성조가 필수적이라는 의미)				제4성
성모	운모			
	개음 (운두)	운		
		주요 모음 (운복)	말음 (운미)	
자음	모음	모음	모음/자음	
h		a	n	(汉)
sh	u	a	i	(帅)

중국어의 음절구조

위의 표에서 알 수 있는 것처럼 성모, 운두, 운복, 운미의 개념은 어떤 소
리의 물리적인 속성을 가리키는 것이 아니라 소리가 놓이는 자리의 개념에
가깝다. 성모의 자리에는 자음만이 올 수 있고, 개음과 주요 모음의 자리에
는 모음만이 올 수 있으며, 운미에는 모음과 자음이 모두 올 수 있다. 표준
중국어에서 운미에 올 수 있는 자음은 n과 ng뿐이다.

그럼 몇 가지 중국어의 음절을 이러한 방법으로 분석해보자.

다음 표에서 'yào'(药), 'zǒu'(走), 'huái'(怀)는 모음운미를 가진 음절이
고, 'zhuāng'(裝)은 자음운미를 가진 음절이다. 또 'zǒu'(走)에는 개음이
없고, 'dié'(蝶)에는 운미가 없다. 'a'(阿)는 주요 모음만으로, 'bà'(爸)는
성모와 주요 모음만으로 이루어진 음절로서 이 두 음절에는 개음과 운미가
없다.

음절	성모	운모			성조
		개음 (운두)	주요 모음 (운복)	말음 (운미)	
阿 ā	ø		a		제1성
药 yào	ø	y(i)	a	o	제4성
爸 bà	b		a		제4성
走 zǒu	z		o	u	제3성
蝶 dié	d	i	e		제2성
怀 huái	h	u	a	i	제2성
装 zhuāng	zh	u	a	ng	제1성

중국어 음절구조의 제약

중국어의 음절은 앞에서 살펴본 것처럼 성모, 운모, 성조로 구성되지만 모든 성모와 모든 운모가 서로 결합될 수 있는 것은 아니다. 성모와 운모가 결합되는 데는 일정한 제약이 있다. 예를 들면 'b, p, m'은 ü, uo, ua, uan 등의 운모 앞에 출현할 수 없고, 'f'는 i[i], ü, uo, ua 등의 운모 앞에 출현할 수 없다.

모든 운모와 결합할 수 있는 성모는 n, l과 영성모이다. 앞서 말한 'z, c, s', 'zh, ch, sh, r', 'g, k, h'는 'j, q, x'와 상보적인 결합관계를 가지고 있다. 즉 'z, c, s', 'zh, ch, sh, r', 'g, k, h'와 결합하는 운모는 'j, q, x'와 결합하지 않으며, 'j, q, x'와 결합하는 운모는 'z, c, s', 'zh, ch, sh, r', 'g, k, h'와 결합하지 않는다.

성모와 운모의 결합관계를 표로 정리하면 다음과 같다.

		개구호	제치호	합구호	촬구호
양순음	b, p, m	+	+	(+)*	
순치음	f	+		(+)*	
치음	z, c, s	+		+	
치경음	d, t	+	+	+	
	n, l	+	+	+	+
권설음	zh, ch, sh, r	+		+	
경구개음	j, q, x		+		+
연구개음	g, k, h	+		+	
영성모	ø	+	+	+	+

*합구호 가운데 u하고만 결합하고 다른 운모와는 결합하지 않음.

성모와 운모의 결합관계

중국어 성모와 운모의 결합 상황을 살펴보면 기본 음절은 399개이며, 여기에 네 개의 성조를 결합하면 이론적으로는 1,596개의 음절이 만들어질 수 있지만 실제로는 1,206개다. 모든 기본 음절이 네 개의 성조를 가지고 있는 것은 아니기 때문이다. 네 개의 성조를 모두 갖춘 음절은 159개, 세 개의 성조만 있는 음절은 131개이며, 'nong'처럼 두 개의 성조만 있는 음절은 68개, 'néng, sè'처럼 한 개의 성조만 가진 음절은 41개이다.

기본음절과 성조의 결합관계를 살펴보면 그 안에서 몇 가지 특징을 찾아낼 수 있다. 우선 두 음절이 한 음절로 축약된 합음어인 zán(咱), béng(甭)을 제외하고는 무기음성모 b, d, g, j, zh, z가 비음운모와 결합한 음절에는 제2성이 없다.

[중국어의 음절수]

중국어의 음절수는 모두 몇 개일까? 『현대한어사전』(제5판, 2005)에 수록된 음절수를 조사해 보면 기초음절은 411개이고, 네 개의 성조를 구분하면 1,285음절이다. 여기에 hm, m, ng 등의 성절자음 11개와 경성만 있는 음절 lo, me를 더하면 음절수는 1,298개이다.

그에 비해 『현대한어규범사전』(제2판, 2010)의 표제어 음절수 기준은 좀 더 신중한 편이다. 성절자음을 배제하고 있고, 기초음절수도 5개(ê, nun, rua, tei, yo)가 적은 406개이다. 성조를 구분한 음절수는 8개가 적은 1,277개이다. 경성만 있는 음절은 me 하나뿐이므로 이를 더하면 음절수는 1,278개이다.

두 사전의 음절수를 비교하면 다음과 같다.

	음평	양평	상성	거성	경성	성절	총계
현한	340	265	324	356	2	11	1,298
규범	336	263	323	355	1	0	1,278

중국의 언어문자 규범인 『중국어 국제교육용 음절 한자 어휘 등급 구분』(응용해독본)에 따르면 『현대한어사전』의 1,298음절 중 방언, 고대중국어, 의성어, 문언어휘용 음절을 제외한 기초음절수는 399개, 총음절수는 1,206개(교육용은 1,110개)이다. 이 책에서는 이 수치를 따랐다.

	제1성	제2성	제3성	제4성
ben	奔	없음	本	笨
duan	端	없음	短	断
jing	经	없음	景	静

그리고 유성음 성모 n, l, r로 구성되는 음절에는 제1성이 거의 없으며, 설령 있다 하더라도 nāo(孬), rāng(嚷), rēng(扔)처럼 한 개뿐인 경우가 대부분이다.

	제1성	제2성	제3성	제4성
nai	없음	없음	奶	耐
lan	없음	兰	览	烂
rao	없음	饶	扰	绕

성조를 고려해서 나온 총음절수 1,206을 사용하여 평균적인 동음자의 개수를 계산해볼 수 있다. 『현대한어통용자표』의 7,000자를 총음절수로 나누면 하나의 글자당 평균 약 5.8개의 동음자가 존재한다는 계산 결과를 얻을수 있다.

10

말소리의 여러 모습

중국어의 성모, 운모, 성조는 실제 발화상황에서는 발음을 좀 더 쉽고 편하게 하려는 자연스러운 욕구에 따라 이런저런 변화를 겪게 된다. 앞뒤의 발음이 같아지기도 하고 달라지기도 하며 무엇인가 첨가되기도 하고 탈락되기도 한다. 또한 문장 속의 특정 어구가 강하게 발음되기도 하고 상대적으로 약하게 발음되기도 하는데 이것은 휴지와도 관련이 있다.

이 장에서는 말소리의 정태적인 체계가 아니라 소리와 소리의 조합에 의해 일어나는 말소리의 동태적 변화 양상을 살펴보기로 한다. 음운변동에 이어 성조의 변화에 대해 알아보고, 표준중국어를 익힐 때 반드시 알아야 하는 경성과 권설음화에 대해 학습한다. 그리고 문장을 발화할 때 수반되는 강세, 음보, 휴지, 억양과 같은 운율요소에 대해 살펴보기로 한다.

| 1 | 음운변동

어떤 소리가 그것을 둘러싼 환경에 따라 다른 소리로 변하는 현상을 음운
변동이라고 한다. 이것은 지구상의 대부분 언어에 보편적으로 존재하는 현
상으로서 중국어도 예외가 아니다. 중국어의 음운변동은 동화와 이화, 첨
가와 탈락, 약화와 축약 등으로 나누어 살펴볼 수 있다.

동화와 이화

동화(assimilation)란 어떤 소리가 인접해 있는 소리의 영향을 받아 같거나 비
슷한 소리로 변하는 현상이다. 앞의 소리의 영향을 받아 일어나는 동화를
순행동화(順同化 shùn tónghuà), 뒤의 소리의 영향으로 일어나는 동화를 역행동
화(逆同化 nì tónghuà)라고 한다. 현대중국어에는 역행동화가 많다.

面包 miànbāo   [miɛn pau]   →   [miɛm pau] (빵)

难免 nánmiǎn   [nan miɛn]   →   [nam miɛn] (불가피하다)

[변신하는 발음] ───────────────────────────────

박찬호 선수가 루키 시절 시범경기에서 홈런을 두 개나 얻어맞자 투수코치는 그에게 이렇게 조언
했다. "Control your emotion."(감정을 컨트롤하라) 그랬더니 이튿날 박찬호는 자신의 투구동
작을 다듬는 연습에 열심이었다. 투구동작을 가다듬는 것이 마인드 컨트롤에 도움이 된다고 생각
했던 것일까? 아니다. 박찬호는 코치의 말에서 약화된 e를 못 듣고 그 말을 "Control your
motion."(투구모션을 컨트롤하라)로 이해했던 것이다.

　　변신은 발음이 원래 가지고 있는 속성이다. 그러므로 변신하는 발음을 탓할 수는 없다. 예측
가능한 발음의 변신을 미리 파악하고 그것을 익히는 것만이 우리가 할 수 있는 일이다.

三个 sān ge	[san kə]	→	[saŋ gə] (세 개)
分开 fēnkai	[fən kʼai]	→	[fəŋ kʼai] (분리되다)

음절의 끝소리 -n은 '面包, 难免'에서처럼 양순음 b, p, m 앞에서는 양순음 -m으로 변하고, '三个, 分开'에서처럼 설근음 g, k, h 앞에서는 설근음 -ng[ŋ]로 변한다. 양순음 앞에서는 양순음이 되고 설근음 앞에서는 설근음으로 동화되는 것이다. 중국어 자음표를 살펴보면 이 현상이 더 쉽게 이해된다.

조음 방법＼조음위치	양순음	순치음	설첨전음	설첨음	설첨후음	설면음	설근음
파열	b[p] p[pʼ]						g[k] k[kʼ]
파찰							
마찰							
비음	m[m]	←		n[n]		→	ng[ŋ]
설측							

자음의 동화

이 표는 n이 조음위치와 조음방법이 모두 다른 자음 b나 k와 만났을 때 그것에 동화되면서 조음위치가 같은 m과 ng[ŋ]로 바뀌었음을 보여준다. '难免'(nánmiǎn)은 조음방법은 같고 조음위치만 다른 n과 m이 접촉한 결과 조음위치마저 같아져서 완전히 같은 소리로 바뀐 경우이다.

그런데 자세히 보면 '三个'는 n만 ng[ŋ]로 바뀐 것이 아니라 '个'의 성모 [k]도 유성음 [g]로 바뀐 것을 알 수 있다. 유성음 [n]과 [ə] 사이에서 일어난

현상인데, 이렇게 무성음이 유성음으로 바뀌는 것을 '유성음화'라고 한다. 앞뒤 유성음의 영향으로 일어난 현상이므로 이 역시 동화의 일종이다.

我的 wǒ de	[wo tə]	→	[wo də] (나의)
爸爸 bàba	[pa pa]	→	[pa bə] (아빠)
喇叭 lǎba	[la pa]	→	[la ba] (나팔, 확성기)
本子 běnzi	[pən tsɿ]	→	[pən dzɿ] (공책, 노트)

중국어에서 무성음 앞뒤에 유성음이 오면 언제나 유성음화가 일어나는 것은 아니다. 여기에는 한 가지 조건이 더 필요하다. 그것은 바로 뒤의 3절에서 다룰 '경성'(輕聲 qīngshēng)이다. 위의 예들을 보면 알 수 있듯이 이 현상은 경성 음절에서 일어난다.

[중국어의 연음]

한국어나 영어에서 흔히 일어나는 연음(liaison)이 중국어에서는 나타나지 않는다는 점은 특기할 만하다. 예컨대 '밥을'은 [바블]로 'give up'은 [gɪvʌp]으로 발음되지만 '翻案'(fān àn 판결을 뒤집다)은 fā nàn(发难 반란을 일으키다)으로 발음되지 않으며 '不是故意(gùyì)的'(일부러 그런 게 아냐)는 '不是贵(guì)的'(비싼 게 아냐)로 발음되지 않는다. 간혹 한국학생들이 '天安门'(tiān'ānmén 천안문)을 발음할 때 tiē nān mén으로 잘못 발음한다는 지적을 받곤 하는데, 이는 부지불식간에 한국어의 언어습관이 나타난 결과이다.

동화와 반대로 동일한 음이나 동일한 자질을 가진 소리들이 만나 그중하나가 다른 소리로 변하는 것을 이화(dissimilation)라고 한다. 중국어의 대표적인 이화현상은 제3성의 성조변화이다. 동일한 두 개의 제3성이 만나면 앞의 제3성은 이화되어 제2성으로 바뀐다. 이에 대해서는 다른 성조변화와

함께 뒤에서 살펴보겠다.

약화와 축약

어떤 소리가 정상적인 강세를 받지 않는 조건에 놓일 때는 약화(reduction)가 일어난다. 중국어의 대표적인 약화현상은 경성(輕聲)이다. 경성의 경우에는 음절의 길이가 짧아지기 때문에 원래의 성조도 제대로 구현되지 않고 줄어들거나 사라진다.

경성의 여러 가지 특질과 유형에 대해서는 뒤에서 다루기로 하고, 여기에서는 모음의 변화만 살펴보자. 국제음성부호를 통해 그 변화를 살펴보면 아래와 같다.

妈妈 māma	[ma ma]	→	[ma mə] (엄마)
办法 bànfa	[pan fa]	→	[pan fə] (방법)
棉花 miánhua	[miɛn xua]	→	[miɛn xuə] (목화, 솜)

위의 예를 보면 원래 [a]이던 것이 모두 [ə]로 바뀐 것을 알 수 있다. [ə]는 모음사각도의 가운데 위치한 모음 즉 중설중모음이다. 이를 '슈와'(schwa)라고 하는데, 우리말로는 '애매모음'이라고 부르기도 한다. 간혹 [ə]를 한국어의 'ㅓ'로 생각하는 수가 있는데 'ㅓ'와는 다르며 'ㅓ'보다 약하고 문자 그대로 더 애매한 소리이다. 꼭 중설중모음이 아니더라도 강세나 성조가 없는 소리, 즉 [i], [a], [e], [o]와 같이 혀가 구강의 앞이나 뒤, 위나 아래 한쪽으로 이동해서 내야 하는 소리를 약하고 짧게 발음할 때 어느쪽으로도 확실히 쏠리지 않은 상태에서 나는 소리를 [ə]로 표시한다. 이 때문에 기호로는 [ə]로 표시했다고 해도 모든 [ə]가 똑같이 하나의 음을 나타

내는 것은 아니다.

경성에서는 축약이 나타나기도 한다. 축약(contraction)이란 둘 이상의 음의 연쇄가 단일한 음으로 줄어드는 것을 말한다. 이중모음이나 삼중모음으로 이루어진 운모는 경성 음절에서 단모음으로 축약되는 경우가 많다.

回来 huílai   [xueɪ lai]   →   [xueɪ laɪ]   →   [xueɪ lɛ] (돌아오다)

口袋 kǒudai   [kʻou tai]   →   [kʻow taɪ]   →   [kʻow tœ] (주머니)

石头 shítou   [ʂɻ tʻou]   →   [ʂɻ tʻow]   →   [ʂɻ tʻɔ] (돌)

또 문말에 어기조사 '了'와 '啊'가 동시에 나타날 때에도 음운축약이 일어난다. le와 a가 하나의 음절로 합쳐져서 la가 되는데, 이를 표기에 반영하여 아예 '啦'로 쓰는 경우가 많다.

我在上海住五年啦(了+啊 → 啦)。Wǒ zài Shànghǎi zhù wǔ nián la.
나는 상하이에서 5년을 살았어.

이 밖에도 중국어에서 나타나는 축약현상의 대표적인 것으로는 권설음화(儿化)가 있다. 예컨대 '花儿'(꽃)은 huā와 ér 두 음절이 결합하여 huār이라는 하나의 음절로 축약된다. 권설음화현상의 여러 가지 유형 등에 대해서는 뒤의 4절에서 자세히 살펴보겠다.

첨가와 탈락

첨가(epenthesis)란 원래 없던 소리가 발음과정에서 더 들어가는 것을 말한다. 중국어에서는 어기조사 '啊'의 음운변동이 음운첨가의 대표적인 예이다.

앞 음절 끝소리가 a, i, ü일 경우 i가 첨가되어 ya(ia)로 발음된다. 이를 아예 표기에 반영하여 '呀'로 쓰기도 한다.

a + ia   这是什么话啊(呀)! Zhè shì shénme huà⌒ya!
              이게 (대체) 무슨 말이냐!

i + ia   你是谁啊(呀)! Nǐ shì shéi⌒ya!
              누구세요?

ü + ia   去不去啊(呀)? Qù bu qù⌒ya?
              갈 거니 안 갈 거니?

o, e, ê 뒤에서는 i가 첨가될 수도 있고 그렇지 않을 수도 있다. 즉 ya(ia)로 발음되기도 하고 그냥 a로 발음되기도 한다.

o + (i)a   这么多啊(呀)! Zhème duō⌒(y)a!
              이렇게 많아!

e + (i)a   过河啊(呀)! Guò hé⌒(y)a!
              강을 건너라!

ê + (i)a   写啊(呀)! Xiě⌒(y)a!
              써라!

앞 음절 끝소리가 u, ao, ou와 같이 [u]음이면 u가 첨가되어 wa(ua)로 발음된다. 이를 아예 표기에 반영하여 '哇'로 쓰기도 한다.

u + **ua**	别哭啊(哇)！ Bié kū⌒wa!
	울지 마라!
ao + **ua**	好啊(哇)！ Hǎo⌒wa!
	좋아!
ou + **ua**	一起走啊(哇)！ Yìqǐ zǒu⌒wa!
	같이 가!

앞 음절 끝소리가 n이면 n이 첨가되어 na로 발음된다. 이를 표기에 반영하여 '哪'로 쓸 수도 있다.

n + **na**	还没看啊(哪)！ Hái méi kàn⌒na!
	아직 못 봤어!

앞 음절 끝소리가 ng[ŋ]이면 ng[ŋ]이 첨가되어 nga[ŋa]로 발음될 수도 있고 그냥 a로 발음될 수도 있다. 표기는 모두 '啊'로 한다.

ng + **(ng)a**	真长啊！ Zhēn cháng⌒(ng)a!
	정말 길다!

앞 음절 끝소리가 er 또는 –i[ɿ]이면 r가 첨가되어 ra로 발음될 수도 있고 그냥 a로 발음될 수도 있다. 표기는 모두 '啊'로 한다.

r + (r)a   这是我女儿啊！ Zhè shì wǒ nǚ ér⌣(r)a!
                이 아이가 내 딸이야!

–i + (r)a   这可是件大事啊！ Zhè kě shì jiàn dàshì⌣(r)a!
                이건 정말 큰일이야!

첨가와는 반대로 원래 있던 소리가 발음과정에서 없어지는 것을 탈락(elision)이라고 한다. 중국어에서는 일부 경성 음절에서 모음의 탈락이 보인다.

大夫 dàifu   [taifu]   →   [taif] (의사)
意思 yìsi   [isɿ]   →   [is] (생각, 의미)
帽子 màozi   [mautsɿ]   →   [maudz] (모자)

이외에 운모가 탈락되면서 성모가 앞 음절에 붙는 현상도 있다.

咱们俩谁跟谁呀！ Zám liǎ shéi gēn shéi ya!
우리가 남이가?

위의 '咱们'처럼 두 번째 음절 운미의 탈락이 일어나 두 음절이 한 음절로 되는 예에는 다음과 같은 것들이 있다.

我们 wǒmen   →   wǒm (우리)

怎么 zěnme   →   zěm (어째서)

什么 shénme   →   shém (무엇)

이상으로 우리는 중국어의 음운변동현상을 살펴보았다. 이를 정리하면 다음과 같다.

동화	선행음절 말음의 자음동화현상, 유성음화현상
이화	제3성→제2성 성조변화
약화	경성
축약	이중모음의 축약현상, 권설음화현상
첨가	'啊'의 음운변동
탈락	경성음절의 모음 탈락, '们', '么' 등의 운모 탈락

| 2 | 성조의 변화

성조도 변한다

중국어와 같은 성조언어에서는 자음이나 모음과 같은 분절음뿐만 아니라 성조도 소리의 연쇄 속에서 변화를 일으키는 경우가 많다. 표준중국어에서 네 성조의 성조값은 각각 5-5, 3-5, 2-1-4, 5-1이지만 음절이 둘 이상 결합할 때는 성조값에 변화가 일어나는 경우가 있다. 이렇게 소리의 연쇄 속에서 한 성조가 다른 성조와의 접촉으로 인해 변화를 일으키는 현상을 '성조변화'(变调 tone sandhi)라고 한다. 성조변화는 둘 이상의 음절이 결합된 소리의 연쇄에서 일어나기 때문에 '연독 성조변화'(连读变调)라고 부르기도 한다. 개별 음절의 성조 즉 낱글자의 성조(单字调 dānzìdiào)만을 또박또박 발음

해서는 자연스러운 발음이 될 수 없다. 성조의 변화를 이해하고 습득해야
만 원활한 의사소통이 가능하다.

표준중국어에서 나타나는 성조변화로는 제3성의 성조변화가 가장 대표
적이며, 이외에도 '一'(yī)와 '不'(bù)의 성조변화, 제4성의 연쇄에서 나타
나는 성조변화, 형용사 중첩형에서 나타나는 성조변화 등이 있다.

제3성의 성조변화

상성(上聲 shǎngshēng) 즉 제3성은 표준중국어의 네 가지 성조 가운데 변화가
가장 많은 성조이다. 제3성이 다른 성조와 결합할 때 각각 어떻게 발음되는
지 살펴보자.

(1)

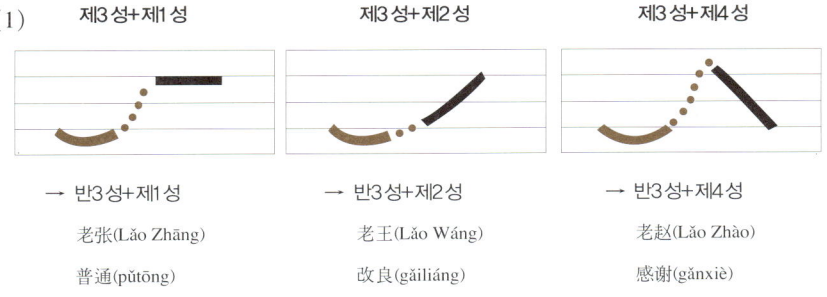

제3성+제1성	제3성+제2성	제3성+제4성
→ 반3성+제1성	→ 반3성+제2성	→ 반3성+제4성
老张(Lǎo Zhāng)	老王(Lǎo Wáng)	老赵(Lǎo Zhào)
普通(pǔtōng)	改良(gǎiliáng)	感谢(gǎnxiè)

제3성이 제1성, 제2성, 제4성과 결합할 때 앞의 제3성은 [214]의 성조값
중에서 전반부의 [21]만 실현되는 것으로 알려져 있다. 이렇게 제3성의 전
반부만 발음되는 것을 '반삼성'이라고 부른다. 그런데 위의 그래프를 보면
[21]과 같은 뚜렷한 하강이 보이지 않고 반삼성의 시작점과 끝점이 모두 낮
게 표현되어 있는 것을 알 수 있다. 물론 실제 주파수 값은 하강하지만 반
삼성의 가장 중요한 특징은 '낮은 성조'라는 것이다.

(2)

제3성+제3성

→ 제2성+제3성

　　辅导(fǔdǎo)　水果(shuǐguǒ)　展览(zhǎnlǎn)

　　제3성 뒤에 제3성 음절이 이어지면 위의 그래프에 나타난 것처럼 앞의 제3성은 제2성으로 변한다. 그런데 이렇게 제3성이 다른 제3성 앞에서 성조변화를 일으켰을 때 그것이 과연 제2성과 완전히 같은 성조인가에 대해 의문이 제기된 적이 있다. 이 성조는 시작점이 제2성보다 낮게 나타나는 경향이 있기 때문이다. 그러나 이런 의문은 중국인들이 둘을 별개의 것으로 인식하지 못한다는 사실이 밝혀지면서 해결되었다.

['买马' 와 '埋马']

제3성이 다른 제3성 앞에서 변화를 일으켰을 때의 성조와 제2성을 같은 것으로 간주할 것인가에 관한 의문은 왕스위안(王士元)과 리궁푸(李公普) 두 학자의 실험(Wang & Li 1967)에 의해 해결되었다. 실험은 아래와 같은 제3성+제3성 조합과 제2성+제3성 조합의 쌍을 중국인들에게 들려주고 의미 차이를 구분하도록 하는 것이었다.

　　买马(mǎi mǎ) : 埋马(mái mǎ)　　　　　　有井(yǒu jǐng) : 油井(yóujǐng)

　　말을 사다　　말을 묻다　　　　　　　　　우물이 있다　　유전

　　실험 결과 정답율은 50% 정도였다. 양자택일형 테스트의 정답율이 50%를 넘지 않는다면 의미 있는 수치가 되지 못한다. 그들은 이 연구에 의거하여 제3성이 성조변화를 일으켰을 때 그것은 제2성과 같이 인식된다고 결론지었다.

제3성 뒤에 경성이 이어질 때는 상황에 따라 다음의 두 가지로 발음된다. 성조변화는 두 번째 음절이 경성이 되기 전에 일어나므로 (3a)는 첫 번째 제3성이 제3성 앞에서 제2성으로 바뀌고 그 다음에 두 번째 음절이 경성이 된 것이다.

(3)   **제3성+경성**

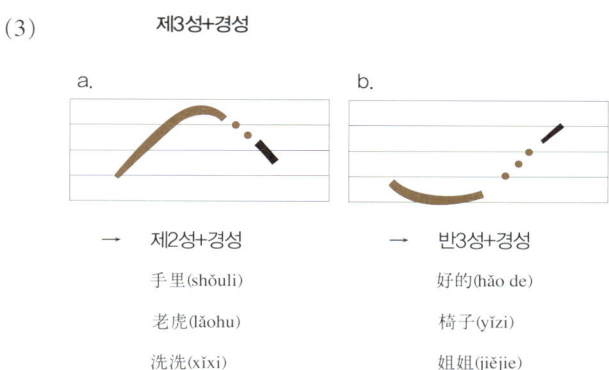

a.	b.
→ 제2성+경성	→ 반3성+경성
手里(shǒuli)	好的(hǎo de)
老虎(lǎohu)	椅子(yǐzi)
洗洗(xǐxi)	姐姐(jiějie)

그런데 (3b)의 '椅子'나 '姐姐'도 글자만 보면 '제3성＋제3성'의 조합이므로 (3a)와 같아야 할 것 같은데 실제는 그렇지 않다. 그 이유는 두 번째 경성의 성격이 다르기 때문이다. 이는 다음과 같은 규칙으로 설명할 수 있다.

기저형	**제3성＋제3성**	**제3성＋경성**
	↓	↓
제3성 변화 규칙	제2성+제3성	반3성+경성
	↓	↓
경성화 규칙	제2성+경성	(해당 없음)
	↓	↓

표면형	제2성+경성	반3성+경성
	老虎(lǎohu)	椅子(yǐzi)

* 제3성 변화 규칙 : 제3성은 제3성 앞에서 제2성이 되고, 나머지 경우에는 반3성이 된다.
* 경성화 규칙 : 정상적인 강세가 놓이지 않는 음절은 제 성조를 잃고 경성이 된다.

제3성이 본래의 성조로 발음될 때는 언제일까? 많은 교재들이 단독으로 발음하는 경우와 문미에 오는 경우 온전한 제3성으로 발음된다고 설명한다. 그러나 실제로 그런 경우에 후반부의 상승이 충분히 이루어지는지에 대해서는 의문이 남는다. 실제 발화에서는 문미에 오더라도 반삼성으로 발음되는 경우가 많기 때문이다.

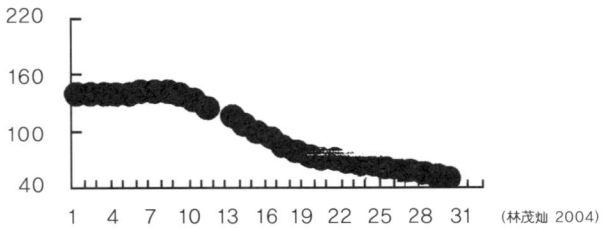

(林茂灿 2004)

이 그래프는 "金先生要去青岛"라는 문장에서 '青岛' 부분만을 뽑은 것이다. 문장 끝의 제3성 역시 [21], 즉 반삼성임을 알 수 있다. 이런 점 때문에 제3성을 가르칠 때에는 반삼성을 위주로 하여 '낮은 성조'로서의 특징을 습득하도록 하는 데 중점을 두는 것이 좋다.

'一'와 '不'의 성조변화
'一'가 독립적으로 쓰이거나 어구의 끝에 있을 때는 원래 성조인 제1성으로 발음한다. 어구의 끝에 있을 때 제1성으로 읽는다는 말은 바꿔 말하면 뒤에 휴지가 올 때 제1성으로 읽는다는 것이다. 다음의 '说一不二'에서 '一'는 어구 끝은 아니지만 '说一'와 '不二' 사이에 휴지가 있어 제1성으로 읽는 경우이다.

一, 二, 三! yī èr sān! (하나, 둘, 셋!)

不管三七二十一 bùguǎn sān qī èr shí yī (좌우지간에)

说一不二 shuōyī-bú'èr (한 입으로 두 말 하지 않다)

그리고 '一'가 서수, 즉 순서를 나타낼 때에도 원래 성조인 제1성으로 발음한다.

第一课 dì-yī kè (제1과)   一楼 yī lóu (제1층)   一班 yī bān (제1반)

이런 경우를 제외하면 '一'는 제1성, 제2성, 제3성 앞에서는 yì로 발음하고, 제4성의 앞에서는 제2성 yí로 발음한다.

(4)   '一' + 제1,2,3성

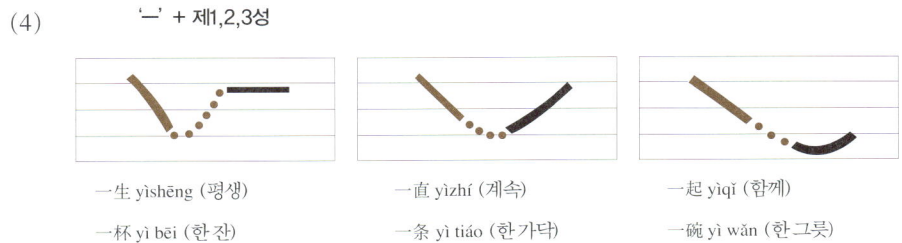

一生 yìshēng (평생)   一直 yìzhí (계속)   一起 yìqǐ (함께)
一杯 yì bēi (한 잔)   一条 yì tiáo (한 가닥)   一碗 yì wǎn (한 그릇)

(5)　　　'一' + 제4성

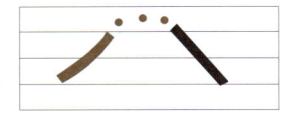

一切 yíqiè (모든)

一块 yí kuài (한 조각)

'不'는 제1성, 제2성, 제3성 앞에서는 원래 성조인 제4성 bù로 발음한다.

不多 bù duō (많지 않다)

不成 bù chéng (안 된다)

不理 bù lǐ (관여하지 않다)

그러나 제4성의 음절 앞에서는 제2성으로 발음한다.

(5)　　　'不' + 제4성

不错 búcuò (매우 좋다)　　　　不大 bú dà (크지 않다)

[기타 성조변화]

'七' qī와 '八' bā는 원래 성조가 제1성인데 과거에는 '七'와 '八'가 제4성 앞에서 제2성으로 변한다고 기술해왔다. 그러나 현재는 이런 성조변화는 점차 사라지고 있다. '七'와 '八'의 성조를 변화시키지 않는 경향은 젊은 세대로 갈수록 더 뚜렷해져서 사실상 이러한 성조변화를 익혀둘 필요성이 없어졌다.

또 제4성이 제4성 앞에 놓이면 원래의 성조값인 [51]이 완전하게 구현되지 않고 [53] 정도만 실현된다고 알려져 있다. 그러나 모든 2음절 조합에서 앞의 성조가 뒤의 성조보다 전체적으로 대역이 조금 더 높다. 예컨대 제1성+제1성의 조합이라면 [66]+[55] 정도가 된다. 바꿔 말하면 '높은 [55]'와 '낮은[55]'인 셈이다. 그러므로 [53]처럼 들리는 것은 사실은 전체적으로 대역이 높은 [51]이다. 따라서 이런 경우는 성조의 변화라고 볼 수 없다.

또 3음절 연쇄에서 첫 번째 음절이 제1성이나 제2성이고 두 번째 음절이 제2성이면 빠른 발화에서 두 번째 음절은 제1성이나 제4성에 가깝게 바뀌는 경향이 있다.

科学家 kēxuéjiā　　　→　　　kēxuējiā　　　天文台 tiānwéntái　　　→　　　tiānwēntái

文言文 wényánwén　　　→　　　wényànwén　　　欢迎你 huānyíng nǐ　　　→　　　huānyìng nǐ

물론 이런 경우 두 번째 음절을 반드시 제1성이나 제4성으로 읽어야 하는 것은 아니다. 천천히 말할 때는 더더욱 그런 변화가 일어나지 않는다. 이런 현상은 특정한 상황에서만 발생하는 것이기 때문에 성조변화규칙 안에 포함시키지 않는다.

중첩형용사의 성조변화

단음절 형용사가 중첩될 때에도 성조변화가 일어날 수 있다. 중첩된 두 번째 음절은 원래의 성조와 상관없이 권설음화되면서 제1성으로 발음된다.

快快儿地 kuàikuār de　　　　慢慢儿地 mànmānr de

长长儿的 chángchāngr de　　　　缓缓儿地 huǎnhuānr de

그러나 두 번째 음절을 권설음화하지 않는다면 원래의 성조로 읽는다.

快快地 kuàikuài de　　　　慢慢地 mànmàn de

'明明白白'와 같은 AABB식의 형용사는 보통 두 번째 음절이 경성으로 발음된다. 그런데 마지막 음절이 권설음화되면 뒤의 두 개의 음절이 모두 제1성으로 발음된다. 이때 네 번째 음절이 가장 강하게 발음된다.

明明白白 míngmingbáibái　　→　míngmingbāibāir (매우 분명하다)

漂漂亮亮 piàopiaoliàngliàng　→　piàopiaoliāngliāngr (매우 아름답다)

'硬棒棒'과 같은 ABB식 중첩형용사의 경우에는 뒤의 두 음절이 모두 제1성으로 발음된다. 이때 세 번째 음절이 가장 강하게 발음된다.

硬棒棒 yìngbàngbàng　→　yìngbāngbāng (아주 단단하다)

亮堂堂 liàngtángtáng　→　liàngtāngtāng (매우 밝다, 매우 빛나다)

| 3 | 경성

경성이란?

표준중국어의 각각의 음절에는 모두 정해진 성조가 있다. 그러나 단어나 구의 음절 중에는 원래의 성조를 잃어버리고 매우 가볍고 약한 소리로 읽혀지는 경우가 있다. 이것을 경성(輕聲 qīngshēng)이라고 한다.

표준중국어는 베이징음을 표준음으로 하고 있는데, 이 베이징음의 특징 가운데 하나가 바로 경성이 많다는 것이다. 만약 경성으로 발음해야 할 것을 제 성조로 발음한다면 듣는 사람이 의미를 혼동하거나 이상하게 느낀다. 예컨대 '(这个)东西'(물건)는 발음이 dōngxi인데 이를 만약 dōngxī로 발음한다면 '东西'(동서)가 되어버린다. 경성을 제대로 발음하지 않는다면 중국인은 당신을 외국인이거나 방언지역 사람이라고 생각할 수 있다.

경성을 '가볍고 약한 소리'라고 하는 것은 청각적 인상을 말하는 것이지 음성학적으로 경성이 음세기가 약한 소리임을 의미하는 것은 아니다. 데시벨(dB)을 낮춘다고 해서 경성이 되는 것은 아니다. 일반 음절과 비교했을 때 경성의 가장 두드러지는 특징은 '짧은 소리'라는 것이다.

예		앞음절 길이	뒷음절 길이
东西	dōngxī	500ms	600ms
	dōngxi	375ms	250ms
多少	duōshǎo	425ms	875ms
	duōshao	350ms	250ms
兄弟	xiōngdì	625ms	475ms
	xiōngdi	400ms	187.5ms

이 표에서 알 수 있듯이 경성은 정상적인 음절에 비해 현저히 짧다. 통계치에 의하면 경성의 음길이는 평균적으로 정상 음절의 56%이다. dōngxī와 dōngxi의 의미 차이는 xi의 음길이 차이에 의해 발생한 것이다. 우리말의 '눈물'과 '눈:물'이 소리의 장단에 따라 의미 차이를 발생시키듯 중국어에도 장단에 따라 의미의 변별이 일어나는 예가 있는 셈이다. 다만 중국어

에서는 그것을 직접적으로 장단이라 표현하지 않고 경성이라는 개념으로 구분하고 있을 뿐이다.

경성 음절에서는 또 앞서 이미 살펴본 동화, 약화, 축약, 탈락 등의 현상이 곧잘 일어난다.

我的 wǒ de	[wo tə]	→	[wo də] (동화: 유성음화)
妈妈 māma	[ma ma]	→	[ma mə] (약화)
回来 huílai	[xuei lai]	→	[xueɪ laɪ] (약화) →	[xueɪ lɛ] (축약)
大夫 dàifu	[taifu]	→	[taif] (탈락)

경성의 음높이

경성의 음높이는 앞음절의 성조에 따라 결정된다. 제3성 뒤의 경성이 가장 높으며, 제2성 뒤의 경성이 그 다음으로 높고, 제1성 뒤의 경성이 그 아래로 떨어지며, 제4성 뒤의 경성이 가장 낮다.

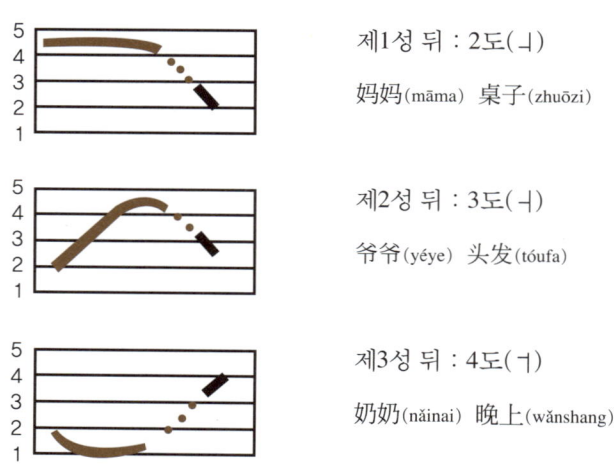

제1성 뒤 : 2도(ㄴ)

妈妈(māma) 桌子(zhuōzi)

제2성 뒤 : 3도(ㅓ)

爷爷(yéye) 头发(tóufa)

제3성 뒤 : 4도(ㄱ)

奶奶(nǎinai) 晚上(wǎnshang)

제4성 뒤 : 1도(」)

爸爸(bàba) 地方(dìfang)

경성이 어절 끝에 올 때는 위와 같이 되지만, 어절 가운데에 끼면 다른 음높이가 된다. 이때는 앞음절보다는 뒷음절 성조의 시작점 높이와 조화를 이루는 경향이 있다. 아래의 예를 보자.

谁的(书) shéi de(」)　→ shéi de(ㄱ) shū　　3도(제2성 뒤)　→ 5도(제1성 앞)

数得(着) shǔ de(ㅓ)　→ shǔ de(」) zháo　　4도(제3성 뒤)　→ 1도(제2성 앞)

说得(快) shuō de(ㄱ)　→ shuō de(ㄱ) kuài　　2도(제1성 뒤)　→ 5도(제4성 앞)

'shéi de'에서는 음역의 중간까지 내려가지만 'shéi de shū'에서 de는 뒷음절(제1성)의 시작점 높이까지 올라간다. 나머지 예도 마찬가지다. 경성은 정해진 성조값이 없는 중성조(neutral tone), 혹은 무성조(toneless)이기 때문에 이처럼 주변 음절의 음높이와 고저승강에 따라 값이 달라지는 것이다.

경성이 되는 것들

그렇다면 어떤 음절이 경성이 되는 것일까? 규칙성을 보이는 경우를 귀납하면 다음과 같다.

- 구조조사

  我的(wǒ de 나의), 慢慢地(mànmàn de 천천히)
- 동태조사

  来了(láile 왔다), 吃着(chīzhe 먹고 있다), 去过(qùguo 간 적이 있다)

- 어기조사

  好吗(hǎo ma 좋니?), 他呢(tā ne 그는?)

- 접미사

  他们(tāmen 그들), 桌子(zhuōzi 탁자)

  什么(shénme 무엇), 木头(mùtou 나무)

- 첩음어의 두 번째 음절

  妈妈(māma 엄마), 哥哥(gēge 형/오빠)

  娃娃(wáwa 갓난아기/인형), 猩猩(xīngxing 오랑우탄)

이상의 예는 모두 본래의 성조가 없고 항상 경성인 경우들이다. 이에 반해 아래의 예들은 본래의 성조를 가진 음절이 특정 조건에서 규칙적으로 경성이 되는 것들이다.

- 명사 뒤의 일부 방위사

  家里(jiāli 집 안), 手里(shǒuli 손 안)

  桌上(zhuōshang 탁자 위), 地下(dìxia 땅바닥)

- 목적어로 쓰인 인칭대명사

  请你说(qǐng ni shuō 당신이 말씀하세요)

  谁找我(shéi zhǎo wo 누가 날 찾니?)

- 중첩된 동사의 제2음절

  听听(tīngting 좀 듣다), 想想(xiǎngxiang 잠깐 생각하다)

- 중첩된 동사 사이에 긴 '一'와 '不'

  看一看(kàn yi kàn 잠시 보다), 猜一猜(cāi yi cāi 추측하다)

  去不去(qù bu qù 가니 안 가니?), 来不来(lái bu lái 오니 안 오니?)

- 동사와 보어 사이의 '得'나 '不'

  拿得动(ná de dòng 들 수 있다), 拿不动(ná bu dòng 들 수 없다)

- 방향보어와 일부 결과보어

  进来(jìnlai 들어오다), 拿过来(ná guolai 가지고 건너오다)

  找着(zhǎozhao 찾아내다), 站住(zhànzhu 꼼짝 않고 서다)

- 동사 뒤에 놓인 '在'나 '到'

  住在北京(zhùzai Běijīng 베이징에 살다)

  回到老家(huídao lǎojiā 고향에 돌아오다)

- 동사＋양사＋명사 구조 속의 양사

  抽支烟(chōu zhi yān 담배 한 대 피우다)

  喝杯茶(hē bei chá 차 한 잔 마시다)

- 양사 '个'

  一个(yí ge 한 개), 十九个(shíjiǔ ge 19개)

  이 밖에 일관된 규칙으로 파악하기 어렵기 때문에 개별적으로 기억할 수
밖에 없는 경우가 있다. 이때에도 다음과 같은 경향은 엿볼 수 있다.

- 대립구조로서 하나의 개념을 나타내는 것

  买卖(mǎimai 장사), 来往(láiwang 왕래), 好歹(hǎodai 어쨌든)

  东西(dōngxi 물건), 是非(shìfei 골칫거리, 문젯거리)

- 연합구조로서 구어로 자주 사용되는 것

  眼睛(yǎnjing 눈), 衣服(yīfu 옷), 喜欢(xǐhuan 좋아하다)

  书记(shūji 서기, 공산당의 주요 책임자)

경성과 의미변화

경성은 경성답게 발음해야 한다. 경성으로 발음하느냐 안 하느냐에 따라 그 의미가 달라지는 경우가 있기 때문이다. 예를 들어 한국학생들이 '선생님'을 부를 때 '老师'의 첫 번째 음절을 강하게 하고 두 번째 음절을 짧고 가볍게 하여 lǎoshi로 발음하는 경우가 많은데, 이렇게 하면 '老实'(성실한, 고지식한)라는 뜻이 되어버린다. 이처럼 중국어에서는 경성이 의미변화에 관여하는 경우가 종종 보인다. 몇 개의 예를 보자.

- 练习
  a. 第三个练习还没作完呢！ Dì sān ge liànxí hái méi zuòwán ne! [명사]
     세 번째 '연습문제'를 아직 못 끝냈어.

  b. 应该经常练习。 Yīnggāi jīngcháng liànxi. [경성 → 동사]
     늘 '연습해야' 한다.

- 生气
  a. 你千万别生气！ Nǐ qiānwàn bié shēngqì! [동사]
     제발 '화 내지' 마세요.

  b. 青年人最有生气。 Qīngniánrén zuì yǒu shēngqi. [경성 → 형용사]
     젊은이들이 가장 '활기가 있다'.

- 大意
  a. 讲讲这篇文章的大意。 Jiǎngjiang zhè piān wénzhāng de dàyì. [명사]
     이 글의 '대의'(대강의 뜻)를 말하세요.

  b. 你太大意了。 Nǐ tài dàyi le. [경성 → 형용사]
     너는 너무 '경솔해'!

- 过

a. 可别走过了站！ Kě bié zǒuguò le zhàn! [결과보어, '超过'의 뜻]

　　정류장을 '지나치지' 마세요.

b. 这条路, 我走过。 Zhè tiáo lù, wǒ zǒuguo. [경성 → 조사]

　　이 길은 '지나가본 적이 있다'.

| 4 | 권설음화

권설음화란?

권설음화(儿化 érhuà)란 운모가 권설음이 되는 현상을 말한다. 접미사 '儿'이 다른 음절 뒤에 붙으면 이를 두 음절로 발음하지 않고 한 음절로 축약하여 발음하면서 앞음절의 운모가 권설음화된다. 예컨대 '花' 뒤에 접미사 '儿'이 더해져서 '花儿'이 되면 huā'ér로 발음하지 않고 한 음절로 축약하여 huār로 발음한다. 한어병음으로는 huā 뒤에 r을 붙였지만 실제 발음은 huā에 이어 r을 발음하는 것이 아니라 운모인 uā를 발음할 때 혀를 살짝 들어 올려서 권설음으로 발음한다. 운모가 권설음이 되는 현상이므로 정확히는 '권설운모화'라고 해야겠지만 편의상 '권설음화'라고 부른다.

　권설음화는 베이징방언에서 두드러진 특징으로 나타난다. 그래서 베이징에 가면 마치 사람들이 늘 혀를 말아올린 채 살고 있는 것 같은 느낌을 받는다. 다음 예문에서 보듯 베이징사람들은 권설음을 많이 낸다.

　　小王儿, 要明儿个天儿好, 上香山玩儿去。 Xiǎo Wángr, yào míngr ge tiānr hǎo, shàng Xiāngshān wánr qù.

　　샤오왕, 내일 날씨가 좋으면 샹산에 놀러가자.

이 예문을 약간 빠르게 읽어보자. 사람 이름인 '小王'도 혀를 말고, '明天'의 베이징사투리인 '明儿个'나 '天气'의 베이징말인 '天儿'과 아울러 동사인 '玩儿'도 혀를 말아서 발음해보자. 베이징말에 권설음화현상이 얼마나 흔한지 실감할 수 있을 것이다.

물론 베이징사람들이 저렇게 많은 권설운모(儿化韵 érhuàyùn)를 사용한다고 해서 이 모든 것을 표준발음으로 인정하는 것은 아니다. 표준어에서는 의미변별 기능이 있거나 두루 쓰이고 있는 말에 한해서 권설운모를 표준발음으로 인정하고 있다.

권설음화의 규칙

운모가 권설음화되면 경우에 따라 운모 자체에도 약간의 변화가 동반된다. 이를 몇 가지로 분류하여 살펴보면 아래와 같다.

a, o, e, u로 끝나는 운모는 모음에 혀를 들어올리는 권설 동작만 첨가한다. 예컨대 mǎr는 [maɚ], 즉 운모를 그대로 권설음화하면 된다.

号码儿 hàomǎr 번호   山歌儿 shāngēr 남방의 민간가곡

老婆儿 lǎopór 할멈(호칭)   土豆儿 tǔdòur 감자

운모가 i, ü일 때에는 그 뒤에 [ɚ] 음을 붙인다. 예를 들면 jīr는 [tɕiɚ]로 발음하는 것이다.

小鸡儿 xiǎojīr 병아리   有趣儿 yǒuqùr 흥미롭다

米粒儿 mǐlìr 쌀알   金橘儿 jīnjúr 금귤

운모가 –i[ʅ][l]일 때에는 운모 전체가 [ɚ]로 변한다. 즉 –i[ʅ][l]가 탈락되고 운모가 [ɚ]로 바뀌는 것이다. 예컨대 shìr은 [ʂɚ]이 된다.

有事儿 yǒushìr 일이 있다　　　　棋子儿 qízǐr 바둑돌

果汁儿 guǒzhīr 주스　　　　　　鱼刺儿 yúcìr 생선가시

운미가 –i나 –n인 운모는 운미가 탈락되고 그 앞의 주요 모음에 권설 자질이 더해진다. 예를 들면 gēnr은 [kɚ]이 된다.

小孩儿 xiǎoháir 어린아이　　　　一块儿 yíkuàir 함께

一片儿 yípiànr 한 조각　　　　　树根儿 shùgēnr 나무 뿌리

운미가 –ng인 운모는 –ng가 탈락하고 그 앞의 주요 모음에 권설 자질이 더해지는 동시에 주요 모음이 비음화된다. 예를 들면 fēngr은 [fɚ̃]이 된다. 모음 위의 [~]표시는 비음을 나타낸다. [ɚ] 소리를 내면서 동시에 비강으로도 기류를 보내 콧소리를 내는 것이다.

信封儿 xìnfēngr 편지봉투　　　　小羊儿 xiǎoyángr 새끼 양

眼光儿 yǎnguāngr 시선, 안목　　　蛋黄儿 dànhuángr 노른자

운모가 –in, –un, –ün인 경우에는 –n이 탈락하고 주요 모음 뒤에 [ɚ] 음이 붙는다. 운모가 –ing인 경우에는 –ng가 탈락되고 주요 모음 뒤에 [ɚ] 음이 붙는 동시에 주요 모음이 비음화된다. 예컨대 jinr은 [tɕiɚ]이 되고 pingr은 [piɚ̃]이 된다.

没劲儿 méijìnr 기운 없다   手印儿 shǒuyìnr 손자국, 지문

电影儿 diànyǐngr 영화   花瓶儿 huāpíngr 꽃병

권설음화의 기능

권설음화는 단순히 운모의 발음에 권설음이 더해지는 데서 그치지 않고 그러한 발음의 변화에 의해 몇 가지 의미기능을 하게 된다.

대표적인 것이 의미의 변별이다. 권설음화 여부에 따라 단어의 의미가 달라지는 것이다. 예를 들어 '半天儿'(bàntiānr)은 하루(낮시간)의 절반인 '한나절'을 의미하지만 '半天'(bàntiān)은 '매우 긴 시간'을 의미하게 된다. 따라서 '한참이나 얘기했는데도 알아듣질 못하네!'라고 할 때에는 "说了半天, 也没听明白。"라고 하고, '반나절 휴무'라면 "休半天儿"이라고 한다.

半天 bàntiān 한참 동안   :   半天儿 bàntiānr 반 나절

眼 yǎn 눈   :   眼儿 yǎnr (작은) 구멍, 틈

门 mén 문   :   门儿 ménr 방법

一块 yí kuài 1위안   :   一块儿 yíkuàir 함께

때로는 아예 품사가 달라지기도 한다.

盖 gài 덮다(동사)   :   盖儿 gàir 덮개(명사)

画 huà 그리다(동사)   :   画儿 huàr 그림(명사)

弯 wān 구부리다(동사)   :   弯儿 wānr 모퉁이(명사)

만약 권설음화 없이 '盖盖了吗?'(gài gài le ma?)라고 말한다면 어느 것이 동

사이고 어느 것이 명사인지 애매모호하게 된다. 즉 '盖盖(儿)了吗'(gài gàir le ma? 마개를 막았느냐?)일 수도 있고 '盖(儿)盖了吗?'(gàir gài le ma? 마개는 막았느냐?)일 수도 있다.

의미의 변화 없이 작고 귀여운 느낌만 더하는 경우도 있다. 예컨대 아이스바를 뜻하는 '冰棍儿'(bīnggùnr)도 작고 귀여운 느낌을 더하는 권설음화의 예이다. 만약 이 단어를 권설음화하지 않고 '冰棍'(bīnggùn)이라고 하면 커다란 얼음 몽둥이처럼 느껴질 것이다. 이렇게 작고 귀여운 느낌을 더하는 접사를 지소사(小称 diminutive)라고 한다. 몇 개의 예를 더 보자.

小鸡儿 xiǎojīr 병아리 　　　　　一会儿 yíhuìr 잠시, 짧은 시간

小孩儿 xiǎoháir 어린아이 　　　　小鸟儿 xiǎoniǎor 작은 새

끝으로 많지는 않지만 권설음화가 동음어를 구별하는 데 도움을 주기도 한다.

拉练 lāliàn 야영훈련하다 　　:　　拉链儿 lāliànr 지퍼

邮票 yóupiào 우표 　　　　　:　　油票儿 yóupiàor 식용유 배급표

[접미사 儿]
권설음화의 예들을 보면 권설음화된 단어들이 대부분 '명사'임을 알 수 있다. 왜 그럴까?

권설음화는 단순히 발음에서 일어나는 현상이 아니라 형태적으로는 접미사 '儿'이 더해지는 현상이다. 즉 접미사 '儿'이 붙음으로써 의미나 품사의 변별이 일어나며, 지소사 '儿'이 더해져 작고 귀여운 느낌의 단어가 되는 것이다.

참고로 권설음화현상 중에서 명사가 아닌 예로는 중첩형용사 뒷음절의 권설음화(好好儿, 慢慢儿)와 일부 동사의 권설음화(玩儿, 火儿)가 있다.

| 5 | 강세

성조언어의 강세

중국어는 성조언어이다 보니 다른 언어처럼 소리의 세기로 강세가 구현되는 것이 아니라 음의 길이와 성조 대역으로 강세가 구현된다. 즉 강세가 주어지는 음절은 상대적으로 음의 길이가 길어지거나 성조의 패턴이 만들어지는 대역 즉 상하폭이 더 커진다. 중국어 강세의 특징은 다음의 그림을 보면 잘 드러난다.

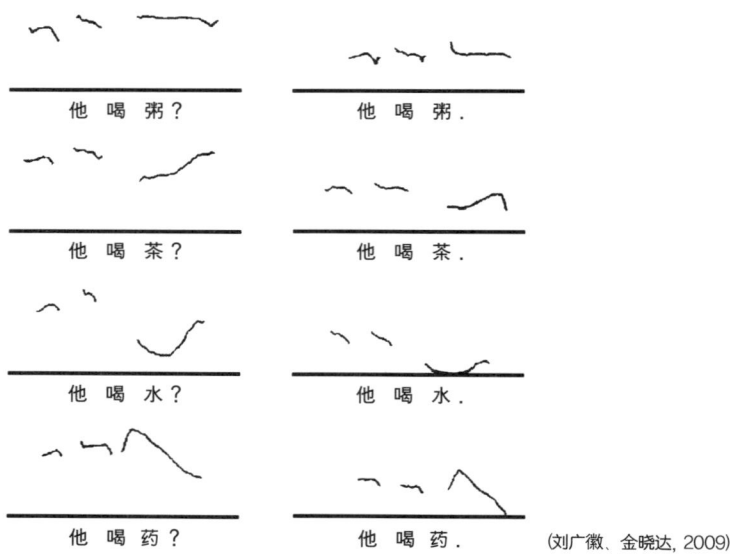

(刘广徽、金晓达, 2009)

위의 네 문장은 모두 초점이 마지막 어구에 있기 때문에 '粥 zhōu, 茶 chá, 水 shuǐ, 药 yào'에 강세가 놓인다. 강세가 놓인 음절들과 '他'나 '喝'를 비교해보면 길이가 더 길고 상하의 폭도 더 넓음을 알 수 있다. 같은 제1성이라도 '粥'의 제1성이 더 높고, '药'의 제4성도 시작점이 앞의 제1성보다 더 높다. 고저승강의 패턴이 훨씬 더 뚜렷하게 나타나는 것이다.

단어 강세

중국어 단어 강세의 기본규칙은 2음절이건 3음절 이상이건 상관없이 대부분 마지막 음절에 강세가 놓인다는 것이다. 다만 경성이 포함된 경우에는 강세의 패턴이 달라진다.

2음절어는 대부분 마지막 음절에 강세가 놓여 '중-강'(中-强)의 패턴이 된다. 중국어의 강세는 음의 세기가 아니라 주로 길이와 성조의 폭이라는 점을 상기하면서 아래 예들을 살펴보자.

下雨 xiàyǔ 비오다 回家 huíjiā 집에 돌아가다
毕业 bìyè 졸업하다 开始 kāishǐ 시작하다
书包 shūbāo 책가방 产品 chǎnpǐn 생산품

중국어의 2음절어도 경성이 포함된 경우에는 '강-약'의 패턴이 된다. 경성은 대개 뒤쪽에 놓이기 때문에 앞음절이 강하고 뒷음절이 약한 패턴이 되는 것이다.

萝卜 luóbo 무 你们 nǐmen 너희들
被子 bèizi 이불 窗户 chuānghu 창문

3음절어는 마지막 음절이 가장 강하고 가운데가 가장 약한 '중-약-강'으로 발음한다. 이때 가운데 음절은 경성보다 약간 강한 소리이다.

冰淇淋 bīngqílín 아이스크림　　　　电视台 diànshìtái 텔레비전방송국

打字机 dǎzìjī 타자기　　　　　　　展览会 zhǎnlǎnhuì 전람회

外祖母 wàizǔmǔ 외할머니　　　　　毛泽东 Máo Zédōng 모택동

　　마지막의 예 '毛泽东'과 같은 사람 이름을 중국인이 발음하는 것을 들어
보면 분명 '毛'가 성이고 '泽东'이 이름임에도 '毛-泽东'이 아니라 마치 '毛
泽-东'으로 발음하는 것처럼 들린다. 가운데 음절을 약하게 하고 앞음절과
붙여서 '중약-강'의 패턴으로 발음하기 때문이다.

　　경성이 포함된 3음절어의 경우에는 '중-강-약'의 패턴과 '강-약-약'의
패턴이 있다.

　　중강약 : 胡萝卜 húluóbo 당근　　　菜篮子 càilánzi 야채바구니

　　강약약 : 怪不得 guàibude 어쩐지　　什么的 shénme de …등등

　　4음절어의 경우, 한국어에서는 첫 번째나 두 번째 음절을 상대적으로 강
하게 발음하고 마지막 음절을 약하게 발음하지만 중국어는 이와 달리 '중
약중강'을 기본틀로 한다.

　　光明正大　　　　　　　　　　　一马当先
　　guāngmíng-zhèngdà 공명정대하다　　yīmǎ-dāngxiān 앞장서다

　　拼音字母　　　　　　　　　　　乌鲁木齐
　　pīnyīn zìmǔ 병음자모　　　　　　Wūlǔmùqí 우루무치

　　糊里糊涂　　　　　　　　　　　高高兴兴
　　húlǐhútú 흐리멍덩하다　　　　　　gāogāoxìngxìng 매우 기쁘다

문장 강세

문장에서는 일반적으로 초점(focus)이 놓이는 말에 강세가 놓인다. 따라서 일반적인 문장이라면 주어나 술어보다는 관형어, 부사어, 목적어, 보어에 강세가 놓이는 경우가 많다.

我喜欢鲁迅的文章。Wǒ xǐhuan Lǔ Xùn de wénzhāng.
나는 루쉰의 글을 좋아한다.

我非常喜欢她。Wǒ fēicháng xǐhuan tā.
나는 그녀를 매우 좋아한다.

喜欢得不得了。Xǐhuan de bùdéliǎo.
너무나 좋아한다.

그러나 같은 문장이라도 맥락이 달라지면 강세가 놓이는 위치도 자연히 달라진다.

我明天去北京。Wǒ míngtiān qù Běijīng.
(누가?)내가 내일 베이징에 간다.

我明天去北京。Wó míngtiān qù Běijīng.
(언제?)나는 내일 베이징에 간다.

我明天去北京。Wó míngtiān qù Běijīng.

(무슨 행동을?) 나는 내일 베이징에 간다.

我明天去北京。 Wǒ míngtiān qù Běijīng.
(어디로?) 나는 내일 베이징에 간다.

이처럼 맥락이나 논리관계에 따라 초점이 달라지면서 강세가 놓이는 경우는 다음과 같은 몇 가지로 귀납해볼 수 있다.

(1) 의문대명사는 강하게 읽는다

앞의 예에서도 드러나듯이 의문문에서는 의문대명사가 초점이 된다. 그러므로 의문문에서는 의문대명사를 강하게 읽게 된다. 앞의 '我明天去北京'이라는 대답을 이끌어내는 의문문을 구성해보면 이 사실이 분명하게 드러난다.

谁明天去北京? Shéi míngtiān qù Běijīng?
누가 내일 베이징에 가지?

你什么时候去北京? Nǐ shénme shíhou qù Běijīng?
넌 언제 베이징에 가니?

你明天去不去北京? Nǐ míngtiān qù bu qù Běijīng?
너는 내일 베이징에 갈 거니?

你明天去哪儿? Nǐ míngtiān qù nǎr?

너는 내일 어디에 갈 거니?

　의문대명사는 문장에서 어떤 성분으로 쓰이든 강하게 읽는다. 또 세 번째 예문처럼 의문대명사가 없더라도 'A不A' 식의 정반의문문에서는 이 'A不A'가 문장의 초점이 된다.

(2) 서로 대비되는 어구는 강하게 읽는다

　문장 안에서 의미가 서로 대비되는 둘 이상의 사물이 출현함으로써 초점이 확연히 드러나는 경우가 있다. 다음 예를 보자.

　　你怎么买了茶碗了？我不是让你买饭碗了吗？ Nǐ zěnme mǎile cháwǎn le? Wǒ búshì ràng nǐ mǎi fànwǎn le ma?
　　넌 어째서 찻잔을 사온 거니? 내가 네게 밥그릇 사오라고 하지 않았니?

　화자의 의도는 왜 '饭碗'이 아니라 '茶碗'을 사왔느냐는 것이다. '茶'와 '饭'이 뚜렷하게 서로 대비되고 있다. 그러므로 이 두 음절이 강하게 발음된다. 다음 예도 마찬가지로 이해할 수 있다.

　　你去，我就不必去了。 Nǐ qù, wǒ jiù búbì qù le.
　　네가 간다면 나는 갈 필요가 없겠다.

　　我会英语，不会法语。 Wǒ huì Yīngyǔ, bú huì Fǎyǔ.
　　나는 영어는 할 수 있지만 불어는 못 한다.

普通话我能听，不会说。 Pǔtōnghuà wǒ néng tīng, bú huì shuō.
표준중국어를 알아들을 순 있지만 말하지는 못한다.

때로 대비되는 어구가 문장에 드러나지 않고 이면에 숨어 있는 경우가 있다. 예를 들어 '이건 장싼이 한 말이야' 란 말은 '다른 사람이 아니라 바로 장싼이 그 말을 했다' 는 뜻을 함축하고 있다.

这是张三讲的话。 Zhè shì Zhāng Sān jiǎng de huà.
이건 장싼이 한 말이야.

이와 같은 뜻에서 명사구 속의 수량사는 대체로 강하게 발음된다. 다른 수량과 대비되는 의미가 있기 때문이다. 단, '一' 는 대비의 의미가 약하기 때문에 해당되지 않는다.

他吃了三碗饭。 Tā chīle sān wǎn fàn.
그는 세 그릇을 먹었다.

(3) 강조의 의미가 명확히 드러나는 경우도 강하게 읽는다

문장 안에서 특정 성분을 앞쪽으로 이동시켜서 과장되게 보이는 경우가 있다. 이들도 매우 강하게 읽힌다.

我一辈子也忘不了。 Wǒ yíbèizi yě wàngbuliǎo.
나는 평생 잊지 못한다.

一点儿也不费力。Yìdiǎnr yě bú fèilì.

조금도 힘들지 않다.

이런 강조의 의미가 부사어를 통해 표현되는 경우도 있다. 이때는 이 부사어를 강하게 읽는다.

你快告诉我！Nǐ kuài gàosu wǒ!

빨리 말해줘!

我们一定胜利。Wǒmen yídìng shènglì.

우리는 반드시 이길 것이다.

风刮得太大了。Fēng guā de tài dà le.

바람이 너무 세게 분다.

(4) 일반적인 상황에서는 뒤쪽을 강하게

별다른 초점이 보이지 않는 경우에는 보통 뒤쪽이 새로운 정보가 되므로 뒤쪽의 어구를 강하게 말하는 경향이 있다. 단순히 '주어＋술어＋목적어'로 이루어진 문장에서 목적어에 주로 강세가 놓이는 이유가 바로 여기에 있다.

他喜欢游泳。Tā xǐhuan yóuyǒng.

그는 수영을 좋아한다.

간단한 주술구조에서는 술어를 약간 강하게 읽는다.

今天八号。 Jīntiān bā hào.
오늘은 8일이다.

屋子里很冷。 Wūzi lǐ hěn lěng.
방안이 춥다.

문장이 길 때에는 몇 개의 의미단위로 나누고, 각각의 의미단위별로 위에 제시한 규칙을 적용하면 된다. 예를 들어, 전치사구가 부사어로 쓰일 때 전치사구와 그 뒤의 동사 사이에서 잠깐 멈출 수가 있다. 이때에는 한 문장이 두 개의 의미단위로 나누어지므로 초점이 두 개가 생기게 된다. 즉 아래 문장의 경우 '在北京' 다음에 잠깐 멈추고 '北京'을 강하게 발음하여 '参观了…'와 분리시킨 다음에 후반에서 '工厂'을 강하게 발음하는 것이다.

我们在北京 | 参观了工厂。 Wǒmen zài Běijīng cānguān le gōngchǎng.
우리는 베이징에서 공장을 견학했다.

| 6 | 음보, 휴지, 억양

음보

음보(音步, foot)는 원래 시와 같은 운문에서 호흡 단위로 인식되는 운율의 단위를 가리키는 말이다. 일반 언어에도 이러한 율격의 단위가 존재하는데, 대개 강세음절과 비강세음절의 조합으로 구성된다. 하나의 음보는 음절수와 관계없이 비슷한 길이를 유지하는 경향을 보인다. 따라서 음절의 길이는 그것이 속한 음보의 총음절수와 강세의 위치 등에 따라 달라진다.

2음절 단어가 절대다수인 데서도 알 수 있듯이 중국어는 2음절을 기본 음보로 한다. 음보의 길이는 일정하게 유지되는 경향이 있으므로 1음절이 하나의 음보를 차지할 때는 상대적으로 음절길이가 길어지고, 3음절이 하나의 음보가 되면 상대적으로 음절길이가 짧아진다. 예컨대 "我喜欢深蓝色"(Wǒ xǐhuan shēnlánsè)를 "我 | 喜欢 | 深蓝色"로 끊어 읽을 경우 음보의 길이는 다음과 같다.

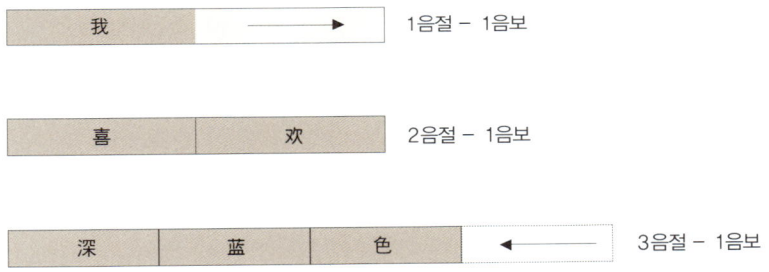

2음절인 '喜欢'을 기준으로 놓고 보면 '我'는 한 음절이 한 음보가 되면서 상대적으로 음절의 길이가 길어지는데, 이에 반해 세 음절이 한 음보가 되는 '深蓝色'는 각 음절의 길이가 더 짧아짐을 알 수 있다. 또 위의 도식에서는 '喜'와 '欢'의 길이가 같은 것으로 표시되었지만 실제로는 상대적으로 강세가 놓이는 '喜'의 길이가 '欢'보다 길다. 한편 위의 문장이 세 개의 음보가 아니라 "我喜欢 | 深蓝色"처럼 두 개의 음보로 읽히게 되면 '我'의 길이는 오히려 짧아진다. 이와 같은 현상은 보다 빠른 속도로 말을 할 때 일어난다.

중국어에서 하나의 음보가 될 수 있는 최대 음절은 세 개로서 4음절 이상의 조합은 하나의 음보가 되지 않는다. 음절이 네 개 이상 될 경우에는 그것을 하나의 음보로 말하지 않고 내부 구조에 따라 나누어서 두 개 이상의 음보로 말한다. 예를 들면 '玻璃ㅣ制品'(bōli zhìpǐn 유리 제품), '爸爸的ㅣ书'(bàba de shū 아빠의 책), '他ㅣ跑进来'(tā pǎo jìnlái 그가 달려 들어오다)가 그러하다.

휴지

휴지(pause)란 문장 중간에서 일어나는 쉼을 말한다. 휴지는 문장의 맥락과 의미를 분명하게 해주며, 동시에 긴 문장에서 호흡을 조절하게 해준다.
가장 일반적인 휴지는 구두점이 있는 곳에서 끊는 것이다.

> 他的建议好是好, 就是不太完善, 补充一下就更好了。 Tā de jiànyì hǎo shì hǎo,
> jiù shì bú tài wánshàn, bǔchōng yíxià jiù gèng hǎo le.
> 그의 건의는 좋긴 한데, 그다지 완벽하진 않아. 좀 보충하면 더 좋아질 거야.

[묵음휴지와 유언휴지]

휴지에는 아무런 소리도 내지 않는 묵음휴지(silent pause)와 어떤 소리를 내면서 쉬는 유언휴지(filled pause)가 있다. 영어의 um 같은 것이 대표적인 유언휴지인데, 중국어에서는 '这个', '那个', '啊' 같은 말이 흔히 쓰인다. 일반적으로 휴지라고 할 때는 묵음휴지를 주로 가리킨다.

문장의 어떤 성분이 상대적으로 길 때는 그 성분의 앞이나 뒤에 휴지를 두는 경우가 많다.

> 去博物馆参观的同学ㅣ两点集合。 Qù bówùguǎn cānguān de tóngxué liǎng diǎn jíhé. [주

어 | 술어]

박물관에 견학하러 가는 학생은 두 시에 모인다.

我希望 | 明天不要这么冷。 Wǒ xīwàng míngtiān bú yào zhème lěng. [술어 | 목적어]

내일은 이렇게 춥지 않았으면 해.

他气得 | 连蛋糕也没吃。 Tā qì de lián dàngāo yě méi chī. [술어 | 보어]

그는 화가 나서 (그 좋아하는) 케이크도 먹지 않았다.

他像小孩子似的 | 哭起来了。 Tā xiàng xiǎo háizi shìde kū qilai le. [부사어 | 술어]

그는 어린애처럼 울기 시작했다.

관형어가 여러 개일 경우, 피수식어로부터 멀리 떨어진 관형어 뒤에서 잠깐 쉰다. 이 부분은 한국의 독자들이 좀 더 관심을 가지고 봐야 하는 사항이다.

她真是一个 | 非常时髦的小姐。 Tā zhēn shì yī gè fēicháng shímáo de xiǎojie.

그녀는 정말이지 대단히 유행에 앞서가는 아가씨이다.

王二是工业组 | 最老的编辑。 Wáng Èr shì gōngyèzǔ zuì lǎo de biānjí.

왕얼은 공업팀에서 가장 나이든 편집인이다.

这是新出厂的 | 海尔牌洗衣机。 Zhè shì xīn chūchǎng de Hǎiěr pái xǐyījī.

이것은 새로 나온 하이얼 표 세탁기이다.

휴지의 위치는 문법구조와 관계없이 음보의 길이에 따라 결정되는 경우도 많다. 대표적인 예가 사자성어 '一衣带水'(yī yī dài shuǐ)이다. 물줄기 하나를 사이에 둔 가까운 거리를 형용하는 이 성어는 '一' + '衣带' + '水'의 구조로 이루어져 있다. 직역하면 '한 가닥 끈(허리띠)의 물'이다. 하지만 이 성어를 '一 | 衣带 | 水'로 읽는 사람은 없다. 2음보로 끊어서 '一衣 | 带水'로 읽는다. 아래 다른 예를 보자.

我在 | 图书馆看书。Wǒ zài túshūguǎn kàn shū.
나는 도서관에서 책을 본다.

문법적으로만 보면 '我 | 在图书馆 | 看书'일 듯하지만 특별히 어느 부분을 강조하지 않는 중립적인 경우 '我在 | 图书馆 | 看书'가 자연스럽다.

휴지의 기능

휴지는 맥락을 분명하게 드러내고 호흡을 조절하는 효과 외에 문장의 의미에 영향을 주기도 한다. 휴지의 위치에 따라 문장의 의미가 달라지는 예들을 살펴보자.

张明问我爸爸住在哪儿。Zhāng Míng wèn wǒ bàba zhù zài nǎr.

앞뒤 문맥이 없다면 이 문장의 의미를 판단하기가 쉽지 않다. '问'의 간접목적어는 '我'일 수도 있고 '我爸爸'일 수도 있지만 생략된 또 다른 사람일 수도 있다. 이 문장은 다음과 같이 끊어 읽을 수 있으며 그때마다 의미가 달라진다.

张明问 | 我爸爸住在哪儿。

장밍이 물었다. 나의 아빠가 어디에 사느냐고.

张明问我 | 爸爸住在哪儿。

장밍이 나에게 물었다. 아빠가 어디에 사느냐고.

张明问我爸爸 | 住在哪儿。

장밍이 우리 아빠에게 물었다. 어디에 사시느냐고.

　다음도 역시 끊어 읽는 위치에 따라 의미가 달라지는 예이다. 휴지 위치에 따라 의미가 어떻게 달라지는지 살펴보자.

我赞成 | 他也赞成 | 你怎么样?

我赞成他 | 也赞成你 | 怎么样? Wǒ zànchéng tā yě zànchéng nǐ zěnmeyàng?

为他安排好 | 工作。

为他安排 | 好工作。 Wèi tā ānpái hǎo gōngzuò.

网球拍 | 卖完了。 Wǎngqiúpāi mài wán le.

网球 | 拍卖完了。 Wǎngqiú pāimài wán le.

억양

억양(intonation)은 연속된 말소리에서 음의 높이에 일어나는 변화를 말한다. 평서문은 끝이 내려가고 의문문은 끝이 올라간다든지 하는 것이 억양이다. 물론 넓은 의미에서는 이러한 고저승강의 변화 외에 말의 속도나 휴지, 강세 같은 것을 포괄적으로 가리키기도 하지만 휴지나 강세에 대해서는 앞서 살펴보았으므로 여기에서는 연속된 말소리에서 나타나는 고저승강의 변화만을 주로 살펴보기로 하겠다.

중국어는 성조언어이기 때문에 음절마다 고유의 고저승강, 즉 성조를 가지고 있다. 이렇게 고유의 고저승강을 가진 음절들이 모여 문장을 이룰 때 평서문이나 의문문과 같은 표현을 위한 고저승강, 즉 억양은 어떻게 구현될까? 우선 다음의 평서문들을 살펴보자.

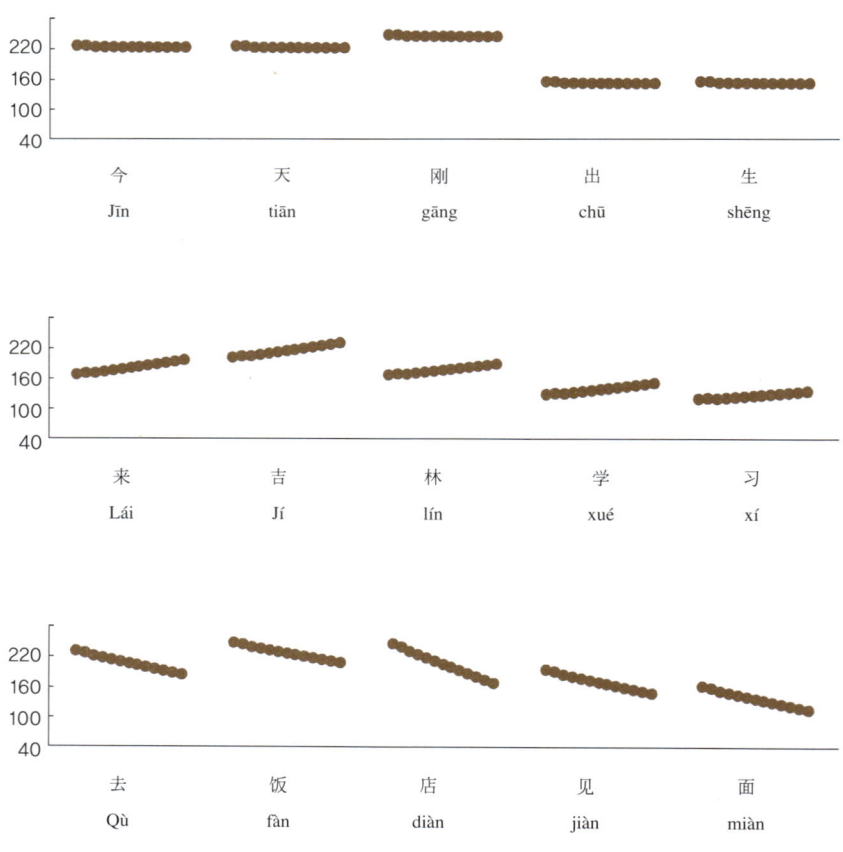

(陈文芷 1980)

평서문의 경우 각 성조의 고유 패턴에는 변화가 없지만 문미의 두 음절은 상대적으로 음높이가 크게 내려갔음을 알 수 있다. 이는 성조 자체가 변화한 것이 아니라 성조대역이 내려간 것이다. 성조대역이란 성조가 구현되는 1에서 5까지의 폭을 말한다. 즉 제1성의 경우 문장 중간에서 5-5이던 것이 문장 끝에서 3-3으로 바뀐 것이 아니라 5-5의 값은 변함이 없고 성조가 구현되는 1에서 5까지의 대역 전체가 하강한 것이다.

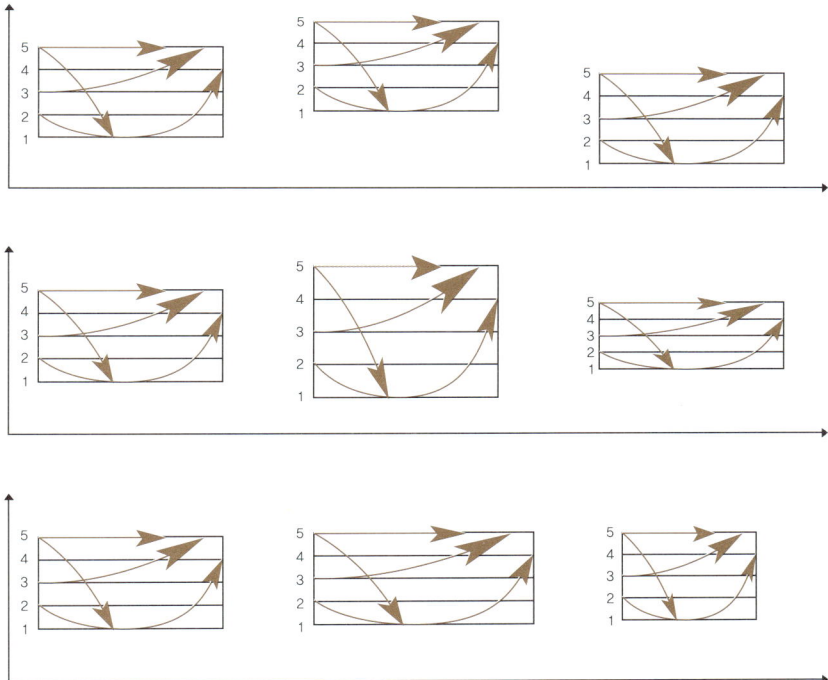

위의 그림(刘广徽、金晓达 2009)에 나타난 것처럼 성조대역은 억양에 따라 상승하거나 하강하기도 하고 대역이 위아래로 넓어지거나 좁아지기도 하

며 길이가 길어지거나 짧아지기도 한다. 성조와 억양의 관계는 마치 고무
밴드 위에 사각형을 그려놓은 것과 같다. 고무밴드가 늘어나거나 줄어들면
사각형의 위치나 모양이 변하듯이 억양에 따라 성조도 대역의 높이나 폭이
변하는 것이다.

의문문의 억양

의문문의 문미는 평서문에 비해 성조대역이 전체적으로 상승하고 대역의
상하 폭도 넓어진다. "金先生要去○○"이라는 문장을 평서문과 의문문으로
나누어 음성실험을 한 값을 살펴보자. 목적어의 자리에 들어가는 도시를
성조에 따라 '西安 Xī'ān, 沈阳 Shěnyáng, 青岛 Qīngdǎo, 重庆 Chóngqìng'으로 바꾸
어 값을 측정한 것이다. 삼각형 점(▲)이 찍힌 것이 의문문이고 동그란 점
(●)이 찍힌 것은 평서문이다.

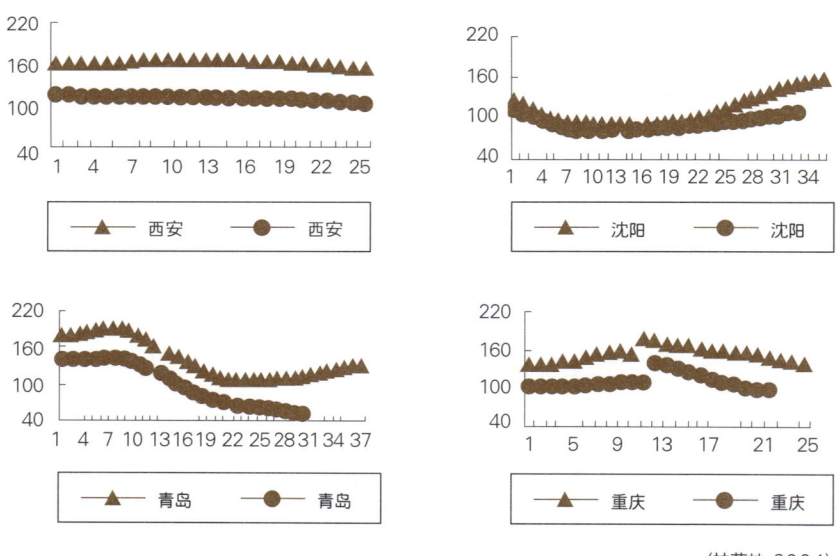

(林茂灿 2004)

전체적으로 볼 때 의문문의 대역이 평서문에 비해 높음을 확인할 수 있다. 그리고 또 한 가지 알 수 있는 사실은 제3성은 의문문에서 뒷부분의 상승이 더 길고 높게 나타난다는 점이다. '青島'의 '島' 부분을 살펴보면 평서문은 2-1의 하강만 실현된 반면 의문문에서는 2-1-4 전체가 비교적 온전히 실현되었음을 확인할 수 있다.

　이상으로 중국어의 음보, 휴지, 억양에 대해 간단히 살펴보았다. 성모, 운모, 성조의 발음 못지않게 자연스러운 발음에서 중요한 것이 이런 운율 요소들이다. 특히 억양은 성조와 마찬가지로 고저승강의 변화이기 때문에 비성조언어의 억양에만 익숙한 사람들은 성조와 억양의 관계에 더 주의해야 할 것이다.

11

지역방언

지금까지 표준어인 보통화를 중심으로 단어, 문법, 의미, 발음 등을 살펴보았다. 이 장에서는 중국의 방언에 대해 살펴보기로 하자. 모든 언어에는 표준말과 구분되는 방언이 있다. 한국어에도 강원도 방언, 경상도 방언, 전라도 방언, 제주도 방언, 충청도 방언이 다르고, 영어에도 영국 영어(British English)와 미국 영어(American English)가 다르며, 미국 영어 안에서도 남부 영어와 북부 영어가 구분된다. 심지어 휘파람새도 지역에 따라 울음소리가 다르다고 한다. 이렇게 지리적인 차이로 생겨나는 방언을 지역방언(regional dialects)이라고 한다.

우선 중국어를 이해하고 사용하는 데 방언지식이 어떤 도움이 되는지 알아보고, 이어서 중국어 방언을 어떤 기준으로 어떻게 나누는지 일곱 개의 대방언은 각각 어느 지역이며 인구는 얼마나 되는지 살펴보겠다. 다음으로 중국의 방언들은 음운, 어휘, 문법 세 측면에서 어느 정도의 차이가 있는지 알아보고 끝으로 고대의 방언과 공통어, 현대의 방언이 형성된 과정을 간단히 살펴보기로 한다.

| 1 | 방언 지식의 유용성

방언과 의사소통

1950년대부터 시행된 보통화 보급 정책의 영향으로 중국에서 표준중국어를 구사할 수 있는 인구는 점차 증가하고 있다. 그러나 아래의 '중국언어문자사용상황조사자료'(中国语言文字使用情况调查资料 2006)의 결과가 말해주듯 표준중국어 구사가 가능한 53.06%의 중국인 중에도 언어구사의 숙련도가 떨어지거나 지방의 억양이 강한 사람들이 상당히 많다.

유창하고 정확함	능숙하지만 일부 발음 부정확	능숙하지만 지역 억양 강함	기본대화 가능 숙련도 낮음
20.42%	35.56%	15.36%	28.67%

표준중국어 구사 가능자(총인구의 53.06%)의 숙련도 비율

이 조사 결과를 통해 교과서적인 중국어를 구사하는 중국인은 뜻밖에도 많지 않다는 사실을 알 수 있다(총인구의 80%). 캠퍼스에서 만나게 되는 젊은 학생들이나 선생님들은 보통화 구사능력이 가장 양호한 편에 속한다. 대도시에서 먼 농촌 지역일수록, 연령이 높을수록, 교육수준이 낮을수록 의사소통의 어려움에 직면하게 될 가능성은 커진다.

베이징에서 만나게 되는 토박이말은 입에 사탕을 물고 말하는 듯한 강한 권설음만 두드러지는 것이 아니다. 어휘가 다른 것은 물론이고 성조가 다르거나 심지어 성모, 운모가 다른 경우도 있다(11장 3절 참고). 남부 지역에서는 권설음 zh, ch, sh를 z, c, s처럼 발음하거나 dz, dc, ds처럼 유사 권설음으로 발음하는 것을 흔히 접할 수 있으며, 운미의 -n과 -ng도 대체로 구분하지 않는다. 상하이 사람과 대화할 때 '崇明岛'(Chóngmíngdǎo 상하이 근교의 섬)가 '聪明岛'(Cōngmíngdǎo)처럼 들리거나 '世贸大厦'(shìmàodàshà 세계무역빌딩)가 Sìmòdàsà처럼 들리고, '人名'(rénmíng 인명)이 '人民'(rénmín 인민)처럼 들리는 것은 이런 이유 때문이다.

아예 운미 -n과 -ng가 없는 곳도 있다. 산시(山西)의 따퉁(大同)은 북방 지역임에도 우리가 의사소통에 어려움을 겪을 수 있는데, 중요한 원인 가운데 하나가 -n과 -ng가 없다는 점이다. '阳光'(yángguāng 햇빛)은 '牙瓜'(yáguā)로 발음되고, '医院'(yīyuàn 병원)은 '一月'(yīyuè 1월)처럼 발음하니 적응에 애를 먹을 수밖에 없다.

n과 l, f와 h를 구분하지 않는 지역 출신의 중국인들은 보통화에서도 이 발음들을 혼용할 가능성이 크다. '脑子不好'(Nǎozi bù hǎo. 머리가 안 좋다)를 '老子不好'(Lǎozi bù hǎo. 아버지가 나빠요)로, '发廊'(fàláng 이발관)을 '画廊'(huàláng 화랑)으로 발음하기 때문에 의사소통장애가 생길 수밖에 없다. 또 안후이(安徽)의 일부 지역에선 x와 s를 구분하지 않는다. "你先洗? 我先洗?"(Nǐ xiān xǐ? Wǒ xiān xǐ? 너 먼저 씻을래? 나 먼저 씻을까?)가 "你先死? 我先死?"(Nǐ xiān sǐ? Wǒ xiān sǐ? 너 먼저 죽을래? 나 먼저 죽을까?)가 되면 상황은 훨씬 심각해질 것이다.

이렇게 지역의 특징이 섞인 보통화를 '지역 보통화'라고 부른다. 상하이 사람이 하는 보통화를 '상하이 보통화', 광저우 사람이 하는 보통화를 '광저우 보통화'라고 부르는 식이다. 영어에도 미국식 영어와 영국식 영어, 인도식 영어의 차이가 있으니 중국어에만 특이한 현상도 아니다. 위에서 살펴본 몇 가지 방언간의 차이는 개별적인 차이가 아니라 규칙적으로 나타나는 차이이므로 이런 차이를 미리 알아두면 조금은 문제를 피해갈 수 있다. 방언에 대한 지식이 지역 보통화에 대한 적응에 도움을 주는 것이다.

방언과 사회관계

중국에 진출해 있는 기업들은 대기업, 중소기업을 막론하고 베이징이나 상하이 같은 대도시뿐 아니라 전국 각지에 지사를 두고 있다. 지사에 파견된 직원들은 생산공장에서 현지 직원들을 관리하거나 시장에서 직접 소비자를 만나 마케팅 활동을 하기도 한다. 비단 기업만이 아니다. 중국과의 교류가 다양하게 확대되면서 다양한 분야에서 중앙과 지방을 가리지 않고 경제, 사회, 문화 교류가 일어나고 있다. 최근 중국은 지방분권화를 추진하면서 중앙권력의 상당 부분이 지방으로 이양되고 있다. 따라서 많은 문제가 지방의 성 단위에서 논의되고 결정된다. 기업의 생산, 판매 활동을 비롯한 지방에서의 활동은 지역 문화와 언어에 대한 이해를 필요로 할 수밖에 없다.

외국의 배우가 우리나라를 방문하면 기자들은 할 줄 아는 한국말이 무엇인지를 곧잘 묻는다. 물론 대부분의 배우들은 한두 마디 인사말을 미리 배워서 답을 하는데, 이는 지역민의 정서를 조금은 더 우호적으로 만드는 효과가 있다. 인사말만이 아니다. 단 몇 마디 표현이라도 현지의 방언을 사용하면 '꽌시'(关系)를 돈독히 하는 데 도움이 될 것이다.

예컨대 광저우말에서는 강을 건너는 것을 '过江'(guòjiāng)이라 하지 않고 '过海'[kuɔhɔi]라고 표현한다. 광저우음으로 발음하지 않고 guòhǎi라고 하더라도 '过江'보다 그들에게 친숙하게 느껴지리라는 것은 쉽게 짐작할 수 있다. 설날 같은 때 그릇이 떨어져 깨지면 보통 중국인들은 '岁岁平安'(suì suì píng'ān 해마다 평안)이라고 말한다. '岁'가 깨진다는 뜻의 '碎'(suì)와 동음인 것을 활용하여 긍정적으로 표현하는 것이다. 그런데 광저우에서는 이를 '碗开花'[unhɔifa]라고 한다. 그릇에 꽃이 피었다는 것이다. 이런 표현들을 알고 적절히 활용한다면 상대의 호감을 얻기가 훨씬 수월할 것이다.

지역에 따라 다소 의외의 주의사항이 있을 수도 있다. 예컨대 일반적으로는 중국에서 병문안을 갈 때는 물론 평상시에도 사과를 선물로 사 가는 경우가 많다. 사과를 뜻하는 '苹果'(píngguǒ)와 평안을 뜻하는 '平安'(píng'ān) 의 첫 글자 독음이 같기 때문이다. 그러나 상하이에서는 오히려 사과 선물 을 꺼린다. 상하이말에서는 '苹果'[binku]와 '病故'[binku](병으로 사망하다)가 동 음이기 때문이다. 또 광저우에서는 자스민차를 선물하는 것을 꺼린다. 자 스민을 뜻하는 '茉莉'[mutlei]가 이익이 없다는 뜻의 '没利'[mutlei]와 동음이기 때문이다.

방언이 주는 지적 즐거움

방언에 대해 알아가면서 얻게 되는 지적인 즐거움도 적지 않다. 방언지식 은 표준어 지식만으로는 이해하기 어려웠던 현상을 이해할 수 있게 해준 다. 중국인들의 숫자 8에 대한 선호는 유별나다. 숫자 '8'이 연속된 휴대전 화나 자동차 번호판은 경매를 통해 높은 가격에 팔린다. 베이징올림픽을 숫자 8이 네 번 겹치는 2008년 8월 8일 저녁 8시에 맞추어 개막했을 정도 이다. 숫자 8에 대한 선호는 사실 광둥지역에서 시작되었다. 광둥방언에서 '八'[pat]이 '发财'(fācái 돈을 벌다), '发展'(fāzhǎn 발전하다)에 쓰이는 '发'[fat]과

광둥성의 자동차 번호판

발음이 비슷하기 때문이다. 사진과 같이 8이 연속된 번호판은 경매를 통해 보통 1억 원이 훨씬 넘는 가격 에 낙찰된다.

스위스를 중국어로 '瑞士'(Ruìshì) 라고 한다. 원래의 'Swiss'와는 발 음이 크게 다른데, 그 이유는 유럽 국가들이 중국에 소개될 때 광둥지

역을 경유했기 때문이다. '瑞士'의 광둥어 발음은 'Swiss'의 발음과 매우 비슷한 [ʃøyʃi]이다. 광둥어에서 만들어진 단어가 한자 그대로 표준어에 유입되어 독음이 바뀌면서 원래의 'Swiss'와 멀어진 것이다. 한편 태국의 수도 방콕은 중국어로 '曼谷'(Màngǔ)이다. 이 말도 그것이 만들어진 역사를 더 들어보면 역시 방언이 개입되어 있다는 사실을 알 수 있다. 방콕을 '曼谷'로 기록한 최초의 기록은 1841년에 나온 임칙서(林則徐 1785~1850)의 『사주지』(四洲志)인데, 그는 푸지앤(福建) 출신으로서 그곳에서는 '曼谷'를 [bankok]으로 발음한다.

유입 경로가 달라 같은 말을 다르게 표기한 예도 있다. 초콜릿을 중국어로 '巧克力'(qiǎokèlì)라고 한다. 그런데 맥도날드 같은 곳에 가면 '朱古力'(zhūgǔlì)라고 표기한다. 이 두 표기는 chocolate이라는 영어 단어가 상하이와 광둥 두 지역으로 유입되면서 만들어진 음역어이다. 두 곳의 방언음을 보면 원어의 발음에 훨씬 가깝다는 것을 알 수 있다.

巧克力 [tɕ'iɔk'ɐʔliɪʔ](상하이)   朱古力 [tʃygulik](광둥)

발음의 문제만 흥미로운 것이 아니다. 상하이는 황푸 강(黃浦江 Huángpǔjiāng)을 기준으로 그 동쪽을 푸둥(浦东), 서쪽을 푸시(浦西)라고 한다. 강의 동서쪽인데 왜 강동, 강서라고 하지 않았을까? 황푸강의 아편전쟁 이전 명칭은 '黃浦'였다. 옛 지도를 펼쳐보면 주변의 물줄기 이름 중 상당수가 '~浦'임을 알 수 있는데, '浦' 자체가 물줄기를 뜻하는 이 지역의 방언이다. '黃'만이 고유한 이름이고 '浦'는 강(river)을 가리키는 보통명사이므로 그 동서가 '浦东'과 '浦西'가 되는 것은 자연스럽다. '黃浦江'이라는 지금의 이름은 '역전앞'이나 '초가집'처럼 강을 의미하는 '浦' 뒤에 같은 의미의 형태소

'江'이 또 더해진 것이다.

'茶'는 어떻게 'tea'가 되었나?

방언지식이 주는 지적 즐거움의 또 다른 예를 하나 살펴보기로 하자. 중국은 세계 최대의 차 생산지이자 소비지일 뿐 아니라 차 문화의 발원지이기도 하다. 한국어의 '차'와 '다', 영어의 'tea'를 포함하여 세계 대부분의 지역에서 차를 가리키는 이름은 중국어의 '茶'와 관련이 있다. 중국의 여러 방언지역들의 '茶' 발음은 [±fricative](마찰성)을 기준으로 아래와 같이 양분할 수 있다.

(1) 중국 방언지역 '茶'의 발음

[+fricative] : 北京 – [ʈʂˈa] / 西安 – [tsˈa] / 太原 – [tsˈa] / 武汉 – [tsˈa] /

　　　　　　成都 – [tsˈa] / 长沙 – [tsa] / 南昌 – [tsˈa] / 梅县 – [tsˈa] / 广

　　　　　　州 – [tʃˈa] / 苏州 – [zo]

[–fricative] : 厦门– [ta](文), [te](白) / 潮州 – [te] / 福州 – [ta] / 建瓯 –

　　　　　　[ta]

　흥미로운 사실은 세계 주요 지역 '차' 관련 어휘들 역시 [±fricative]를 기준으로 아래와 같이 양분된다는 점이다.

(2) 세계 주요 지역 '茶' 관련 어휘

[+fricative] : 일본-[tsa]/베트남-[tsa]/몽고-[tsai]/터키-[tʃai]/러시아-

　　　　　　[tʃai]/북부 인도-[tʃaia]/이란-[tsa]/포르투갈-[tsa]/아랍-

　　　　　　[sha]/한국-[tʃa](차)

[-fricative] : 말레이시아-[teh]/남부 인도-[tei]/스리랑카-[tei]/네덜란드-
[thee]/독일-[tee], 프랑스-[the], 이탈리아-[tè], 스페인-[té]/
덴마크-[te]/노르웨이-[te]/스웨덴-[te]/체코-[te]/핀란드-
[te]/헝가리-[te]/영어-[tea]/한국어-[ta](다)

중국 방언지역 '茶'의 발음과 세계 주요 지역 '차' 관련 어휘들 사이에는
놀라운 대응관계가 있음을 알 수 있다. '차' 관련 어휘들의 분포를 지도에
표시해보면 이들 사이의 대응관계가 좀 더 분명해진다.

대체로 해안지역의 '차' 관련 어휘는 '▲'로 표시된 [+fricative](ts, ʧ, sh
등) 발음을, 내륙지역의 '차' 관련 어휘는 '●'로 표시된 [-fricative](t, th 등)
발음을 가지고 있음을 확인할 수 있다.

차는 먼저 육로를 거쳐 중국 내륙으로 전해지고, 나아가 실크로드를 거
쳐 오아시스 도시나 중앙아시아로 전파되었다. 이들 지역의 차의 이름은
광둥어의 [ʧʰa]에서 비롯되었다. 당시 육로로 전파된 차의 집산지가 광둥
지방이었기 때문이다. 차의 육로 전파보다 200~300여 년 정도 늦은 16세
기 또는 17세기에 푸지앤의 샤먼(廈門)이 차를 선적하는 항구로 등장하였
고, 이때부터 차는 바닷길을 통해 동남아시아와 유럽 각지로도 전파되었
다. 바닷길을 통해 중국의 차를 수입해간 지역의 어휘들은 자연스럽게 푸
지앤, 특히 샤먼의 발음 [te]의 영향을 받아 형성되었다.

중국 주요 방언지역 '茶'의 발음과 세계 주요 지역 '차' 관련 어휘들 사
이에 정연한 대응관계가 있다는 점, 광둥과 푸지앤 일대가 차 해외 무역의
주요 거점이었다는 점 등을 고려할 때, 해로로 전파된 '차' 관련 어휘들은
푸지앤방언 계열에 속하고, 육로로 전파된 '차' 관련 어휘들은 광둥방언 계
열에 속한다는 사실을 알 수 있다.

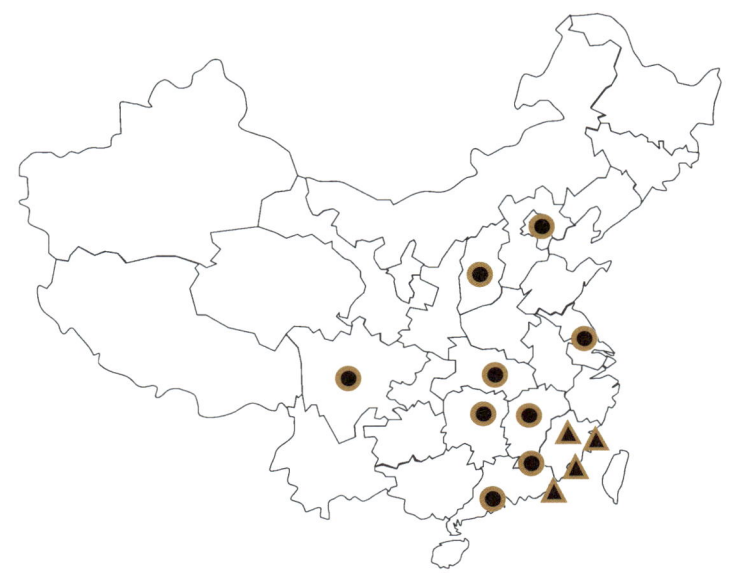

차 관련 어휘들의 언어 분포(중국)

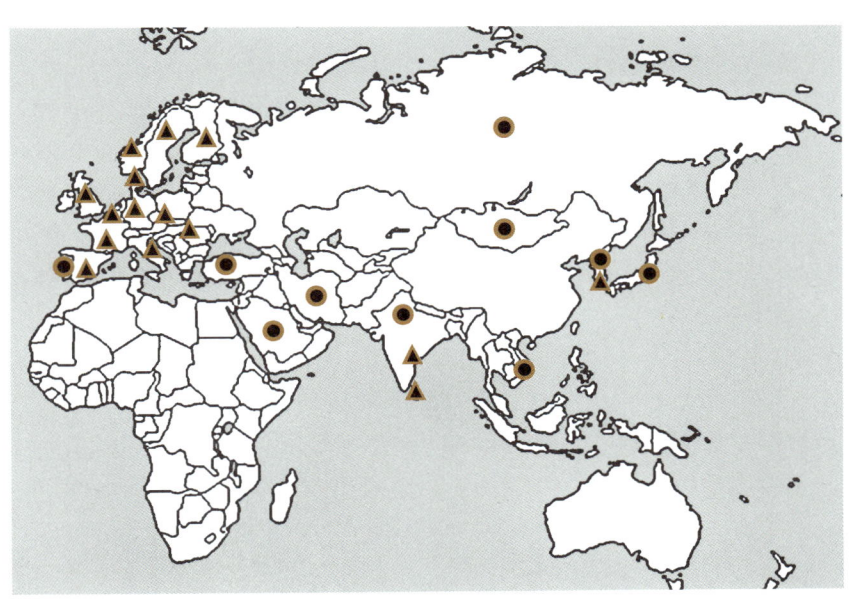

차 관련 어휘들의 언어 분포(세계)

홍미롭게도 한국어에서는 '차'와 '다'를 함께 사용한다. 우리는 '다방'에서 '다과'를 놓고 '다기'나 '찻잔'에 '차'를 따라 마신다. 한국은 시차를 두고 상이한 경로를 통하여 광둥발음인 '차'와 푸젠발음인 '다'를 수입하여 함께 사용하고 있을 가능성이 높다.

[우리말에서 사용되는 중국방언]

한국어에도 산둥방언, 광둥방언(월방언), 푸젠방언(민방언) 어휘들이 차용되어 사용되고 있으며, 이들 방언어휘들은 대부분 중국음식과 관련이 있다.

한국인의 사랑을 받는 중국음식 가운데 닭을 주재료로 하는 라조기(辣椒鷄)·깐풍기(乾烹鷄)·기스면(鷄絲麵)이 있다. '鷄'(계)는 표준중국어에서 '지'(jī)로 발음되는데, 라조기·깐풍기·기스면에서는 '기'로 발음된다. 이 음식명들은 구개음화가 일어나지 않은 산둥지역의 방언음의 영향을 받았다. 초창기 한국 화교의 다수가 산둥출신이라는 사실은 널리 알려져 있다. 이들이 고향의 음식과 함께 방언까지 들여와 오늘날까지 남아 있는 것이다.

한국인이라면 누구나 알고 있는 광둥어로는 '홍콩'과 '딤섬'이 있다. 홍콩은 광둥어를 모어로 사용하는데, '홍콩 Hong Kong'은 바로 '香港'(Xiānggǎng)의 광둥음인 [hœŋkoŋ]의 영어 표기이다. 그리고 중국의 분식 문화가 홍콩·마카오를 통해 유입된 서구식 베이커리 문화와 만나 탄생한 딤섬의 한자 표기는 '点心'인데, 이 단어는 광둥말로 [timʃɐm]으로 발음된다. 영어의 'dim sum' 또는 'dim sim'이 여기에서 유래했다. 광둥사람들은 딤섬을 차와 함께 아침, 점식식사로 먹는다. 이를 '얌차'라고 부르는데, '얌차'역시 '飮茶'의 광둥발음이다. 한편 'chef'와 'ketchup(또는 catchup)'도 '师傅' [ʃifu](사부, 주방장)와 '茄汁' [kɛtʃɐp](토마토즙)의 광둥방언에서 유래된 영어인데, 이것이 다시 '셰프', '케첩'의 형태로 한국어에 유입되어 활발하게 사용되고 있다.

'짬뽕'이라는 음식 이름은 푸젠방언에서 비롯되었다. 짬뽕의 탄생지인 나가사키의 중국식당 시카이로(四海樓) 2층에 있는 짬뽕박물관의 소개에 따르면, 짬뽕의 어원은 푸젠방언의 인사말 '食饭?'이다. 이는 '식사 하셨습니까?'라는 뜻인데, 푸젠방언지역에서 '食饭'은 [tsiaʔpŋ](厦门), [sieʔpuŋ](福州), [tsiaʔpuŋ](建瓯)처럼 짬뽕과 유사하게 발음된다.

| 2 | 방언의 구분

언어와 방언의 구분

중국의 방언을 구분하기에 앞서 언어를 나누는 기준과 방언을 나누는 기준에 대해 생각해보자. 우리가 영국 영어와 미국 영어를 모두 영어라고 하고, 함경도말과 서울말을 모두 한국어라고 생각하는 이유는 무엇보다도 서로 의사소통이 가능하기 때문일 것이다. 그런데 문제가 그렇게 간단하지는 않다. 서로 다른 언어라고 알려진 스웨덴어, 덴마크어, 노르웨이어 사이에도 상당한 수준의 의사소통이 가능하다. 사소한 음운차이를 제외하고 어휘나 문법이 거의 같기 때문이다. 그래서 어떤 언어들이 하나의 언어인지 아니면 별개의 언어인지 판단할 때에는 상호 이해도(mutual intelligibility)라는 기준 외에 문화와 역사의 공유 여부를 또 하나의 기준으로 삼기도 한다.

다음 도표에서 유형1은 같은 언어의 지역방언에 해당하는 가장 전형적인 예이다. 함경도말과 서울말의 관계도 여기에 해당된다. 유형2는 별개 언어의 전형적인 예이다. 유형3과 유형5는 유형2와 다르지만 관습적으로 별개 언어라고 여겨지는 사례들이다. 이들을 별개의 언어로 생각하는 데는 정치적 통합 여부라는 비언어적 기준이 작용하고 있다. 그래서 바인라이히(Max Weinreigh 1894~1969)라는 언어학자는 "언어는 군대를 가진 방언이다."(A language is dialect with an army and navy.)라는 유명한 말을 남기기도 했다.

중국어의 방언은 유형4에 해당한다. 문화와 역사는 공유하고 있지만 의사소통은 불가능하다. 베이징말과 광둥말, 광둥말과 객가말, 객가말과 베이징말의 상호 이해도는 거의 제로에 가깝다. 하나의 방언으로 분류되는 인접한 지역이라도 의사소통이 자유로운 것은 아니다. 가령 상하이(上海), 쑤저우(苏州), 원저우(温州)는 오방언으로 분류되고 지역적으로도 서로 인

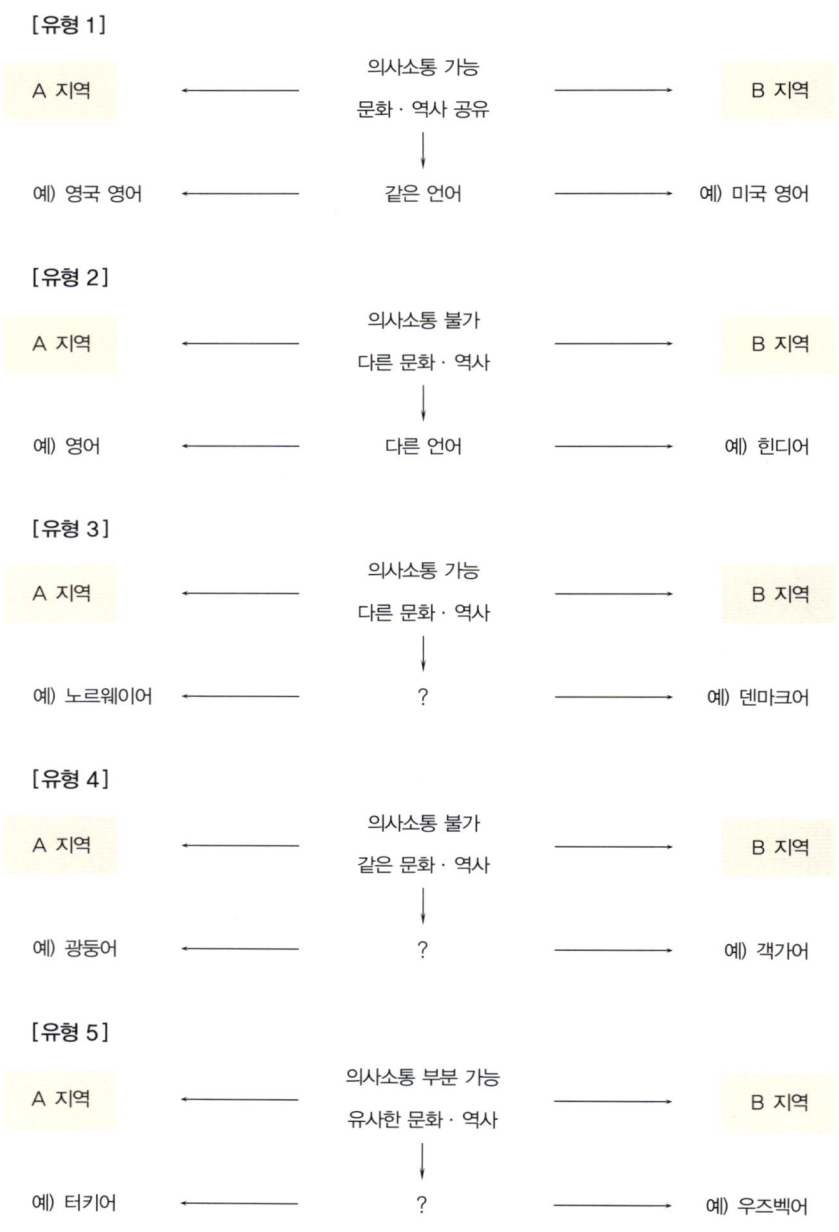

[유형 1]

| A 지역 | ← | 의사소통 가능
문화 · 역사 공유
↓ | → | B 지역 |

예) 영국 영어 ← 같은 언어 → 예) 미국 영어

[유형 2]

A 지역 ← 의사소통 불가
다른 문화 · 역사
↓ → B 지역

예) 영어 ← 다른 언어 → 예) 힌디어

[유형 3]

A 지역 ← 의사소통 가능
다른 문화 · 역사
↓ → B 지역

예) 노르웨이어 ← ? → 예) 덴마크어

[유형 4]

A 지역 ← 의사소통 불가
같은 문화 · 역사
↓ → B 지역

예) 광둥어 ← ? → 예) 객가어

[유형 5]

A 지역 ← 의사소통 부분 가능
유사한 문화 · 역사
↓ → B 지역

예) 터키어 ← ? → 예) 우즈벡어

(Crystal 1997 : 289)

접해 있지만, 3인칭대명사를 상하이에서는 '伊'[i⁵³]라 하고, 쑤저우에서는 '俚'[li³¹], 원저우에서는 '其'[dʑi²¹³]라고 한다. 또 푸지앤(福建)의 산악지대에서는 산 또는 강 하나를 사이에 두고 이웃하고 있는 마을끼리 서로 의사소통이 불가능한 경우도 드물지 않다. 이들 방언간의 상호 이해도는 스페인어와 프랑스어, 프랑스어와 이탈리아어 사이의 상호 이해도에도 미치지 못한다.

물론 중국의 방언들을 동일한 언어로 보는 데는 한자로 쓴 글말의 경우 상호 의사소통이 가능하다는 점이 고려되고 있기는 하다. 그러나 무엇보다 중국이 통합된 정치체제를 유지하고 있다는 사실이 크게 작용하고 있는 것은 틀림없다. 언어와 방언의 구분에 비언어적 요인이 개입하고 있는 것이다.

중국어 방언의 다양성과 그 구분

관습적으로는 하나의 언어로 여겨지고 있지만 언어학적으로는 별개의 언어만큼 차이가 큰 중국의 방언들은 어떤 차이에 의해 어떻게 나뉘는지 살펴보자.

한국어 방언 가운데 제주도 방언은 다른 방언과 의사소통이 불가능할 정도로 차이가 크다. 한반도에서 겨우 바다를 좀 멀리 건넜을 뿐인데도 이 정도인데 한반도 면적의 44배에

왜 그러니?
왜 그려?
와 카노?
와 그러능교?
왜 그러지라?
왜 그러세요?

달하는 중국은 어떠하겠는가? 대(大)방언만 하더라도 7대 방언, 8대 방언, 10대 방언 등으로 구분되고, 같은 대방언 안에서도 다시 여러 개의 하위방언(subdialect)으로 세분된다. 차(次)방언과 차차(次次)방언 등이 그것이다. 이

들 방언은 의사소통이 거의 불가능할 정도로 그 차이가 크다. 그렇다면 서로 다른 중국의 방언들에 대한 이와 같은 구분은 어떻게 이루어지는 것일까? 중국의 여러 방언들에 대한 체계적이고 과학적인 구분은 각 방언의 특징과 역사를 이해하는 중요한 실마리가 된다.

중국의 방언들의 차이는 음운·어휘·문법 등 여러 영역에 걸쳐 나타난다. 중국어 방언들에 대한 과학적인 분류는 1937년 중국의 저명한 언어학자 리팡구이(李方桂, 1902~1987)에 의해 시작되었다. 그는 아홉 개의 그룹으로 중국 방언들을 구분하였다. 그 이후로 여러 학자들에 의해 새로운 방언 구분이 시도되어 적게는 일곱 개부터 많게는 10개까지 다양한 구분법이 제안되었다. 이 구분법들은 1) 산시성(山西省) 일대의 진어(晉語)와 황산(黃山) 이남 일대의 후이어(徽語), 그리고 광시장족자치구의 핑화(平話)를 독립시킬 것인가, 아니면 다른 방언의 하위방언(subdialect)으로 볼 것인가, 2) 감(贛)방언과 객가(客家)방언을 분리할 것인가 통합할 것인가, 3) 민남(閩南)방언과 민북(閩北)방언을 분리할 것인가, 아니면 민(閩)방언 하나로 통합할 것인가 등의 기준에 따라 달라진다.

그렇다면 방언을 구분하고 통합하는 언어학적 기준은 무엇인가? 미국의 중국언어학자 노먼(Norman 1988)은 중국의 방언을 구분하는 10가지 언어적 특질을 제시한 바 있다. 그는 이 기준으로 베이징(Bj), 시안(Xa), 쿤밍(Km), 쑤저우(Sz), 원저우(Wz), 창사(Cs), 솽펑(Sf), 난창(Nc), 메이시앤(Mx), 광저우(Gz), 푸저우(Fz), 젠오우(Jo) 등 12개 지역의 언어 특징을 비교하였다. 이를 정리한 도표는 다음과 같다.

	관화방언			중부방언					남부방언			
	Bj	Xa	Km	Sz	Wz	Cs	Sf	Nc	Mx	Gz	Fz	Jo
1	+	+	+	−	−	+	+	−	−	−	−	−
2	+	+	+	−	−	−	−	−	−	−	−	−
3	+	+	+	+	+	+	+	+	−	−	−	−
4	+	+	+	+	+	−	−	−	−	−	−	−
5	+	+	+	−	−	−	−	−	−	−	−	−
6	+	+	+	+	+	+	+	+	−	−	−	−
7	+	+	+	−	−	+	?	+	−	−	−	−
8	+	+	+	+	+	+	−	+	−	−	−	−
9	+	+	+	+	+	−	−	−	−	−	−	−
10	+	+	+	±	−	±	?	−	−	−	−	−

1. 3인칭대명사가 '他' 또는 '他'와 어원이 같은 단어이다.

2. 종속을 표시하는 조사가 '的' 또는 '的'와 어원이 같은 단어이다.

3. 일반 부정사가 '不' 또는 '不'와 어원이 같은 단어이다.

4. 동물의 성(性) 표지가 '母鸡'(암탉)의 '母'와 같이 어근 앞에 위치한다.

5. 평성(平聲)에만 음(陰)과 양(陽)의 구분이 있다.

6. 연구개음이 [i] 앞에서 구개음화된다.

7. '站' 또는 '站'과 어원이 같은 단어가 '서다'라는 의미로 쓰인다.

8. '走' 또는 '走'와 어원이 같은 단어가 '걷다'라는 의미로 쓰인다.

9. '儿子' 또는 '儿子'과 어원이 같은 단어가 '아들'이라는 의미로 쓰인다.

10. '房子' 또는 '房子'와 어원이 같은 단어가 '집'이라는 의미로 쓰인다.

그가 제시한 10가지 특질 가운데 (4)는 형태적 특질이고, (5-6)은 음운적 특질이며, 나머지 (1-3)과 (7-10)은 기본어휘의 같고 다름을 반영하고 있다. 그는 이 구분 기준을 통해 북부방언과 중부방언, 남부방언 사이에 큰 차이가 있음을 발견할 수 있었다. 지리적으로 중국 북부와 서부에 분포하는 관화방언에 속하는 베이징(Bj), 시안(Xa), 쿤밍(Km) 세 지역은 10가지 특질 모두가 (+)이며, 남부방언에 속하는 메이시앤(Mx), 광저우(Gz), 푸저우(Fz), 젠오우(Jo) 네 지역은 10가지 특질 모두가 (−)이다. 나머지 중부방언에 속하는 쑤저우(Sz), 원저우(Wz), 창사(Cs), 쐉펑(Sf), 난창(Nc)은 (+)와 (−)가 뒤섞여 있다.

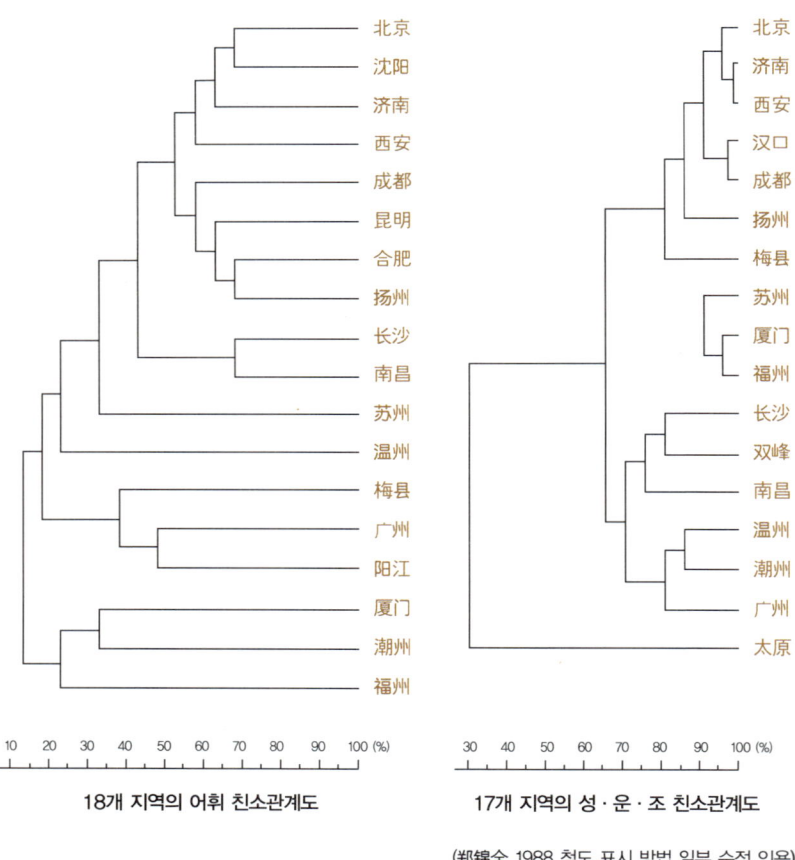

18개 지역의 어휘 친소관계도

17개 지역의 성·운·조 친소관계도

(郑锦全 1988 척도 표시 방법 일부 수정 인용)

근래에는 음운·어휘·문법의 차이를 수치화하고 이를 컴퓨터를 통해 분석하는 계량적 연구가 이루어지고 있다. 이를 통해 방언들 사이의 친소관계를 수치화하여 드러낼 수 있게 되었는데, 이 분야의 대표적인 학자로는 타이완 출신의 정진취안(鄭錦全)이 있다. 그는 『한어방언사휘』(汉语方言词汇, 1964)에 수록된 18개 지역 905종 어휘의 6,454개 변이형의 일치 여부를 통해 방언간의 어휘 차이를 분석하였으며, 음운에 대해서는 『한어방음자휘』(汉语方音字汇, 1962)에 수록된 17개 지역의 성모·운모·성조의 일치 여부를 수치화하여 분석하였다. 그 결과는 어휘, 성모, 운모, 성조, 성모·운모, 성모·운모·성조의 관계도 6장으로 제시되었는데, 앞에 인용한 관계도는 어휘와 성모·운모·성조 친소관계도이다. 정진취안 이후로 많은 학자들이 그의 방법을 수정 또는 변형하여 방언 간의 일치도를 분석하고 있다.

현재는 아래와 같이 7대 방언으로 나누는 분류방법이 널리 쓰이므로 본서에서도 이를 따르기로 한다.

1. 관화(官話)　　2. 오(吳)　　3. 감(贛)　　4. 상(湘)
5. 민(閩)　　6. 객가(客家)　　7. 월(粵)

7대 방언 둘러보기

각 방언의 음운·어휘·문법적 특징에 대해 자세히 다루기에 앞서 각 방언의 사용 지역과 인구에 대해 간략하게 살펴보기로 하자.

관화(官话 Guānhuà) 방언은 7대 방언 가운데 지역이 가장 넓고 사용인구도 제일 많은 방언이다. 한족 총인구가 97,727만이던 1988년 기준으로 72%에 해당하는 70,794만 명이 관화방언 인구이다. 분포지역도 광범위해서 북으로는 헤이룽장(黑龙江)·지린(吉林)·랴오닝(辽宁) 등 동북지방의 세 개의 성으로부터 남으로는 창장(长江) 이북에 이르고, 서쪽으로도 서북 지역과 서남 지역까지 분포되어 있다. 분포지역이 광범위하므로 관화방언 내의 차이도 큰 편이어서 다시 네 개의 차(次)방언으로 나뉜다. 1) 베이징을 중심으로 톈진과 동북 3성·허난·허베이·산둥·네이멍구 지역을 포괄하는 북방방언(北方方言), 2) 산시(山西)·산시(陝西)·간쑤·칭하이·닝샤·신장 등을 포괄하는 서북방언(西北方言), 3) 창장 중상류 지역과 쓰촨·윈난·구이저우·광시 등을 포괄하는 서남방언(西南方言), 4) 안후이와 장쑤 일부 등 창장 하류와 회수 일대를 포괄하는 강회방언(江淮方言)이 그것이다. 중국의 수도인 베이징이 관화방언지역을 대표한다.

오(吳 Wú)방언은 장쑤(江苏)와 저장(浙江) 대부분의 지역과 장시(江西) 일부 지역에 분포되어 있다. 오방언은 쑤저우말(苏州话 Sūzhōuhuà)과 상하이말(上海话 Shànghǎihuà)로 대표되며, 사용인구는 7,287만 가량으로 한족 총인구의 7.5%에 달하며 관화방언 다음으로 사용인구가 많은 방언이다. 오방언지역은 우리에게 익숙하다. 『삼국연의』에서 조조의 위나라, 유비의 촉나라와 더불어 천하를 삼분한 손권의 오나라가 있던 창장 하류의 곡창지대가 바로 오방언지역이며, '오'(吳)라는 방언 명칭도 여기서 유래되었다. 최근 상하이가 중국 경제의 중심지로 부상하면서 이 지역의 방언이 주목을 받고 있으며, 상하이 지역방언을 영어로 'Shanghainese'라고 한다.

감(贛 Gàn)방언은 장시(江西)의 장강 연안 지역과 후베이(湖北)의 동남부에 분포되어 있고, 사용인구는 약 3,127만으로 한족 총인구의 약 3.2%이다. 장시성을 남북으로 가로지르는 강의 이름이자 장시성의 약칭이기도 한 감(贛)을 따라 방언의 명칭이 정해졌다. '贛语'(Gànyǔ)나 '江西话'(Jiāngxīhuà)라고도 불린다. 장시성의 수도인 난창이 감방언지역을 대표한다.

상(湘 Xiāng)방언은 후난(湖南)의 서북부와 동부에 분포되어 있고 사용인구

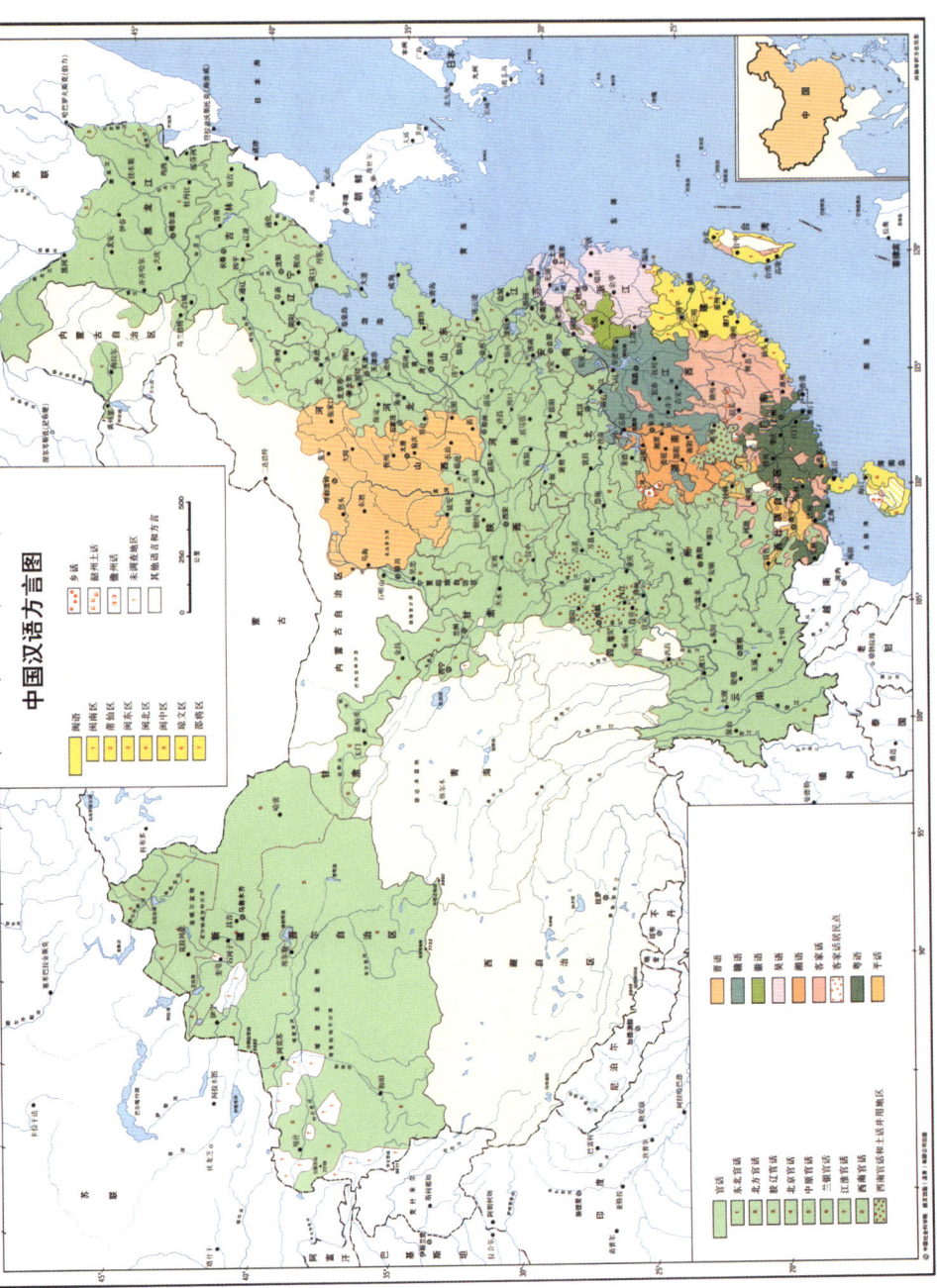

중국방언지도

10대 방언을 기준으로 작성된 『중국언어지도집』(Longman 1987?BI)

는 3,085만 이상으로 한족 총인구의 약 3.2%이다. '상'(湘)은 후난을 남북으로 가로지르는 강의 이름이자 마오쩌둥의 고향 후난성의 약칭이기도 하다. 상방언은 신상어(新湘語)와 노상어(老湘語)로 구분되는데 서로 의사소통이 불가능할 정도로 차이가 크다. 신상어는 서남 관화의 영향을 크게 받았으며 후난성의 수도인 창사(长沙)가 이를 대표한다. 노상어는 유성음 성모를 비롯한 상방언 고유의 특징을 잘 유지하고 있으며 솽펑(双峰)이 이를 대표한다.

민(閩 Mǐn) 방언은 푸젠(福建)을 중심으로 광둥의 차오산(潮汕) 지역, 저장 남부 지역, 타이완과 하이난(海南) 지역에서 사용되고 있다. 사용인구는 약 5,507만으로 한족 총인구의 5.6%에 해당된다. 민방언은 중국어 방언 가운데 내부 분화가 가장 복잡한 대규모 방언이다. 일반적으로 민남(閩南) 방언과 민북(閩北) 방언의 두 갈래로 나눈다. 타이완의 토착방언 역시 민남방언이다. 타이완에서는 몇 해 전부터 민남방언으로 제작된 방송을 허용하고, 학교에서 민남방언 교육을 강화하는 등 민남방언의 보급정책을 시행하고 있다. 영어로 'Fukienese'라고 부른다.

객가(客家 Kèjiā) 방언은 주로 광둥, 푸젠, 장시 세 성의 경계지대, 즉 광둥의 동북부, 푸젠의 서부와 북부 및 장시의 남부에 분포하며, 쓰촨, 후난, 타이완 등지에도 일부 객가방언 구역이 형성되어 있다. 사용인구는 약 3,500만으로 한족 총인구의 약 3.6%이다. '객가'(客家)는 '토착'에 상대되는 말로, 원래 중원지역에 거주하던 객가족이 전란을 피해 수차례의 대이동을 거치면서 현재와 같이 광둥, 푸젠, 장시 세 성의 경계지역에 정착하였다고 한다. 이들은 중원지역과 왕래가 없이 장기간 독립적으로 생활하며 고유의 문화와 방언을 형성하였다. 중국 개혁개방의 설계사인 덩샤오핑도 객가족이다. 광둥 동부의 메이시앤(梅县)이 객가방언을 대표한다. 영어로

'Hakka' 라고 부른다.

월(粤 Yuè) 방언은 광둥, 홍콩, 마카오, 광시, 푸젠, 장시, 그리고 타이완의 일부 지역에 분포되어 있으며, 사용인구는 4,021만으로 한족 총인구의 약 4.1%이다. 광둥성의 약칭인 '월' (粤)을 따라 방언의 명칭이 정해졌다. 최근 급속한 경제성장을 이룩하고 있는 주장(珠江) 삼각주 일대의 경제특구가 위치해 있으며, 오방언과 함께 사용인구가 증가하고 있는 방언이기도 하다. 보통화와 가장 큰 차이를 보이는 방언 중 하나로, 광둥방언을 대표하는 광저우(广州)의 경우 성조의 수가 9개에 이른다. 영어로 'Cantonese' 라고 부른다.

월방언은 민방언, 객가방언과 함께 해외 화교 사회에서 많이 사용되는 방언이다. 광둥지역에서는 일찍부터 해외 이민자들이 많아 동남아시아를 비롯한 세계 화교들의 상당수가 월방언을 사용하고 있으며, 미국 화교의 90% 이상이 월방언을 사용하고 있다. 최근 보통화를 구사하는 화교들이 빠르게 늘고 있지만, 아직까지 말레이시아 · 인도네시아 · 싱가포르 · 태국 등 동남아시아와 북미 지역의 화교들은 대부분 이들 세 방언을 주로 사용한다.

7대 방언의 대표 지역과 사용인구, 비율, 순위 등을 표로 정리하면 아래와 같다(*사용인구와 비율은 현재 이용 가능한 자료 가운데 가장 최근에 출간된 『중국언어지도집』(Longman 1988)을 근거로 하였다).

[중국방언을 들어보자] ────────────────────
중국방언을 직접 들어볼 수 없을까? 7대 방언에 대한 간략한 소개와 함께 총 35개 지역의 방언음을 생생하게 들을 수 있는 중국 웹사이트가 있다. 이름은 '산둥 언어학 웹사이트' (山东语言学网

站)로, 1부터 20까지의 숫자, 조매시(早梅詩) · 태평가(太平歌) · 산베이민가(陝北民歌) · 서화(鋤禾) · 정야사(靜夜思) · 등관작루(登鶴雀樓) 등의 시, 일기예보, 인사말 등이 녹음되어 있다. 아래 사이트를 방문하여 중국 방언의 차이가 어느 정도인지 직접 듣고 확인해보자.

http://www.yyxx.sdu.edu.cn/content/fy/fy-00.htm

방언	대표 지역	사용인구*	비율(%)*	인구 순위	영어 명칭
官话	北京	70,794만	72.0	1위	Mandarin
吴	苏州/上海	7,287만	7.5	2위	Shanghainese
赣	南昌	3,127만	3.2	6위	–
湘	长沙/双峰	3,085만	3.2	6위	–
闽	厦门	5,507만	5.6	3위	Fukienese
客家	梅县	3,500만	3.6	5위	Hakka
粤	广州	4,021만	4.1	4위	Cantonese

| 3 | 방언의 음운 차이

성모와 운모

보통화로 'Xiānggǎng' 이라고 발음되는 '香港' 을 왜 홍콩(Hong Kong) 이라고 하는지 앞서 설명한 바 있다. 한국어의 '차' 와 '다', 영어 'tea' 를 비롯하여 세계 대부분의 지역에서 차를 가리키는 말은 중국어 '茶' 의 광둥발음 [tsá] 나 푸젠발음 [te]에서 비롯되었다는 사실도 이미 언급하였다. 모두 중국 방언의 발음차이 때문에 발생한 언어현상들이다. 한국어에서도 방언에 따라 '쌀' 을 '살' 로, '벼'를 '베' 로, '김치'를 '짐치' 로, '파리'를 '포리' 로 발음

어휘 / 방언	'中国'	'法律'	'男女'	'学生'
北京(官)	[tʂuŋ kuo]	[fa ly]	[nan ny]	[ɕye ʂəŋ]
苏州(吴)	[tson kuɤ]	[faʔ liɪʔ]	[nø ŋy]	[jioʔ sən](文) [ɦioʔ saŋ](白)
南昌(赣)	[tsun kuɛt]	[fat lit]	[lan ŋy]	[hɔk sɛn](文) [hɔk saŋ](白)
长沙(湘)	[tsən kuɤ]	[fa li]	[lan ŋy]	[ɕio sən]
厦门(闽)	[tioŋ kɔk](文) [taŋ kɔk](白)	[huat lut]	[lam lu]	[hak sɪŋ](文) [oʔ sī](白)
梅县(客)	[tsuŋ kuɛt](文) [tuŋ kuɛt](白)	[fap lit]	[nam ŋ]	[hɔk sɛn](文) [hɔk saŋ](白)
广州(粤)	[tʃʊŋ kuɔk]	[fat løt]	[nam nøy]	[hɔk ʃɐŋ](文) [hɔk ʃaŋ](白)

방언의 발음 차이 예

하는 등 발음의 차이가 제법 크다. 그러나 중국방언들의 발음차이는 한국
어와는 차원을 달리 한다. 몇 가지 예를 살펴보자.

중국어의 자음운미에는 두 계열이 있다. 운미가 /-p, -t, -k/인 운모를
입성(入聲) 운모, 운미가 /-m, -n, -ŋ/인 운모를 비음운모라고 한다. 먼저
입성운모를 살펴보자.

중국 당송 시대의 음인 중고음(中古音)에 있었던 /-p, -t, -k/ 세 가지 입
성운모는 12~3세기 무렵부터 하나, 둘 소실되기 시작했다. 하지만 지역에
따라 소실되는 속도에 차이가 있었다. 위 표의 '法', '律', '国'는 중고음에
서 각각 '-p', '-t', '-k' 운모를 지녔던 입성자였다. 한국의 한자음으로 읽
어보면 이를 간단히 확인할 수 있다. 우리 한자음은 중고음의 운미를 잘 보

존하고 있기 때문이다. '법(法)·국(国)'의 종성은 '-p·-k'와 정확히 일치하며, '률'(律)의 종성만 '-t〉-l'로 변화되었음을 알 수 있다. 다른 입성자들도 마찬가지이다. 위의 표에서 보듯 베이징, 쑤저우, 창사에서는 입성운미가 모두 소실되었다. 다만 쑤저우에서는 입성운미가 소실되면서 후색음 /-ʔ/을 그 흔적으로 남기고 있다. 나머지 난창, 샤먼, 메이셴, 광저우에서는 입성운미를 보존하고 있다. 다만 난창에서는 모든 입성운모가 /-t/로 통합되었다. 남부방언의 발음이 우리말과 비슷하다는 인상을 받는 것도 대체로 이 입성운미 때문이다.

다음으로 비음운모를 살펴보자. 중고음에 있었던 /-m, -n, -ŋ/ 세 가지 비음운모 역시 지역에 따라 소실되는 속도에 차이가 있다. 관화방언과 중부방언에 속하는 거의 모든 지역에서 /-m/ 운미는 소실되었다. 베이징을 포함한 관화방언, 쑤저우와 상하이를 포함한 오방언, 난창을 포함한 감방언, 창사를 포함한 상방언이 이에 해당된다. 위 표의 '男'을 통해 이를 확인할 수 있다. /-m/ 운미의 소실 양상은 지역에 따라 차이가 있다. 베이징에서처럼 '-m〉-n'으로 통합되기도 하고, 쑤저우에서처럼 -m 운미 자체가 사라지기도 한다. 또 일부 지역에서는 /-m/ 운미가 사라지면서 바로 앞 모음을 비음으로 변화시키기도 한다. 이를 '보상적 비음화'(compensatory nasalization)이라고 부른다. /-n/과 /-ŋ/ 두 비음운모는 거의 모든 지역에 대체로 잘 보존되고 있으나, 관화방언의 지난(济南)·시안(西安), 민방언의 푸저우(福州)·젠오우(建瓯) 등에서처럼 -n운미가 소실된 지역도 있고, 창사에서처럼 /-ŋ/ 운미가 소실된 지역도 있다. '先生'(xiānsheng)을 'xiānshēn'으로 발음한다면 /-ŋ/ 운미가 소실된 지역 출신임이 분명하다. /-n/과 /-ŋ/도 소실되면서 바로 앞모음을 보상적으로 비음화하기도 한다.

이상에서 설명한 주요 방언지역의 입성운미와 비음운미의 분포상황을 표로 정리하면 다음과 같다.

운미 \ 방언	입성운미				비음운미			
	p	t	k	(ʔ)	m	n	ŋ	(~)
北京(官)	×	×	×	×	×	○	○	×
苏州(吴)	×	×	×	○	×	○	○	○
南昌(赣)	×	○	×	×	×	○	○	×
长沙(湘)	×	×	×	×	×	○	×	×
厦门(闽)	○	○	○	×	○	○	○	○
梅县(客)	○	○	○	×	○	○	○	×
广州(粤)	○	○	○	×	○	○	○	×

중국방언의 자음운미

자음운미 이외에도 서로 많은 차이를 보이는 특징적인 발음 몇 가지를 살펴보기로 하자. 우선 베이징 등 관화방언의 일부 지역을 제외한 대부분의 지역에 설첨후음(권설음)이 없다. 이 지역들에서는 설첨후음 'zh, ch, sh'를 일관되게 설첨전음 'z, c, s'로 발음한다. 이 지역들에서는 아래 단어들이 대립쌍을 이루지 못한다. 모두 설첨전음으로 발음하기 때문이다.

战歌 zhàn gē : 군가　　→　赞歌 zàn gē : 찬가

长龙 cháng lóng : 긴 용　→　藏龙 cáng lóng : 숨은 용

深林 shēn lín : 깊은 숲　→　森林 sēn lín : 삼림

성모 /n-/과 /l-/을 혼용하는 지역도 많다. 앞서 인용한 표에서도 '男'의

/n-/을 감방언의 난창, 상방언의 창사, 민방언의 샤먼 등에서는 /l-/ 성모
로 발음되는 것을 확인할 수 있다. 이처럼 /n-/과 /l-/을 혼용하는 지역은
주로 장강 유역과 남부 연해 지역에 분포해 있다. '男(nán)-른(lán)' 같은 개
구호와 '农(nóng)-龙(lóng)' 같은 합구호 앞에서만 둘을 혼용하는 지역이 대부
분이다. 한편 'n- 〉l-'로 발음하는 지역이 많지만, 란저우(兰州)나 한커우
(汉口)처럼 /n-/과 /l-/ 어느 쪽으로 발음해도 동일한 음소인 지역도 있고,
샤먼처럼 구어음[白讀]에서는 /l-/로 발음하고 독서음[文讀]에서는 /n-/으
로 발음하는 지역도 있다.

성모 /f-/와 /h-/를 혼용하는 지역도 있다. 월방언과 상방언의 일부 지역,
민방언의 대부분의 지역 그리고 상하이 외곽 지역에서도 /f-/와 /h-/를 혼
용한다. 아래의 표와 같이 대부분의 지역에서 /f-/와 /h-/를 /f-/로 통일하
여 발음하지만, 유독 민방언에 속하는 샤먼에서는 /f-/와 /h-/를 /h-/로 통
일하여 발음한다(앞서 인용한 표에서도 샤먼에서 '法'의 /f-/를 /h-/로 발음하고 있음을 알 수
있다). 이와 관련하여 흥미로운 사례가 있다. '셜록 홈즈'(Sherlock Holmes)의
'Holmes'를 '福尔摩斯'(Fúěrmósī)라고 하는데, 영어의 /h-/를 '福'(Fú)로 음역
하고 있다. 이 음역어는 '福'를 [hu]로 발음하는 민방언지역에서 처음 만들
어져 보통화로 유입되었음을 알 수 있다.

	北京(官)	苏州(吴)	南昌(赣)	长沙(湘)	厦门(闽)	梅县(客)	广州(粤)
夫	[fu]	[fu]	[fu]	[fu]	[hu]	[fu]	[fu]
呼	[xu]	[həu]	[fu]	[fu]	[hu]	[fu]	[fu]
飞	[fei]	[fi]	[fei]	[fei]	[hui]	[fi]	[fei]
灰	[xuei]	[huE]	[fei]	[fei]	[hue]	[fɔi]	[fui]

중국방언의 /f-/와 /h-/ 발음

끝으로 운모에서 모음의 차이도 커서 분류하기 힘들 만큼 복잡하다. 특히 베이징에 있는 [y](한어병음 ü)가 없는 지역이 많다. 앞서 인용한 표에서도 '律'의 [y]가 남부방언에서 [i]나 [u], [ø] 등으로 발음되는 것을 확인할 수 있다. 이 밖에 윈난(云南), 구이저우(贵州), 광시(广西), 상하이의 일부 지역에서도 [y]가 [i]로 발음된다.

방언의 성조

보통화와 방언은 성조에서도 차이를 보인다. 성조의 수와 성조의 종류[調類]가 다를 뿐 아니라 성조의 높낮이[調値]도 제각각이다. 관화방언의 하나이자 보통화의 기초방언인 베이징은 성조가 네 개이고, 산둥 옌타이(烟台)는 '31, 214, 55' 세 개의 성조밖에 없다. 반면에 월방언의 대표 지역인 광저우는 성조가 아홉 개이고, 같은 월방언에 속하는 광시장족자치구의 보바이(博白)현은 10개나 된다. 전체적으로 중국어의 성조는 3~10개의 분포를 보이며, 북에서 남으로 이동할수록 성조의 수가 늘어나는 경향을 보인다.

7대 방언 대표 지역의 성조체계를 종합하면 다음 표와 같다(알파벳은 성조의 종류, 바로 밑의 숫자는 성조의 높낮이이다. 입성의 밑줄은 해당 음이 보통의 음보다 상대적으로 짧게 발음된다는 것을 뜻한다).

앞서 중국어 방언의 자음운미를 체계적으로 이해하기 위해서 중국 당송시대의 음인 중고음을 참고해야 한다는 사실을 언급한 바 있다. 중국어 방언의 성조 분포와 체계, 그리고 성조 사이의 대응관계를 이해하기 위해서도 중고음에 대한 이해는 필수적이다. 중고음 시대의 성조가 때로는 분화되고 때로는 통합되면서 현대중국어 방언의 성조로 이어져 내려왔기 때문이다(중국어 음운의 역사는 13장 3절 참고).

성조 방언	平		上			去		入			성조수
	清	浊	清	浊 次	全	清	浊	清	浊 次	全	
北京 (官话)	A [55]	B [35]	C [214]			D [51]		-			4
苏州 (吴)	A [44]	B [24]	C [52]			D [412]	E [31]	F [44]	G [23]		7
南昌 (赣)	A [42]	B [24]	C [213]			D [45]	E [21]	F [55]	G [21]		6
长沙 (湘)	A [44]	B [24]	C [52]			D [412]	E [31]	F [44]	G [23]		6
厦门 (闽)	A [55]	B [24]	C [51]			D [11]	E [33]	F [32]	G [55]		7
梅县 (客家)	A [44]	B [11]	C [31]			D [42]		E [21]	F [44]		6
广州 (粤)	A [53]	B [21]	C [35]	D [23]		E [33]	F [22]	G [55]	H [33]	I [22]	9

중국방언의 성조분포

중고음 시대에는 평성(平聲) · 상성(上聲) · 거성(去聲) · 입성(入聲)의 네 개의 성조가 있었다. 평 · 상 · 거 · 입이라는 명칭은 각 성조에 속하는 한자 가운데 임의로 선택되었다. 이 명칭들은 각 성조의 음높이를 묘사하는 기능도 담당하였음이 분명하지만, 현재로서는 당시의 네 성조가 정확하게 어떤 높낮이였는지 확인할 방법이 없다. 입성은 앞서 설명한 대로 -p, -t, -k 운미를 가진 음절이라는 점에서 다른 세 성조와는 성격이 상이하지만, 운모의 차이가 음의 높낮이로도 실현된다는 점에서 성조의 하나라고 할 수 있다.

이러한 네 개의 성조는 다시 성모의 청탁(清濁)에 따라 둘로 나뉜다. 청음은 무성음(voiceless)을, 탁음은 유성음(voiced)을 가리킨다. 보통 청음은 상대적으로 높은 음으로, 탁음은 상대적으로 낮은 음으로 실현된다. 이러한 사정은 앞의 표에서도 확인할 수 있다. 청음은 음(陰), 탁음은 양(陽)이라고도 부른다. 중고음 시대의 네 성조는 성모의 청탁에 따라 음의 높낮이가 달라, 실제로는 음평(陰平)·양평(陽平)·음상(陰上)·양상(陽上)·양거(陽去)·음거(陰去)·양입(陽入)·음입(陰入) 등 여덟 개의 음높이로 실현되었다. 이 여덟 개의 음높이가 분화와 통합을 통해 현대 각 방언의 성조로 이어진 것이다. 가령 베이징을 비롯한 모든 방언에서 평성이 성모의 청탁에 따라 음평(陰平)과 양평(陽平)으로 분화되었고, 베이징과 광저우를 제외한 나머지 방언에서 상성은 음상(陽上)과 양상(陽上)이 통합되었음을 알 수 있다. 중고음 시대의 여덟 개의 성조체계를 가장 잘 유지하고 있는 방언은 월방언이라는 것도 확인할 수 있다.

베이징과 광저우의 성조체계를 이해하기 위해서는 차탁(次濁)과 전탁(全濁)이라는 개념을 추가로 도입해야 한다. 차탁은 유성 공명음(voiced sonorant), 즉 유성음 가운데 비음(m, n, ŋ)·변음(l)·반모음(j)이며, 전탁은 나머지 유성음이다. 물론 전청(全淸)과 차청(次淸)도 있지만 성조와는 무관하다. 베이징에서 전탁(全濁) 상성, 즉 상성 가운데 성모가 유성 공명음인 상성은 거성으로 변화되었다. '父 fù, 动 dòng, 在 zài, 坐 zuò, 士 shì, 是 shì, 后 hòu' 등이 상성에서 거성으로 변한 글자이다. 흥미로운 사실은 이렇게 상성에서 거성으로 변한 글자들에 상성의 대표 글자인 '上'도 포함된다는 것이다. 대표 글자의 성조가 바뀌었으니 난감한 일이어서, '上声'을 읽을 때만은 원래 성조대로 'shǎngshēng'이라고 발음한다. 또 광저우에서는 음입(陰入), 즉 성모가 탁음인 입성이 차탁(次濁)과 전탁(全濁)으로 분화되면 아홉 개의 성조가 완성되었다.

그렇다면 베이징에서 입성은 어떻게 변했을까? 입성의 특징인 /-p, -t,

-k/ 운모가 소실되면서 성모의 성질에 따라 각각 나머지 세 성조인 평성·상성·거성으로 변화되었다. 이런 과정을 거쳐 현대 베이징의 음평(阴平)·양평(阳平)·상성(上声)·거성(去声)의 네 개의 성조가 완성되었다. 현재는 이 네 개의 성조를 편의상 숫자를 붙여 1·2·3·4성으로 부르고 있다.

이와 같이 중고음의 네 성조와 이후의 분화와 통합 과정을 알아두면 중국어 방언의 성조 분포와 체계를 효과적으로 파악할 수 있을 뿐 아니라 다른 방언의 성조를 듣고 이해하는 데도 큰 도움이 된다.

[베이징말과 표준어]

보통화의 정의에 의하면 표준어의 음운 표준은 베이징음이다. 하지만 베이징음이라고 해서 전적으로 표준어음이라고 할 수도 없다. 일부 음운은 차이를 보이기 때문이다.

베이징말의 가장 큰 음운 특징은 권설음화(儿化)가 심하다는 점일 것이다. 일반명사뿐만 아니라 '小王儿 Xiǎo Wángr, 侯宝林儿 Hóu Bǎolínr' 등의 인명이나 '天安门儿 Tiān'ānménr, 公主坟儿 Gōngzhǔfénr' 등의 지명까지도 권설음화한다. 권설운모 가운데 일부는 보통화의 지위를 획득하였지만, 상당수는 여전히 베이징 고유의 특징으로 남아 있다. 교육 수준이 높은 사람일수록, 공적인 장소일수록 권설음화가 줄어드는 것도 이와 관련이 있다.

일부 성조도 보통화와 다르다. '教室'(jiàoshì 교실)를 'jiāoshǐ'로 발음하고, '比较'(bǐbjiào 비교하다)를 'bǐjiǎo'로, '主意'(zhǔyì 생각)를 'zhúyì'로 발음한다. 그러다 보니 '比较好'나 '好主意'의 성조변화도 보통화의 경우와 다르게 나타난다. '比较好'는 보통화에서 '반3성-4성-3성'으로 발음되지만 베이징말에서는 '2성-2성-3성'으로 발음되며, '好主意'도 '2성-3성-4성'이 아니라 '3성-2성-4성'으로 발음된다.

성모나 운모가 다른 경우도 있다. 예를 들어 '波浪'(bōlàng 파도)이 'pōlàng'으로, 루晨(zǎochén 새벽)이 'zǎoshén'으로 발음되어 성모가 다르기도 하고, '脓'(nóng 고름)이 'néng'으로, '太'(tài 너무)가 'tēi'로, '逮耗子'(dǎi hàozǐ 쥐를 잡다)가 'dèi hàozǐ'로 발음되어 운모가 다르기도 하다.

한편 '一个 yī gè, 两个 liǎng gè, 三个 sān gè' 등을 한 음절로 줄인 '一 yí, 俩 liǎ, 仨 sā' 등의 합성어를 자주 사용하는 것도 베이징말의 특징 가운데 하나이다. 다음 예문에서 '一'의 성조변화를 눈여겨보자.

一(yí)人一个主意, 谁也不听谁的。Yí rén yíge zhǔyi, shuí yě bù tīng shuí de.
저마다 생각이 하나씩 있어서 누구도 서로의 말을 듣지 않았다.
苹果一(yí)人俩, 谁也别抢。Píngguǒ yí rén liǎ, shuí yě bié qiǎng.
사과는 일인당 두 개입니다. 서로 먼저 가져가려고 하지 마세요.

베이징말은 보통화의 근간을 이루는 방언으로 다른 어떤 방언보다 보통화에 가까운 것은 사실이다. 하지만 베이징말 그 자체가 보통화는 아니며, 베이징말의 일부 음운은 보통화와 다름을 알 수 있다.

| 4 | 방언의 어휘와 문법

방언의 어휘

다음으로 방언어휘의 차이를 살펴보자. 방언들의 발음 차이와 마찬가지로 어휘의 차이도 생소한 현상은 아니다. 한국어에서도 방언에 따라 어휘가 달라지는 현상은 드물지 않다. 한국인이 즐겨 먹는 야채의 하나인 '부추'를 예로 들어보자. 표준어 '부추'는 서울·경기와 강원도 영서 지역에서 사용되는 말로, 강원도·충청도·경북 일부 지역에서는 '분초'나 '분추'로 불린다. 여기까지는 방언에 따라 발음이 달라지는 현상의 하나로 볼 수 있다. 그러나 전라도와 충남 전역, 그리고 경남 서부에 이르면 '솔'(졸·줄·소풀·소불 등의 변이형이 있음)로, 충북 남부와 경북 전역, 그리고 경남 동부에 이르면 '정구지'(정고지·쟁고지 등의 변이형이 있음)로 어휘 자체가 달라진다. 표준어 '벼'가 '나락'으로, '옥수수'가 '강냉이'로, '식혜'가 '단술'로, '부엌'이 '정지'로 바뀌는 것도 방언에 따른 어휘의 차이이다.

그렇다면 중국방언들의 어휘 차이는 어느 정도일까? 한반도와 중국의 영토 차이를 단순 계산하더라도 한국어 방언보다 훨씬 복잡하리라는 것은 쉽게 짐작할 수 있다. 일상생활에서 흔히 사용되는 어휘를 중심으로 살펴보기로 하자. 관화방언은 분포 지역이 넓은 것을 고려하여 베이징·양저우·청두 세 지역을, 나머지 여섯 방언에서는 대표 지역을 선정하였다. 오방언의 대표 지역으로 쑤저우를 상하이로 대체하였다.

어휘 방언	걷다	뛰다	서다	아들	아내	눈	코	낮	밤	수탉	그	무엇
北京(官)	走	跑	站	儿子	妻子 老婆	眼睛	鼻子	白天	晚上	公鸡	他	什么
扬州(〃)	走	跑	站	儿子	老婆 妈妈 堂客	眼睛	鼻子	日里	晚上 夜头	公鸡	他	什们
成都(〃)	走	跑	站	儿 儿子	女的 婆娘	眼睛	鼻子	白天	黑曜	公鸡 鸡公	他	啥 啥子
上海(吴)	走	跑	徛	儿子	女人 老婆	眼睛	鼻头	日里	夜里	雄鸡	伊	啥
南昌(赣)	走	跑	徛	崽	老婆 女客	眼睛	鼻公	日里 日上	夜晚	鸡公 样鸡	佢	什哩
长沙(湘)	走	跑	站	崽 伢子	堂客	眼睛	鼻子	日里 白天	夜黑子 夜里	鸡公 叫鸡公	他	么子
厦门(闽)	行	走	徛	团	某厝 内人	目睭 目	鼻 鼻仔	日时	暗冥 下昏	鸡角	伊	什物
梅县(客)	行	走	徛	赖	老婆	目珠 眼珠	鼻公	日晨头	暗哺头	鸡公 生鸡	佢	乜个
广州(粤)	行	走	徛	仔	老婆 女人	眼	鼻哥	日头	晚黑 夜晚	鸡公 生鸡	佢	乜 乜嘢

중국방언의 어휘 차이

이 표에서 비교의 기준으로 삼은 단어는 동사 세 개(걷다·뛰다·서다), 친족·신체·시간·동물을 나타내는 명사 일곱 개, 그리고 대명사 두 개(그 사람·무엇)이다. 이 표를 통해 알 수 있는 것은 다음과 같다. 첫째, 대명사와 같은 폐쇄류 어휘의 방언간의 차이가 상대적으로 크고, 동사나 명사와 같은 개방류 어휘의 차이는 상대적으로 작다. 둘째, '鸡'와 같이 해당 범주 전체를 지칭하는 단어는 차이가 거의 없지만(모든 방언에서 '鸡' 자를 쓰고 있다), '수탉'처럼 지칭대상이 더 구체적이고 좁은 단어일수록 방언간의 차이가 크다. 셋째, 상용동사와 나머지 부류를 비교해보면 동사보다 나머지 부류의 차이가 크다. 넷째, 남부방언인 민·객가·월 방언은 관화방언이나 중부방언에 비해 고대중국어의 어휘를 상대적으로 잘 보존하고 있음을 알 수 있다. 고대중국어에서는 '걷다'가 '行'이고 '뛰다'가 '走'였으나, 위진남북조 시기를 거치면서 '걷다'는 '行'에서 '走'로, '뛰다'는 '走'에서 '跑'로 바뀌었다. 일종의 '밀어내기' 어휘 교체가 이루어진 셈이다. 하지만 남부 세 방언에서는 여전히 고대중국어의 어휘를 사용하고 있다. 또 '먹다'로 '吃' 대신 '食'을, '마시다'로 '喝' 대신 '饮'을 사용하는 것도 남부방언의 보수성을 잘 말해준다.

그렇다면 각 방언들의 어휘는 서로 얼마나 유사하고 얼마나 다를까. 현재 방대한 어휘를 대상으로 방언 어휘의 유사도를 계량적으로 분석하려는 시도가 여러 연구자들에 의해 진행되고 있다. 여기서는 언어연대학 연구에 사용되는 스와데시(M. Swadesh) 기본어휘 100개를 대상으로, 어근의 동일성 여부를 기준으로 방언 어휘의 유사도를 비교해보자.

표준어와 가장 가까운 베이징말의 경우(표의 맨 왼쪽 세로열) 상방언의 창사와의 일치율이 79%로 가장 높고 민방언의 샤먼이 56%로 가장 낮다. 베이징말을 중심으로 하는 표준어를 배울 때 창사방언 사용자가 샤먼방언 사용

	北京(官)	苏州(吴)	南昌(赣)	长沙(湘)	厦门(闽)	梅县(客)
广州(粤)	74	77	78	76	63	79
梅县(客)	69	73	77	72	68	
厦门(闽)	56	59	64	61		
长沙(湘)	79	86	88			
南昌(赣)	76	84				
苏州(吴)	73					

7대 방언의 기본어휘 동원(同源) 비율(단위 %)

자보다 상대적으로 유리할 것이라는 추측해볼 수 있다.

7개 지역간의 비교에서 기본어휘의 일치도가 가장 높은 곳은 감방언의 난창과 상방언의 창사로, 일치 비율은 88%에 이른다. 반면에 일치도가 가장 낮은 곳은 관화방언의 베이징과 민방언의 샤먼으로 일치 비율은 56%에 불과하다. 대체로 두 지역이 가까울수록 일치 비율이 높고, 멀리 떨어져 있을수록 일치 비율이 낮음을 알 수 있다. 앞서 인용했던 정진취안의 계량적 연구에서도 난창과 창사의 일치도가 가장 높고, 관화방언과 민방언의 일치도가 가장 낮았던 것을 상기하면 이런 비교가 방언간의 어휘 일치도를 어느 정도 보여준다고 볼 수 있다.

[베이징말의 어휘]

베이징음이 표준어와 전적으로 같은 것이 아니라는 사실을 앞에서 살펴보았는데, 어휘 역시 다른 것들이 많이 있다. 그 가운데 일부를 살펴보자.

뜻	보통화	베이징말
남자	男人 nánrén	爷们儿 yémenr
여자	女人 nǚrén	娘儿们 niángrmen
부부	夫妇 fūfù	公母俩 gōngmǔliǎ
오늘	今天 jīntiān	今儿 jīnr
어제	昨天 zuótiān	昨儿 zuór
해질녘	傍晚 bàngwǎn	擦黑儿 cāhēir
언제	什么时候 shénme shíhou	多咱 duōzǎn
지렁이	蚯蚓 qiūyǐn	曲亲 qūqīn
귀뚜라미	蟋蟀 xīshuài	蛐蛐儿 qūqur
계란	鸡蛋 jīdàn	鸡子儿 jīzǐr
머리	头 tóu	脑瓜儿 nǎoguār
침	口水 kǒushuǐ	哈喇子 hālázi
눈곱	眼屎 yǎnshǐ	眵目糊 chīmùhú
쓰레기	垃圾 lājī	脏土 zāngtǔ
성냥	火柴 huǒchái	取灯儿 qǔdēngr
옥수수	玉米 yùmǐ	棒子 bàngzi
태양	太阳 tàiyáng	老爷儿 lǎoyér

방언의 문법

중국 각 방언들의 어순은 기본적으로 유사하다. 기본어순이 SVO이고, 관형어가 중심명사 앞에 위치하며, 조동사가 동사 앞에 위치한다는 점 등이 그러하다. 그러나 방언에 따라 어순이 보통화와는 다른 경우도 있다. 부사의 위치, 수식어의 위치, 이중목적어의 위치가 다른 방언도 있고, 의문문의 형식이 보통화와 다른 방언도 있다. 전체적으로 이런 어순의 차이는 주로 월방언을 비롯한 남부방언에서 두드러진다.

먼저 동사와 동사를 수식하는 부사의 어순을 살펴보자. 보통화에서 부사는 한국어와 마찬가지로 동사 앞에 위치한다. 대부분의 다른 방언의 어순도 이와 같다. 그러나 광저우를 포함한 월방언에서는 부사가 동사 뒤에서 동사를 수식한다(이하의 예문에서 방언음 표기는 생략함).

나 먼저 갈게.

我先走。Wǒ xiān zǒu. → 我行先。(广州, 월방언)

빨리 가!

快走吧! Kuài zǒu ba. → 行快啲喇! (广州, 월방언)

부사의 위치에 있어서 월방언은 보통화보다는 영어와 유사함을 알 수 있다. 사실 월방언은 여러 성분들을 동사의 뒤로 보낸다는 점에서 보통화보다 충실한 SVO 언어라고 할 수 있다. 이 점은 다음과 같은 비교문에서도 잘 알 수 있다. 보통화와 다른 방언들에서는 비교대상인 전치사구가 동사의 앞에 놓이지만, 월방언에서는 영어와 유사하게 'A + 형용사 + 过 + B' 형식을 취한다.

고양이는 쥐보다 크다.

猫比老鼠大。Māo bǐ lǎoshǔ dà. → 猫大过老鼠。(广州, 월방언)

오늘은 어제보다 따뜻하다.

今天比昨天暖和。Jīntiān bǐ zuótiān nuǎnhuo. → 今日暖过琴日。(广州, 월방언)

이중목적어 구문에서 간접목적어와 직접목적어의 위치도 보통화와 다른 방언들이 많다. 보통화에서는 아래와 같이 '간접목적어 + 직접목적어'의 어순을 취하지만, 오·상·객가·월 방언에서는 '직접목적어 + 간접목적어' 어순을 취하는 지역들이 많다.

내가 네게 책 한 권을 줄게.

我给你一本书。Wǒ gěi nǐ yì běn shū. → 我拨一本书侬。(上海, 오방언)

곧 네게 돈을 줄게.

回头给你钱。Huítóu gěi nǐ qián. → 回头得钱你。(衡阳, 상방언)

공장에서는 그에게 오천 위안을 상금으로 주었다.

工厂奖给他五千元。Gōngchǎng jiǎng gěi tā wǔqiān yuán. → 工厂奖五千元佢。(梅县, 객가방언)

네게 한 마디 물어볼게.

我问你一句话。Wǒ wèn nǐ yí jù huà. → 我问句话你。(广州, 월방언)

　의문문의 형식도 방언에 따라 다르다. 보통화에서 "오늘은 일요일입니까?"는 "今天是星期天吗?" "今天是不是星期天?" "今天星期天?"의 세 가지 형식의 의문문으로 표현되며, 간혹 "今天是星期天不是?" 형식의 의문문이 사용되기도 한다. 하지만 남부방언에서는 "今天是星期天不是?"와 같이 문미에 부정형을 추가하는 형식의 의문문이 주로 사용되며, 그 구체적인 형태도 방언에 따라 다르다. 예를 들어 광저우에서는 "你去学校唔去?"(너 학교에 가니?)처럼 목적어 '学校'가 긍정형 동사와 부정형 동사의 사이에 위치한다. 샤먼에서는 "汝有读册阿无？"(너 책 읽었니?)처럼 동사구 앞에 '有'를 추가하고 긍정형과 부정형 사이에 보통화의 '还是'에 대응되는 선택을 표시하는 접속사 '阿'를 추가로 사용한다.

[방언한자]

방언에 따라 어휘가 달라지다보니 방언 어휘를 표기하기 위해 보통화에서는 사용하지 않는 한자를 사용하는 일도 흔하다. 이런 현상은 특히 월방언에서 두드러지며, '口'를 부수로 하는 방언한자가 많은 것도 특징적이다. 이 방언한자들은 방언 문학 작품에서 널리 사용된다. 사용빈도가 높은 방언한자들을 예시하면 아래와 같다.

乜 [mat] — 什么 : 무엇   咁 [kam] — 这么 / 这样 : 이렇게

嗰 [ko] — 那 : 그것   佢 [k'œy] — 他 : 그(3인칭)

喇 [la] — 了 : 변화를 표시하는 조사   咯 [lol] — 了 : 변화를 표시하는 조사

咩 [mɛ] — 吗 : 의문을 표시하는 조사   㗎 [ka] — 呀 : 선택 의문을 표시하는 조사

喺 [hai] — 在 : 장소를 표시하는 전치사   孖 [ma] — 一双 : 쌍을 표시하는 양사

唔 [m̩] — 不 : 부정사   冇 [mou] — 没有 : 아직 …하지 않다

餸 [suŋ] — 菜 : 반찬   唥 [kip] — 箱子 : 상자

| 5 | 방언의 역사

고대의 방언은 어떠했을까?

동서와 고금을 막론하고 방언이 없는 언어의 존재를 상상하기는 어렵다. 중국어도 아득한 옛날 원시중국어(Proto-Chinese) 시기부터 이미 지역에 따라 서로 다른 방언이 사용되었을 것이다. 다만 현재 중국의 방언 분화 상황을 확인할 수 있는 자료는 춘추전국 시기부터 본격적으로 등장한다.

『예기』(禮記)에는 당시 이미 의사소통이 불가능할 정도로 중국의 방언(또

는 중국 주변의 언어)이 분화되어 있었고, 이러한 의사소통의 어려움을 해소하기 위해 오늘날의 통역사와 유사한 직책을 만들었다는 기록이 전한다. 춘추시대의 역사서인 『좌전』(左傳) 선공(宣公) 4년에는 "초나라 사람들은 젖(乳)을 '누'(穀)라 부르고, 호랑이(虎)를 '오도'(於菟)라고 부른다"는 기록이 있다. 초나라는 대체로 현재의 상방언지역이다. '젖'과 '호랑이'는 상용되는 어휘들이므로, '유'(乳)와 '호'(虎)를 사용하는 중원 지역과 '누'(穀)와 '오도'(於菟)를 사용하는 초 지역 사이에 상당한 언어 차이가 있었음을 알 수 있다. 『좌전』 문공(文公) 10년에도 당시 국경을 맞대고 할거하던 두 제후국인 진(秦)과 위(魏) 사이에 정상적인 의사소통이 불가능하여 통역을 구했다는 내용의 기사가 수록되어 있다.

전국시대에 이르러 주(周) 왕실 중심의 봉건체제가 더욱 약화되면서 방언의 분화는 더욱 가속화되었다. 『맹자』 「등문공」(滕文公) 편에 등장하는 맹자와 대불승(戴不勝)의 대화는 전국시대 당시의 초나라와 현재의 산둥 지역에 해당하는 제나라 사이에 상당한 언어 차이가 있었음을 확인시켜준다.

> 맹　자 : "만약 초나라의 어떤 대부가 그 아들에게 제나라 말[濟語]을 가르치려고 한다면 제나라 사람을 스승으로 삼아야 합니까, 초나라 사람을 스승으로 삼아야 합니까?"
> 대불승 : "제나라 사람을 스승으로 삼아야 합니다."
> 맹　자 : "제나라 사람 한 사람이 가르치고 여러 명의 초나라 사람이 떠들어대면, 날마다 회초리를 때려가며 제나라 말을 가르쳐도 효과가 없습니다. 그런데 그 아이를 제나라의 수도인 장악(莊嶽)에다 몇 년 동안 두면, 날마다 회초리를 때려가며 초나라 말[楚語]을 가르쳐도 마찬가지로 효과가 없습니다."

외국어 학습에서 원어민 교사의 역할과 현장학습의 중요성을 역설하고 있는 이 대화에서 '초어'(楚語)를 구사하는 초나라 대부의 아들에게 '제어'(齊語)를 따로 가르쳐야 할 만큼 두 언어 사이에는 현격한 차이가 존재했음을 알 수 있다.

춘추전국시기에 존재했던 여러 방언의 차이는 당시의 문헌자료에도 반영되어 있다. 『논어』와 『맹자』로 대표되는 노(魯)의 문헌들에서는 의문문에 사용되는 어기사로 '與'를 압도적으로 많이 사용한 반면, 전국시대의 다른 문헌들에서는 '邪'가 우세를 점하고 있다는 점, 근칭의 지시대명사로 다른 지역에서 널리 쓰였던 '此'가 『논어』에서는 한 번도 등장하지 않고 대신 '斯'가 사용되고 있다는 점, 어기사 '兮'는 초(楚)의 문학작품인 초사(楚辭)에서 주로 사용되었다는 점 등이 그 예이다.

중국의 방언에 관한 체계적인 저서는 전한(前漢)의 양웅(揚雄 BC 53~AD 18)이 편찬했다고 전해지는 『유헌사자절대어석별국방언』(輶軒使者絶代語釋別國方言)이 최초이다. 책 이름은 '유헌사자(= 황제의 명을 받은 사신)가 절대어(= 공통어)로 여러 지역의 방언을 풀이한 책'이라는 의미로, 줄여서 '방언'이라고도 부른다. 오늘날 우리가 사용하는 '방언'이라는 말도 이 책의 이름에서 유래되었다. 『방언』에서는 지역에 따라 서로 다르게 사용되는 유의어들을 나열하고, 끝에 두 지역 이상 또는 모든 지역에서 통용되는 공통어휘를 제시하고 있다. 다음 예를 보자.

"아(娥)와 영(嬴)은 호(好, 좋다)의 의미이다. 진(秦)에서는 아(娥), 송(宋)·위(魏) 사이에서는 영(嬴)이라고 한다. 진(秦)·진(晉) 사이에서는 일반적으로 좋고 가벼운 것을 아(娥)라고 한다. 함곡관(函谷關) 동쪽의 하수(河水)와 제수(濟水) 사이에서는 묘(媌)라고 하고, 교(姣)라고 하기도 한다. 조(趙)·위

(魏)·연(燕)·대(代) 사이에서는 주(姝)라고 하고, 봉(姇)이라고도 한다. 함곡관(函谷關) 서쪽의 진(秦)·진(晉)의 옛 도읍에서는 연(姸)이라고 한다. 호(好)는 그 통어(通語)이다."

선진(先秦)의 문헌에서도 지역의 언어 차이를 암시하는 언급이나 에피소드를 곳곳에서 발견할 수 있지만 당시의 방언 분화와 방언의 분포 양상을 종합적으로 보여주는 것이 『방언』이다. 또 이를 바탕으로 부분적으로나마 한(漢) 무렵 중국의 방언지리학(dialectology)을 확립할 수 있는 길이 열렸으며, 현재의 방언과 비교할 수 있는 기회도 갖게 되었다.

[언어접촉과 공통어]

서로 다른 언어를 사용하는 사람들 사이에 의사소통의 필요가 생겨날 때 대체로 다음 두 가지 가운데 하나의 언어상황이 발생한다.

첫째, 둘 또는 그 이상 언어들의 어휘, 음운, 문법을 뒤섞은 혼합어가 비교적 짧은 시간 안에 형성되어 임시방편의 언어로 사용된다. 이것을 피진어(pidgin)라고 하는데, 피진어는 국적과 언어가 다른 무역상들 사이에서 통상을 위해 쓰는 혼합어이다. 피진어가 다음 세대에서 모국어로 뿌리를 내린 것을 '크레올'(creole)이라고 부른다. 'pidgin'이라는 말이 영어 'business'의 중국식 발음에서 비롯되었다는 사실을 통해 알 수 있듯이, 18~19세기에 상하이, 광둥을 비롯한 중국 동남부 연안 지역에서 번성하였던 중국어와 영어의 혼합어는 이 피진어의 전형적인 예이다.

둘째, 둘 또는 그 이상의 언어 가운데 한 언어 또는 제3의 언어가 기존의 언어를 초월하여 공통어로 사용된다. 이러한 초언어의 언어를 고대 그리스에서 공통어 역할을 했던 언어의 이름을 따라 '코이네'(koine)라고 부르기도 하고, 중세 지중해 연안 지역에서 널리 통용되었던 언어의 이름을 따라 '링구아 프랑카'(Lingua Franka. 프랑크어)라고 부르기도 하며, '사비어'(sabir)라고 부르기도 한다.

고대 중국의 공통어

중국의 옛 문헌에는 공자와 맹자, 소진, 장의 등의 유세객들이 의사소통이 어려울 정도로 방언분화가 심한 여러 지역을 주유천하(周遊天下)하면서 통치자들과 대화를 나누는 장면이 곳곳에 등장한다. 그렇다면 이들은 어떻게 대화를 나누었을까? 통역사를 고용하거나 필담을 나누었다는 기록은 어디에도 없다. 일부는 여러 방언에 두루 능통했을 수는 있지만, 당시의 지배계층 다수가 다중언어 구사능력을 갖추고 있었을 가능성은 낮다. 여러 정황을 고려하면 춘추전국시대에도 공통어가 존재했을 가능성은 크다.

당시의 공통어와 관련하여 중국의 학자들은 『논어』「술이」(述而) 편에 등장하는 '아언'(雅言)을 춘추전국시대의 공통어를 가리키는 용어로 보고 있고, 『한어대사전』(漢語大詞典) 등 여러 사전에서도 이런 뜻풀이를 수록하고 있다. 공자 자신은 노(魯), 지금의 산둥출신이었으므로 평소에는 산둥방언을 사용했지만 『시경』, 『서경』을 읽을 때나 의례를 집전할 때에는 언제나 이 아언을 사용했다는 것이다. 그러나 반론도 만만찮다. 『논어』에 딱 한 차례, 그것도 동사 용법으로 등장할 뿐 다른 어떤 문헌에도 보이지 않는 이 '아언'을 춘추전국시대 공통어의 공식 명칭으로 단언하기는 어렵다는 것이다. 춘추전국시대에 공통어가 존재했는가의 문제와 『논어』의 '아언'이 당시 공통어의 정식 명칭이었는가는 여전히 미해결의 과제로 남아 있다.

진 시황제의 중국 통일 이후 공통어에 대한 필요는 더욱 증대되었다. 『방언』도 따지고 보면 말을 통일하기 위한 작업의 하나로 볼 수 있다. 그 함의와 용도가 현재의 보통화와 일치하지는 않지만, 중국에서 공통어는 훨씬 이전부터 존재하였다. 『방언』에 등장하는 한대의 '통어'(通語), 위진남북조의 '정음'(正音), 원대의 '천하통어'(天下通語), 명·청대의 '관화'(官話), 중화민국 시기의 '국어'(國語) 등도 당시의 공통어를 지칭하는 명칭으로 사용되었다. 현재 중국의 보통화는 역대의 공통어들을 계승, 발전시킨 현대의 공통어인 것이다.

현대 방언의 형성

중국은 고립된 섬이 아니다. 중국계 언어(sinitic languages)를 사용했던 사람들은 언제나 비(非)중국계 언어(non-sinitic languages)를 사용하는 주변 민족들로 둘러싸여 생활하였고, 현재도 그러하다.

중국어에 대한 최초의 기록은 기원전 14~11세기 무렵에 사용된 갑골문(甲骨文)에서 시작된다. 이 무렵의 중국어는 현재보다 훨씬 좁은 지역에서 사용되었고 그 중심 지역은 중원 일대였으리라는 것은 의심의 여지가 없다는 사실이다. 여러 조대를 거치는 동안 주변 민족에 대한 정복과 이민을 통해 중국의 영토가 확장되었고, 이와 함께 중국어의 사용 지역도 점차 넓어져 현재와 같은 상황에 이르게 되었다. 중국어를 사용하지 않던 지역이 중국의 영토로 편입되는 과정에서 중국어와 이웃 언어들 사이의 언어접촉은 불가피한 일이었다. 토착민들이 사용하던 기층언어(substratum)인 비(非)중국계 언어와 이주민들이 새로 가져온 상층언어(superstratum)인 중국계 언어가 영향을 주고받으며 각 지역에서 독특한 방언이 형성된 것이다.

중국에서 현재와 같은 방언분포를 형성시킨 근본적인 동력은 원심력과 구심력이라는 상반된 힘이다. 중심부에서 주변부로 확산되는 힘이 원심력이고 주변부에서 중심부로 수렴되는 힘이 구심력이다. 대체로 정치적인 통합과 안정의 시기에는 공통어의 구심력이 큰 영향력을 발휘하고, 정치적인 분열의 시기에는 방언 사이의 이질성을 증대시키는 원심력이 보다 강력한 힘으로 작용하였다.

현재와 같은 방언분포를 형성시킨 또 하나의 원인은 중심부와 주변부에서 진행되는 언어변화 속도의 차이이다. 일반적으로 언어변화는 중심지에서는 빠르게 진행되고, 주변부에서는 더디다. 고대언어의 모습을 재구(reconstruction)하려는 역사언어학자들이 도시가 아닌 오지를 찾아 나서는 것은 이 때문이다. 한국어에서 조선 중기에서 소실된 ' · '(아래 아)의 음가를 발견해낸 곳도 바로 제주도였다는 사실을 상기하자. 중국어에서도 음운 · 성조 · 어휘를 포함한 모든 언어변화에 있어 중심지인 북부 지역은 새로운 변화를 끊임없이 받아들여 빠른 속도로 변하지만, 주변부에 속하는 남부방언들은 이전의 언어특징들을 비교적 온전히 보존하여 변화의 속도가 느리다(11장 4절 참고). 중심부와 주변부 사이의 변화속도의 차이는 언어뿐 아니라 모든 문화현상에서 보편적으로 나타나는 특징이기도 하다.

중국의 지역방언들을 형성시킨 요인들은 이렇게 기층언어와 상층언어의 혼합, 원심력과 구심력의 상호 작용, 주변부와 중심부에서 진행되는 언어변화 속도의 차이 등으로 요약할 수 있다. 이 세 가지 요인들이 역사적인 상황과 결합되어 현재와 같은 방언분포를 형성한 것이다. 중부방언인 오 · 감 · 상방언은 형성 시기가 상대적으로 이르고 관화방언과의 격차도 크지 않은 반면, 남부방언인 민 · 객가 · 월방언의 형성 시기는 이보다 늦고 관화방언과의 격차가 큰 것도 이런 요인 때문이다.

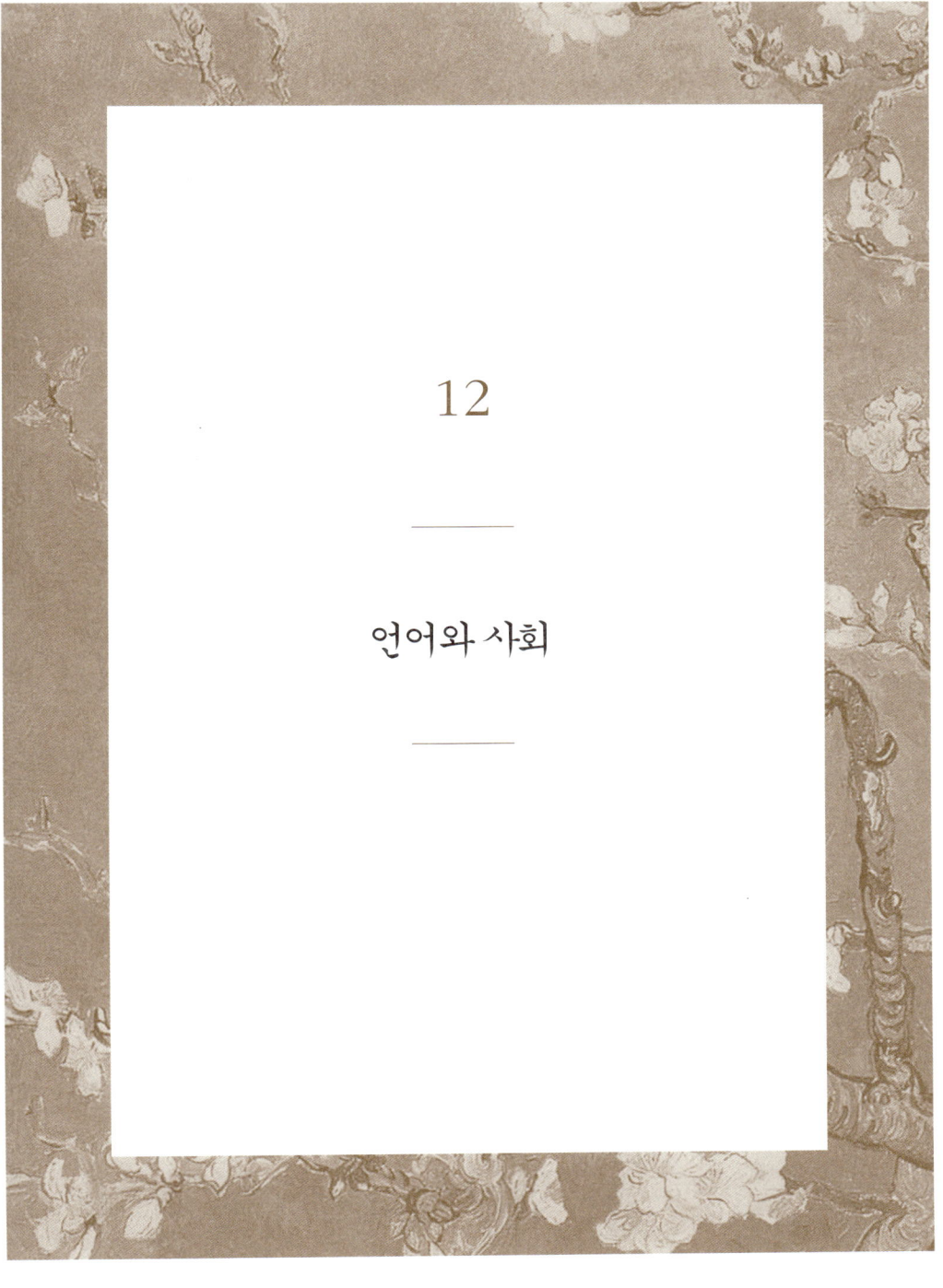

12

언어와 사회

사회에서 언어가 어떻게 사용되는지를 관찰하고, 언어를 둘러싼 사회적 요인이나 언어의 사회적 속성에 대한 고찰을 통해 언어변이와 언어변화를 설명하고자 하는 학문 분야를 사회언어학(sociolinguistics)이라고 한다. 사회언어학은 1960년대에 미국의 언어학자 라보브(William Labov 1927~)의 주도로 창시되고 발전되었다.

언제나 어디서나 누구에게나 똑같은 말투를 쓰는 사람은 없다. 사회에서의 역할관계와 언어를 둘러싼 여러 외적 요인들, 즉 나이와 성별, 직업, 계층, 친소, 상하관계, 인종에 따라 담화전략 및 말투가 달라지기 마련이다. 이렇게 형성된 특정한 사회집단의 말을 사회방언(social dialect 또는 sociolect)이라고 한다. 방언(dialect)이라는 용어는 지리적인 차이로 생겨나는 지역방언(regional dialects)을 가리키는 것이 일반적이나 언어학에서는 사회적 거리에 따른 방언, 성별에 따른 방언(genderlect), 개인에 따른 방언(idiolect) 등을 아우르는 개념으로 방언이라는 용어를 사용하고 있다. 사회방언은 사회언어학의 중요한 탐구대상 중 하나이다.

이 장에서는 연령·성별·직업·계층에 따라 형성된 중국어의 변이인 중국의 사회방언에 대해 기술하고자 한다. 아울러 사회언어학의 중요한 연구영역이자 중국의 특수성이 반영된 분야이기도 한 이중언어와 코드전환, 언어정책, 언어접촉에 대해 살펴보게 될 것이다.

| 1 | 사회방언, 나이 · 성별 · 직업 · 계층과 언어

상황에 따라 달라지는 언어의 선택

문법에 맞는 정확한 언어를 구사하는 능력 못지않게 사회적 맥락과 대화
상대에 따라 적절하게 말할 수 있는 능력도 중요하다. 발음이 유창하고 문
법이 정확한 한국어를 구사하는 외국인이라 할지라도 대화의 상황과 상대
에 따라 적절한 말투와 담화전략을 구사하지 못한다면 그의 한국어는 결코
좋은 평가를 받지 못할 것이다.

중국어도 마찬가지이다. 선생님께 인사를 할 때는 '老师'(lǎoshī)나 '王老
师'(Wáng lǎoshī)와 같이 직함을 불러야지 이름을 직접 불러서는 안 된다. 가정
에서의 대화는 전체 문장을 다 발화하지 않으며 일반적으로 주어가 생략된
다. 말할 때 리듬, 속도, 말투 등도 극히 자연스럽다. 손님에게는 '请坐'
(qǐng zuò), '请喝茶'(qǐng hē chá)라고 하겠지만, 집안 식구들끼리는 '请' 자를 붙
이지 않는다. 아이들과 대화할 때는 아이들의 말투와 어휘 등을 모방하는
'아기말투'(baby talk)를 사용해서 대화 분위기를 부드럽게 만든다. 중국어
의 아기 말투도 다른 여타 언어처럼 '狗狗(gǒugou 개), 奶奶(nǎinai 쭈쭈), 饭饭
(fànfan 맘마), 灯灯(dēngdeng 등)'과 같은 중첩어가 많다. 상하이 사람들은 아기
말투로 '草草(풀), 香香(로션, 크림)'과 같은 중첩형의 명사뿐 아니라 '阿鱼(생
선), 阿肉(고기)'와 같이 접두사 '阿'가 붙은 어휘들을 쓴다. 연인들이 상황
에 따라 '아기 말투'로 대화를 나누는 것도 언어 보편적인 현상이다. 신문
과 방송의 언어는 개인의 감정 색채를 드러내지 않고 공식 어투와 문체를
사용하며 가능한 한 표준말 또는 표준 글말에 가까운 언어를 사용한다.

한편 말이 서툰 외국인과 대화할 때는 '외국인 말투'(foreigner talk)를 사용
한다. 한 마디 한 마디 천천히 정확하게 발음하고, 최대한 쉬운 어휘와 단

순한 문법구조를 선택하는 것이 외국인 말투의 특징이다. 중국인이 우리에게 하는 말은 알아듣기 쉬운데, 중국인끼리 나누는 대화는 잘 들리지 않는 이유도 이 때문이다.

그렇다면 중국어는 대화상황과 대화상대에 따라 어떤 변이를 보일까. 나이 · 성별 · 직업 · 계층에 따른 언어변이를 중심으로 중국의 사회방언에 대해 살펴보기로 하자.

나이

동시대의 사람들일지라도 나이에 따라 사용하는 어휘와 발음, 표현이 달라진다. 사회의 변화가 급격하게 진행되는 시대일수록, 농촌보다는 도시 지역일수록 나이에 따른 언어변이의 폭이 크다. 중국은 개혁개방 이후 빠른 사회변화와 도시화가 진행되고 있으므로, 나이에 따른 중국어의 변이를 이해하는 일은 매우 중요하다.

젊은 세대는 대체로 기성세대에 비해 유행에 민감하고 새로운 변화를 쉽게 받아들인다. 언어에서도 젊은 세대의 이런 특성이 반영된다. 젊은 세대들은 유행어와 신조어를 만들고 확산시키는 주축으로, 대부분의 유행어와 신조어는 젊은 세대들에게 먼저 수용된 뒤에 기성세대로 확산되는 추세를 보인다. 광둥어의 '埋单'('孖单'이라고도 쓴다)에서 비롯된 '买单'(mǎidān 계산하다, 결제하다)이 대표적인 사례이다. 1980~90년대에 젊은 세대에서 기성세대로 점차 확산된 '买单'은 많은 지역에서 '结帐'(jiézhàng) 대신 사용되고 있다.

유행어와 신조어는 사회상과 시대변화를 가늠할 수 있는 척도이기도 하다. '月光族'(yuèguāngzú 매달 월급을 모두 소비하는 새로운 소비계층), '房奴'(fángnú 대출금 상환 때문에 주택의 노예가 된 하우스푸어), '蜗居'(wōjū 달팽이처럼 좁고 열악한 곳에 거주하는 젊은이들의 주거방식), '负翁'(fùwēng 초과지출을 통해 부자처럼 꾸미는 사람. '富'와 발음이 같은 '负' (마이너스)를 써서 풍자한 말), '剩女' (shèngnǚ '남은 여자'라는 뜻으로, 고학력·고소득·고직위의 3고(高)를 갖추고도 미혼으로 남아 있는 골드미스), '低炭族' (dītànzú, 녹색소비를 실천하는 저탄소족), '山寨' (shānzhài 짝퉁), '粉丝' (fěnsī 연예인의 팬. '粉丝' (당면)가 fans와 발음이 비슷한 것을 활용), '给力' (gěilì 짱, 최고, 멋지다) 등은 최근에 빠르게 확산된 대표적인 유행어와 신조어들이다.

전 세계적으로 급속하게 보급된 인터넷과 모바일 문화는 신조어와 유행어가 만들어지고 확산되는 중요한 산실이 되고 있다. 중국에서도 예외가 아니다. 'QQ' (중국의 대표 메신저), '博客' (bókè 블로그), '微博' (wēibó 마이크로 블로그 서비스를 제공하는 중국판 트위터), '聊天' (liáotiān 채팅), '淘宝' (Táobǎo 중국 최대의 경매 및 쇼핑 사이트)와 같은 단어를 모른다면 중국의 젊은 세대들과의 대화에 끼어들기 어려울 것이다. 또 젊은 세대들은 아래와 같이 인터넷 채팅에서 주

[현대 중국의 10대 유행어]

1949년 현대 중국 건국 이래 최고의 유행어는 무엇일까. 중국의 대표적인 포털사이트인 시나닷컴(sina.com)은 2009년 건국 60주년을 기념하여 네티즌 직접 참여와 투표를 통해 60년 유행어 사전을 웹상에서 편찬하고 그 가운데 10대 유행어를 선정 발표하였다.

1위는 '计划生育' (jìhuà shēngyù 계획생육)로서 인구 증가를 억제하기 위해 1970년대 말부터 시행되었던 중국 정부의 산아제한정책을 나타내는 단어이다. 2위는 '卡拉OK' (kǎlāōukèi 가라오케), 3위는 '改革开放' (gǎigé kāifàng 개혁개방), 4위는 '忽悠' (hūyou '속이다'라는 뜻의 동북 사투리), 5위는 2009년에 방영된 유명한 음료회사 娃哈哈(Wáhāhā)의 광고 카피였던 '你out了' (너 아웃이야!)가 차지하였다. 이어서 50억 부의 발행부수를 기록한 마오쩌둥어록인 '红宝书' (Hóngbǎoshū)가 6위를, 2003년에 개봉된 영화 '手机' (Shǒujī 핸드폰)의 명대사인 '做人要厚道' (Zuòrén yào hòudao 사람이 너그러워야지!)가 7위를, 네티즌들의 '신상털기'를 뜻하는 '人肉搜索' (rénròu sōusuǒ)가 8위를, 1980년 이후에 출생한 신세대를 뜻하는 '80后' (bālínghòu)가 9위를, 덩샤오핑의 개혁개방과 실용주의를 상징하는 黑猫白猫(hēimāo báimāo)가 10위를 차지하였다.

로 사용되는 자신들만의 은어를 만들기도 한다.

'烘焙机'는 영어 'homepage'를, '拷皮'는 'copy'를 음역하였다. 또 '东东'과 '光光'은 표준어휘의 앞음절을 중복하여 친근감을 드러내고 있으며, '菌女'와 '美眉'는 표준어휘의 한자를 동음이의어 관계인 다른 한자로 대체하는 방식을 쓰고 있다. 참고로 '妹妹'는 '여동생'이지만, '美眉'는 의미가 확대되어 '젊은 여자'를 두루 지칭하는 데 쓰인다. 이 밖에도 '亲爱的'(qīn'ài de 자기야, 달링)의 준말이었던 '亲'(qīn)은 인터넷 채팅에서는 이제 판매자가 손님을 부를 때 쓰는 말이 되었다. 복수의 고객들을 지칭할 때는 '亲们'(qīnmen)이라고 한다. 또 인터넷 채팅에서는 '7456'(气死我了 qì sǐ wǒ le), '8147'(不要生气 bú yào shēngqì), '886'(拜拜罗 bài bài luó)처럼 숫자 동음이의어를 활용한 방식도 자주 접할 수 있다.

중국어에서도 상대의 나이에 따라 표현을 다르게 하는 경우가 많으며, 한국어만큼은 아니지만 그 나름의 경어법 체계를 갖고 있다. 예컨대 2인칭 대명사를 '你'와 '您'으로 구분하여 사용하는 현상(이에 대한 설명은 뒤의 '계층' 부분을 참고)과 함께 상대의 나이를 묻는 다양한 표현도 여기에 해당된다. 대

	표준어휘	채팅 어휘
홈페이지	主页 zhǔyè	烘焙机 hóngbēijī
복사	拷贝 kǎobèi	拷皮 kǎopí
물건	东西 dōngxi	东东 dōngdōng
남자 솔로	光棍儿 guānggùnr	光光 guāngguāng
멋진 여성	俊女 jùnnǚ	菌女 jùnnǚ
젊은 여자	妹妹 mèimei	美眉 měiméi

표준어휘와 인터넷 채팅 어휘의 비교

체로 어린아이에게 쓰던 표현인 "你几岁了?"(Nǐ jǐ suì le)나 "你今年几岁?"(Nǐ jīnnián jǐ suì?)는 점차 성인들 사이에서도 쓰이고 있지만 여전히 낯선 할아버지에게 쓰기엔 적절하지 않다. 성인들 사이에서 가장 많이 쓰이는 표현은 "你今年多大?"(Nǐ jīnnián duō dà?)이다. 연세가 많은 어른의 나이를 물어야 할 경우에는 "您多大年纪?"(Nín duō dà niánjì?)나 "您多大岁数?"(Nín duō dà suìshu?)를 사용하고 간혹 격식을 갖춰 "您高寿?(Nín gāoshòu?)"라고 묻기도 한다.

성별

성별 역시 언어에 영향을 미친다. 우선 남성의 경우를 보면 베이징 일대의 젊은 남성들에게서 특이한 발음현상이 관찰된다. 2음절 이상을 연이어 발음할 때 권설음 zh, ch, sh를 변형 또는 생략하여 발음하는 현상이다. 아래 예문들에서 밑줄을 친 '反正', '工程师', '图书馆'의 권설음 zh, ch, sh는 모두 r로 변형되어 각각 'fǎn rèng', 'gōng réng shī', 'tú rū guǎn'으로 발음된다.

(1) 反正我不去。Fǎnzhèng wǒ búqù.
    어쨌든 난 안 가.

(2) 爸爸是工程师。Bàba shì gōngchéngshī.
    아빠는 엔지니어시다.

(3) 他在图书馆。Tā zài túshūguǎn.
    그는 도서관에 있어.

권설음을 포함한 음절이 탈락하고 대신 앞음절과 결합하여 권설음화와 유사한 음운변화를 일으키기도 한다. 가령 '多少钱'(duōshao qián)에서 두 번째 음절인 '少'(shao)는 권설음화와 유사한 방식으로 앞음절과 결합하여 'duōr qián´으로 발음된다. 또 ´不知道´(bùzhīdào)는 ´bù rī dao´로 발음되거나 두 번째 음절인 ´知´(zhī)가 앞음절과 결합하여 ´bùr dao´로 발음된다. 이런 현상은 베이징 일대의 젊은 남성들에게서 주로 발견된다는 점에서 성별에 따른 언어변이의 하나로 볼 수 있다.

베이징 일대의 젊은 여성에게서도 특이한 발음현상이 관찰된다. 경구개음인 j[tɕ], q[tɕʻ], x[ɕ]를 발음할 때 조음위치를 앞으로 이동시켜 치음인 z[ts], c[tsʻ], s[s]로 발음하는 것이다. 가령, ´请先讲´(먼저 말씀하세요)을 ´qǐng xiān jiǎng´이 아닌 [tsǐng siān tsiǎng]에 가깝게 발음하는 것이다. 여국음(女国音 nǚguóyīn)이라 불리는 이 현상은 1920년대에 이미 관찰된 바 있다. 당시 교양 있는 젊은 여성들 사이에서 발견된 이 발음현상은 현재도 15~30세의 젊은 여성들에게서 관찰된다. 또 베이징의 여성 가운데는 ´新闻´(뉴스)의 ´闻´과 ´请问´(말씀 좀 여쭙겠습니다)의 ´问´을 [uən]이 아니라 [vən]에 가깝게 발음하는 이도 있다. 비음을 과도하게 섞어 애교를 표현하는 것도 젊은 여성의 발음에서 나타나는 특징이다.

성별은 발음뿐 아니라 어휘나 표현에도 영향을 미친다. 여성 또는 남성에게 편중되어 사용되는 어휘나 표현들이 있다는 말이다. 다음 표현들은 여성들의 전유물로, 남성들이 이런 표현을 사용한다면 여자 말투(娘娘腔 niángniangqiāng)를 사용한다고 놀림감이 되기 쉽다.

(4) 讨厌! Tǎoyàn! 미워! 짜증나!

(5) 德行! Déxing! 별꼴이야!

(6) 我该怎么办? Wǒ gāi zěnme bàn? 이를 어째?

(7) 吓死我了! Xià sǐ wǒ le! 깜짝이야!

(8) 我的妈呀! Wǒ de mā ya! 어머나!

(9) 神经病! Shénjīngbìng! 미쳤어! (주로 남자들이 자기를 집적거릴 때 씀)

여성은 남성에 비해 감탄사나 어기조사를 많이 사용한다. 감탄사 '哎呀' (āiyā 놀람, 원망, 불만 등), '啊' (à 감탄, 깨달음, 응답 등), '咳' (hāi 상심, 후회, 놀람 등), '哎' (ài 탄식, 연민 등) 등은 여성의 언어에서 자주 관찰된다. 어기조사도 마찬가지이다. 『베이징사람』(北京人)이라는 구술 문학작품에 등장하는 어기조사의 사용빈도를 조사한 결과에 따르면, 의문문과 청유문의 끝에 '吗, 呢, 吧, 啊' 등의 어기조사를 사용하는 빈도에 있어서 여성이 남성보다 두 배가량 높다.

대화 중간에 상대의 말에 자주 호응을 표시해주는 것도 여성들의 언어에서 주로 발견되는 특징이다. 중국어에서는 '嗯'(ňg), '是的'(shìde), '对呀'(duì ya) 등이 이런 기능을 담당한다. 반면에 남성들은 상대의 말을 경청하고 있는 때라도 호응을 표시하는 경우가 드물어서 종종 대화에 주의를 기울이지 않는다고 의심받기도 한다.

	의문문	청유문
남성	33%	28.5%
여성	72%	48%

남성과 여성의 어기조사 사용비율(曹志耘 1987)

완곡어법(委婉语)을 많이 사용하는 것도 여성 언어의 특징이다. 여성들은 '月经'(yuèjīng 월경)을 '例假'(lìjià 정기휴가)나 '倒霉'(dǎoméi 불편하다. 운이 나쁘다)로, '卫生巾'(wèishēngjīn 생리대)을 '例假纸'(lìjiàzhǐ)나 '倒霉纸'(dǎoméizhǐ)로 에둘러 표현한다. 화장실에 갈 때 '去洗手间'(qù xǐshǒujiān)이나 '上厕所'(shàng cèsuǒ), '解手(jiěshǒu)와 같은 표현은 성별의 구분이 없이 사용하지만, '去一下'(qù yíxià 좀 갔다 올게요)와 같은 완곡한 표현은 주로 여성들이 사용한다.

욕설을 뜻하는 '脏话'(zānghuà) 또는 '脏字儿'(zāngzìr)은 개인의 차이는 있으나 남성들의 사용빈도가 훨씬 높은 영역이다. 중국어 욕설은 종류도 다양하고 일상생활에서 사용되는 빈도도 높은 편이다. 특히 성(性)과 관련된 표현이 특히 발달해 있다. '国骂'(guómà 국가의 대표 욕)로 불리는 '他妈的'(tā mā de 상대의 어머니를 성적으로 모욕하는 말)를 비롯하여, '王八蛋'(wángbadàn 王씨네 여덟째, 즉 거북이 낳은 알), 肏(cào 영어의 'f□□k'와 유사한 욕설. 다소 순화하여 kào로 발음하기도 함) 등이 이에 해당한다.

직업

"三句话不离本行"(Sān jù huà bù lí běnháng)이란 중국속담이 있다. 말을 할 때 무의식적으로 자신의 직업과 관련된 표현이나 이야기가 튀어나온다는 것이다. 한국 속담 "직업은 못 속인다"와 그 함의가 유사하다. "隔行如隔山"(Gé háng rú gé shān)이란 속담도 있다. "직업이 다르면 산에 가로막힌 것 같다"는 뜻으로, 직업이 다른 사람을 이해하거나 서로 소통하기가 대단히 어렵다는 말이다. 이렇게 직업은 언어에 큰 영향을 미친다.

특정 분야나 직업에서 사용되는 전문용어를 영어로 'jargon'이라고 한다. 전문용어의 가장 큰 특징은 폐쇄성이라고 할 수 있다. 전문용어들은 해당 업종이나 전공에서만 주로 사용될 뿐 일상생활에서는 거의 쓰이지 않는다. 처음 대면하는 상대일지라도 말 몇 마디로 상대의 직업을 유추한다거나 직업이 다른 사람끼리 종종 의사소통에 문제가 생기는 이유는 전문용어의 이러한 폐쇄성 때문이다.

아래에 제시된 몇 개 분야의 전문용어는 중국인들이 일상생활에서 사용

[형제자매의 호칭]

호칭은 언어학자들뿐 아니라 인류학자들도 관심을 갖는 흥미로운 주제이다. 특히 형제자매에 대한 호칭(인류학 용어로 시블링sibling이라 한다)은 언어에 따라 표현방법이 다양하다. 일반적으로 시블링은 나이(seniority)와 성별(gender)의 두 가지 기준에 따라 나뉜다. 기준이 두 가지이므로 네 가지 시블링 체계를 갖는 언어가 보편적이다. 실제로 중국어를 비롯하여 일본어, 헝가리어 등을 많은 언어들이 그러하다.

넷보다 적은 시블링 체계를 갖는 언어는 나이나 성별 가운데 하나를 구별하지 않는다. 가령 태국어는 호칭 대상의 성별을 구별하지 않고 연상일 경우에는 'phii'를, 연하일 경우에는 'nawng'를 사용한다. 영어는 호칭 대상의 나이를 구별하지 않고 성에 따라 남성일 경우에는 'brother'를, 여성일 경우에는 'sister'를 사용하는 언어이다. 물론 따로 나이를 구분할 필요가 있는 경우에는 'younger'와 'elder'를 수식어로 사용하기도 한다. 말레이어는 가장 단순한 시블링 체계를 가진 언어로, 성별이나 나이를 가리지 않고 'saudara'라는 한 가지 호칭만 쓴다.

한국어의 시블링은 호칭 대상이 연하일 경우에는 성별을 구분하지 않으며, 호칭 대상이 연상일 경우 호칭 대상의 성별과 나이뿐 아니라 호칭자의 성별도 호칭 결정에 관여한다. 즉 호칭자가 남성일 경우에는 '형/누나'를, 호칭자가 여성일 경우에는 '오빠/언니'를 사용하는 이원적인 체계를 갖는 것이다. 이처럼 넷보다 많은 시블링 체계를 사용한다는 점에서 한국어는 다른 언어와 구분된다.

대상 나이	대상 성별	나 성별	한국어	중국어	일본어	헝가리어	영어	태국어	말레이어
연상	남	남	형	哥哥	ani	bátya	brother	phii	saudara
		여	오빠						
	여	남	누나	姐姐	néne	sister	ane		
		여	언니						
연하	남	남	동생 (아우)	弟弟	otouto	ōcs	brother	nawng	
		여							
	여	남		妹妹	imouto	hug	sister		
		여							
합계			5(?)	4	4	4	2	2	1

할 기회가 드물다.

> **언어** : 语料库(yǔliàokù 말뭉치), 音位(yīnwèi 음소), 粘着语素(niánzhuóyǔsù 의존형태소), 洋经浜语(yángjīngbāngyǔ 피진어)
>
> **물리** : 离子(lízǐ 이온), 能量守衡(néngliàngshǒuhéng 에너지평형), 热能(rènéng 열에너지), 光电管(guāngdiànguǎn 광전관)
>
> **체육** : 高远球(gāoyuǎnqiú 하이클리어), 中锋(zhōngfēng 센터포워드), 二传手(èrchuánshǒu 세터), 短平快(duǎnpíngkuài B-퀵)
>
> **상업** : 期货交易(qīhuò jiāoyì 선물거래), 出售优先(chūshòu yōuxiān 매도우위), 支付准备率(zhīfùzhǔnbèilǜ 지급준비율), 盘点(pándiǎn 재고를 조사하다)
>
> **공업** : 切削(qiēxiāo 절삭), 冷焊(lěnghàn 냉열연), 钻床(zuànchuáng 드릴링머신), 热处理(rèchǔlǐ 열처리)

　해당 분야의 직업을 가졌거나 전문적인 지식을 가진 이가 아니라면 이러한 전문용어들을 쉽사리 이해하기는 어렵다. 알아들을 수 있는 용어라 할지라도 일상생활에서 사용할 기회는 더욱 드물 것이다.

　처음부터 비밀을 유지할 목적으로 다른 사람들이 쉽게 알아듣지 못하도록 이해관계가 일치하는 이들끼리만 사용하는 말도 있다. 이런 말을 은어(argot)라고 한다. 은어는 상인집단이나 범죄집단 또는 비밀조직 등의 특정 직업집단 내에서 사용되며 전문용어 이상으로 배타성을 띠는 것이 보통이다. 예전에 중국상인들 사이에서 사용되었던 숫자와 관련된 은어를 살펴보자.

1 (一) : 旦底(dàndǐ)　　　　　　　2 (二) : 挖工(wāgōng)

3 (三)：横川(héngchuān)　　　　4 (四)：側目(cèmù)

5 (五)：缺丑(quēchǒu)　　　　6 (六)：断大(duàndà)

7 (七)：皂底(zàodǐ)　　　　8 (八)：公头(gōngtóu)

9 (九)：空丸(kōngwán)　　　　10 (十)：田心(tiánxīn)

　　생소할 뿐 아니라 숫자와 별로 관련이 없어 보이는 이 말들은 자세히 들여다보면 '한자 수수께끼'(字谜 zìmí)와 유사한 문자유희의 형식을 취하고 있음을 알 수 있다. '一'은 '且'의 밑부분, '二'는 '工'의 중간을 파낸 글자, '三'은 가로누운 '川', '四'는 옆으로 본 '目'이라는 식이다. 가령 숫자 48을 '側目公头'라고 표현하면 이런 은어에 익숙하지 않은 이들은 알아듣기 불가능했을 것이다. 과거 중국의 상인들은 이런 은어를 숫자 대신 사용하여 나름대로 비밀을 유지했던 것이다.

　　그렇다면 영화에서나 들을 수 있을 법한 아래와 같은 대화를 나누는 이들은 어떤 직업을 가지고 있을까?

　　(10) A：你家伙带了没有？Nǐ jiāhuo dàile méiyǒu?

　　　　　너 연장 가져왔어?

　　　 B：牲口带在这里。Shēngkou dài zài zhèli.

　　　　　가축은 여기 갖고 있지.

　　　 A：那么回窑子去拿了大片子再走。Nàme huí yáozi qù nále dà piānzi zài zǒu.

　　　　　그럼 기방에 가서 큰 거 가지고 가자.

　　　 B：用不着，我还有小片子。Yòngbuzháo, wǒ háiyǒu xiǎo piānzi.

　　　　　그럴 거 없어. 나한테 작은 것도 있어.

'家伙'(jiāhuo 도구, 연장)는 무기를, '牲口'(shēngkou 가축)는 총을, '窑子'(yáozi 기생집)는 집을, '片子'(piānzi 조각)는 칼을 가리킨다. 중국에서 '黑社会'(hēishèhuì)라고 부르는 범죄조직의 조직원들 사이에 주고받을 법한 대화이다. 이렇게 은어는 보안을 유지하는 한편 집단 내부의 결속과 유대를 강화하는 기능을 한다.

계층

사회적 신분관계나 빈부격차 등도 언어변이를 형성하는 요인이 된다. 이를 계층에 따른 언어변이에서 함께 기술하기로 하자.

계층에 따른 언어변이를 가장 분명하게 드러내는 영역은 호칭일 것이다. 일반적으로 호칭은 나이(상대적 나이와 절대적 나이), 친밀도, 직위, 성별, 신분 등 복합적인 요인들이 결합되어 결정된다. 크게 보면 권세(power)와 유대(solidarity)라는 두 범주가 호칭 선택에 영향을 미친다. 호칭은 사회 호칭과 친족 호칭으로 구분되고 서로 다른 체계를 갖추고 있지만, 여기서는 사회 호칭을 중심으로 살펴보기로 하자.

호칭의 종류와 등급은 언어마다 다르다. 가장 단순한 호칭체계를 가진 언어들 가운데 하나인 영어의 경우 'Mr. John'이나 'President Obama'처럼 TLN(Title + Last Name)으로 부르느냐, 'Tom'이나 'Jerry'처럼 FN(First Name)으로 부르느냐의 구분 정도가 있다. 반면에 한국어는 영어와 비교할 수 없을 정도로 호칭체계가 복잡하다. 가령 청자(이름을 김민호라 하자)가 화자의 친척은 아니지만 평소 알고 지내는 사이이며 어떤 회사에서 과장직을 맡고 있는 남자일 경우 아래와 같이 대략 14가지로 불릴 수 있다(이익섭 등 1997 : 238).

1) 과장님　　2) 김 과장님　　3) 김민호 씨　　4) 민호 씨　　5) 민호 형

6) 김 과장　　7) 김 씨　　　8) 김 형　　　　9) 김 군　　　10) 김민호 군

11) 민호 군　　12) 김민호　　13) 민호　　　14) 민호야

그렇다면 중국어의 호칭체계는 어떠할까. 중국어와 한국어의 호칭체계를 단순 비교하기는 어렵지만, 한국어 못지않게 복잡한 호칭체계를 갖추고 있는 중국어에서도 호칭을 결정하는 요인은 나이(상대적 나이와 절대적 나이), 직업, 직위, 친밀도 등이다.

이름(名) 또는 성과 이름(姓名)은 친밀한 친구나 동료 사이에서 호칭으로 사용된다. "明明!", "李明明!"이 그 예이다. 윗사람이 아랫사람을 부를 때도 이름 또는 성과 이름을 호칭으로 사용한다. 다만 명이 외자일 경우에는 "李明!"처럼 반드시 성명을 함께 쓴다. 직업을 호칭으로 사용하기도 한다. 학교의 교원은 '老师'(lǎoshī)라고 부르고, 대학교수는 따로 '教授'(jiàoshòu)라고 부르기도 한다. 기술자와 예능인은 '师傅'(shīfu)라고 부르고, 의사는 '大夫'(dàifu)라고 부른다. 직위를 호칭으로 사용하기도 한다. '主席'(zhǔxí), '总理'(zǒnglǐ), '部长'(bùzhǎng), '局长'(júzhǎng), '处长'(chùzhǎng), '科长'(kēzhǎng), '经理'(jīnglǐ), '主任'(zhǔrèn) 등 대부분의 직위가 호칭으로 사용된다. '王老师'(Wáng lǎoshī)나 '康师傅'(Kāng shīfu), '毛主席'(Máo zhǔxí)나 '周总理'(Zhōu zǒnglǐ)처럼 '성＋직업/직위' 방식의 호칭도 널리 사용된다. CEO를 뜻하는 '总经理'(zǒngjīnglǐ)의 경우는 '王总经理 → 王总'처럼 2음절로 축약 사용되는 것이 일반적이다.

외국인의 입장에서 가장 낯선 중국인의 호칭은 '小'(xiǎo)나 '老'(lǎo)를 접두사처럼 성 앞에 붙여 부르는 방식일 것이다. '小/老＋성'의 호칭을 어떤 상황에서 사용하고, 누구에게 '小＋성'을 쓰고 누구에게 '老＋성'을 쓰는

계층에 따른 언어변이의 고전적 사례로 1970년대 초에 라보브가 수행한 '뉴욕 백화점 [r]음의 계층분화'를 들 수 있다. 라보브는 뉴욕에서 고급 백화점인 Saks Fifth Avenue, 중급 백화점인 Macy's, 하급 백화점인 S.Klein 세 곳을 선정하여 [r]음이 어느 정도로 실현되는지를 조사하였다.

백화점 이용고객의 발음이 점원의 발음에 영향을 주었을 것이라는 가정 하에 라보브는 각 백화점의 점원들에게 "여성화 매장이 몇 층입니까?", "뭐라고요?"라고 두 번 물어서 'fourth floor'라는 대답을 두 차례 이끌어내어 [r]음의 실현율을 관찰하였다. 그 결과 [r]음의 실현율과 계층분화 사이에는 밀접한 상관관계를 보임이 밝혀졌다.

[r] 발음이 나타난 비율을 보면 삭스 점원이 62%, 메이시스 점원이 51%인 데 반해, 클라인 점원은 21%뿐이었다. 조사결과에 대한 세부적인 분석에서는 첫 응답과 두 번째 응답, 각 백화점 표본 수에서 흑인의 비율, 백화점 내의 직무, 연령 등 요인과의 상관관계도 드러났다. 부유층이 빈곤층보다, 백인이 흑인보다, 여성이 남성보다, 직위가 높은 사람이 낮은 사람보다 [r]음의 실현율이 높게 나타난 것이다.

지를 판단하는 일은 쉽지 않다. 첫째, '小/老 + 성'의 호칭은 친밀도를 전제로 하므로, 낯선 사람에게 이런 호칭을 사용하는 것은 적절치 못하다. '老 + 성'에 비해 '小 + 성'은 더더욱 그러하다. 둘째, '小 + 성'은 자기보다 어린 사람이나 연배가 비슷한 사람에게 쓰지만, '老 + 성'은 주로 연배가 비슷한 사람들 사이에서 사용된다. 존대를 표해야 하는 어른이나 윗사람에게 '老 + 성'을 쓰는 것은 실례이다. 셋째, 절대적인 나이도 '小'와 '老'의 구분에 영향을 미친다. 둘 다 동년배 사이에 많이 쓰이지만 20대나 30대가 서로를 '老 + 성'으로 부르거나 50대나 60대가 서로를 '小 + 성'으로 부르는 일은 흔하지 않다. 한편 '성 + 老' 방식의 호칭도 사용된다. '성 + 老'의 호칭은 노년의 간부나 지식인에게 주로 쓰며, 상대에 대한 특별한 존경을 함축하고 있다. 이렇게 성을 호칭에 다양하게 활용하는 것은 중국어 호칭의 중요한 특징 가운데 하나다.

많은 언어들에서 2인칭대명사는 평칭과 경칭으로 나뉜다. 프랑스어의 'tu'와 'vous', 이탈리아어의 'tu'와 'Lei', 독일어의 'du'와 'Sie', 러시아어의 'ty'와 'vy' 등이 그러하다. 중국어의 2인칭대명사로도 '你'(nǐ)와 '您'(nín) 두 가지가 있다. 한국어에서는 2인칭대명사의 구분이 훨씬 섬세해서 '너, 자네, 당신, 댁, 어르신' 등이 등급에 따라 선택 사용된다.

중국어의 2인칭대명사 '你'와 '您'은 호칭과 마찬가지로 나이와 직위, 친밀도 등 복합적인 요인들의 영향을 받아 선택된다. 보통 상대의 나이가 자신과 비슷하거나 어릴 경우 또는 상대의 지위가 자신과 비슷하거나 낮을 경우에는 평칭의 '你'를, 그렇지 않은 경우에는 경칭의 '您'을 사용한다.

(11) a. 你叫什么名字? Nǐ jiào shénme míngzi?

　　　이름이 뭐니?

　　b. 请您再说一遍, 好吗? Qǐng nín zài shuō yí biàn, hǎo ma?

　　　다시 한 번 말씀해주시겠습니까?

'你'와 '您'의 구별은 유대(solidarity), 즉 친밀도의 영향도 받는다. 어느 정도 나이와 직위의 차이가 있어도 가까운 사이라면 '您'이 아니라 '你'를 사용한다. 아이들이 부모를 가리킬 때 '您' 대신 '你'를 쓰는 것이 일반적이다. 학생이 교사를 지칭할 때도 이런 현상을 발견할 수 있다. 학기 초에는 '您'을 쓰다가 점점 친해지면서 '你'의 사용비율이 높아진다.

'你'와 '您'의 사용은 지역에 따라서도 차이를 보인다. '您'은 원래 베이징 지역에서 많이 쓰이던 표현으로, 점차 나머지 지역으로 확산되었다. 지금까지도 '你'와 '您'의 구별은 상하이나 광저우 등 남부 지역보다는 베이

지칭어(reference form)와 호칭어(address form)는 구분해서 사용해야 하는 개념이다. 지칭어는 가리키는 말, 호칭어는 부르는 말이다. 가령 '시아버지'와 '시어머니'는 지칭어이고 호칭어로는 '아버님!'과 '어머님!'을 사용한다. 또 아들의 배우자에 대한 지칭어는 '며느리'이지만 호칭어로는 '아기야!'(또는 '악아!')를 사용한다. 물론 지칭어와 호칭어가 늘 뚜렷하게 갈리는 것은 아니다. '형'이나 '누나'처럼 지칭어와 호칭어가 겹치기도 하고, '아들'이나 '학생'처럼 지칭어였던 말이 호칭어의 영역으로 넘어오기도 한다.

중국어에서도 지칭어와 호칭어가 구별된다. 가령 '父亲'(fùqīn)과 '母亲'(mǔqīn)은 지칭어이므로, 호칭어로는 '爸爸!'(bàba)와 '妈妈!'(māma)를 사용해야 한다. 또 '老公!'(lǎogōng)은 '丈夫'(zhàngfu 남편)에 대한 호칭어이고 '老婆!'(lǎopó)는 '妻子'(qīzi)에 대한 호칭어이다.

중국어와 한국어에서 호칭어의 종류가 다르다는 점도 주의해야 한다. 가령 한국어에서 '아버지·시아버지·장인'과 '어머니·시어머니·장모'에 대한 호칭어는 각각 다르지만, 중국어에서는 '爸爸!'와 '妈妈!'로 같다. 또 한국어에서 친구 부모님에 대한 호칭어는 '아버님!'과 '어머님!'이지만, 중국어에서는 '伯父!'(bófù 원래 의미는 큰아버지)와 '伯母!'(bómǔ. 원래 의미는 큰어머니)가 사용된다.

호칭어도 변화한다. 중국에서 1949년 이후 1980년 사이에 널리 쓰였던 '同志'(tóngzhì)라는 호칭어는 지금은 거의 들을 수 없고, 대신 '师傅!'(shīfu)나 '先生!'(xiānsheng)이 널리 사용되고 있다.

징 지역에서 더 엄격하게 지켜진다. 상하이의 청년이 보내온 다음 이메일에서 '你'와 '您'이 혼용되고 있는 이유도 경칭 '您'의 쓰임이 활발하지 않은 상하이의 지역적 특징에서 그 원인을 찾을 수 있을 것이다.

朴教授：

您好！我已经看了你的来信，得知你8月10日会来上海做调查工作。我想我可以负责这次工作，找三名大学生应该没有什么问题，而且那天我也可以陪你完成调查，我可以请一天的假。请您先把具体的要求以及计划告知于我，以便能够顺利完成你此次之行的目的。

중국어 2인칭대명사의 쓰임이 한국어와 다르다는 사실에도 주의해야 한다. 한국어는 대명사의 쓰임이 활발하지 않은 언어이다. 경칭으로 사용되는 2인칭대명사의 경우에 특히 그러하다. 한국어의 2인칭대명사는 그 종류는 많지만 경칭으로 사용할 경우에는 대명사 대신 호칭을 사용하는 것이 자연스럽다. (12a)와 (13a)의 '아빠'와 '선생님'을 '당신, 댁, 어르신' 등으로 대체할 수 없다는 말이다. 한국어와 달리 중국어에서는 (12b)와 (13b)와 같이 대명사를 사용하는 것이 '爸爸'와 '老师'를 사용하는 것보다 훨씬 자연스럽다.

(12) a. 아빠! 저는 집에 가는데, 아빠는 어디에 가세요?

　　 b. 爸爸! 我回家, 您(또는 你)上哪儿去?

(13) a. 선생님! 선생님께서 어렸을 때 꿈은 무엇이었죠?

　　 b. 老师, 您(또는 你)小时候的梦想是什么?

계층에 따라 동사의 선택이 달라지기도 한다. '(액체를) 따르다'라는 의미로 사용되는 동사는 '倒'(dào)를 보면 '차를 따르다'는 '倒茶'(dào chá)라 하고 '물을 따르다'는 '倒水'(dào shuǐ)라 하며 '술을 따르다'는 '倒酒'(dào jiǔ)라 하지만 경칭인 '따라 드리다, 올리다'의 의미로 쓰여야 할 때에는 '倒' 대신 '敬'(jìng)이라는 동사를 쓴다. 또 '먹다'라는 의미로 사용되는 동사는 '吃'(chī)이지만 상대를 높이고자 할 때에는 '吃' 대신 '用'(yòng)을 사용한다.

(14) 我敬你一杯。 Wǒ jìng nǐ yì bēi.

중국어 2인칭대명사의 구분은 단수형에만 있다. 2인칭의 복수형일 경우에는 나이, 지위, 친밀도
와 무관하게 '你们'(nǐmen)을 사용한다. 다만 다음 예와 같이 격식을 갖춘 문어에서는 아주 드물
게 '您们'(nínmen)이 사용되기도 한다.

施 工 公 告

各位广大驾乘人员: 您们好!

我们是成都市路桥工程股份有限公司承
建的G213线紫坪铺绕坝公路路面整治工程

'您们'을 사용한 공사 안내 표지

제가 한 잔 올리겠습니다.

(15) 李先生, 您用过早餐了吗? Lǐ xiānsheng, nín yòngguo zǎocān le ma?
이 선생님, 아침 드셨습니까?

계층에 따른 언어변이는 문어체와 구어체의 선택에도 반영된다. 물론 문
어에서는 문어체를 구어에서는 구어체를 사용하는 것이 상식적이다. 그러
나 대화에서도 문어체와 구어체의 차이가 있다. 문어체와 구어체를 비교한
다음 표를 살펴보자.

대체로 교육수준이 높은 계층에서는 문어체를, 그렇지 않은 계층에서는
구어체를 더 많이 사용한다. 또 정중한 자리이거나 예의를 갖춰야 하는 공
식적인 상황에서는 문어체를, 그렇지 않은 상황에서는 구어체를 더 많이
사용한다. 일상대화에서 문어체를 사용할 때는 특별히 주의할 필요가 있
다. 위에 제시된 문어체를 상황에 맞지 않게 사용하다 자칫 웃음바다가 될
수도 있기 때문이다.

구어체 표현	문어체 표현
A: 你姓什么? 叫什么名字? 　Nǐ xìng shénme? Jiào shénme míngzi? B: 姓李, 李大光。 　Xìng Lǐ, Lǐ dàguāng.	A: 请问尊姓大名? 　Qǐng wèn zūnxìng dàmíng? B: 免贵姓李, 小名大光。 　Miǎn guì xìng Lǐ, xiǎomíng Dàguāng.
你什么地方人? / 老家哪里? Nǐ shénme dìfāng rén? / Lǎojiā nǎlǐ?	府上哪里? Fǔshàng nǎlǐ?
你父亲还在吗? Nǐ fùqīn hái zài ma?	令尊大人还健在吗? Lìngzūn dàrén hái jiànzài ma?
A: 你几岁啦? Nǐ jǐ suì la? B：三十。Sānshí.	A: 敢问贵庚? Gǎn wèn guìgēng? B：虚度三十。Xū dù sānshí.
好久不见了。 Hǎo jiǔ bú jiàn le.	久违了。 Jiǔ wéile.
你女儿什么时候找的对象? Nǐ nǚ ér shénme shíhòu zhǎo de duìxiàng?	你家千金什么时候相的亲? Nǐ jiā qiānjīn shénme shíhòu xiāng de qīn?

구어체와 문어체의 비교(游汝杰、邹嘉彦 2004)

| 2 | 이중언어와 코드전환

이중언어의 형성

이중언어현상(bilingualism)은 한 개인이나 사회가 두 개의 언어를 사용하여 의사소통을 하는 상태를 가리키는 말이다. 이중언어현상은 세계 여러 지역에서 발견된다. 캐나다에서는 영어와 프랑스어가, 벨기에에서는 프랑스어와 네덜란드어가, 스위스에서는 독일어와 프랑스어가, 싱가포르에서는 영어와 중국어가 동시에 사용된다.

이중언어현상이 형성되는 원인은 다양하다. 중국에서 이중언어(방언)현상이 형성되는 가장 중요한 원인은 보통화 보급정책이다. 중국은 수많은 방언지역으로 분화되어 있다. 일부 방언들 사이의 상호 이해도(inter-intelligibility)는, 사소한 음운 차이를 제외하고는 문법체계도 거의 같고 대부분의 어휘를 공유하여 별다른 어려움 없이 의사소통이 가능한 언어들인 덴마크 · 노르웨이 · 스웨덴 등 북유럽 세 나라뿐 아니라, 같은 로망스제어 (Romance languages)에 속하는 프랑스어 · 이탈리아 · 스페인어 사이의 상호 이해도에도 미치지 못한다(지역방언에 대한 자세한 기술은 11장 참고). 현대 중국의 보통화 보급정책은 이렇게 복잡하게 분화되어 있는 방언의 차이를 극복하기 위해 추진되었다. 1950년대부터 시작된 이 정책은 최근까지 성공적으로 진행되고 있다. 2004년에 발표된 '국가 언어문자 사용 상황 조사'(国家语言文字使用情况调查) 결과에 따르면, 중국인 가운데 보통화로 의사소통이 가능한 사람은 전국 평균 53.06%이며, 성(城) · 진(鎭)을 포함한 도시 지역은 평균 66.03%에 이른다. 행정지도와 학교교육, 대중매체의 선전 등 중국정부가 주도한 체계적인 보급정책의 시행이 성공의 중요한 원인이다.

그러나 보통화의 보급이 보통화와 방언 사이의 격차를 현저하게 줄이거나 방언 사용자의 수를 빠르게 감소시킨 것은 아니다. 반세기가 넘는 보통화 보급정책에도 불구하고 방언의 사용분포는 그 이전과 별로 달라진 것이 없으며, 광둥말 등 일부 방언은 오히려 그 사용인구가 늘어나고 있다. 이렇게 반세기에 걸친 보통화 보급정책의 성공적인 추진 결과로, 중국은 빠르게 이중언어사회로 변모하였다.

이중언어현상은 중국에서 매우 보편적인 현상이다. 이중언어현상이 보통화와 방언을 동시에 사용하는 사람들 사이에만 발견되는 것은 아니다. 보통화와 소수민족 언어를 동시에 구사하거나 방언지역의 경계에 거주하면서 서로 다른 두 방언을 동시에 구사하는 이중언어 사용자도 있다. 가령 동북 지역의 조선족은 한국어와 동북 지역의 보통화를 동시에 사용하고, 저장성과 푸지앤성의 경계 지역에 거주하는 이들은 오방언과 민방언을 동시에 사용한다. 또 영국의 식민지였던 홍콩처럼 특수한 역사적인 원인에 의해 영어와 광둥방언을 동시에 구사하는 지역도 있다.

한편 세 개 이상의 언어를 사용하여 의사소통을 하는 경우도 있다. 가령 상하이와 광저우 등의 대도시에 장기간 거주하는 지방 출신들은 자신들의 토착 방언(또는 소수민족 언어)과 대도시 방언, 그리고 보통화를 동시에 구사하기도 한다. 이를 다중언어현상(multilingualism)이라고 부르고, 이렇게 세 개 이상의 언어를 구사하는 이들을 다중언어 사용자(multilingual)라고 부른다.

한 사회 안에서 두 개의 언어가 사용되는 상태라는 점에서 양층언어현상(diglossia)은 이중언어현상과 유사하다. 어원도 유사하여 그리스어에 뿌리를 두고 있는 'diglossia'와 라틴어에 뿌리를 두고 있는 'bilingualism' 모두 '두 개의 혀' 또는 '두 개의 언어'라는 의미이다. 그러나 둘은 구분해서 사용해야 한다. 이중언어현상이 한 사회 안에서 두 개의 언어가 사회적 기능의 차별 없이 사용되는 경우를 가리킨다면, 양층언어현상은 두 개의 언어가 상층언어와 하층언어로 구분되어 차별적인 사회적 기능을 드러내는 경우를 가리킨다. 벨기에의 수도 브뤼셀에서 프랑스어와 네덜란드어가 함께 통용되는 경우가 이중언어현상이라면, 미국 캘리포니아의 한인사회에서 생활하는 한국계 미국인들이 상황에 따라 영어를 쓰기도 한국어를 쓰기도 하는 경우는 양층언어현상이라고 할 수 있다. 일부 지역에서는 다층언어현상(polyglossia)이 관찰되기도 한다.

그렇다면 보통화를 중심으로 여러 지역방언과 소수민족 언어가 병존하고 있는 중국의 언어상황은 이중언어현상에 가까울까, 양층언어현상에 가까울까. 지역방언의 위세가 여전한 지역에서는 보통화를 상층언어 또는 우세언어(prestige language)로 보기 어려우므로, 이런 지역의 언어상황은 두 언어가 사회적 기능의 차별 없이 사용되는 이중언어현상에 가까울 것이다. 하지만 보통화가 상층언어로 기능하고 지역방언이 하층언어로 기능하는 지역이라면, 이 지역의 언어상황은 양층언어현상으로 규정할 수 있을 것이다. 물론 이중언어현상과 양층언어현상이 선명하게 구분되지 않을 수 있으며, 두 현상이 병존하는 경우도 드물지 않다. 중국에서 보통화와 여러 지역방언, 소수민족 언어가 함께 사용되는 현상에 대해서는 앞으로 더 많은 연구가 필요하다.

코드전환

코드전환(code-switching)은 화자가 상황의 변화에 따라 한 언어(또는 언어변체 variety)를 다른 언어(또는 언어변체)로 바꾸는 것을 말한다. 코드(code)는 이렇게 바뀌는 언어(또는 언어변체)를 가리키는 말이다.

코드전환의 층차는 말투에서 언어에 이르기까지 다양하다. 앞에서 사람들은 사회에서의 역할관계와 언어를 둘러싼 여러 외적 요인들(나이·성별·직업·계층 등)의 영향을 받아 말투와 담화전략을 바꾼다고 말한 바 있다. 가령 상사의 입장에서 부하직원에게, 의사의 입장에서 환자에게, 장교의 입장에서 사병에게 말할 때 공식적인 말투를 사용하다가도 귀가하거나 친구를 만날 때는 일상적인 말투를 사용하게 된다. 이른바 '야자 타임'은 사회적인 역할관계를 일부러 바꾸어 코드전환을 유도하는 놀이라고 할 수 있다. 이중언어 사용자들은 상황의 변화에 따라 서로 다른 언어를 사용한다. 이렇게 상황에 따라 말투를 바꾸는 것에서부터 언어 자체를 바꾸는 것까지 모두 코드전환에 해당된다.

코드전환과 코드혼합(code-mixing)은 구분되기도 하고, 하나의 개념으로 사용되기도 한다. 코드혼합은 하나의 문장 안에서 두 가지 언어가 사용되는 경우를 가리킨다. 다음 예를 보자.

(16) a. 下午我在 office 里做 presentation。
오후에 나는 사무실에서 프레젠테이션을 한다.

b. 我们这样决定吧, okay? 우리 이렇게 결정하자. okay?

c. 我们对你的 case 进行了 discuss, 这对我没什么 benefit。
우리는 너의 케이스에 대해 토론을 했는데, 내겐 아무런 이득이 없었어.

d. 我们的所有 project 都将被 cancel 掉。
우리의 모든 프로젝트가 취소될 거야.

(17) a. 그 사람은 나한테 请客한 적이 根本没有。

b. 비행기를 타고 가려면 起码 천 원은 있어야 해.

(16)은 중국인들의 대화에서 들을 수 있는 코드혼합이고, (17)은 조선족들이 한국어에 중국어를 뒤섞어서 말하는 코드혼합의 예이다. 코드혼합은 특정 어휘의 기피나 선호, 미묘하게 다른 어감의 전달, 상대에 대한 배려나 친근감의 표시, 과시 욕구, 망각으로 인한 어휘 대체 등 다양한 언어적·심리적 목적과 기제에 의해 결정된다. 이렇게 하나의 문장 안에서 두 가지 언어가 함께 사용되는 경우를 코드혼합이라 하고, 문장단위 이상에서 두 가지 언어가 함께 사용되는 경우를 코드전환이라 한다. 그러나 코드전환과 코드

혼합의 구분이 큰 의미가 없다는 이유로, 둘을 구분하지 않고 코드전환으로 부르기도 한다. 조선족 언어의 코드전환 사례를 더 살펴보자.

(18) 네 이야기는 알았다. 그럼, 你说吧, 给你机会。

(19) 漂亮! 挺好! 뿔 잘 찬다야!

(20) 김 선생은 돌아왔지 뭐! 他回来了!

(21) 我们今天要去的这家饭店의 주인은 한국에서 2008년도에 중국에 온 사람이요.

(22) 일이 생기면 躲得远远的하면 어떻게 하오.

(23) 우리 몇십 년 분투한 거 就是为了消灭贫困嘛。

(18)에서 '너'가 가리키는 대상과 '你'가 가리키는 대상은 서로 다른 사람이다. 한국어로 대화를 나누던 상대(너)와 대화를 종료하고 옆에 있던 중국인(你)과의 대화를 시작하는 상황에서 나온 발화로 대화상대에 따른 코드전환을 보여준다. (19)는 감탄에 중국어를 섞어 쓴 사례이고, (20)은 강조를 위해 한국어와 중국어로 같은 말을 반복한 사례이다. (21)은 문장에서 주로 강조하고자 하는 바를 한국어로 전환하여 표현한 예이고, (22-23)은 반대로 강조하려는 바를 중국어로 전환하여 표현한 예이다.

이 밖에도 조사와 어미가 발달한 한국어의 특징에 기인한 '你跑一趟해라', '路很滑하기 때문에 行人常摔跤啊'와 같은 문장이 많이 쓰이며, 한국어로 대화를 하다가도 감정이 상해서 싸움이 시작되면 경어법이 덜 엄격한 중국어를 많이 사용하는 경향을 보이는 점도 흥미롭다.

코드전환과 언어영역

이중언어현상이 보편화된 중국에서 가장 쉽게 발견되는 코드전환은 보통화와 방언 사이의 코드전환이다. 다음은 홍콩과 상하이, 광저우 세 지역에서 언어영역(register)이 달라짐에 따라 코드전환이 어떻게 이루어지는지를 살펴볼 수 있는 표이다(游汝杰、邹嘉彦 2004:70. *표시를 한 부분은 인용한 도표에 '영어'로만 표시되어 있으나 최근에 광저우어를 혼용하는 추세를 반영하여 수정하였다).

영역	홍콩(香港)	상하이(上海)	광저우(廣州)
가정	광저우어	상하이어	광저우어
TV · 라디오	광저우어	보통화	보통화/광저우어
정부회의	광저우어/영어*	보통화	보통화
정부보고	광저우어/영어*	보통화	보통화
일상대화	광저우어	상하이어	광저우어
쇼핑	광저우어	상하이어	광저우어
신문	보통화	보통화	보통화
학교수업	광저우어/영어	보통화	보통화/광저우어
공항 · 역	광저우어/영어	보통화	광저우어/보통화
법원	영어	보통화	보통화
경찰	광저우어	상하이어	광저우어
대중교통	광저우어	상하이어	광저우어
식당	광저우어	상하이어	광저우어
지방극	광저우어	상하이어	광저우어

홍콩, 상하이, 광저우의 영역별 언어 사용 상황 비교

이 도표를 보면 세 도시가 처한 상황에 따라 언어영역별로 사용되는 언어와 방언이 상이함을 알 수 있다. 홍콩에서는 영역별 사용언어는 방언(10개), 영어(3개), 보통화(1개) 순서이다. 상하이에서는 보통화와 방언의 사용영역 수가 7개로 같으며, 광저우에서는 방언(8.5개)이 보통화(5.5개)보다 다양한 영역에서 사용됨을 알 수 있다. 이 도표가 함의하는 바는 다음과 같다. 상하이 사람들은 집에서는 상하이어를 쓰면서 보통화로 방송되는 TV를 보며, 학교수업은 보통화로 진행하지만 방과 후 사적인 대화는 상하이어로 한다. 공적인 업무는 보통화를 쓰지만 대중교통이나 일반 식당을 이용할 때에는 상하이어를 쓴다. 그때 그때 자연스럽게 코드전환을 한다는 것이다.

한국어와 중국어를 함께 사용하는 중국 조선족의 언어사용상황은 어떨까. 다음 표를 살펴보기로 하자.

영역	한국어	중국어
가정	97%	3%
사교	64%	36%
교육	50%	50%
공공장소	33%	67%
업무	19%	81%

조선족의 언어사용상황 비교(林亨栽 2004)

조선족들의 언어사용상황을 살펴보면 언어선택에 있어서 뚜렷한 규칙이 있음을 발견할 수 있다. 가정, 사교, 교육, 공공장소, 업무 등의 순서로 공적인 영역에서 중국어를 사용하는 비율이 높아진다는 것이다. 이 조사에 따르면, 조선족 사회에서는 중국어를 상층언어, 한국어를 하층언어로 하는 양층언어현상이 비교적 분명하게 나타난다고 말할 수 있다.

| 3 | 중국의 언어정책

중국의 언어정책 개요

현재 중국의 언어정책은 대략 네 가지로 요약할 수 있다. 첫째, 보통화를
중국 전역에 보급한다. 둘째, '문언'이 아닌 '백화'를 문어의 표준으로 삼
는다. 셋째, 개량된 한자인 간화자로 중국어를 표기한다. 넷째, 필요한 경
우에 한어병음부호를 사용하여 한자의 음을 병기한다.

  보통화 보급정책은 12장 2절에서 언급한 바 있고, 근대 번역어의 탄생은
12장 4절에서 다루게 될 것이다. 이 절에서는 중국어 표기를 둘러싸고 진
행되었던 '한자 폐지 논쟁'과 최근에 논란이 되고 있는 '간화자와 번체자
논쟁'을 살펴보기로 하자.

한자 폐지 논쟁과 한어병음방안

19세기 말과 20세기 초, 기울어가는 중국의 운명에 위기의식을 느끼던 근
대 중국의 지식인들은 한자를 폐지하고 표음 위주의 전혀 새로운 문자를
도입하여 중국어를 표기하는 문제를 심각하게 고민하였다. "한자를 없애지
않으면 중국은 반드시 멸망한다"는 루쉰(魯迅 Lǔ Xùn, 1881~1936)의 선언은 이
러한 위기의식을 상징적으로 드러내고 있다.

  청 말의 지식인들이 한자 폐지라는 극단적인 선택을 할 수밖에 없었던
결정적인 원인은 아편전쟁의 패배(1840~1842)와 영·불 연합군의 베이징
점령(1860) 이후 점증하고 있던 위기의식이었다. 특히 '갑오국치'로 표현되
는 청·일전쟁(1894)의 패배는 중국의 지식인들에게 큰 충격을 안겨주었다.

중국의 이러한 빠른 몰락을 비관하던 이들의 시야에 이내 들어온 것이 서양의 문자와는 너무도 대조적인 한자였다.

청 말의 지식인들은 나라가 부강하지 못한 원인은 교육이 보급되지 못했기 때문이며, 교육이 보급되지 못한 원인은 '배우기 어렵고, 쓰기 어렵고, 기억하기 어려운'(難識, 難寫, 難記) 한자 때문이라고 믿었다. 이들에게 주어진 선택은 너무도 분명해 보였다. '배우기 쉽고, 쓰기 쉽고, 기억하기 쉬운' 표음문자를 사용하여 교육을 널리 보급하고, 교육을 널리 보급하여 나라를 부강하게 만드는 외길이었다. 심지어 한자의 폐지는 근본적인 대책이 될 수 없으므로, 중국어 자체를 폐지하고 당시 세계적으로 유행하던 에스페란토(Esperanto)를 대신 사용하자는 극단적인 주장까지 등장하였다.

1892년에 만들어진 '절음신자'(切音新字)를 시작으로 청 말 20여 년 동안 새로운 문자들이 끊임없이 만들어졌고, 그 가운데 일부는 실제로 사용되기도 하였다. 이 기간 동안에 제안된 새로운 문자(新文字)는 총 28종에 달하는데, 한자의 필획을 활용한 것(14종)도 있고 로마자와 그 변체를 활용한 것(5종)도 있으며, 속기기호를 활용한 것(5종)도 있고 숫자를 활용한 것(2종)도 있고 아예 글자를 새로 만든 것(1종)도 있다. 1900년에 일본의 가타카나(片假名)를 모방하여 한자의 일부분을 취하여 만든 '관화합성자모'(官話合聲字母)는 새로운 문자 가운데 가장 넓은 지역에서 통용되었다. 이 관화합성자모는 10년 동안 13개 성에 보급되었으며, 이를 활용하여 6만여 권의 간행

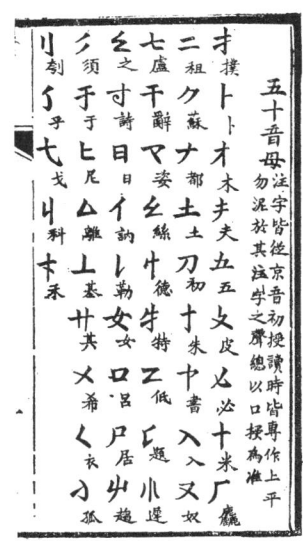

관화합성자모(官話合聲字母)

물이 출간되었고, 이를 보급하기 위해 각종 단체, 학당, 출판사 등이 세워지기도 하였다.

중화민국의 성립(1911년) 이후에도 '주음부호'(注音符號), '국어로마자'(國語羅馬字), '라틴화신문자'(拉丁化新文字) 등 한자를 대체하거나 보완할 새로운 문자를 향한 모색은 지속되었다.

1950년대 초까지 한자를 폐지하고 새로운 표음문자를 도입하여 중국어를 표기하는 것이 중국 지도부의 공식적인 견해였다. 그러나 1954년 국무원의 직속기관으로 중국문자개혁위원회가 발족된 후 몇 해에 걸친 논의과정에서 공식 입장이 바뀌었다. 저우언라이(周恩來) 총리는 1958년 1월에 개최되었던 정치협상전국위원회의 보고를 정리한 문건에서 "당면한 문자개혁의 임무는 한자를 간화하는 것, 보통화를 널리 보급하는 것, 한어병음방안을 제정하고 확대 보급하는 것이다. … 처음부터 분명히 말해두어야만

[주음부호] ──────────────────────────

'주음부호'(注音符号 zhùyīnfúhào)는 '발음 표기를 위한 부호'라는 의미이다. 1918년 북양(北洋) 정부 교육부에 의해 공식적으로 채택될 때 '주음자모'(注音字母)로 불리다가, 1930년에 '주음부호'로 명칭이 변경되었다. 중국대륙에서는 1958년 한어병음방안의 채택과 함께 주음부호의 사용이 중단되었지만 타이완에서는 아직 부분적으로 사용되고 있다. 주음부호를 모두 외울 필요는 없지만 필요한 경우에 그것이 주음부호라는 것을 알고 한어병음으로 변환할 수 있어야 한다.

주음부호의 성모는 'ㄅ(b)・ㄆ(p)・ㄇ(m)・ㄈ(f), ㄉ(d)・ㄊ(t)・ㄋ(n)・ㄌ(l), ㄍ(g)・ㄎ(k)・ㄏ(h), ㄐ(j)・ㄑ(q)・ㄒ(x), ㄓ(zh)・ㄔ(ch)・ㄕ(sh)・ㄖ(r), ㄗ(z)・ㄘ(c)・ㄙ(s)'의 21개이다. 주음부호의 운모는 9장 3절에 제시되어 있다. 성조는 'ˊ'(2성), 'ˇ'(3성), 'ˋ'(4성), '˙'(경성)를 운모의 오른쪽 위에 표시한다. 1성은 표시하지 않는 대신 경성은 반드시 표시해야 한다는 점에서 한어병음방안과 다르다. 예를 들어 '注音符号'의 주음부호 표기는 'ㄓㄨˋㄧ ㄣㄈㄨˊㄏㄠˋ'가 된다.

하겠다. '한어병음방안'은 한자에 주음을 달아 보통화를 보급하기 위한 것이지 결코 한자를 대체하는 표음문자는 아니라는 것이다"라고 언급하기에 이른다. 이로써 한자를 폐지하고 표음 위주의 전혀 새로운 문자를 도입하여 중국어를 표기하려던 문자개혁운동은 결국 실패로 막을 내렸다. 중국인들은 '배우기 어렵고, 쓰기 어렵고, 기억하기 어려운' 한자를 폐지하는 대신 1956년 중국문자개혁위원회가 제출한 '한자간화방안'(漢字簡化方案)에 따라 개량된 간화자를 사용하는 데 만족해야 했고, 1958년 '한어병음방안'(漢語拼音方案)을 통해 새롭게 도입된 '한어병음자모'는 한자의 발음을 표기하는 보조문자의 역할을 맡게 되었다.

그렇다면 한자를 폐지하자는 주장은 왜 성공하지 못했을까? 우선, 한자의 폐지는 한자로 축적된 문화유산 및 전통과의 단절을 의미한다. 한자를 '박물관 언어'(museum language)로 만들고, 한자로 축적된 문헌자료들을 훈련된 소수 전문가들의 번역이라는 간접적인 수단을 통해서만 접하는 상황은 언어정책의 결정자들이나 중국의 언중 모두가 쉽게 받아들이기 어려웠을 것이다. 둘째, 한자의 폐지와 알파벳문자의 도입은 여러 지역방언에 표기수단을 제공하는 것을 의미하며, 이는 필연적으로 중국을 '언어적 다원주의'(linguistic polycentricism) 사회로 변모시키게 되리라는 점이다. 한자는 긴 세월 동안 중국 통합의 상징으로 인식되어왔다. 중국 통합의 상징인 한자를 버리는 일은 곧 중국의 분열로 이어지리라는 위기의식을 당시의 지식인들이 공유하고 있었다. 셋째, 한자폐지론자들이 한자의 불편함을 과장하였다는 사실 역시 지적되어야 한다. 한자폐지론자들은 한자를 알파벳 문자와 비교하면서 중국의 높은 문맹률의 원인을 한자의 문제로만 보았다. 그러나 당시 중국의 높은 문맹률은 한자 자체의 문제라기보다는 언문불일치와 대중교육의 부재에 더 큰 원인이 있다. 문자의 난이도와 식자율이 비례하는 것도 아니다. 가령, 일본은 한자를 상당한 비율로 사용하고 있지만 세계에서 가장 낮은 수준의 문맹률을 유지하고 있는 반면, 인도는 표음문자를 채택하고 있지만 높은 문맹률을 보인다. 동일한 문자를 사용하는 중화인민공화국과 중화민국의 문맹률 역시 큰 차이를 보인다. 그렇다면 한자는 그대

[시씨가 사자를 먹은 이야기]

언어학자 자오위안런(趙元任, 1892~1982)은 중국어를 표기하는 문자로서의 한자의 장점을 풍자적으로 보여주기 위해 「施氏食獅史」(Shīshìshíshīshǐ)라는 짧은 이야기를 만들었다. 이 이야기를 한자와 알파벳(한어병음자모)으로 표기하면 아래와 같다.

> 石室詩士施氏, 嗜獅, 誓食十獅。氏時時適市視獅。十時, 適十獅適市。是時, 適施氏適市。氏視是十獅, 恃矢勢, 使是十獅逝世。氏拾是十獅尸, 適石室. 石室濕, 氏使侍拭石室。石室拭, 氏始試食是十獅尸。食時, 始識是十獅尸, 實十石尸。試釋是事。
>
> shí shì shī shì shī shì, shì shī, shì shí shí shī. shì shí shí shì shì shì shī. shí shí, shì shí shì shì shī. shì shí, shì shī shì shì shì. shí shì shì shí shī, shì shǐ shì, shǐ shì shí shī shì shì. shì shí shì shí shī shì, shì shí shì. shí shì shī, shì shǐ shì shì shí. shí shì shì, shì shǐ shì shí shí shì shī. shí shí, shǐ shì shí shī shī, shí shí shí shī. shì shì shì shì.

성조가 다른 /shi/ 발음의 어휘들만으로 구성된 이 이야기는 다소 작위적이기는 하지만, 한 편의 이야기로는 부족함이 없다. 이야기의 내용은 다음과 같다.

> "석실의 시를 쓰는 선비인 시 씨는 사자를 좋아하여 사자 열 마리를 먹기로 맹세했다. (시)씨는 수시로 시장에 가서 사자를 살폈다. 열 시에 때마침 사자 열 마리가 시장에 갔다. 이때 때마침 시 씨도 시장에 갔다. (시)씨는 이 사자 열 마리를 보고는 화살의 기세를 믿고 (쏘아서) 이 사자 열 마리를 저 세상으로 보냈다. (시)씨는 이 열 마리의 사자 시체를 수습하여 가지고 석실로 갔다. 석실이 젖어 있어서 (시)씨는 시동을 시켜 석실을 청소하도록 했다. 석실의 청소를 마치고 (시)씨는 이 열 마리의 사자 시체를 먹어보기로 했다. 먹으려고 할 때에야 비로소 이 열 마리의 사자 시체가 실은 돌 열 개의 시체라는 것을 알고는 이 일을 그만두었다."

로 쓰면서 교육을 통하여 문맹률을 줄이면 된다는 것이다.

간화자와 번체자 논쟁

중국에서 간화자는 지금까지 반세기 이상 비교적 안정적으로 사용되고 있다. 더 이상 한자를 폐지하고 '배우기 쉽고, 쓰기 쉽고, 기억하기 쉬운' 표음문자를 도입하자고 주장하는 이들도 없다. 국제무대에서 중국의 위상이 날로 높아짐에 따라 오히려 한자의 과학성과 우수성을 부각시키려는 목소리 일색이다. 급기야 2008년과 2009년 사이에 간화자를 폐지하고 번체자를 부활시키자는 논쟁(이른바 번간繁簡논쟁)이 점화되기에 이르렀다. 2008년 3월에 문화예술계 정협위원 21명은 '초등학교 번체자 교육 강화 방안'을 전국인민대표회의와 중국인민정치협상회의에 제출하였다. 이 방안은 기초교육 단계의 초등학생들에게 번체자 교육을 강화하자는 주장을 담고 있다. 또 2009년 3월에 개최된 전국인민정치협상회의에서 판칭린(潘庆林 Pān Qìnglín) 정협위원은 앞으로 10년 안에 간화자를 폐지하고 번체자를 부활시키자는 내용의 건의서를 제출하였다. 이 건의서 제출을 계기로 간화자 폐지와 번체자 부활 논쟁이 점화되고 언어학자들과 평론가들이 논쟁에 참여하면서 '간화자 폐지 논쟁'이 점점 격화되고 있다.

번체자 부활 문제는 1956년 '한자간화방안'이 공포된 이후 줄곧 제기되어 왔던 사안이다. 번체자 부활을 주장하는 이들이 제시하는 논거는 다음과 같다. (1) 간화자가 한자의 과학적인 체계를 무너뜨렸다. (2) 간화자는 정치적인 산물로 그 최종 목표는 한자의 폐지다. (3) 간화자에는 예술성과 문화적인 함의가 부족하다. (4) 간화자는 1950년대 문맹퇴치를 위해 고안되었으나 지금은 그런 작용을 하고 있지 못하다. (5) 간화자는 고서적을 읽을 때 혼란을 초래하여 중국문화의 계승발전에 불리하다. (6) 컴퓨터 입력방식이 보편화된 지금 번체자의 불편함은 사라졌다. (7) 번체자는 세계에 퍼져 있는 화교와 양안의 교류에 편리하다.

반면에 간화자의 존속을 주장하는 이들은 간화자 사용의 이점을 다음과 같이 말하고 있다. (1) 간화자는 한자변화의 주요 추세로서 문자발전의 법칙에 부합하며, 지금의 간화자는 80% 이상이 과거에 사용되었던 글자로서 간화자를 확정하는 과정은 대단히 과학적으로 진행되었다. (2) 간화자는 '국가통용언어문자법'(國家通用語言文字法)에 규정한 현행 법정 문자이므로 함부로 바꿀 수 없다. (3) 간화자는 배우기 쉽고 쓰기 편하여 대중교육과 문화소양의 함양에 유리하다. (4) 번체자를 안다고 고서적을 해독할 수 있는 것은 아니므로 번체자가 중국문화의 계승발전에 유리하다는 주장은 과장되었다. (5) 중국인의 국제교류 증대와 함께 홍콩과 마카오, 타이완 등 해외 화교들 사이에 간화자의 보급이 늘어가고 있다. (6) '국가통용언어문자법'에서는 문물 고적, 성씨의 이체자, 서예와 전각 작품, 제자와 간판의 손글씨 등 6가지 경우에 예외적으로 번체자의 사용을 인정하고 있으므로, 간화자의 시행이 번체자의 폐지를 의미하지는 않는다. (7) 간화자에 불합리한 점이 있기는 하지만 추후에 기회가 있을 때 합리적으로 바로잡을 수 있다.

번체자를 부활하자는 주장과 간화자를 존속시키자는 주장이 나름의 논거로 무장하고 팽팽하게 맞서고 있는데, 그렇다면 이 논쟁에 대한 중국인들의 여론은 어떨까. 중국의 포털사이트인 시나닷컴은 네티즌들을 대상으로 '당신은 번체자를 부활하여 사용하자는 주장에 동의하십니까?'라는 질문에 대해 의견을 조사하였다. 조사는 2009년 3월 4일부터 5월 30일까지 진행되었고 모두 142,990명이 참여하였다.

	답	투표수	비율
1	반대	86,811	60.7%
2	찬성	50,265	35.2%
3	모름	5,847	4.1%

"당신은 번체자를 부활하여 사용하자는 주장에 동의하십니까?"

한편 중국중앙텔레비전(CCTV)에서 진행한 여론조사에서는 번체자의 부활에 반대하는 사람이 42%, 찬성하는 사람이 39%, 간화자와 번체자를 함께 사용하자는 사람이 19%를 차지하였다. 비슷한 시기에 진행된 복수의 여론조사에서도 수치는 다르지만 번체자의 부활에 반대하는 비율이 조금 더 높게 나타나고 있다.

간화자와 번체자 논쟁이 앞으로 어떻게 전개될지 예측하기는 어렵다. 당분간 현재와 같은 간화자의 사용이 이어질 가능성이 크지만, 번체자의 사용영역이 확대되거나 어떤 돌발적인 변수에 의해 간화자와 번체자의 지위가 뒤바뀔 가능성도 없지 않다.

19세기 말부터 진행된 문자개혁운동과 최근에 진행되고 있는 간화자와 번체자 논쟁은 언어와 사회의 관계에 대해 많은 것을 암시해준다. 언어와 문자는 한 사회와 문화에 근본적인 영향을 미치며 상당한 정도로 그것을 규정하기도 한다. 그러나 언어와 문자는 본질적으로는 제도이고 도구이다. 궁극적으로 언어와 문자의 위상은 국력이라고 총칭되는 언어 외적인 힘으로 결정된다. 근대 중국의 문자개혁운동과 간화자 논쟁은 이런 사실을 뚜렷이 보여준다.

| 4 | 언어접촉과 차용어

중국어와 외부 언어의 접촉

모든 언어는 언어접촉(language contact)을 통하여 끊임없이 교류한다. 민족이 동이나 새로운 영토의 점령에 의한 식민지화, 이질적인 언어를 사용하는 언어공동체와의 정치·경제·문화적 교류 등을 통해 이루어지는 언어접촉과 이 과정에서 발생하는 차용은 언어의 내부체계를 변화시키는 강력한 요인의 하나이기도 하다. 언어접촉에 의한 차용은 음운·어휘·통사 등 언어의 모든 영역에 걸쳐 나타날 수 있지만, 차용현상이 가장 두드러지는 분야는 어휘이다. 차용어(loanword)는 이러한 언어접촉의 최종 산물이다.

중국어도 예외는 아니다. 중국어는 고립어(isolating language)이지만 고립된 언어(isolated language)는 아니다. 중국계 언어(sinitic languages)를 사용했던 사람들은 언제나 비(非)중국계 언어(non-sinitic languages)를 사용하는 주변 민족들로 둘러싸여 생활하였고, 이 과정에서 중국어와 이웃 언어들 사이의 언어접촉은 불가피한 일이었다. 중국어가 주변 언어에 미친 영향에 비해 주변 언어가 중국어에 미친 영향은 늘 간과되거나 크게 주목받지 못하였지만, 중국어도 끊임없이 주변 언어들로부터 영향을 받았다. 먀오어·야오어·몬어·크메르어·타이어 등 오스트로-아시아어족(Austro-Asiatic family), 서역의 언어인 인도-이란어족(Indo-Iranian family), 흉노·선비·몽고·만주어 등 알타이어족(Altaic language family)에서 받아들인 차용어의 수는 적지 않다. 특히 불교의 동전과 함께 대규모로 유입된 산스크리트어 차용어의 영향력은 컸다.

근대 번역어의 생산은 명 말에 이탈리아 선교사 마테오 리치(Matteo Ricci. 중국 이름은 利瑪竇. 1552~1610)의 입국과 함께 중국에서 시작되었다. 이와는 별도로 일본에서는 에도시대 이후 불어닥친 양학(洋學) 열풍 속에서 유례없이 많은 번역어들이 만들어졌다. 번역어의 생산과정에서 중국과 일본은 서로 참조하고 영향을 주고받았다. 이 번역어들은 동아시아의 국경을 넘나들며 새로운 어휘체계를 형성하였고 각국의 근대어 생성에 기여했다.

이제부터 중국어와 주변 언어들의 언어접촉 과정에서 유입된 차용어들의 추이를 시대별로 조망해보기로 하자.

근대 이전의 언어접촉과 차용어

춘추전국시대의 중국어에서 '犬'를 의미하는 단어는 두 가지이다. 하나는 '犬'(quǎn)이고 다른 하나는 '狗'(gǒu)이다. 현재는 푸저우(福州) 지역을 제외한 거의 모든 지역에서 '狗'(또는 '狗子')를 사용하고 있지만, 어원이 유사한 티베트-버마어족의 다른 어휘들과의 비교나 선진(先秦) 시기의 문헌에서 '犬'이 보편적이라는 사실을 고려할 때, 중국어에서 '개'를 의미하는 원래 어휘는 '犬'이었음이 분명하다. '狗'는 지금의 먀오-야오어(Miao-Yao)의 조상 언어로부터 유입된 차용어이다. '개'를 의미하는 원시 먀오-야오어가 입말 몬어(Mon) 및 글말 몬어와 연관되기 때문이다.

	중고중국어(MC)	원시 먀오-야오어	입말 몬어	글말 몬어
개	[kəu](狗)	[*klu]	[klə]	[kluiw]

상고중국어에서 '江'(jiāng)은 장강을, '河'(hé)는 황하를 가리키는 고유명사이다. '江'과 '河'는 서로 다른 지역에서 차용된 어휘이다. 중국의 하천들은 대체로 장강을 경계로 남쪽에서는 '长江 Chángjiāng, 钱塘江 Qiántángjiāng, 珠江 Zhūjiāng'처럼 '江'을 접미사처럼 사용하고, 북쪽에서는 '黄河 Huánghé, 淮河 Huáihé, 辽河 Liáohé'처럼 '河'를 접미사처럼 사용한다. '江'과 '河'는 출

현시기도 다르다. '河'는 상(商)의 갑골문에 이미 널리 출현하고 있지만, '江'은 갑골문에는 출현하지 않고 서주의 금문에 1회, 『시경』에 9회가 사용되었다. 이러한 '남강북하'(南江北河)의 언어지리적인 분포와 출현시기로 볼 때, '河'는 몽골어와 어원이 같으며 '江'은 베트남어, 글말 몬어, 브로우어(Brou), 카투어(Katu) 등의 어원이 되는 원시 오스트로-아시아어족의 어휘를 차용한 것으로 볼 수 있다.

	중고중국어(MC)	상고중국어(OC)	비교 언어
'河'	[ɣa]	[*gar]	몽골어 [ɣool] 고대한국어 'ᄀᆞ롬'
'江'	[kang]	[*krung]	베트남어 [song 〈*krong] 글말 몬어 [krung] 브로우어 [kroung] 카투어 [karung]

기원전 중국어에 유입된 이상의 몇 가지 차용어들을 제외하면, 현재까지 사용되고 있는 어휘 중에서 가장 이른 시기의 차용어는 한나라 때 서역에서 유입된 명칭들이다. 먼저 '葡萄'(pútao)는 중앙아시아에서 서아시아에 걸쳐 분포하던 대완(大宛) 즉 이란의 언어에서 포도주를 가리키던 [*budawa] 또는 [*badawa]에 근원을 둔 차용어이다. 현대 페르시아어에서 포도는 [bāda]라고 부른다. 『사기』「대완열전」에 한 무제(武帝)가 서역과 교통하여 대완국으로부터 포도와 거여목을 얻어 왔다고 기록한 것으로 미루어, 포도는 장건(張騫, ?~BC114)이 원정과정에서 들여온 것으로 추정할 수 있다. 포도는 매우 오랜 고대부터 이란고원의 북부지방에서 재배되었다.

다음 어휘들도 서역의 언어에서 유입된 차용어로 추정된다.

苹果(píngguǒ 사과) : 산스크리트어로 'bimbara'

琉璃(liúlí 유리) : 산스크리트어(속어)로 'Veluriya'

苜蓿(mùxu 거여목) : 이란어로 'buksuk' 또는 'buxβux' (이란어 표기)

槟榔(bīnlang 나무이름) : 말레이시아어로 'pinang'

4세기에 이르면 불교의 전래와 함께 대량의 어휘가 산스크리트어로부터 유입된다. 그 가운데 잘 알려진 몇 가지 예를 들면 아래와 같다.

佛(Buddha) 부처	塔(stupa) 탑	劫(kalpa) 겁
禅(Dhyana) 선	僧(Samgha) 승려	和尚(upadhyaya) 중
钵(Patra) 발	阎罗(Yamarāja) 염라	菩萨(Bodhisattva) 보살
罗汉(arhan) 나한	三昧(samādhi) 삼매	魔(mara) 마라(魔羅)
刹那(Ksana) 찰나	茉莉(Mallika) 자스민	栴檀(candana) 전단나무

[라이언킹]

중국어 '狮子'(shīzi)는 산스크리트어 'Simha'에서 온 말이다. 초기에는 'Simha'를 그대로 음역하여 狻麑(suānní), 狻猊(suānní), 㪣耳(zūn'ěr)로 썼으나 나중에 한 음절로 축약되어 师가 되었고, '犭'이 추가되어 현재의 狮가 되었다. '子'는 명사화 접미사이다.

'사자의 도시'로 알려진 싱가포르(Singapore)는 사자라는 뜻의 'singa'와 도시라는 뜻의 'puri'가 합쳐진 단어인데, 'singa'와 'puri'는 각각 산스크리트어 'simha'와 'pura'에서 온 말이다.

디즈니사의 애니메이션 「라이언킹」의 주인공 이름은 심바(Simba)이다. 언뜻 보기에 산스크리트어와 관련이 있어 보이는 이 이름은 사자를 뜻하는 스와힐리어이다. 'simha'와 'simba'는 무척 닮아 있어 둘 사이의 관련성에 대한 호기심을 불러일으키지만, 아직까지 산스크리트어와 스와힐리어 사이의 관련성에 대한 증거는 없다.

이 밖에도 선비어, 위구르어, 몽골어, 만주어, 아랍어 등으로부터 유입된 어휘들 중에는 현재까지도 사전에 수록되어 널리 사용되고 있는 것들이 있다. '哥哥'(gēge 형)는 선비어(akan 〉 aka 〉 ka)에서, '饢'(nǎng 빵의 일종)은 위구르어(nan)에서 유래하였고, '站(zhàn 역), 胡同(hútòng 골목), 汗(hán 칸)'은 몽골어(jam / gudum / khagan)에서 유래하였으며, '薩其马'(sàqímǎ)는 만주어(sacima)에서, '没药'(mòyào 몰약)은 아랍어(Mur)에서 유입된 차용어들이다.

근대 번역어의 추이

유럽에서 건너온 새로운 개념을 담은 어휘들을 한자어로 번역하는 일은 명말에 처음 시작되었다. 중국어와 유럽어 사이의 최초의 언어접촉으로 기록될 이 일을 주도한 인물은 이탈리아 출신의 마테오 리치를 비롯한 예수회 선교사들(Jesuits)이었다. 1582년 선교를 위해 마카오에 도착하여 1610년 베이징에서 사망할 때까지 28년 동안 중국에 체류했던 마테오 리치는 깊은 우정을 나누었던 벗 서광계(徐光啓, 1562~1633)와 함께 유클리드의 『기하학원론』(Elements of Geometry)의 일부를 『기하원본』(幾何原本)이라는 제목으로 번역하였다. 또 이지조(李之藻, 1565~1630)와 함께 『동문산지』(同文算指)를 번역하기도 하였다. "서양학자가 입으로 구술하면, 중국학자가 붓으로 받아 적는"(西士口授, 中士筆受) 협업을 통해 유럽에서 건너온 생소한 개념들이 중국어로 번역되기 시작한 것이다. 'geometry'의 'geo'를 음역한 '几何'(jǐhé 기하)를 비롯하여 '直线(zhíxiàn 직선), 曲线(qūxiàn 곡선), 对角(duìjiǎo 대각), 直角(zhíjiǎo 직각), 面积(miànjī 면적), 体积(tǐjī 체적), 平方(píngfāng 평방), 立方(lìfāng 입방), 约分(yuēfēn 약분), 通分(tōngfēn 통분)' 등의 수학 분야의 어휘들, '地球(dìqiú 지구), 热带(rèdài 열대), 冷带(lěngdài 냉대), 温带(wēndài 온대)' 등의 지리 분야의 어휘들이 이 책들을 통해 선보였다.

예수회 선교사들 이후로 한동안 중단되었던 중서(中西) 언어접촉은 영국과 미국의 신교 선교사들에 의해 재개된다. 이들의 학문적 수준은 이전의 예수회 선교사들에 크게 미치지 못하였지만, 어쨌든 이들의 번역과 저술 작업을 통해 새로운 번역어들이 중국에 소개되었다. 1807년에 입국한 영국 런던선교회(London Missionary Society) 소속의 선교사 모리슨(Robert Morrison, 1782~1834)은 1808년부터 『성경』의 번역을 시작하여 1813년에는 신약을, 1819년에는 구약을 번역하였고, 1823년에는 '神天聖書'라는 제목으로 최초의 중국어 『성경』을 완역 출간하였다. 모리슨이 『神天聖書』에서 확정한 '上帝(Shàngdì 상제), 全知(quánzhī 전지), 全能(quánnéng 전능), 原罪(yuánzuì 원죄), 創世(chuàngshì 창세), 末世(mòshì 말세), 天国(tiānguó 천국), 教会(jiàohuì 교회), 恩宠(ēnchǒng 은총), 预定(yùdìng 예정)' 등의 기독교 용어들은 중국뿐 아니라 한국과 일본의 기독교 용어에도 큰 영향을 미쳤다. 모리슨은 또 『화영자전』(華英字典, 1815~1823)을 편찬하여 근대 번역어를 수집 정리하는 데 큰 공헌을 하였다.

19세기 중반부터는 경세파(經世派) 중국학자들이 직접 서양의 지리와 정치, 사회를 소개한 책들을 다투어 출간하기 시작하였다. 임칙서(林則徐, 1785~1850)의 『사주지』(四洲志, 1834), 위원(魏源, 1794~1857)의 『해국도지』(海國圖志, 1844) 등이 대표적이다. '学校(xuéxiào 학교), 大学(dàxué 대학), 中学(zhōngxué 중학), 小学(xiǎoxué 소학), 新闻(xīnwén 뉴스), 贸易(màoyì 무역), 交易(jiāoyì 교역), 进口(jìnkǒu 수입), 出口(chūkǒu 수출), 文学(wénxué 문학), 法律(fǎlǜ 법률), 火车(huǒchē 기차), 公司(gōngsī 회사), 国会(guóhuì 국회)' 등의 어휘들이 이 저서를 통해 중국에 널리 소개되었다.

청·일전쟁(1894~1895)을 전후로 근대 번역어는 새로운 국면을 맞이한다. 엄복(嚴復, 1853~1921), 마건충(馬建忠, 1845~1900) 등 서양의 언어와 학문에 정통한 일군의 학자들이 서양서들을 직접 중국어로 번역하기 시작하였다. 헉슬리의 『진화와 윤리』(天演論), 몽테스키외의 『법의 정신』(法意), 스미스의 『국부론』(原富), 밀의 『자유론』(自由論) 등 많은 고전을 중국어로 번역한 엄복의 공은 특히 컸다.

번역어의 생산과정에서 중국과 일본은 서로 참조하고 영향을 주고받았다. 1774년 일본인 의사 스기타 겐파쿠(杉田玄白) 등이 네덜란드어 해부학 책을 『해체신서』(解體新書)라는 제목으로 번역함으로써 공식적으로 '난학'(蘭學 네덜란드학)이 시작되었다. 난학자들은 네덜란드어로 소개된 유럽의 개념들을 일본어로 옮기기 위해 노력했고, 이 일은 메이지 유신 뒤 유럽 문화의 수입이 본격화되면서 훨씬 더 커다란 규모의 번역사업으로 확장됐다.

에도시대 이후 난학자들이 만들어낸 번역어들과 메이지시대(1868~1889) 이후 일본어로 번역된 유럽어 어휘들은 상당수가 한자를 매개로 중국으로 유입되었다. 청·일전쟁의 패배와 무술변법(1898)의 실패를 계기로 많은 중국 유학생들이 일본에 유학하였고, 일본어 서적에 대한 대규모의 중역(中譯)이 이루어졌다. 1896년부터 1911년 사이에 958권의 일본어 서적이 중국어로 번역되었다. 일본도 근대 번역어를 만드는 과정에서 이미 중국에서 이루어진 번역어들을 지속적으로 참고하였다.

일본의 난학자들이 서양의 개념어들을 번역하는 과정에서 고대중국어의 어휘가 새로운 의미를 부여받은 예들도 상당수에 이른다. '敎育'(jiàoyù)는 "得天下英材而敎育之"(천하의 영재를 얻어 이들을 가르치고 기르다.) 『맹자』 「진심」에서 사용된 표현이었으나 'education'을 번역하는 과정에서 채택되어 새로운 의미를 부여받게 된다. 또 '文化'(wénhuà)는 "凡武之興, 爲不服也. 文化不改, 然後加誅."(무가 흥성하는 까닭은 복종하지 않기 때문이다. 문으로 교화시켜도 바뀌지 않은 뒤에 이들을 처벌하였다.) 『설원』 「지무」에서, '革命'(géming)은 "湯武革命, 順

일본 최초의 네덜란드 유학생이자 '근대 일본 철학의 아버지'로 불리는 니시 아마네(西周 1827~1897)가 만든 번역어 '哲學' 예를 통해 근대어가 형성되는 과정을 살펴보기로 하자.

니시 아마네는 네덜란드로 유학하기 직전 도쿄 대학교의 전신인 가이세이쇼(開成所)에서 철학 강의를 하였는데, 이때 가르친 과목을 '希哲學'(기데츠가쿠)라고 불렀다. '希哲學'은 송(宋) 주돈이(周敦頤, 1017~1073)의 『통서』(通書)에 나오는 '聖希天, 賢希聖, 士希賢'(성인은 하늘을 바라고, 현인은 성인을 바라며, 사인은 현인을 바란다)에서 암시를 얻은 말이다. 'Philosophia'가 '希賢'의 정신과 통한다고 여겨 처음에는 이를 '希賢學'으로 옮겼다가, '賢'이 지나치게 유가의 색채가 짙다고 하여 결국 '賢'을 '哲'로 바꾼 '希哲學'이 된 것이다. 니시 아마네는 이때의 강의를 토대로 1874년에 출판한 『백일신론』(百一新論)에서 '希哲學' 대신에 '希'를 생략한 '哲學'(데츠가쿠)라는 용어를 처음 사용하였다. 이 '哲學'이란 번역어는 이후에 중국어로 유입되었다. 이 번역어가 사용된 최초의 중국문헌은 1894년에 출간된 황경징(黃慶澄)의 『동유일기』(東遊日記)이다. 이전에 출간된 위원(魏源)의 『해국도지』(1847)에서는 'philosophy'를 음역한 '斐祿所費亞'(fěilùsuǒfèiyà)가 사용되었다.

乎天而應乎人"(탕과 무왕은 천명을 바꾸어 하늘을 따르고 백성들의 요구에 부응하였다. 『易·革卦』)에서 사용된 표현이었으나, 'culture'와 'revolution'을 번역하는 과정에서 각각 채택되어 새로운 의미를 부여받았다. 이렇게 근대 번역어의 생산자들은 대체로 창신(創新)보다는 법고(法古)의 전통을 존중하고 따랐다. 고전문헌들에서 이미 사용되었던 어휘들을 되살려내기 위해 노력하였고, 부득이하게 새로운 번역어를 만들어야 할 경우에도 고대중국어에서 보편적으로 사용되었던 조어 원칙을 지켰다.

어휘는 언어라는 집을 이루는 벽돌이다. 근대 번역어의 생산과 유통은 중국어 어휘체계를 혁신시켰고, 중국어 어휘체계의 혁신은 근대어의 탄생으로 이어졌다. 낡은 집을 헐고 근대 번역어를 재료로 삼아 근대어라는 새 집을 준공한 셈이다.

13

중국어의 역사

현대중국어는 어떻게 만들어졌을까? 세상의 모든 생물, 무생물들과 마찬가지로 언어도 끊임없이 변화한다. 한 언어 자체의 탄생·소멸과 같은 큰 변화에서부터 모음의 조음위치가 달라지는 미세한 변화에 이르기까지 언어는 흐르는 시간과 함께 크고 작은 변화를 겪는다. '나라말쓰미 듀귁에 달아 문쫑와로 서르 스못디 아니홀씨'로 시작하는 훈민정음을 창제한 세종대왕시대의 한국어와 오늘날의 한국어는 음운, 어휘, 통사 등 언어를 구성하는 거의 모든 영역에서 크고 작은 차이를 드러낸다. 중국어도 예외가 아니다. 중국어는 현전하는 가장 오래된 기록인 기원전 1300년경 무렵 갑골문시대의 중국어에서 현대중국어에 이르기까지 문자, 음운, 어휘, 문법 등 모든 측면에서 커다란 변화를 경험하였다.

현재의 중국어는 이러한 일련의 변화들의 결과이므로, 중국어가 어떤 변화를 겪으며 오늘에 이르렀는지를 아는 것은 현대중국어를 이해하는 데 큰 도움이 된다.

| 1 | 변화하는 중국어

춘추시대 말엽에 활동했던 공자(BC 551~479) 때의 중국어와 오늘날의 중국어는 얼마나 다를까? 두 중국어 사이에는 2,000년이 훨씬 넘는 시간의 간극이 있다. 『논어』의 첫장을 펼치면 아래 (1)의 구절이 등장한다. 유가의 최고 경전이기도 한 『논어』는 공자와 그 제자들의 언행을 편집한 책으로, 당시의 중국어를 비교적 충실히 반영하고 있다. (2)는 1980년에 중국의 언어학자 양보쥔(楊伯峻)이 출간한 『논어역주』의 번역문이다.

(1) 子曰學而時習之不亦說乎有朋自遠方來不亦樂乎人不知而不慍不亦
君子乎

(2) 孔子说 ："学了, 然后按一定的时间去实习它, 不也高兴吗吗? 有志同道
合的人从远处来, 不也快乐吗? 人家不了解我, 我却不怨恨, 不也是君
子嗎?"

중국어의 역사는 분류 기준과 분류 목적에 따라 다양하게 나눌 수 있다. 다음은 Chou(1986)에 따른 중국어의 시대 구분이다.

초기 상고중국어(Early Archaic Chinese)	BC 1300 − 600년
중기 상고중국어(Middle Archaic Chinese)	BC 600 − 200년
후기 상고중국어(Late Archaic Chinese)	BC 200 − AD 1세기
초기 중세중국어(Early Medieval Chinese)	AD 1세기 − 600년
중기 중세중국어(Middle Medieval Chinese)	AD 600 − 900년
후기 중세중국어(Late Medieval Chinese)	AD 900 − 1200년
초기 관화(Early Mandarin)	AD 1200 − 1400년
과도기(Intermediate Period)	AD 1400 − 1911년
현대어(Contemporary Dialects)	AD 1911 − 현재

우선 눈에 보이는 변화에 대해 알아보자. 가장 먼저 눈에 띄는 것은 문장부호와 띄어쓰기이다. 전통시대에는 (1)과 같이 쉼표나 마침표, 인용부호 등이 없는 백문(白文)이 일반적이었다. (2)와 같은 문장부호 표기법은 서구의 표기법을 그대로 받아들인 결과이다. (1)에 현재의 문장부호를 더하면 "子曰 : 學而時習之, 不亦說乎? 有朋自遠方來, 不亦樂乎? 人不知而不慍, 不亦君子乎?"가 된다.

다음은 어휘의 변화이다. (1)과 (2)를 비교해보면, '學'(배우다), '不'(부정사), 有(있다. 어떤), '遠'(멀다), '來'(오다), '君子'(군자) 정도를 제외한 대부분의 어휘들이 변화했음을 알 수 있다. '曰(말하다), 之(지시대명사), 亦(또한), 乎(의문조사), 自(…로부터), 方(장소)' 등의 어휘가 같은 단음절어인 '说, 它, 也, 吗, 从, 处'로 교체되었다. '朋'도 '志同道合的人'(뜻과 도가 같은 사람)으로 번역되기는 했지만, 현대중국어에서 '朋友'(친구)로 교체되었다. '習(익히다), 說(悦 기쁘다), 樂(즐겁다), 人(＝悦 다른 사람), 知(알아주다), 慍(원망하다)' 등의 어휘는 2음절어인 '实习, 高兴, 快乐, 人家, 了解, 怨恨'으로 교체되었다. 의미가 유사한 다른 형태소의 추가로 단음절어가 2음절화하는 것은 (1)과 (2) 사이의 발생한 가장 큰 변화유형 가운데 하나이다.

세 번째로 눈에 띄는 것은 문법상의 변화인데, 다른 영역에 비해 크지는 않지만 문법 역시 적지 않은 변화를 겪었음을 알 수 있다. 우선 명사 술어문 형식에 변화가 발생하였다. (1)에서 원래 명사인 '君子'(군자)가 술어로 사용되어 '군자답다'라는 의미를 나타내었는데, (2)에서는 그것이 다시 명사로 돌아오고 그 앞에 '是'가 쓰였다. 또 (1)에서 사용되었던 접속사 '而'이 (2)에서는 '然后'로 교체되었고, 완료조사 '了'가 추가로 삽입되었다. 현대중국어에서 활발하게 사용되고 있는 조사 '了'는 위진남북조시대에 등장하기 시작한다. 그리고 원래 '시간'이라는 의미를 나타내는 명사 '時'가 부사어로 사용되는 것도 고대중국어에서 보이는 특징이다. 현대중국어에는 이런 용법이 없으므로 (2)에서는 '按一定的时间去'(정해진 시간에 따라)로 번역하고 있다.

이어서 눈에 보이지 않는 변화에 대해 이야기해보자. 첫 번째로 음운의 변화이다. 음운의 변화를 설명하려면 2,500년 전 공자시대의 발음을 알아야 하는데 이는 결코 쉽지 않다. 상고음(上古音)이라고 부르는 한(漢) 이전 시대의 중국어 발음을 밝혀내기 위해 많은 학자들이 노력해왔지만, 아직 누구도 자신 있는 답안을 내놓고 있지 못하다. 하지만 현재까지 밝혀진 내용만 보더라도 (1)과 (2)의 차이는 놀라울 정도로 크다(이에 대한 자세한 설명은 13장 3절 참고). 둘째는 한자 자형의 변화이다. 3장에서 기술했듯 공자 시대의 한자와 현재의 한자는 자형이 크게 다르다. 편의상 (1)을 해서(楷書)로 적었지만, 『논어』를 편집하던 당시에는 육국문자(六國文字) 가운데 하나로 표기했을 것이다. (2)와 같은 간화자는 소전, 예서, 해서로 이어지는 일련의 자형 변화와 1950년대에 단행된 문자개혁운동의 최종 산물이다.

이처럼 중국어는 긴 시간을 두고 변화해왔으며, 지금도 변화하고 있고, 앞으로도 변화할 것이다. 과거에서 현재까지의 변화과정과 양상을 좀 더 자세히 살펴보기로 하자.

| 2 | 문법의 변화

고전중국어의 어순

고전중국어는 공자의 생존 시기인 춘추 말엽부터 전국시대를 거쳐 진·한 무렵까지 사용되었던 중국어이다. 20세기 초 백화문운동의 성공으로 언문일치의 시대가 열리기 전까지 거의 2천 년 동안 중국에서 통용되었던 고문(古文) 또는 문언(文言)의 표준이 되었던 중국어가 바로 고전중국어이다.

『논어』·『맹자』 등의 유교 경전, 『노자』·『장자』·『순자』·『한비자』 등의 제자서, 『전국책』·『사기』 등의 역사서들이 고전중국어를 반영하고 있는 문헌들이다.

고전중국어의 어순은 현대중국어와 대체로 유사하다. 주어는 동사(또는 술어) 앞에, 동사는 목적어 앞에 위치하고(3a), 수식어는 피수식어 앞에, 전치사는 전치사 목적어의 앞에 위치한다(3b).

(3) a. 孟子見梁惠王。 맹자가 양혜왕을 만났다. (『맹자』)

　　 b. 千里之行, 始於足下。 천리의 여정도 발밑에서 시작된다. (『노자』)

화제(topic)가 매우 발달하여 기본어순의 한 성분을 이루는 '화제 중심의 언어'라는 점도 현대중국어와 같다. 아래 예문 (4-5)에서 문장의 맨 앞에 위치한 성분들은 나머지 진술(comment)의 화제이다. 다만, (5)와 같이 화제를 대명사 '是'나 '之'로 재지시하는 현상은 고전중국어에는 흔하지만 현대중국어에서는 매우 드물다.

(4) a. [父母之年] 不可不知也。 부모의 나이는 몰라서는 안 된다. (『논어』)

　　 b. [楚] 不足與戰矣。 초나라는 더불어 싸울 상대가 못 된다. (『좌전』)

(5) a. [富與貴] 是人之所欲也。

　　　 재산과 권세 (이것은) 사람들이 바라는 것이다. (『논어』)

　　 b. [氷] 水爲之而寒於水。

　　　 얼음은 물이 (그것으로) 변하였지만 물보다 차다. (『순자』)

고전중국어의 기본어순도 현대중국어와 마찬가지로 'SVO' 또는

'TSVO'임을 알 수 있다. 그러나 고전중국어와 현대중국어의 기본어순이 동일한 것은 아니다. 가장 두드러지는 차이로, 의문문과 부정문에서 대명사 목적어가 술어 앞으로 이동한다는 점, 감탄문에서 주어와 술어의 어순이 뒤바뀔 수 있다는 점을 들 수 있다. 고전중국어에서 (6)과 같이 목적어가 의문대명사일 경우 그리고 (7)과 같이 목적어가 부정문에 사용된 대명사일 경우에 술어의 앞으로 이동한다. 이러한 어순은 현대중국어에서는 발견되지 않는다.

(6) a. 鄉人長於伯兄一歲, 則誰敬?

마을 사람이 맏형보다 한 살이 많다면, 누구를 공경하겠는가? (『맹자』)

b. 聖人有百, 吾孰法焉?

성인이 백 분이나 있는데, 나는 그들 가운데 누구를 본받을 것인가? (『순자』)

(7) a. 我無爾詐, 爾無我虞。

우리는 너희를 속이지 않으며, 너희는 우리를 근심시키지 않는다. (『좌전』)

b. 臣未之聞也。

신은 그것에 대해서는 들어보지 못했습니다. (『맹자』)

현대중국어에서는 일반적으로 감탄문에서 주어와 술어의 어순이 바뀌지 않는다. 고전중국어에서는 (8)과 같이 '술어 + 주어'의 어순을 보이는 감탄문이 보다 일반적이다. '哉'는 고전중국어에서 널리 사용되는 감탄조사이다.

(8) a. 善哉問也!

훌륭하십니다, 질문이! (『맹자』)

b. 惡在其爲民父母也!

　　어디에 있습니까? 백성들의 부모됨이. (『맹자』)

　이 밖에도 세부적인 어순에서 크고 작은 변화가 발생하였다. 고전중국어가 현대중국어로 변모하는 동안 발생한 문법상의 변화에 대해 좀 더 살펴보기로 하자.

전치사구와 동사구의 어순변화

고전중국어에서 경우에 따라 동사구(VP)에 선행하기도 하고 후행하기도 하던 전치사구(PP)는 현대중국어에 가까워질수록 점차 동사구 앞으로 옮겨갔다. 다음 표를 보자.

	'PP + VP' 어순		'VP + PP' 어순	
	빈도(회)	비율(%)	빈도(회)	비율(비율)
논어	16	42.1	22	57.9
맹자	88	66.7	44	33.3
한비자	385	65.3	205	34.7

고전중국어에서 'PP+VP' 어순과 'VP+PP' 어순의 출현빈도

　『논어』에서는 'VP+PP' 어순이 상대적으로 많이 출현했는데 『맹자』와 『한비자』에 이르면 'PP+VP' 어순이 많아진다. 예를 들어 비교문의 어순 변화를 살펴보자. 고전중국어에서 비교문은 'A+VP+於/乎+B' (A는 B보다 VP하다)의 형식을 취한다. 즉, 비교대상을 유도하는 전치사는 '於, 乎'이고, '於, 乎'가 유도하는 PP는 VP에 후행한다.

(10) a. 苛政猛於虎。 가혹한 정치는 호랑이보다 사납다. (『예기』)

b. 行無高於此。 행위 가운데 이보다 고상한 것은 없다. (『여씨춘추』)

고전중국어의 비교문은 당 무렵까지 사용되다 송 이후 점차 사라졌다. 그리고 송 이후에는 '比'가 비교대상을 유도하는 새로운 형식의 비교문이 등장하였다. 원래 '비교하다'라는 의미의 동사였던 '比'가 문법화되어 전치사로 사용되기 시작한 것이다. '比'가 유도하는 PP는 '於, 乎'가 유도하는 PP와 달리 VP에 선행함에 따라, 현대중국어와 같은 'A＋'比'＋B＋VP'(A는 B보다 VP하다) 형식의 비교문이 탄생하게 되었다.

(11) a. 弟弟比我高。 Dìdi bǐ wǒ gāo. 동생이 나보다 크다.

b. 哥哥比我大三岁。 Gēge bǐ wǒ dà sān suì. 형은 나보다 세 살이 많다.

이 밖에 '把'가 유도하는 목적어 전치문의 출현도 PP와 VP의 어순변화와 관련된다('把'의 문법화와 목적어 전치에 대해서는 8장 참고). '把'와 함께 전치사 '將'도 목적어 전치에 사용되었다. '將'도 '把'와 마찬가지로, 원래 '잡다'라는 의미를 가진 동사가 전치사로 문법화되었다. 청 무렵까지 활발하게 사용되었던 '將'은 현대중국어에서는 문어에서만 사용된다.

고전중국어에서 보이는 이러한 'PP＋VP'와 'VP＋PP'의 어순변이는 AD 1세기에서 15세기에 걸친 과도기를 거쳐, 'PP＋VP' 어순으로 점차 고정되어갔다. 현대중국어에서 '從(从), 向, 把, 對(对), 跟, 離(离), 和, 替, 被, 爲(为)' 등의 전치사가 유도하는 PP는 VP의 앞에만 올 수 있다.

물론 현대중국어에서도 'VP＋PP' 어순이 사라진 것은 아니다. '在'가 유도하는 PP는 VP에 선행할 수도 있고, 후행할 수도 있다.

(12) a. 在地上跳。Zài dìshàng tiào. 땅에서 뛰다.

　　 b. 跳在地上。Tiào zài dìshàng. 땅으로 뛰다.

　현대중국어에서 보이는 'PP＋VP'와 'VP＋PP'의 어순변이는 8장에서 말한 시간순서원리(PTS)를 가지고 그 차이점을 설명할 수 있다.

계사 '是'의 출현

명사 또는 명사구인 술어를 주어와 연결시키는 성분을 계사라고 한다. 동일한 명제적 의미를 표현하고 있는 다음 예문들을 보자.

(13) a. 文王, 我師也。(고전중국어)

　　 b. 文王是我的老師。(현대중국어)

　　 c. The king *Wen* is my teacher. (영어)

　　 d. 문왕은 나의 스승이다. (한국어)

　위 예문에서 (13b)의 '是', (13c) be 동사 'is', (13d)의 '이다'가 각각 계사이다. 그러나 (13a)와 같이 고전중국어에서는 계사가 사용되지 않았다. 고전중국어와 현대중국어의 가장 두드러지는 차이 가운데 하나가 바로 계사의 존재 여부이다. 고전중국어에서는 주어와 명사 술어 사이에는 어떠한 문법 표지도 첨가되지 않으며, 대신 문말에 '也'가 첨가되는 것이 일반적이다.

　'是'의 변화과정은 대략 다음과 같은 네 단계로 구분해볼 수 있다. 1) 지시대명사 '是'의 대용어 용법의 등장 → 2) 지시대명사 '是'에서 계사 '是'로의 변화를 유발시킨 통사 환경의 조성 → 3) 대용어 용법과 계사 용법 사이의 경쟁 → 4) 계사의 정착. 이를 짧게 줄이면 다음과 같다.

$$NP_1 + \text{'是'}(지시대명사) + NP_2 + 也$$

$$\downarrow$$

$$NP_1 + \text{'是'}(계사) + NP_2$$

앞서 서술한 바와 같이, 고전중국어에서는 화제를 대명사 '是'나 '之'로 재지시하는 현상이 보편적이다. 이렇게 명사구를 재지시하는 대명사를 따로 대용어(anaphor)라고 부른다. 선행사가 같은 문장 내에 있다는 점에서 대용어는 일반적인 대명사와 다르다. 아래 예문에서 '是'는 주어를 재지시하는 대용어이다.

(14) a. [王之不王$_{TOP}$]^i 是^i 折枝之類也。

왕께서 왕 노릇을 안 하는 것, 이것은 가지를 꺾는 종류에 속합니다. (『맹자』)

b. [富與貴$_{TOP}$]^i 是^i 人之所欲也。

재산과 권세, 이것은 사람들이 바라는 것이다. (『논어』)

주어를 재지시하는 대용어 '是'는 그후 문법 성질에 변화가 발생하기 시작하여 점차 계사로 전환되어갔다. 기원전 100년 무렵에 완성된 『사기』는 계사 '是'가 출현하는 상황을 확인할 수 있는 가장 이른 문헌 가운데 하나이다. 다음 예를 보자.

(15) a. 此必是豫讓也。

이 사람은 틀림없이 예양이다. (『사기』)

b. 客人不知其是商君也。

객들은 그가 商君임을 알지 못했다. (『사기』)

(15a)에서는 '是'가 부사 '必'의 뒤에 위치하고 (15b)에서는 '是'가 대명사 '其'와 명사 술어 '商君' 사이에 쓰였으므로, 이 '是'가 계사라는 사실은 의심의 여지가 없다.

'是'가 한 초기부터 점차 계사의 역할을 담당하면서 고전중국어의 전형적인 명사 술어문에 쓰이던 문말의 어기조사 '也'가 사라지기 시작한다. 계사 '是'가 명사 술어문의 표지로 점차 굳어져 감에 따라 문말의 어기조사는 더 이상 필요하지 않게 된 것이다. 아래 도표는 '也'가 도태되는 추이를 잘 보여준다.

시대구분	비율(%)
서한 (BC 206–25년)	80%
동한 (BC 25–AD 220년)	29%
위진 (AD 220–420년)	19%
남북조 (AD 420–589년)	4%

대용어 '是'와 문말 조사 '也'의 호응 비율 변화

『좌전』(左傳)이 쓰인 대략 BC 5세기 무렵에 지시대명사 '是'의 대용어 용법이 처음 등장하기 시작하고, 완전한 계사 '是'의 용법은 바로 직후인 BC 1세기 전후의 문헌인 『사기』(史記)에 처음 출현하며, 『세설신어』(世說新語)·『포박자』(抱朴子) 등 AD 5세기 문헌에서는 '是'가 중국어의 유일한 계사로 완전히 정착하게 된다. 따라서 '是'의 통사변화과정은 대용어 용법이 등장하기 시작한 BC 5세기에서 '是'가 계사로 완전히 정착된 5세기까지 대략 1,000년에 걸쳐 진행되었다고 말할 수 있다.

계사 '是'의 출현은 중국어의 기본구조에 영향을 미치고, 중국어 통사체계의 여러 방면에 변화를 가져온 사건 가운데 하나이기도 하다.

문법화와 재분석 : 문법변화의 두 원리

지금까지 고전중국어가 현대중국어로 변하는 과정에서 발생한 중요한 문법의 변화에 대해 살펴보았다. 그렇다면 문법은 왜 변화하며, 어떻게 변화하는가? 문법화(grammaticalization)와 재분석(reanalysis)은 이러한 문법의 역사적 변화기제를 설명하는 핵심적인 두 가지 원리이다. 문법변화가 '왜?' 발생하는가라는 질문에 대한 대답의 일부를 재분석이론이 제공한다면, 통사변화가 '어떻게?' 발생하는가라는 질문에 대해 가장 체계적인 대답을 제시해줄 수 있는 언어이론이 문법화라고 할 수 있다. 문법화에 대해서는 8장에서 서술하였으므로 여기서는 재분석에 대해 살펴보기로 한다.

재분석은 표층구조에서 둘 또는 그 이상의 요소로 구성된 표현을 재구조화하는 과정이다. 원래 구조에 대한 창조적 오해의 산물이라는 측면에서는 오분석(誤分析 metanalysis)으로 부를 수도 있을 것이다. 재분석은 유추(analogy)와 서로 연관된 개념이기도 하다. 재구조화를 통해 새로운 문법구조를 만드는 원리가 재분석이라면, 유추는 재분석을 통해 만들어진 새로운 문법구조를 보다 넓은 범위로 확산시키는 과정을 설명하는 원리이다. 방향을 표시하는 구에서 미래를 표시하는 조동사로 변화된 'be going to'의 예를 통해 재분석과 유추의 관계를 설명하면 다음과 같다.

(16) a. 1단계　　　be　　going　　[to visit Bill]

　　　　　　　　　(Bill을 방문하기 위해 가는 중이다.)

b. 2단계　　[be going to]　　visit　　Bill　　　　←　**재분석**

　　　　　　(Bill을 방문하게 될 것이다.)

c. 3단계　　[be going to]　　like　　Bill　　　　←　**유추**

　　　　　　(Bill을 좋아하게 될 것이다.)

　　1단계에서는 'going'이 '가고 있다'는 이동상황을 표시하고 있다. 이때 'to' 뒤의 동사는 동작동사이며 'to + 동작동사'는 이동하는 목적을 나타낸다. 2단계에서 'be going to'는 한 덩어리로 묶여서 조동사로 기능하고 있다. 'be going to'가 하나의 덩어리로 재분석된 것이다. 이때에도 'to' 뒤의 동사는 동작동사이다. 3단계에서는 조동사로 굳어진 'be going to'의 적용범위가 확장되어 그 뒤에 동작동사뿐만 아니라 'like'와 같은 상태동사도 출현할 수 있게 되었다. 이 과정에 작용한 것이 인간의 유추 기능이다.

　　대용어로 사용된 지시대명사 '是'에서 계사 '是'로 변화되는 과정 역시 재분석으로 설명할 수 있다. 대용어 '是'에서 계사 '是'로의 변화를 가능하게 만드는 환경이 조성되고 '是'가 동사와 유사한 위치에 놓이게 됨에 따라, 원래 명사성 성분이었던 '是'가 동사성 성분인 계사로 재분석된 것이다.

　　'잡다'라는 의미를 가진 동사 '把'가 목적어 전치구문에서 전치된 목적어를 유도하는 전치사로 변화되는 과정도 재분석과 관련된다. 이러한 목적어 전치구문은 대략 7세기에서 8세기 사이에 출현하였다. 8장에서 언급했던 예문 가운데 하나를 살펴보자.

영어에서는 일반적으로 'teach-er, buy-er, stalk-er, counsell-or' 에서처럼 동사에 '-er' 이나 '-or' 를 덧붙여 '-하는 사람' 이라는 의미의 명사를 만든다. 그러나 'peddler' (행상하는 사람, 행상인)는 'peddle+-er' (peddle하는 사람)가 아니라 원래부터 형태소가 하나인 단어였다. 그러나 언중들이 영어의 명사 파생 규칙을 적용하여 '[peddle] -er]' 로 분석하게 되자 이전에 없던 'peddle' (행상하다)이란 단어가 새로 만들어졌다. 'hawk' (행상하다), 'swindle' (사기치다), 'edit' (편집하다) 등도 'hawker' (행상), 'swindler' (사기꾼), 'editor' (편집자)로부터 이런 과정을 통해 새로 만들어진 단어들이다. 또 'pea' 는 'pease' (완두콩)의 '-se' 를 복수형 어미로, 'enthuse' 는 'enthusiasm' 의 '-iasm' 을 명사형 접미사로 각각 재분석함으로써 생겨난 단어들이다. 한국어에서도 이런 사례가 있다. '파리, 낚시' 는 원래 '풀, 낯' 이었으나, 이들이 '이것은 푸 리랴' 등의 문장에 자주 쓰이면서 '파리+랴' 로 잘못 분석되어 '파리, 낚시' 와 같은 형태의 단어가 새로 만들어지게 되었다. 실수나 무지가 창조적일 수 있다는 것은 과학적인 발견이나 실험에만 적용되는 사실은 아닌 것 같다.

(17) 醉 [把茱萸] [仔細看] → 醉 [[把茱萸] 仔細看] (두보)

　　　취하여 수유를 들고 자세히 들여다본다. → 취하여 수유를 자세히 들여다본다.

시인 두보(杜甫, 712~770)가 활동하던 무렵에 이미 '把' 의 전치사 용법이 등장하였다는 사실을 고려하면, 위 예문은 중의적인 두 가지 해석이 가능하다. 위 예문을 통해 두 동사구가 결합된 연동문이 재분석을 통해 '전치사구＋동사구' 로 변화되고, 아울러 '把' 가 동사에서 전치사로 문법화되는 과정을 살펴볼 수 있다.

원래 명사였던 '姓' 이 동사 용법을 갖게 되는 과정도 재분석으로 설명할 수 있다. 다음 예를 보자.

(18) a. 老子者 … 姓李氏, 名耳, 字聃。(『사기』)

노자는 성은 '이', 이름은 '이', 자는 '담'이다.

b. 唯有臨海一客姓任, 及數胡人爲未洽。(『세설신어』)

任이라는 성을 가진 임해의 한 손님과 몇 명의 호인들만 흡족해하지
않았다.

'姓'은 원래 명사로, 예문 (18a)와 같이 "NP＋姓＋NP" 형식으로 자주
사용되었다. 명사로만 사용되던 '姓'이 동사와 동일한 위치에 놓이게 됨에
따라 어느 시점에서 동사로 재분석되었고, 결국 예문 (18b)와 같은 동사
용법을 갖게 되었다.

이상에서 살펴본 바와 같이, '是'는 지시대명사에서 계사로, '把'는 동사
에서 전치사로, '姓'은 명사에서 동사로 재분석된 사례인데, 이를 통해 재
분석이 문법변화를 설명하는 중요한 기제임을 알 수 있다.

| 3 | 음운의 변화

음운에 따른 시대 구분

중국어의 말소리는 어떻게 변해왔을까? 현대중국어의 말소리는 약 2,000
여 년 전인 주(周)는 물론이고 당(唐)·송(宋)의 말소리와도 크게 다르다.
음운(音韻)의 변화는 점진적이고 연속적이므로 짧은 기간 안에서는 시기 구
분이 불가능하지만, 길게 보면 음운의 변화상황을 명확히 알 수 있다. 널리
사용되고 있는 시대 구분은 다음과 같다.

상고음(上古音 Old Chinese) : 『시경』의 압운과 해성자(諧聲字)를 중심으로
재구성된 주(周)의 초·중기 음운.

중고음(中古音 Middle Chinese) : 육법언(陸法言)이 편찬한 운서(韻書)인 『절운』(切韻 AD 601)과 등운도(等韻圖)에 반영된 수(隋)·당(唐) 및 송(宋)의 음운.

근고음(近古音 Early Mandarin) : 원(元)의 주덕청(周德淸)이 편찬한 운서인 『중원음운』(中原音韻 AD 1324)에 반영된 음운.

[버나드 칼그렌]

중국 고대음의 재구에 가장 큰 공헌을 한 사람은 스웨덴 출신의 언어학자 버나드 칼그렌(Bernhard Karlgren, 1889~1978)이다. '高本漢'(Gāo Běnhàn)이라는 중국이름을 사용했던 칼그렌은 말을 타고 중국 동남부 지역을 직접 답사하며 방언을 조사하고, 현대적인 언어학 이론을 활용하여 중국 고대음을 재구하는 방법론을 체계화하였다. 또 *Grammata Serica Recensa*(1957. 수정修訂 한문전漢文典) 등에 발표된 그가 만든 재구음은  이후 진행된 중국 고대음 연구의 기초가 되었다. 위와 같이 음운에 따른 시대구분을 최초로 시도한 사람도 칼그렌이다.

'형태소-음절 문자'인 한자는 음절 전체를 표시하는 기호일 뿐 실제 음가에 대한 직접적인 정보를 제공하지는 못한다. 따라서 여러 세기 동안 많은 발음의 변화를 겪은 한자의 옛 음가를 알아내는 일은 재구(再構 reconstruction)라고 부르는 다소 복잡한 과정을 통해서만 가능하다.

상고음의 재구는 이용할 수 있는 자료가 많지 않고 파편적으로 흩어져 있기 때문에 어려움이 많다. 상고음 재구에 있어 가장 중요한 자료는 『시경』이다. 압운된 한자들을 체계적으로 귀납해보면, 당시에 사용되었던 운모의 종류, 즉 운부(韻部)를 밝혀낼 수 있다. 그러나 이 방법에는 압운 여부를 판단하기 어렵고 압운된 한자들의 수가 제한적일 뿐 아니라 무엇보다 성모에 대해서는 어떤 정보도 알아낼 수 없다는 한계가 있다. 이런 한계를 보충할 수 있는 자료가 동일한 성부(聲符)를 공유하는 형성자(形聲字), 즉 해성자(諧聲字)이다. 원칙적으로 성부가 같은 한자들은 그 한자가 만들어지던 시기에 음이 같거나 매우 유사하였다. 한자의 다수가 형성자이므로, 성부가 같은 형성자들을 귀납하고 이를 『시경』의 압운 자료와 비교하는 방식으로 연구를 진행하면 운부뿐 아니라 성모의 종류, 즉 성류(聲類)에 대해서도 많은 것을 밝혀낼 수 있다. 다만 이런 방법들도 완전할 수는 없기 때문에 현재로서는 어느 학자의 재구음이라도 잠정적이고 가상적인 체계일 수밖에 없다.

논란의 여지는 있지만, 재구된 중고음은 일종의 발음 사전인 운서(韻書)를 기초로 체계적으로 재구되었기 때문에 상고음에 비해 훨씬 실제 음에 가깝다고 할 수 있다. 운서는 글자들을 먼저 성조와 운모에 따라 분류하고, 동일한 운모의 글자들을 다시 동일한 성모를 가진 동음자들로 재분류한 뒤 발음을 반절로 표기한 사전이다. 현전하는 가장 오래된 운서이자 가장 영향력이 큰 운서는 『절운』(切韻)이다. 601년 육법언(陸法言)이 편찬한 『절운』이 원래의 모습 그대로 전해지고 있는 것은 아니지만, 여러 사본(寫本)과 수정본들이 부분적으로 또는 완전한 형태로 남아 있다. 『절운』에 반영된 음이 실제음인지 가상음인지, 실제음이라면 어느 시기 어느 지역의 음인지에 대해서는 논란이 많지만, 대체로 당시의 중원음을 기초로 고금과 남북의 음을 참고한 음운체계였을 것으로 생각된다. 1008년에 편찬되어 현재까지 전해져오는 『광운』(廣韻)은 『절운』을 수정 증보한 운서들 가운데 하나이다. 이들을 기초로 해서 구성한 중고음은 현대중국어 방언 음운과 한자음의 기초가 된다는 점에서 큰 의미를 지닌다.

『절운』과 이를 수정한 이른바 '절운 계열의 운서' 들이 초기 중고음을 살

반절은 주음부호(注音符號. 1918년)나 한어병음방안(漢語拼音方案. 1958년) 같은 현대적인 발음 표기법이 사용되기 이전에 고대 중국에서 1,800년 가까이 사용되었던 발음 표기법이다.

"同, 徒紅切" → 同 tóng = 徒 t(ú) + 紅 (h)óng

반절은 한 글자(피절자 被切字)의 발음을 두 글자로 나누어 표기하는 방법이다. 첫 번째 글자(반절상자 反切上字)는 피절자의 성모를, 두 번째 글자(반절하자 反切下字)는 피절자의 운모를 각각 표기하므로, 반절상자의 성모와 반절하자의 운모를 결합하면 피절자의 온전한 음절이 된다. 반절이 사용되기 이전에는 독약(讀若. 독여 讀如나 독위 讀爲라고도 한다)이나 직음(直音)의 방법으로 발음을 표기하였다. 독약은 'A讀若B'(A는 B처럼 읽는다)의 형식으로, 직음은 'A音B'(A의 음은 B이다)의 형식으로 발음을 표기하는 방법이다. 독약이나 직음은 발음뿐 아니라 의미까지 가리키는 경우가 많고, 한 글자로 다른 한 글자의 발음을 표기하기 때문에 표기법으로서는 한계가 많다.

현대적인 발음 표기법과 비교하면 반절 역시 단점이 많지만, 독약이나 직음보다는 훨씬 발전된 발음 표기법이라고 할 수 있다. 후한(後漢)의 주석가들에 의해 발명된 이 반절은 운서의 기초가 되었다.

펴볼 수 있는 자료라면, 등운도(等韻圖)는 후기 중고음(당 후기 및 송 초기의 음)에 대한 정보를 제공해주는 자료이다. 등운도는 성모와 운모를 결합한 도표로, 가로에는 성모를 배열하고 세로에는 운모를 배열하고 있으므로 이들을 결합하면 한 음절을 구성할 수 있게 된다. 이러한 등운도는 당 후기에 산스크리트어 불경의 영향으로 시작되어 송·원까지 지속적으로 발전하였다.

원대에는 이전의 전통적인 운서들과는 다른 독특한 체제와 성격을 지닌 운서인 『중원음운』(中原音韻, AD 1324)이 완성되었다. 주덕청(周德淸)이 편찬한 『중원음운』은 『절운』과 더불어 중국의 양대 운서로 꼽힌다. 『절운』이 중원음을 기초로 하면서도 고금과 남북의 음을 참고한 절충적인 운서였던 반면, 『중원음운』은 당시 대도(大都, 현재의 베이징)에서 활약하던 유명한 북곡

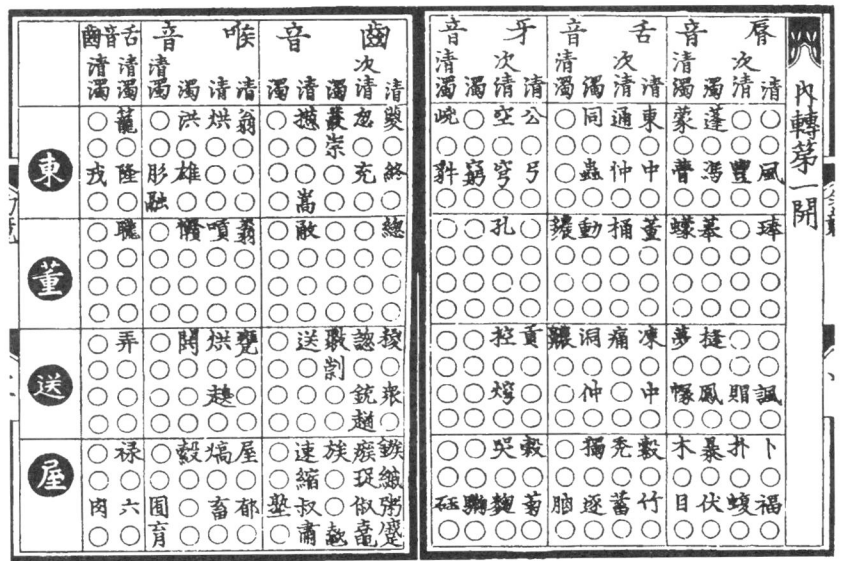

송 초기에 지어진 등운도 『운경』(韻鏡)

(北曲) 작가들의 작품을 근거로 삼아 실제 음운체계를 반영하여 편찬한 운서라는 점에서 가치가 높다.

이제 상고 중국어에서 현대중국어까지의 주요 음운변화를 성모, 운모, 성조의 순서대로 살펴보기로 하자.

성모의 변화

상고음의 성모와 관련하여 복성모(複聲母)의 존재 여부는 가장 뜨거운 논란이 되어왔고, 그만큼 흥미로운 영역이기도 하다. 복성모는 어두(語頭 음절머리)에 쓰이는 자음군(consonantal cluster)을 가리킨다. 영어는 어두 자음군의 쓰임이 매우 활발한 언어로, 'clone'이나 'front' 등에는 이중 자음군이, 'spring'이나 'strike' 등에는 삼중 자음군이 사용되고 있음을 알 수 있다.

현대한국어에는 이러한 어두 자음군이 없지만 중세(고려~임진왜란) 한국어에서는 '쌀(쌀)', '꿀(꿀)' 등의 표기가 사용되었고, 17세기 이전까지도 이들이 실제 표기대로 발음되었을 것으로 추정된다. 상고음에서 어두 자음군의 존재 여부에 대한 논란이 있는 것은 체계를 이루며 둘 이상으로 발음되는 해성자들이 상당수 있기 때문이다(다음에서 '**'는 재구된 상고음을 나타낸다).

성부가 동일한 한자들이 다른 성모로 발음되는 이 현상에 대한 가장 손쉽고도 합리적인 해결책은 상고음에 [**pl-]나 [**kl-] 등의 어두 자음군이 있었고 나중에 어두 자음군이 사라지면서 각각 다른 성모를 가진 음절로 분화되었다고 해석하는 것이다.

복성모 / 성부	[**pl-]		복성모 / 성부	[**kl-]	
	[**p-]	[**l-]		[**k-]	[**l-]
'凡'	風(fēng 풍)	嵐(lán 람)	'柬'	諫(jiàn 간)	練(liàn 련)
'枭'	剝(bō 박)	綠(lù 록)	'各'	格(gé 격)	路(lù 로)
'䜌'	變(biàn 변)	戀(liàn 련)	'京'	景(jǐng 경)	掠(lüè 략)
'龍'	龐(páng 방)	籠(lóng 롱)	'監'	鑒(jiàn 감)	覽(lǎn 람)

동일한 성부가 두 가지로 발음되는 해성자

어두 자음군의 존재를 뒷받침하는 자료들은 이 밖에도 많다. 한국어의 '바람'도 이 가운데 하나이다. 송의 손목(孫穆)이 고려의 개성에 사절단으로 다녀와서 지은 『계림유사』(鷄林類事)에는 당시 고려인들이 사용하던 한국어 어휘 353개가 수록되어 있는데, '風'을 '孛纜'(발람)이라고 표기하고 있다. 중국의 고적들에서도 '風'을 '飛廉'(비렴) 등으로 표기하고 있고, 중국어의 이웃 언어인 쓰촨의 이어(彝語)에서 바람은 [brum]으로 발음된다.

이들은 모두 중국어 '風'과 어원이 같은 것으로 추정되는데, 이는 '風'의 상고음이 어두 자음군 [**pl-]이었을 가능성이 크다는 사실을 입증해준다.

아래 도표는 등운도에 반영된 당 말 및 송 초(약 9~11세기)의 36개 성모를 재구한 것이다. 물론 이 시기의 재구음에 대해서도 논란이 없는 것은 아니지만, 대체적인 음가에 대해서는 의견 차이가 크지 않다. 이를 바탕으로 상고음에서 중고음까지의 주요 성모변화에 대해 살펴보기로 하자.

	全淸 (淸音)	次淸 (送氣音)	全濁 (濁音)	次濁 (鼻音 등)	又次淸 (淸擦音)	又次濁 (濁擦音)
重脣音(雙脣音) 輕脣音(輕脣音)	幫[p] 非[f]	滂[pʻ] 敷[fʻ]	並[b] 奉[v]	明[m] 微[ɱ]		
舌頭音(舌尖中音) 舌上音(舌尖後音)	端[t] 知[ţ]	透[tʻ] 徹[ţʻ]	定[d] 澄[ḓ]	泥[n] 娘[ɳ]		
齒頭音(舌尖前音) 正齒音(舌面前音)	精[ts] 照[tʃ]	淸[tsʻ] 穿[tʃʻ]	從[dz] 牀[dʒ]		心[s] 審[ʃ]	邪[z] 禪[ʒ]
牙音(舌面後音)	見[k]	溪[kʻ]	羣[g]	疑[ŋ]		
喉音(喉音)	影[ʔ]			喩[ø]	曉[x]	匣[ɣ]
半舌音(邊音)				來[l]		
半齒音(-)				日[ŋz]		

등운도에 반영된 36자모

첫째, 상고음에 없었던 [f, fʻ, v, ɱ] 같은 경순음[순치음]이 새로 등장했다. 순음이 중순음과 경순음으로 분화된 것은 당 중기에 해당하는 대략 8~9세기 무렵이다. 앞서 논의한 '風'의 상고음 성모를 [**pl-]으로 재구하는 것도 당시에는 [f]라는 음이 없었기 때문이다. 둘째, 상고음에서는 설두음과 설상음의 구분이 없이 모두 설두음으로 발음되었으나 이들의 발음이 분화되었다. 현대중국어에서 각각 다르게 발음되는 '篤'(dǔ 〈*tuok 독)과 '竹'(zhú 〈*zhú 죽)은 상고음에서 발음이 같았다. 이들은 초기 중고음의 36자모에 이르러서야 다른 음으로 분화되었다('*'는 재구된 중고음을 나타낸다).

이 36자모는 현대중국어의 22개 성모체계와도 크게 다르다. 무엇보다 유성음과 무성음이 가지런하게 대응양상을 보이고 있는 점이 특징적이다. 'p:b / f:v / t:d / ṭ:ḍ / ts:dz / s:z / tʃ:dʒ / ʃ:ʒ / k:g / x:ɣ' 등이 그러하다. 이러한 유성음과 무성음의 체계적인 대립은 현대중국어에서는 존재하지 않는다.

이 밖에도 현대중국어에서 동일한 성모로 발음되는 '知[t]와 照[tʃ]', '徹[tʻ]와 穿[tʃʻ]', '澄[tʻ]과 牀[tʃʻ]'이 36자모에서는 서로 다른 별개의 성모라는 점, 현대중국어에서 영성모(ø)인 疑[ŋ]이 음가가 있는 성모였다는 점, 경순음에 '非[f]' 이외에도 '敷[fʻ], 奉[v], 微[m̩]' 성모가 따로 있었다는 점, '見[k], 群[g], 溪[kʻ]' 성모가 아직 구개음화되지 않았다는 점 등이 현대중국어의 22개 성모와 다른 모습이다.

중고음 36자모에서 현대중국어 22개 성모로의 변화과정을 알 수 있는 과도기에 있는 것이 『중원음운』(AD 1324)의 성모체계이다. 중고음 36자모에서 『중원음운』의 성모체계로의 변화는 다음과 같다. 첫째, 전탁(全濁) 성모의 청음화(淸音化), 즉 유성음의 무성음화이다. 중고음 36자모에 존재하던 유성음과 무성음의 체계적인 대립은 거의 사라지고, 오직 '山[ʃ] - 日[ʒ]'에서만 유·무성의 대립이 남아 있다. 둘째, '知[t]와 照[tʃ]', '徹[tʻ]와 穿[tʃʻ]', '澄[d]과 牀[dʒ]'의 대립이 사라지고 하나의 성모로 통합되었다. 셋째, 疑[ŋ] 음이 일부 음절에서는 여전히 [ŋ]으로 발음되지만, 대부분 영성모(ø)로 변했다.

『중원음운』의 성모는 일반적으로 아래와 같은 21가지로 귀납된다.

幇[p]	滂[pʻ]	明[m]	
非[f]		微[ɱ]	
端[t]	透[tʻ]	泥[n]	來[l]
精[ts]	淸[tsʻ]		心[s]
章[tʃ]	昌[tʃʻ]	山[ʃ]	日[ʒ]
見[k]	溪[kʻ]	疑[ŋ]	曉[x]
云[ø]			

『중원음운』의 성모

『중원음운』의 성모체계는 현대중국어와 매우 흡사해졌다. 실제로『중원음운』의 성모는 현대중국어 22개 성모와 직접적인 계승관계에 있다. 그러나『중원음운』의 성모도 현대중국어의 성모와는 몇 가지 측면에서 차이를 보인다. 첫째, 경순음 '微[ɱ]'가 여전히 남아 있다. 이 '微[ɱ]'가 소실된 것은 17세기 이전으로 추정된다. 둘째, 경구개음에서 발음되는 성모 'j[tɕ], q[tɕʻ], x[ɕ]'가 아직 출현하지 않았다. 이들은 '精'계와 '見'계의 성모 가운데 일부가 제치호[i]나 촬구호[y]와 결합하여 구개음화된 성모들인데, 이러한 구개음화는 18세기 이전에 완성되었다. 셋째, '疑[ŋ]'음이 일부 남아 있었다. 1442년에 지어진 「조매시」(早梅詩)에 '疑[ŋ]'음이 없는 것으로 볼 때, '疑[ŋ]'음의 완전한 소실은 15세기 중엽 이전에 이루어진 것으로 보인다.

운모의 변화

운모는 개음(운두)과 주요 모음(운복), 말음(운미)으로 구성된다. 운모는 성모

『중원음운』에서도 일부 남아 있던 '疑[ŋ]' 음은 늦어도 15세기 중엽 이전에 완전히 소실되었다. 명초에 난무(蘭茂, 1397~1470)가 편찬한 『운략이통』(韻略易通, 1442)에 수록된 「조매시」를 통해 이를 확인할 수 있다. 「조매시」는 당시 사용되었던 20개의 성모를 빠짐없이 활용하여 지은 시로서 이 시를 통해 15세기 중엽의 성모체계를 살펴볼 수 있다.

東風破早梅 [t f p' ts m]	동풍이 철 이른 매화의 꽃망울을 터뜨리니,
向暖一枝開 [x n ø tʃ k']	따뜻한 곳을 향해 가지 하나 피어나네.
冰雪無人見 [p s m ʒ k]	눈과 얼음에 사람 하나 보이지 않는데,
春從天上來 [tʃ' ts' t' ʃ l]	봄은 하늘로부터 오는구나.

에 비해 구조가 복잡하기 때문에 그만큼 재구성하기가 어렵다. 여기에서는 자음운미를 가진 두 계열의 운모, 즉 [-p, -t, -k] 운미를 가진 입성운(入聲韻)과 [-m, -n, -ŋ] 운미를 가진 양성운(陽聲韻)의 변화를 중심으로 기술하기로 하겠다.

상고음과 중고음에서는 두 계열의 자음운미를 가진 입성운과 양성운이 비교적 가지런한 대응 양상을 보이고 있다. 먼저 입성운의 변화과정을 살펴보자. 중고음까지 남아 있던 [-p, -t, -k] 운미는 『중원음운』에 이르러 이미 소실되었다. 주덕청은 "『중원음운』에는 입성이 없고, 평·상·거 세 성조로 흩어졌다."(音韻無入聲, 派入平上去三聲)고 기술하고 있다. 실제로 『중원음운』은 이전의 운서들과는 달리 평·상·거의 세 성조만을 구분하고, 세 성조의 밑에 '입성작평성'(入聲作平聲), '입성작상성'(入聲作上聲), '입성작거성'(入聲作去聲)을 따로 두어 원래 입성이었으나 지금은 세 성조로 편입된 글자들을 모아두고 있다. 입성은 [-p, -t, -k] 운미의 존재로 다른 성조들과 구분되는데, 이 운미들이 소실되면서 존립의 근거가 없어지게 된 것이다.

입성운미는 등운도가 반영하고 있는 후기 중고음까지 이 운미들이 보존되어 있는 것으로 보아, 12~13세기 무렵에 소실되었을 것이다. 이 운미들은 한꺼번에 소실된 것이 아니라 [-p] → [-t] → [-k]의 순서로 차례차례 소실되었다. 또 이 운미들은 소실되면서 후색음 [-ʔ]을 흔적으로 남겼다. 『중원음운』까지 남아 있던 이 후색음은 원대 이후에야 완전히 자취를 감추게 된다. 한 가지 흥미로운 사실은 베이징을 중심으로 하는 북방음에서는 [-p, -t, -k] 운미의 소실이 완료되었지만, 다른 방언들에서는 소실되지 않고 남아 있다는 것이다. 입성운미의 지역에 따른 다양한 분포양상은 이 운미들의 역사적 변화과정을 동시대에 살필 수 있는 귀중한 자료인 셈이다.

운미 방언	입성운미			
	p	t	k	(ʔ)
北京	×	×	×	(×)
合肥	×	×	×	(○)
南昌	×	○	×	(×)
朝州	×	×	○	(○)
厦门	○	○	○	(○)
广州	○	○	○	(×)

중국방언의 [-p, -t, -k] 운미 분포

다음으로 양성운의 변화과정을 살펴보자. [-m, -n, -ŋ] 운미는 [-p, -t, -k] 운미와 달리 『중원음운』 무렵까지도 비교적 완전하게 남아 있었다. 그런데 [-m] 운미는 [-n, -ŋ]과는 달리 이미 『중원음운』에서부터 변화의 조짐을 보이기 시작하였다. 즉 중고음에서 [-m] 운미로 발음되던 글자 가운데 성모가 순음인 '範(*biwɐm), 品(*pʰiem)' 등이 이화(異化)를 일으켜 [-n] 운미인 음절로 분류되고 있는 것이다. 이렇게 [-m] 〉[-n]으로의 변화가 점차 확대되다가 17세기 이후에는 어떤 운서에서도 [-m] 운미를 따로 분류하지 않고 있다. 따라서 [-m] 〉[-n]의 음변화는 14세기 이전에 시작되어 17세기 이전에 완결되었다고 결론지을 수 있다.

그렇다면 왜 [-m] 운미만 소실되고 나머지 [-n, -ŋ]는 그대로 남아 있을까. 이는 세 운미의 비음성(nasality)의 차이 때문이다. 비음성이 가장 약한 [-m] 운미가 가장 먼저 소실된 것이다. 보통화의 권설음화에서 [-n, -ŋ] 운미가 탈락할 때, [-n] 운미(点儿[diɐr] 등)는 아무런 흔적도 남기지 않고 탈락되는 반면, [-ŋ] 운미(瓶儿[pʰĩr] 등)는 탈락되면서 선행모음을 '보상적 비음화'(compensatory nasalization)시키는 것도 이러한 비음성의 차이 때문이다. 같은 원리로 [-n, -ŋ] 가운데 추가로 비음운미 소실이 발생한다면 [-ŋ]보다는 [-n]이 그 대상이 될 가능성이 높다고 예측할 수 있다. 실제로 여러 방언의 비음운미를 조사한 아래 표에서 그 사실을 확인할 수 있다.

운미 \ 방언	비음운미			
	m	n	ŋ	(~)
济南	×	×	○	(○)
福州	×	×	○	(×)
北京	×	○	○	(×)
合肥	×	○	○	(○)
厦门	○	○	○	(○)
广州	○	○	○	(×)

중국방언의 [-m, -n, -ŋ] 운미 분포

성조의 변화

상고음의 성조체계에 대해서는 청대 이후부터 지금까지 활발한 논의가 있었지만 아직까지 정설로 인정받는 것은 없다. 『시경』의 압운 자료를 통계화한 결과에 따르면, 모두 1,679개의 압운 단위 가운데 같은 성조끼리 압운한 경우는 평성 714개, 상성 284개, 거성 135개, 입성 247개로(총 1,380개) 82.2%를 차지한다. 같은 성조끼리 압운한 경우가 그렇지 않은 경우보다 훨씬 많다는 것은 당시에 이미 평·상·거·입과 유사한 네 성조가 있었을 가능성이 높다는 사실을 암시한다. 그러나 이러한 압운 상황이 성조, 즉 음높이의 차이 때문인지 입성의 [-p, -t, -k] 운미 같은 다른 분절음의 차이 때문인지는 여전히 불확실하다. 베트남어를 비롯한 여러 언어들에서 분절음의 변화가 성조의 발생을 촉발시킬 수 있음이 입증되었기 때문이다. 중국어와 친족관계에 있는 티베트어에서 성조의 발생이 일러도 8, 9세기 이전으로 소급되지 않는다는 사실도 상고음의 성조에 대해 회의적인 견해를 갖게 만든다.

중고음시대에는 평성(平聲)·상성(上聲)·거성(去聲)·입성(入聲)의 네 개의 성조가 있었다. 이 네 성조는 5세기 무렵 심약(沈約 441~513)에 의해 처음으로 발견되고 명명되었다고 알려져 있다. 이 중고음의 성조가 때로는 분화되고 때로는 통합되면서 현대중국어의 성조로 변화되었다.

중고중국어와 현대중국어의 성조 수는 네 개로 동일하지만 그 종류는 크게 다르다. 앞서 11장에서 언급한 바와 같이, 중고음의 네 성조는 성모의 청탁에 따라 음의 높낮이가 달라, 실제로는 음평(陰平)·양평(陽平)·음상(陰上)·양상(陽上)·음거(陰去)·양거(陽去)·음입(陰入)·양입(陽入) 등 여덟 개의 음높이로 실현되었다. 이 여덟 개의 음높이가 분화와 통합을 통해 현대중국어의 성조로 정리된 것이다. 중고중국어의 평성 가운데 성모가

청음이었던 음절은 제1성으로, 성모가 탁음이었던 음절은 제2성으로 분화
되었다. 또 청음과 차탁인 상성은 제3성으로, 전탁인 상성과 거성은 제4성
으로 되었다. 또 입성은 소실되면서 1 · 2 · 3 · 4성 가운데 하나로 편입되
었다.

中古 성모 ＼ 中古 성조	平	上	去	入
全清	陰平(제1성)	上聲(제3성)	去聲(제4성)	陰平(제1성)
次清				陽平(제2성)
次濁	陽平(제2성)			上聲(제3성)
全濁				去聲(제4성)

* 전탁(全濁) : 유성 파열음 또는 유성 마찰음
* 차탁(次濁) : 유성 공명음(voiced sonorant)인 비음[m, n, ŋ] · 변음[l] · 반모음[j]

「중원음운」의 성조와 현대중국어의 성조

　중고음의 평 · 상 · 거 · 입 네 성조에서 음평 · 양평 · 상성 · 거성의 네
성조로 변화한 결과는 이미 『중원음운』에 반영되어 있다. 그러나 『중원음
운』의 네 성조의 음높이가 현대중국어와 일치한다고 말할 수는 없다. 즉
『중원음운』 당시에도 음평성의 음높이가 [55]였다고 단정할 수 없다는 말
이다. 다른 음운들과 마찬가지로 성조의 음높이 역시 시대에 따라 변화되
기 때문이다. 같은 음평성일지라도 방언에 따라 [55](北京, 厦门), [44](苏州,
长沙, 梅县), [42](南昌), [53](广州) 등으로 다양한 음높이를 가지는 것도 이
와 관련이 있다.

| 4 | 어휘의 변화

기본어휘의 변화

어휘도 살아 있는 생명체와 마찬가지로 신진대사를 거듭하며 끊임없이 변화한다. 어휘의 변화는 여러 영역에 걸쳐 나타난다. 이전에 없던 새로운 어휘가 출현하기도 하고, 사용되던 어휘가 사라지기도 하며, 어휘의 의미나 품사가 변화되기도 한다. 우선 기본어휘의 변화를 통해 중국어에서의 어휘 변화양상을 살펴보기로 하자.

모든 언어에 보편적으로 존재하는 일정수의 어휘를 '기본어휘'(basic vocabulary)라고 한다. 기본어휘는 문화나 자연환경에 상관없이 모든 인간 사회에 공통적으로 존재한다는 점, 사회적 변화에 중립적이며 차용어의 침투가 적어 오랜 시간이 지나도 잔존 가능성이 크다는 점에서 일반어휘와 구분된다. 기본어휘는 언어들 사이의 비교연구를 위해 선정된 목록이기는 하지만, 기본어휘를 통해 한 언어에서 사용되는 어휘의 역사적 변화양상을 살펴볼 수 있다.

기본어휘 100개를 대상으로 고전중국어와 현대중국어의 대응양상을 정리하면 다음과 같다. 어형이 일치하는 경우에는 '+'로, 어형은 다르지만 어근이 일치하는 경우에는 '△'로, 다른 어휘로 대체된 경우에는 '―'로 표시하였다.

No.	어휘	고전중국어	현대중국어	일치여부	No.	어휘	고전중국어	현대중국어	일치여부
1	I	我[吾余予]	我	+	29	flesh	肉/肌	肉	+
2	you	爾 汝	你	−	30	blood	血	血	+
3	we	-	我們	−	31	bone	骨	骨头	△
4	this	此 [是]	這	−	32	grease	膏 [脂]	脂肪	−
5	that	彼	那	−	33	egg	卵	蛋	−
6	who	誰[孰]	誰	+	34	born	角	角	+
7	what	何	什么	−	35	tail	尾	尾巴	△
8	not	不	不	+	36	feather	羽	羽毛	△
9	all	皆	都	−	37	hair	髮	头髮	△
10	many	多	多	+	38	head	首 [头]	头	−
11	one	一	一	+	39	ear	耳	耳朵	△
12	two	二	二	+	40	eye	目 [眼]	眼睛	−
13	big	大	大	+	41	nose	鼻	鼻子	△
14	long	長	長	+	42	mouth	口	嘴巴	−
15	small	小	小	+	43	tooth	齒	牙齒	△
16	woman	女	女(人)	+	44	tongue	舌	舌头	△
17	man	男	男(人)	+	45	claw	爪	爪子	△
18	person	人	人	+	46	foot	足	脚	−
19	fish	魚	魚	+	47	knee	膝	膝蓋	△
20	bird	鳥 [禽]	鳥	+	48	hand	手	手	+
21	dog	犬 [狗]	狗	−	49	belly	腹	肚子	−
22	louse	虱蚤	虱子	△	50	neck	頸 [項]	脖子	−
23	tree	木	樹	−	51	breasts	乳	乳房	△
24	seed	種	種子	△	52	heart	心	心臟	△
25	leaf	葉	葉子	△	53	liver	肝	肝	+
26	root	本 [根]	根	−	54	drink	飲	喝	−
27	bark	皮	樹皮	△	55	eat	食	吃	−
28	skin	膚	皮膚	△	56	bite	囓	咬	−

No.	어휘	고전중국어	현대중국어	일치여부	No.	어휘	고전중국어	현대중국어	일치여부
57	see	見	看	−	79	earth	土	土	+
58	hear	聽 聞	聽	+	80	cloud	雲	雲	+
59	know	知	知道	△	81	smoke	烟	烟	+
60	sleep	寐 [眠]	睡	−	82	fire	火	火	+
61	die	死	死	+	83	ash	灰	灰	+
62	kill	殺	殺	+	84	burn	然	燃燒	△
63	swim	游/泳	游泳	△	85	path	道/路	路	+
64	fly	飛	飛	+	86	mountain	山	山	+
65	walk	行	走	−	87	red	赤/紅	紅	+
66	come	來	來	+	88	green	綠	綠	+
67	lie	臥	躺	−	89	yellow	黃	黃	+
68	sit	坐	坐	+	90	white	白	白	+
69	stand	立	站	−	91	black	黑	黑	+
70	give	與	給	−	92	night	夜	夜	+
71	say	言 [謂 云]	說	−	93	hot	熱	熱	+
72	sun	日	太陽	△	94	cold	寒	冷	−
73	moon	月	月亮	△	95	full	盈/充/滿	滿	+
74	star	星	星星	△	96	new	新	新	+
75	water	水	水	+	97	good	良/善/好	好	+
76	rain	雨	雨	+	98	round	圓	圓	+
77	stone	石	石头	△	99	dry	乾/燥	乾燥	△
78	sand	沙	沙子	△	100	name	名	名字	△

고전중국어와 현대중국어의 기본어휘 대응양상

대략 2,500여 년 동안 중국어 기본어휘에서 일어난 변화를 정리하면 다음과 같다. 첫째, 어형이 완전히 일치하는 어휘는 '我, 誰, 不, 一, 二, 大, 長, 小, 人, 魚' 등 45개이다. 둘째, 접사 등의 첨가로 어형은 달라졌지만 어근이 일치하는 어휘는 '蚤-蚤子, 骨-骨头, 尾-尾巴, 髮-头髮' 등 26개이다. 셋째, 다른 어휘로 대체된 경우는 '木-樹, 行-走, 卵-蛋, 犬-狗, 足-脚, 腹-肚子, 頸-脖子, 飮-喝, 食-吃, 嚙-咬, 見-看, 寐-睡, 臥-躺, 口-嘴(巴), 立-站' 등 29개이다.

다른 어휘로 대체된 기본어휘 가운데는 '木'를 대체한 '樹', '行'을 대체한 '走', '言'을 대체한 '說', '見'을 대체한 '看', '與'를 대체한 '給' 등과 같이 새로운 어휘가 고유어인 경우도 있지만, '犬'을 대체한 '狗', '彼'를 대체한 '那', '何'를 대체한 '什么', '足'를 대체한 '脚', '飮'을 대체한 '喝', '食'를 대체한 '吃', '口'를 대체한 '嘴(巴)', '立'를 대체한 '站' 등과 같이 새로운 어휘가 차용어이거나 기원이 불분명한 어휘들도 많다.

기본어휘는 시간의 변화에 저항하는 가장 보수적인 어휘항목임을 감안할 때, 중국어의 기본어휘 가운데 절반 이상의 어휘들이 접사가 첨가되거나 다른 어휘로 대체되었다는 사실을 통해 중국어 어휘변화의 한 양상을 살펴볼 수 있다.

[기본어휘]

기본어휘는 역사비교언어학의 한 분야인 언어연대학(glottochronology)의 창안자로 알려진 스와데시(M. Swadesh 1909~1967)에 의해 처음으로 제안되었다. 그가 선정한 기본어휘는 신체(hand, foot, neck, nose 등), 자연(sun, moon, rain, fire 등), 일상 행위(come, die, sleep, see 등) 등을 표현하는 100개의 어휘로 구성되어 있다.

스와데시는 1950년에 처음으로 기본어휘 215항목을 제시하였고, 다시 1955년에는 보다 안정적인 100항목(A群)과 안정성이 부족한 100항목(B群) 및 안정성이 더욱 떨어지는 15항목(C群)으로 구분하여 제시하였다. 가령 'three, four, five, husband, wife, mother, father, snow, ice, flower, fruit' 등의 단어는 안정성이 부족한 B군의 어휘항목으로 구분되어, 기본어휘 100단어에서 제외되었다.

단어의 탄생과 소멸

우리가 살아가는 사회는 끊임없이 변화한다. 새로운 물건이나 제도, 현상, 오락, 관념, 문화 등이 계속 생겨나고, 낡은 것들은 점점 사라져간다. 이와 같은 사회변화상을 기술하기 위해 이전에 없던 새로운 단어, 즉 신조어가 갑자기 출현하기도 하고, 오랫동안 사용되던 어휘가 점차 사라져가기도 한다.

한 언어에 새로운 단어가 도입되는 경로는 크게 두 가지이다. 하나는 새로운 차용어를 받아들이는 차용(borrowing)이고, 다른 하나는 사용되고 있는 형태소를 조합하여 새로운 단어를 만드는 이른바 '단어 신조'(word coinage 또는 neologism)이다. 중국어가 주변 언어들과의 언어접촉 과정에서 어떻게 차용어를 받아들였는지에 대해서는 앞장에서 이미 서술하였으므로, 여기서는 단어 신조에 대해 살펴보기로 하자.

한 언어에서 사용되는 형태소의 총수는 일정하게 유지되는 경향이 있다. 사용되고 있는 형태소를 조합하여 새로운 단어를 만드는 까닭은 형태소 증가에 따른 기억의 부담을 덜기 위해서이다. '冰品'(bīngpǐn 빙과류)은 '얼음'이라는 의미의 '冰'과 '제품'이라는 의미의 '品'을 조합하여 만든 새로운 단어이다. '冰品'의 탄생으로 중국어 어휘가 하나 증가하였지만, 형태소의 총수에는 변함이 없다. '奶品'(nǎipǐn 유제품), '饰品'(shìpǐn 장신구), '邮品'(yóupǐn 우편수집품)과 아울러 '网名'(wǎngmíng 웹상의 닉네임), '网费'(wǎngfèi 인터넷 요금), '网恋'(wǎngliàn 인터넷 연애), '网海'(wǎnghǎi 인터넷 세계), '网虫'(wǎngchóng 인터넷광) 등도 사용되고 있는 형태소를 새롭게 조합하여 만든 단어들이다.

신조어는 사회변화에 발맞춰 그 변화상을 기술하기 위해 만들어지므로, 그 증가속도는 사회의 변화속도와 비례관계를 보인다. 급변하는 사회에서는 신조어도 빠르게 증가하고, 변화가 느린 사회에서는 신조어의 증가도 그만큼 느리다. 개혁개방 이후 그 어떤 사회보다 역동적인 변화를 거듭하고 있는 중국에서 신조어는 놀라운 속도로 증가하고 있다. 1980년대에는 '特区'(tèqū 특구), '个体户'(gètǐhù 자영업자), '外企'(wàiqǐ 외자기업), '一国两制'(yīguó-liǎngzhì 일국양제) 등이, 1990년대에는 '休闲'(xiūxián 레저), '人才市场'(réncái shìchǎng 인력시장), '黄金周'(huángjīnzhōu 황금주말), '泡沫经济'(pàomò jīngjì 거품경제), '希望工程'(xīwàng gōngchéng 희망공정) 등이, 2000년대에는 '非典'(fēidiǎn SARS), '禽流感'(qínliúgǎn 조류독감), '帅哥'(shuàigē 멋진 젊은이), '快餐'(kuàicān 패스트푸드), '炒股'(chǎogǔ 주식투자) 등이 새롭게 중국어 어휘 목록에 추가되었다.

이렇게 새로 생겨나는 단어가 있는가 하면, 한동안 사용되다 사라지는 단어도 있다. 단어의 탄생이 한순간에 이루어지는 것과 달리 단어의 소멸은 점진적으로 진행되는데, 사라지는 단어는 우리가 의식하지 못하는 사이에 사용빈도가 조금씩 낮아지다가 어느 시점에 이르면 완전히 잊혀진다. 중국 고전에는 현대중국어에서는 사용되지 않는 많은 단어들이 있다. '이단'이라는 뜻의 '異端', '백성'이라는 뜻의 '庶民', '창고'라는 뜻의 '倉廩', '돼지'라는 뜻의 '豚', '밟다'라는 뜻의 '蹈', '어리석다'라는 뜻의 '不肖', '화내다'라는 뜻의 '慍', '모두'라는 뜻의 '咸', '자주'라는 뜻의 '屢', '역시'라는 뜻의 '亦' 등이 그러하다. 이들은 고전을 인용할 때나 일부 관용표현에 가끔 등장하기는 하지만 실질적으로는 사라진 단어들이다.

사용되던 단어가 소멸하는 가장 중요한 원인은 역시 사회의 변화일 것이다. 새로운 물건이나 제도, 현상, 오락, 관념, 문화 등을 기술하기 위해 새로운 단어가 필요한 것과 마찬가지로 이들이 사라지면서 이들을 표현하는 단어도 함께 사라지게 되는 것이다.

목축이 중시되었던 고대에는 돼지나 말, 소 등 가축과 관련된 단어들의 수가 많았다. 돼지를 예로 들면, 고대중국어에서는 돼지를 총칭하는 '豚'(돈)이나 '彘'(체), '猪'(저) 이외에도 '豵'(종. 한 살 돼지), '豝'(파. 두 살 돼지), '豜'(견. 세 살 돼지), '豶'(분. 불깐 돼지), '貗'(루. 암퇘지), '豭'(가. 수퇘지) 등이 따로 있었다. 그러나 현대중국어에서 돼지는 '猪'라는 하나의 단어 하나로 표현된다. 또 현대중국어에서는 '鬍子'로 수염 전체를 아울러 지칭하지만, 고대중국어에서는 '髭'(자. 콧수염), '鬚'(수. 턱수염), '髯'(염. 구레나룻) 등으로 세분하여 기술하였다. 이런 변화는 수염을 기르지 않고 깨끗하게 면도하는 현대남성들의 문화와 대응된다.

기술의 변화나 혁신이 단어 소멸의 원인이 되기도 한다. 한국어에서 이제 '삐삐'라는 단어가 거의 사용되지 않는 것과 마찬가지로, 중국에서도 'BP机'는 더 이상 일상생활에서 사용되는 어휘가 아니다.

단어의 의미변화

예전부터 현재까지 줄곧 사용되는 단어라 할지라도 변화가 없는 것은 아니다. 바로 의미가 변하는 것이다. 단어의 의미가 확대(broadening)되기도 하고, 축소(narrowing)되기도 하며, 의미전이(meaning shifts)가 일어나기도 한다.

먼저 단어의 의미가 확대되는 예들을 살펴보기로 하자. 의미확대는 특정한 대상에만 사용되던 단어가 그 지시범위가 넓어져 보편적인 대상으로 확대되는 과정에서 이루어진다.

'江'은 원래 '장강'을 가리키는 고유명사였으나 의미가 확대되어 모든 강을 가리키는 보통명사가 되었다. '河'도 원래는 '황하'를 가리키는 고유명사였으나 의미가 확대되어 모든 강을 가리키게 되었다. '兩'은 원래 수레를 가리키는 단어로서 '輛'의 초기 모습이었다. 『시경』에 등장하는 '百兩'은 '백 대의 수레'라는 의미이다. 수레를 가리키던 '兩'은 팔이나 신발처럼 쌍을 이루는 물건의 '둘'을 가리키는 단어로 외연이 확대되었다. 전한과 후한을 아우르는 '兩漢'도 이런 용법 가운데 하나이다. 나중에는 '쌍을 이루는 둘' 뿐 아니라 단순한 '둘'(二)의 의미로까지 외연이 확대되었다. 『사기』에서 '호랑이 두 마리'를 뜻하는 '兩虎'가 그 예이다. 한편 수레를 가리키던 '兩'은 나중에 '車'가 추가되어 '輛'이 되었다. 사람이나 동물이 끄는 수레를 가리키던 '車' 역시 지금은 '火車'(기차), '汽車'(자동차), '自行車'(자전거) 등 교통수단을 아우르는 단어로 의미가 확대된 말이다.

의미가 확대된 단어들 가운데는 한자 자형에 그 흔적을 남기고 있는 단어들이 있다. '治'는 원래 '治水' 즉 '물을 다스리다'라는 의미였고, '理'는 원래 '理玉' 즉 '옥을 다듬다'라는 의미였다. 이러한 의미는 '治'의 부수 '氵', '理'의 부수 '玉'에 그 흔적이 남아 있다. 나중에 '治'와 '理'는 '다스리다'라는 의미로 외연이 확대되었다. '細'는 원래 '실이 가늘다'를 뜻하는 단어였다. 부수 '糸'가 그 증거이다. 나중에는 '가늘다, 작다, 섬세하다, 자세하다' 등의 의미로도 사용된다. '粉' 역시 원래 '쌀가루'를 가리키는 단어였으나 지금은 모든 가루나 부스러기를 가리키는 단어가 되었다. '姓'도 마찬가지이다. 부수 '女'가 보여주듯 '姓'은 원래 '여자의 성'을 가리키던 단어였고, '남자의 성'을 가리키던 단어는 '氏'였다. '姓'과 '氏'는 지금은 성별의 구분 없이 혼용되고 있다.

다음으로 단어의 의미가 축소된 예들을 살펴보자. 의미확대가 특정한 대상에서 보편적인 대상으로 지시대상 또는 외연이 확대되는 과정에서 이루어진다면, 의미축소는 보편적인 대상에서 특정한 대상으로 지시대상 또는 외연이 축소되는 과정에서 이루어진다. 의미가 확대된 단어에 비해 의미가 축소된 단어의 수는 많지 않다. '朕'은 선진 시기에 원래 신분에 관계없이 널리 사용되던 1인칭대명사 가운데 하나였다. 진시황 26년(BC 221)에 '朕'

은 오직 황제가 자신을 지칭할 때만 사용하겠다는 칙령이 내려진 이후로 사용범위가 축소되었다. '瓦'는 흙으로 빚은 모든 '도기'를 가리키던 단어에서 흙으로 빚은 '기와'라는 의미로 외연이 축소되었다. '臭'도 마찬가지이다. '香'이 '좋은 냄새'였던 것과 달리, '臭'는 좋은 냄새와 나쁜 냄새를 아우르는 중립적인 '냄새'라는 의미였으나, 나중에 '나쁜 냄새'로 그 외연이 축소되었다.

끝으로 단어의 의미가 전이된 예들을 살펴보자. 원래 '걷다'를 뜻하는 단어는 '行'이고 '뛰다'를 뜻하는 단어는 '走'였으나, 위진남북조시기를 거치면서 '걷다'는 '行〉走'로, '뛰다'는 '走〉跑'로 일종의 '밀어내기' 단어 교체가 이루어졌음을 앞서 서술한 바 있다(11장 4절 참고). '走'라는 단어의 입장에서는 '뛰다'에서 '걷다'로 의미가 바뀐 셈이다. 이처럼 지시대상이나 외연의 확대 또는 축소 없이 단순히 의미가 바뀐 것을 '의미전이'라고 한다.

'犧牲'은 부수 '牛'가 보여주듯 원래는 제사에서 '제물로 바치는 가축'을 가리켰는데 지금은 '희생(하다)'으로 의미가 전이되었다. '再'는 당 이전에는 '두 번(째)'(twice)라는 의미였으나 근대에 이르러 '다시'(again)라는 의미가 되었고, '稍'은 송 이전에는 '점점'이라는 의미였으나 근대에 이르러 '조금, 약간'이라는 의미가 되었다. 또 '大夫'는 원래 '公'과 '卿' 다음에 해당하는 관직명이었으나 지금은 '의사'로, '小姐'는 원 이전에는 지위가 낮은 여자에 대한 호칭이었다가 이후 관료나 부잣집의 미혼여성에 대한 호칭으로 변했고 최근에는 다시 젊은 여성 특히 서비스업에 종사하는 젊은 여성에 대한 호칭으로 의미가 전이되었다.

의미전이 과정에서 의미가 정반대로 바뀌거나 어감이 바뀌는 예들도 있다. '去'의 원래 의미는 '~를 떠나다'이다. 가령 '孟子去齊'는 '맹자가 제나라를 떠났다'로 번역된다. 현대중국어에서 '去'는 '~로 가다'라는 정반대의 의미이다. '脆'는 '약하다, 취약하다'라는 부정적인 의미에서 '(과자 등이) 바삭바삭하다'라는 긍정적인 의미로, 어감이 바뀌었다. 이와 반대의 경우도 있다. '僅'은 원래 '거의'라는 긍정적인 어감을 가진 단어였으나 지금은 '겨우'라는 부정적인 어감을 가진 단어로 바뀌었다.

의미가 전이된 예들 가운데는 의미가 무거워지거나 가벼워지는 예들도 있다. '誅'는 부수 '言'을 통해 알 수 있듯이 원래는 '꾸짖다'라는 의미였으나 나중에는 '죽이다'라는 의미로 바뀌었다. 반대로 '賞'은 부수 '貝'를 통해 알 수 있듯이 원래는 '상을 주다'라는 의미였으나 나중에는 '칭찬하다'라는 의미로 바뀌었다. 또 지시대상의 크기가 커지거나 작아지는 예들도 있다. '臉'은 '광대뼈 부근'에서 '얼굴'로 지시대상의 크기가 커졌고,

---

[헌 부대에 새 술 담기]

기존 단어에 새로운 의미를 부가하여 새롭게 사용하는 단어들도 있다. 의미변화의 관점에서는 '의미전이'로 볼 수 있으나, 자연스러운 의미의 변화가 아니라 인위적인 의미의 할당이라는 점에서는 '의미전이'와 구분될 수 있다. '새 술'을 '새 부대'에 담지 않고 '헌 부대'에 담는 것에 비유할 수 있을 것이다.

'聊天'의 원래 의미는 '한담하다, 수다 떨다'인데, 인터넷 공간에서의 '채팅'을 가리키는 단어로 이 '聊天'이 선택되었다. '한담하다, 수다 떨다'에서 '인터넷 채팅'으로 의미가 바뀐 것이다. '漫游'는 원래 '자유롭게 노닐다'라는 의미였으나 지금은 '로밍'(서비스)이라는 의미로 사용되고 있고, '火箭'은 원래 화살에 인화물질을 매달아 불을 붙여 적진에 쏘던 '불화살'을 의미하던 단어였으나 지금은 '미사일'이라는 의미로 사용되고 있다. '广场'도 마찬가지이다. 베이징의 '新东方广场'이나 상하이의 '正大广场'에 사용된 '广场'은 '광장'이 아니라 '백화점'이라는 의미로, 'plaza'의 번역어이다.

서양의 개념어들을 번역하는 과정에서 고대 중국어의 단어들이 새로운 의미를 부여 받은 'education'을 옮긴 '教育', 'culture'를 옮긴 '文化', 'revolution'을 옮긴 '革命' 등의 근대 번역어들도 '헌 부대에 새 술 담기'의 한 유형이다.

'趾' 는 '발' 에서 '발가락' 으로 지시대상의 크기가 작아졌다. 이들을 의미 확대 또는 의미 축소로 보는 것은 잘못이다. 지시대상의 크기가 커지거나 작아졌을 뿐 지시대상이 확대 또는 축소된 것은 아니기 때문이다.

| 5 | 한국어와 중국어의 언어교류

중국어와 한국어의 언어접촉

한국과 중국은 2,000년 가까이 지속적인 언어접촉을 유지하였고, 그 과정에서 한국어는 중국어로부터 영향을 많이 받았다. 한국어는 중국어 이외에도 몽골어, 일본어, 영어의 영향을 많이 받았다. 한국어는 원 간섭기에 몽골어의 영향을 받았는데, 고려에서 몽골어가 크게 유행하여 많은 몽골어들이 고려어에 침투하였다. 매의 일종인 '보라' 와 '송골', 보라매의 색깔인 '보라', 임금의 음식인 '수라', 제주도에서 작은 산을 가리키는 '오름' 등은 몽골어의 잔영이다. 20세기 초반에는 일본어가 한국어에 영향을 미쳤고, 20세기 중반부터는 영어가 한국어에 커다란 영향을 미치고 있다. 그 결과 한국어에는 많은 일본어가 섞이게 되었고, 영어의 차용은 지금도 계속 확산되고 있다.

그러나 아주 길게 보면 중국어만큼 한국어에 지속적이고도 압도적으로 영향을 미친 언어는 없다. 한국어 어휘에서 한자어가 차지하는 비율이 50~70%에 이르는데 이 한자어의 대부분이 중국어 차용어이다. 영어와 접촉한 반세기 동안 한국어가 영어에서 받은 영향의 크기를 고려하면, 2,000년 가까이 팍스 시니카(Pax Sinica)를 구가한 대국과 국경을 마주한 작은 나라의 언어가 소멸되지 않고 살아남았다는 사실 자체가 경이로울 정도이다.

한글이 창제되기 이전, 사실은 한글이 창제되고 나서도 20세기에 이르기까지 우리는 중국의 문자인 한자를 빌려 문자생활을 영위하였고, 중국의 글말인 한문(漢文)을 빌려 광개토대왕비에 비문을 새기고『삼국유사』·『삼국사기』·『고려사』·『조선왕조실록』등과 같은 기록문화를 꽃피울 수 있었다. 사서삼경(四書三經)으로 대표되는 중국 고전에 대한 공부는 관료와 교양인이 되기 위한 필수적인 과정이었다. 한자와 중국 고전을 매개로 하는 간접적인 언어접촉은 한국어가 중국어의 영향을 받아들이는 가장 중요한 통로였다.

인적 왕래를 통한 직접적인 접촉을 통해서도 한국어는 중국어의 영향을 받아들였다.『고려사』「백관지」(百官志)에는 충렬왕 2년(1276년)에 참문학사(參文學事) 김구(金坵)의 건의로 통문관(通文館)을 설치하여 40세 미만의 사람들에게 '한어'를 가르쳤다는 기록이 등장한다. 중국과의 교류가 활발해지고 사신들의 왕래가 잦아지면서 중국어 역관(譯官)을 양성하기 위한 전문적인 교육기관이 필요해졌기 때문이다. 통문관은 고려 말에 사역원(司譯

院)으로 개편되어 조선시대까지 통역 및 번역에 관한 일을 담당하였다. 『노걸대』(老乞大)와 『박통사』(朴通事)는 통문관과 사역원에서 역관을 가르치던 교재로, 현존하는 세계에서 가장 오래된 중국어 교재이기도 하다. 『노걸대』가 초·중급 학습자를 위한 교재라면 『박통사』는 고급 학습자를 위한 교재에 해당한다.

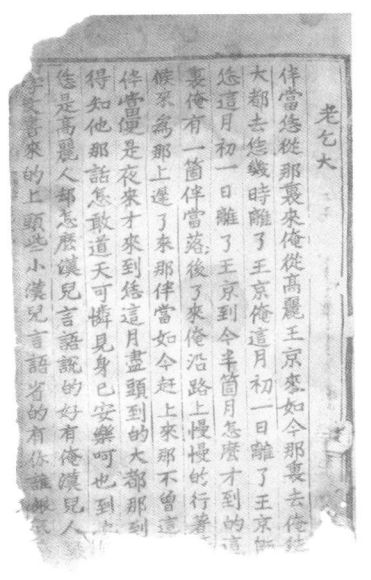

원본 『노걸대』

고려 상인 세 사람이 인삼 등을 팔기 위해 당시 중국의 수도였던 대도(大都, 지금의 베이징)로 가는 도중에 중국인을 만나 대화를 나누는 『노걸대』의 첫 부분을 살펴보자.

중국인 : 친구들, 당신들은 어디서 오셨소? (伴當恁從那裏來?)

고려인 : 저희는 고려의 수도에서 왔습니다. (俺從高麗王京來.)

중국인 : 이제 어디로 가시오? (如今那裏去?)

고려인 : 저희는 대도로 갑니다. (俺大都去.)

중국인 : 당신들은 언제 수도를 떠났소? (恁幾時離了王京?)

고려인 : 저희는 이달 초하루에 수도를 떠났습니다. (俺這月初一日離了王京.)

한중 수교를 전후로 한 세기 가량 단절되었던 한국과 중국 두 나라의 정치·경제·문화적 교류가 복원되면서 중국어는 다시 한국인의 삶에 점점 더 큰 영향을 미치고 있다. '쿵푸(功夫), 우슈(武術), 리쯔(荔枝), 딤섬(點心), 우롱차(烏龍茶)' 같은 단어가 중국음으로, '한류(韓流), 소황제(小皇帝), 동북

공정(東北工程), 공한증(恐韓症), 희망공정(希望工程), 서부대개발(西部大開發)' 같은 단어가 한자음으로, '철밥통'(鐵飯碗)이나 '꽃빵'(花卷) 같은 단어가 번역어로 한국어에서 활발하게 사용되고 있는 것이 그 예이다.

한문(漢文)과 동아시아의 공동문어

1488년에 완성된 『표해록』(漂海錄)은 조선 초의 관리 최부(崔溥, 1454~1504)가 지은 일기체의 중국견문록이다. 최부는 제주도에서 범죄를 저지르고 도망친 죄인들을 잡아들이는 임무를 수행하던 중, 성종 19년(1488) 윤정월 3일 부친의 사망 소식을 듣고 장례를 치르기 위해 일행 42인과 함께 제주를 출발하였으나, 도중에 배가 풍랑을 만나 동중국해를 표류하였다. 갖은 우여곡절 끝에 같은 달 16일 저장성에 도착한 일행은 다시 왜구로 오인되어 위태로운 상황에 직면하게 되었다. 다행히 조선의 관리임이 증명되어 지방 관원의 도움을 받아 무사히 귀국할 수 있었다. 최부는 중국에 체류하는 동안 유창한 한문을 구사하고 자유자재로 시문을 주고받아 중국관료들을 놀라게 만들었다.

동아시아의 문명을 '한자 문명'으로 부를 정도로 근대에 이르기까지 한자는 동아시아 전역에서 사용된 보편 문자였다. '한문'(漢文)으로 부르는 동아시아 공동문어는 긴 시간 동안 중국을 포함한 동아시아 전체의 교류의 도구이자 사유의 수단이었다. 최부의 일화를 통해 한국·중국·일본·베트남 등 동아시아 지역 전체의 교류의 도구이고 사유의 수단이었던 한자의 공동문어로서의 위상을 확인할 수 있다.

동아시아 공동문어의 기초언어는 공자의 생존 시기인 춘추 말엽부터 전국시대를 거쳐 진·한 제국 무렵까지 사용되었던 고전중국어이다. 중국 최초의 통일제국이었던 진·한에 의해 중앙집권화가 가속화되고 '유교의 승

리'라고 불리는 유교의 국교
화를 통해 유교 경전이 제국
의 교육과 통치 기반이 되면
서, 유교 경전의 언어인 고전
중국어를 모델로 표준화된 동
아시아의 공동문어의 기초가
마련되었다. 또 남북조와
수·당 시대를 거치면서 산스
크리트어 불경을 고전중국어
로 번역한 한역불경이 성립하
고, 이 한역불경이 동아시아
여러 나라로 전파되면서 동아
시아 공동문어의 성립은 한층
더 추진력을 얻게 되었다. 이

최부 일행의 여정

렇게 중국에서 성립된 유교 경전과 불교 경전이 동아시아 지역으로 전파되
고, 한국과 일본, 베트남 등 동아시아의 여러 나라에서 이를 수용하면서 동
아시아 지역의 공동문어가 형성되었다.

　동아시아 공동문어는 과거제도라는 관리등용시험을 통해 큰 권위를 누
렸다. 특히, 외국 유학생들을 대상으로 당제국 때 시행되었던 빈공과(賓貢
科)는 과거제도가 동아시아 공동문어 확산에 어떻게 기여했는지를 상징적
으로 보여준다. 『신당서』(新唐書)의 기록에 따르면, 정관 13년(639년) 한 해
동안 고구려, 백제, 신라에서 당에 파견한 유학생의 숫자는 8,000명을 넘
었으며, 이들을 수용하기 위해 1,200동의 학사를 증축하였다. 또 『삼국사
기·신라본기』에도 선덕여왕 9년(642년)에 당 태종이 천하의 학자들을 국자

감에 불러 모으자 고구려, 백제, 신라에서 많은 유학생을 당에 파견하였다는 기록이 있다.

한반도에서는 늦어도 삼국시대에 이미 입으로는 한국어를 말하고 손으로는 공동문어인 한문을 쓰는 양층언어 체계가 이루어졌고, 이러한 체계는 동아시아의 공동문어가 해체된 19세기 말까지 변함없이 유지되었다.

고유어를 압도하는 중국어계 한자어

언어접촉에 의한 차용은 언어의 모든 영역에 걸쳐 나타날 수 있지만, 차용 현상이 가장 두드러지는 분야는 어휘이다. 중국어와의 언어접촉을 통해 우리는 많은 중국어 단어를 받아들여 사용하였다. 한국어의 어휘목록은 셋 가운데 둘의 비율로 중국어 어휘목록과 일치하며, 난이도가 높은 어휘일수록 일치 비율도 높아진다. 한국어 속에 얼마나 많은 한자어가 사용되고 있는지는 '대한민국 헌법 전문(前文)'을 살펴보는 것으로 충분하다.

현재 한국어에서 사용되고 있는 한자어들은 기원에 따라 (1) 근대 번역어, (2) 한국에서 독자적으로 만든 한자어, (3) 중국에서 만들어진 한자어로 나눌 수 있다. 첫째, 근대 번역어로는 '文化(culture), 科學(science), 哲學(philosophy), 空間(space), 時間(time), 觀念(idea), 本能(instinct), 原理(principle), 義務(obligation), 理性(reason), 抽象(abstract), 具體(concrete)' 등이 있다. 둘째, '감기(感氣), 환장(換腸), 고생(苦生), 식구(食口), 편지(片紙), 사돈(査頓), 양반(兩班), 훈장(訓長), 월세(月貰)' 등의 한자어는 한국에서 만들어져 한국에서만 사용되는 한자어이다. 셋째, 이 두 가지를 제외하면 한국에서 사용되고 있는 한자어의 대부분은 중국 고전에서 유래되었다. 전통시대에 『천자문』과 『사서삼경』으로 대표되는 중국 고전에 대한 공부는 관료와 교양인이 되기 위한 필수적인 과정이었으므로, 중국 고전들에 등장하는 어휘들은 자연스럽게 한국어에 유입되었다. '제자(弟子), 부모(父母), 이단(異端), 형제(兄弟), 문헌(文獻), 문장(文章), 귀신(鬼神), 박학(博學), 안색(顏色), 음식(飮食), 의복(衣服), 조정(朝廷)' 등의 어휘는 『논어』에 보인다. 또 '오락(娛樂), 식물(植物), 동물(動物), 풍년(豊年), 경영(經營), 생명(生命), 폭포(瀑布), 염전(鹽田), 애매(曖昧), 세속(世俗), 태양(太陽), 변화(變化), 몽상(夢想)' 같은 어휘는 『문선』(文選)에 보인다.

한국어 어휘와 중국어 어휘는 다양한 대응관계를 보인다. 한자가 동일한 한·중 어휘는 그 의미까지 동일한 경우가 압도적으로 많지만, 형태와 의미의 대응관계가 특수한 예들도 있다. 이들을 유형별로 분류하면 다음과 같다. 첫째, 형태소의 배열순서가 다른 단어들이 있다. 한국어의 언어(言語)와 중국어의 '語言'(yǔyán), 한국어의 채소(菜蔬)와 중국어의 '蔬菜'(shūcài) 등이 그러하다. 이 밖에 '소개(紹介), 운명(運命), 평화(平和), 포옹(抱擁), 고통(苦痛), 영광(榮光)'과 같은 예를 더 들 수 있다. 둘째, 한자는 같지만 의미가 다른 단어들도 있다. 한국어 기차(汽車)는 중국어에서는 '자동차', 한국어 노파(老婆)는 중국어에서는 '아내', 한국어 학원(學院)은 중국어에서는 영어 'college'와 같은 의미로 사용된다. 또 안색(顏色)은 한국어에서는 '얼굴빛'이지만 중국어에서는 '색깔'이라는 의미로, 신문(新聞)은 한국에서는 언론매체이지만 중국어에서는 '뉴스, 소식'이라는 추상명사로 사용된다. 셋째, 4장 5절에서 이미 다룬 것처럼 한국어에서 사용되고 있는 성어 가운데 '함흥차사(咸興差使), 오비이락(烏飛梨落)' 등 한국에서 만들어져 한국에서만 사용되는 일부 성어를 제외한 대부분은 중국 고전에서 유래하였으므로, 대체로 중국어의 성어와 같은 구성을 보인다. '다다익선(多多益善), 사면초가(四面楚歌), 고진감래(苦盡甘來), 대기만성(大器晚成)' 등이 그 예이다. 일부 형태가 일치하지 않는 예들이 있는데, '눈을 부비고 본다'는 뜻의 괄목상대(刮目相對)는 중국어에서는 '刮目相看'(guā mù xiāng kàn)으로, '달리는 말에서 산을 본다'라는 뜻의 주마간산(走馬看山)은 중국어에서는 '走马观花'(zǒu mǎ guān huā)로 쓴다. 또 백년해로(百年偕老)는 '白头偕老'(bái tóu xié lǎo)로, 새옹지마(塞翁之馬)는 '塞翁失马'(sài wēng shī mǎ)로 각각 사용된다.

한국한자음과 중국어 발음

중국어를 처음 배우는 이들은 한국의 한자음이 중국어 발음과 너무도 흡사하다는 사실에 놀라게 된다. '公, 農, 丹, 東, 忙, 馬, 米, 民, 花'처럼 미세한 차이를 제외하면 발음이 거의 같은 경우도 적지 않다. 발음이 전혀 다른 것처럼 보이는 경우에도 자세히 살펴보면 체계적인 유사성을 발견할 수 있다.

한국한자음과 중국어 발음 사이의 이런 유사성은 결코 우연의 일치가 아니다. 한국한자음이 바로 중국음이기 때문이다. '텔레비전'이 영어 'television'과 같고, '라디오'가 'radio'와 같은 이치이다. 다만, 영어는 한국어에 들어와 사용된 지 반세기 남짓밖에 지나지 않았지만, 중국어는 1,000년이 훨씬 넘게 쓰여 변화가 좀 더 클 뿐이다.

한국한자음은 현대중국어보다는 중고음과 훨씬 닮아 있음을 알 수 있다. 한국한자음에서는 '法, 律, 國 / 三, 民, 公' 등에서처럼 받침으로 'ㅂ, ㄹ, ㄱ / ㅁ, ㄴ, ㅇ' 여섯 가지가 사용되고 있는데, 이는 중고음에서 자음운미(韻尾)로 사용되었던 'p, t, k / m, n, ng'와 정확히 대응된다. 다만, 중고음의 '-t'가 한국한자음에서 '-l(ㄹ)'로 바뀌었을 뿐이다. 한국한자음의 기원을 대체로 한국의 통일신라, 중국의 수·당 무렵으로 판단하는 것도 이때문이다. 한국한자음은 보통화보다는 월방언이나 민방언과 훨씬 유사하다. 일반적으로 음변화는 중심지에서는 빠르게 진행되고, 주변부에서는 더디게 진행된다. 수·당 이후 중심부인 베이징의 음은 빠르게 변해왔지

사실은 한글의 형태도 한자의 영향에서 자유롭지 못하다. 한글은 세계의 여러 음소문자들 가운데
유일하게 '흘어쓰기'가 아니라 음절 단위로 '모아쓰기'를 하고 있는 문자이다. 그렇다면 한글은
왜 모아쓰기라는 독특한 방식을 채택하게 되었을까? 바로 한자와의 일대일 대응을 위해서이다.
한자는 하나의 글자가 하나의 음절을 나타내는 음절문자이기 때문에 여기에 맞추기 위해 한글도
초성·중성·종성을 합하여 네모 형태를 취하게 된 것이다.

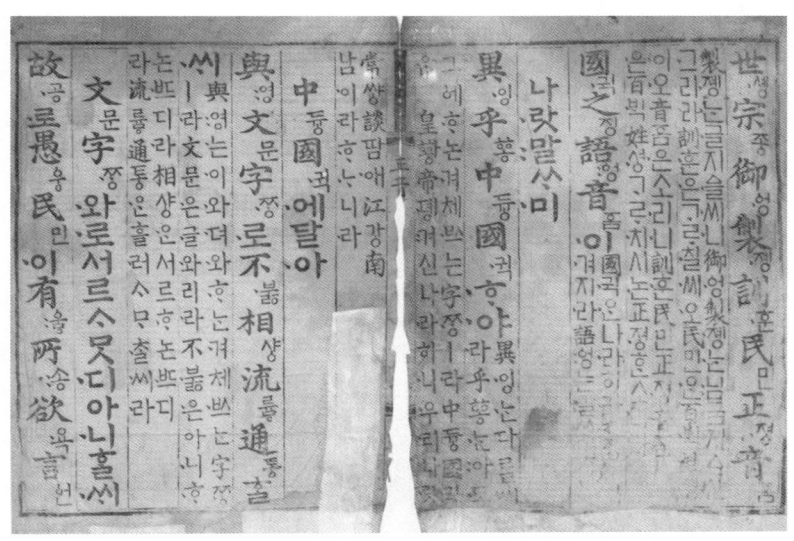

훈민정음 해례본

만 주변부인 한국과 중국 남부의 광둥·푸지앤 지역의 음변화는 더뎠기
때문이다.

한국한자음은 한국어 음운체계의 변화에 때로는 순응하고 때로는 저항
하면서 나름의 체계를 이루었다. 그래서 한자음의 소리체계는 고유어 소리
체계와 꽤 다르다. 한자음의 전체 가짓수는 512개로, 3,000개가 넘는 한국

어 음절 가운데 한자음은 1/6 정도에 불과하다. 우선 한자음의 받침에는 /ㅂ, ㄹ, ㄱ, ㄴ, ㅇ/ 여섯 가지만 사용되며, /ㄷ, ㅅ, ㅈ, ㅊ, ㅋ, ㅌ, ㅍ, ㅎ/ 등의 받침과 '앉다', '끓다', '넓다', '굵다' 등 고유어에서 사용되는 겹받침이 없다. 또 초성이 'ㅋ'인 한자는 '쾌快'가 유일하며, '끽喫 · 쌍雙 · 씨氏' 등 극소수의 예외적인 한자를 제외하고는 된소리가 거의 사용되지 않는 점도 한자음의 특징이다.

『중국어의 비밀』이 처음 기획된 것은 1995년이니 지금 돌이켜보면 참으로 까마득한 옛날의 일이다. 소위 어떤 분야의 전공자라고 하는 이들은 자기가 모르는 것을 누군가 물어볼 때 가장 당황하게 된다. 사람들은 중국어 전공자가 중국어에 대한 거의 모든 것을 알고 있을 것을 기대하며, 심지어 중국인과 중국문화에 대해서도 통달해 있을 것으로 생각한다. 여기에 부응하지 못할 때 느끼는 당혹감이 필자로 하여금 개론서 편찬이라는 지난한 작업에 도전하게 만들었을 것이다.

사실 어느 한 사람이 음성, 음운, 어휘, 통사, 의미, 화용론뿐만 아니라 방언이나 역사까지 두루 꿰뚫고 그것을 쉽고 일목요연하게 기술한다는 것은 너무나 힘든 일이다. "빨리 가려면 혼자 가고 멀리 가려면 함께 가라"는 아프리카 속담이 말하듯 소위 개론서를 쓴다는 일은 처음부터 길고 긴 시간을 요하는 일이었고 그래서 먼 길을 함께 갈 수 있는 동행이 필요했던 것이다. 이 작업에 양세욱 선생과 김석영 선생이 함께하게 된 것은 그로부터 십년 쯤 뒤의 일이다. 함께 작업하는 과정에서 초고의 상당 부분이 수정되었고 또 새로운 항목들이 추가되면서 비로소 개론서로서 모습을 갖추게 되었다. 하지만 가지고 있는 능력보다 의욕이 앞선 이들이 흔히 보이는 거친 표현과 미숙한 기술이 아직도 여기저기 보인다. 이제 갓 첫걸음을 뗀 만큼 앞으로 걸어가면서 보다 다듬어진 모습을 보여드릴 것을 약속한다.

이 책을 쓰는 데 직접 및 간접적으로 도움을 주신 여러 분들께 감사를 드리고 싶다. 제일 큰 감사는 우리 세 사람에게 현대중국어 연구라는 학문의 세계를 열어 보여주신 허성도 교수님께 드리고자 한다. 그리고 이 책의 집필과정에서 초고를 검토해주기도 하고 필요한 자료를 제공해주기도 하며 그때그때 필요한 자문에 응해주신 김아영, 김영찬, 류동춘, 맹주억, 박덕준, 박정구, 백은희, 변지원, 손남호, 송지현, 신상현, 엄익상, 염정삼, 오문의, 이강재, 이미경, 이민우, 이영희 교수님께 고마움을 전한다.

끝으로, 계약을 맺어놓고도 도대체 채근을 하지 않아 이 책의 탄생을 한참 지체시킨 궁리출판 편집진 여러분께도 고마움을 표시하지 않을 수 없다. 덕분에 이 책의 내용이 더 깊어지고 풍부해졌으니 말이다.

앞으로 우리들은 이 책이 한국을 넘어, 중국어를 학습하고 연구하는 세계의 모든 이들의 필독서가 되도록 하기 위해 노력할 것이다. 이 담대한 여정에 독자 여러분들의 아낌없는 격려와 조언과 지지를 부탁한다.

2012년 1월
필자들을 대표하여
박종한 씀

참고문헌

:: 국문자료 (가나다순)

강범모(2010), 언어: 풀어 쓴 언어학개론(개정 3판), 서울: 한국문화사

고종석(2007), 말들의 풍경, 서울: 개마고원.

곡효운(2003), 동원자를 통한 상고시기 복성모 연구, 중국어문학논집 25, 중국어문학연구회.

김석영(2002), 현대중국어 3성 성조변화와 경성의 성격, 중국언어연구 15, 한국중국언어학회.

김석영(2011), 현대중국어에서 역외한자어의 위상과 그 판단기준, 중국언어연구 34, 한국중국언어학회.

김영석 · 이상억(1992), 현대 형태론, 서울: 학연사

김영찬(2005), 언어변화의 원인과 사회적 압력, 중국학 24, 대한중국학회.

김준연(2008), 고금횡단 한자여행, 서울 : 학민사.

김진우(2004), 언어: 이론과 그 응용(깁더본), 서울: 탑출판사.

김현철 · 김시연(2002), 중국어학의 이해, 서울: 학고방.

류동춘(2007), 한자체계 형성과정에 대한 소고, 중국학보 55, 한국중국학회.

맹주억(2010), 한어병음방안의 한계점과 극복의 방안, 중국어문학논집 60, 중국어문학연구회.

박용진(2001), 현대중국어의 어휘화 연구, 중국언어연구 13, 한국중국언어학회.

박정구(2000), 중국어 허화의 원리와 조건, 중국언어연구 10, 한국중국언어학회.

박정구(2006), 중국어 어순유형론 연구의 성과와 전망, 국제중국학연구 54, 한국중국학회.

박종한(1990), 명사구의 한정성과 중국어의 주제, 성심여대논문집 22.

박종한(1994), 현대중국어 동사 유의어의 분석 방법에 관한 연구, 서울대학교 박사학위논문.

박종한(1998), 중국어와 한국어의 문법적 특성 대조 연구, *Foreign Languages Education* (4)1, 한국외국어교육학회.

박종한(1999), (很)〔有NP〕 구성의 어휘화에 대한 고찰, 중어중문학 25, 한국중어중문학회.

박종한(2001a), 중국의 광고 문안에 대한 언어학적 연구, 중어중문학 28, 한국중어중문학회.

박종한(2001b), 광고와 수사, 중국언어연구 12, 한국중국언어학회.

박종한(2002), 중국어 브랜드 네이밍 연구: 중국에 진출한 외국기업의 사례를 중심으로, 중국언어연구 15, 한국중국언어학회.

박종한(2006), 중국의 옥외광고물 언어자료에 대한 사회언어학적 고찰: 어음(음절 구조, 성모, 운모, 성조) 상의 특징을 중심으로, 중국문학 47, 한국중국어문학회.

박종한(2007), 중국의 옥외광고물 언어자료에 대한 사회언어학적 고찰: 어휘와 통사상의 특징을 중심으로, 중국문학 53, 한국중국어문학회.

박종한(2008a), 중국 북경 지역의 상호에 대한 사회언어학적 연구, 중국문학 55, 한국중국어문학회.

박종한(2008b), 중국 광고에서 슬로건의 언어학적 특성에 대한 연구, 중국문학 57, 한국중국어문학회.

백은희(2005), 중국어의 정보구조 구현 방법에 대한 연구, 중국어문학지 17, 중국어문학회.

신용권(2006), 老乞大가 반영하는 한어의 성격에 대하여, 중국어문학 48, 영남중국어문학회

신지언 · 정소영(2006), 표준중국어에 유입된 방언의 의미분석, 중국어문학지 22, 중국어문학회.

심소희(2000), 중국어 성조의 인지와 교육, 말소리 40, 대한음성학회.

심재기 · 이기용 · 이정민(1998), 의미론서설, 서울: 집문당.

송지현(2007), 중국 문화 속의 시각언어 연구, 중국언어연구 25, 한국중국언어학회.

양동숙(2006), 그림으로 배우는 중국문자학, 서울: 차이나하우스.

양세욱(2005a), 고대한어의 화제에 대한 연구, 서울대학교 박사학위논문.

양세욱(2005b), 중국 공통어의 계보 : '雅言'에서 '普通話'까지, 중국문학 45, 한국중국어문학회.

양세욱(2006a), 중국어 계사 '是'의 기원과 재분석, 중국문학 47, 한국중국어문학회.

양세욱(2006b), 근대 중국의 한자폐지론과 새로운 문자의 모색, 중국학보 54, 중국학회.

양세욱(2006c), 차용어와 현대중국어 어휘체계의 다원성, 중국문학 48, 한국중국어문학회.

양세욱(2008), 최부의 『표해록』과 명초 방언 어휘, 중국어문학논집 51, 중국어문학연구회.

양세욱(2009a), 근대 번역어와 중국어 어휘체계의 혁신, 코기토 65, 부산대학교 인문학연구소.

양세욱(2009b), '댜오위타이'와 '낚시터국빈관' 사이: 중국어 고유명사 한글표기의 현황과 쟁점, 중국어문학논집 57, 중국어문학연구회.

양세욱(2009c), '茶'에서 'tea'까지: '茶' 류 어휘의 언어분포, 중국문학 61, 한국중국어문학회.

양세욱(2009d), 음식 관련 중국어 차용어의 어원: '춘장 · 짬뽕 · 티'를 중심으로, 중국학보 60, 한국중국학회.

양세욱(2011a), 최근 중국의 繁簡 논쟁, 중국문학 69, 한국중국어문학회.

양세욱(2011b), 근대 중국의 언어개혁운동과 내셔널리즘, 중국어연구 37, 한국중국언어학회.

양세욱 · 이은정(2007), 동아시아 공동문어시대의 재구성, 중국어문학논집 46, 중국어문학연구회.

양세욱 · 전유용(2008), '雅言'은 춘추전국시대의 공용어인가?, 중국어문학논집 48, 중국어문학연구회.

엄익상(2008), 한국한자음 중국식으로 보기, 서울: 한국문화사.

엄익상 · 박용진 · 이옥주(2011), 중국어 교육론, 서울: 한국문화사.

연세중국어학연구모임(2004), 중국어학의 주제탐구, 서울: 한국문화사.

이강재 · 이상의 · 문수정(2005), 중국의 언어정책과 중화주의 언어담론, 중국문학 44, 한국중국어문학회.

이규갑(2009), 한자학교정, 서울: 차이나하우스.

이기문(1992), 국어사개설(개정판), 서울: 탑출판사.

이기문 · 김진우 · 이상억(1999), 국어음운론(개정판), 서울: 학연사

이상도 · 오영식 · 오문의 · 박정구(2002), 중국어 학습용 어휘 선정, 중국학 19, 대한중국학회.

이옥주(2007), 미국의 중국언어학 연구 동향, 중국문학 53, 한국중국어문학회.

이익섭 · 이상억 · 채 완(1997), 한국의 언어, 서울: 신구문화사.

이익섭 · 채완(2000), 국어문법론강의, 학연사

이재돈(2007), 중국어음운학, 서울: 학고방.

이정민 · 배영남 · 김용석(2000), 언어학사전(3판), 서울: 박영사.

이호영(1996), 국어음성학, 서울: 태학사

이창호(2008), 주술술어문 기술과 관련된 몇 가지 문제, 중국어문학논집 48, 중국어문학연구회.

임지룡(1992), 국어의미론, 서울: 탑출판사.

장영준(2004), 언어의 비밀(4판), 서울: 한국문화사.

장호득(2004), 중국어 어순에 대한 고찰, 동양학 35, 단국대학교 동양학연구소.

전광진(2009), 한어와 한자의 관계에 관한 제 학설 탐구, 중국언어연구 30, 한국중국언어학회.

최규발(2011), 현대중국어 상 표지로의 문법화 조건, 중국학논총 31, 중국학연구소.

최영애(1997), 한자학강의, 서울: 통나무.

최영애(2000), 중국어음운학, 서울: 통나무.

최영애(2008), 중국어란 무엇인가, 서울: 통나무.

한학성(1992), 영어란 무엇인가, 서울: 을유문화사.

하영삼(2011), 갑골문 연구사의 새로운 지평:『甲骨學─百年』의 성과와 의의, 중국언어연구 34, 한국중국언어학회.

허성도(2005), 현대중국어 어법의 이해, 서울: 사람과책.

홍인표(2008), 중국의 언어정책, 파주: 한국학술정보.

:: 중문자료 (한어병음순)

北京大学中国语言文学系现代汉语教研室(编)(1993/2004), 现代汉语(重排本), 北京: 商务
　　印书馆.

北京大学中文系语言学教研室(1995), 汉语方言词汇(第二版), 北京: 语文出版社.

曹炜(2010), 现代汉语词汇研究(修订本), 广州: 暨南大学出版社.

陈阿宝、吴中伟(2002), 现代汉语概论, 北京: 北京语言大学出版社.〔김난미·김정은 편역
　　(2005), 현대중국어개론, 서울: 다락원〕

陈文芷(1980), 字调和语调, 中国语学(第227期),

陈文芷(1988), 汉语的升调, 第二届国际汉语教学讨论会论文选, 北京: 北京语言学院出版社.

陈宗明(1993), 汉语逻辑概论, 北京: 人民出版社.

董同龢(1989), 汉语音韵学, 台北: 文史哲出版社.

对外经济贸易大学朝鲜语教研室(1986), 朝汉成语谚语词典, 北京: 商务印书馆.

范晓(1992), "VP主语句: 兼论 N的V 作主语", 语法研究和探索 6, 北京: 语文出版社.

高更生(1992), 现代汉语知识大词典, 济南: 山东教育出版社.

高名凯、劉正埮(1958), 现代汉语外来词研究, 北京: 文字改革出版社.

高明(1996), 中国古文字学通论, 北京: 北京大学出版社.

葛本仪(2002), 汉语词汇学, 济南: 山东大学出版社.

郭沫若(1972), 古代文字之辨证的发展, 考古学报(第1期).

郭熙(2007), 华文教学概论, 北京: 商务印书馆.

侯精一(2002), 现代汉语方言概论, 上海: 上海教育出版社.

胡裕树(1995), 现代汉语(重订本), 上海: 上海教育出版社.〔허성도 역(1991), 현대중국어학
　　개론, 서울: 교보문고〕

黄伯荣, 廖序东(编)(2007), 现代汉语(增订四版)上, 北京: 高等教育出版社.

贾彦德(1992), 汉语语义学, 北京: 北京大学出版社.

金锡永(2011), 现代汉语外来词的社会语言学研究, 复旦大学博士论文.

金有景(2006), 普通话语音, 北京: 商务印书馆.

李福印(2006), 语义学概论(修订版), 北京: 北京大学出版社.

李乐毅(1996), 简化字源, 北京: 华语教学出版社.

李临定(1990), 现代汉语动词, 北京: 中国社会科学出版社.

李荣(1980), 汉字演变的几个趋势, 中国语文(第1期). _____

李如龙(2007), 汉语方言学(第二版), 北京: 高等教育出版社.

李新魁(1986), 汉语音韵学, 北京: 北京出版社.

李宇明(2010), 全球华语词典, 北京: 商务印书馆.

林亨栽(2002), 朝鲜族双语使用中的语码转换, 解放军外国语学院学报(25-6期)

林茂灿(2004), 汉语语调与声调, 语言文字应用(第3期). _____

林焘(1987), 北京官话溯源, 中国语文(第3期). _____

刘广徽、金晓达(2009), 汉语普通话语音图解课本(教师用书)(增补版), 北京: 北京语言大学
　　出版社.

刘俐李等(2007), 现代汉语方言核心词、特征词集, 南京: 凤凰出版社.

卢英顺(2007), 现代汉语语汇学, 上海: 复旦大学出版社.

罗常培(1989), 语言与文化(再版), 北京: 语文出版社.〔하영삼 역(2002), 언어와 문화, 서
　　울: 서울대학교출판부〕

倪海曙(1958), 清末文字改革文集, 北京: 文字改革出版社.

倪海曙(1959), 清末汉语拼音运动编年史, 上海: 上海人民出版社.

濮之珍(1987), 中国语言学史, 上海: 上海古籍出版社.〔김현철 외 역(1999), 중국언어학사,
　　서울: 신아사〕

齐沪扬等(编)(2007), 现代汉语, 北京: 商务印书馆.

钱乃荣(编)(2008), 现代汉语, 南京: 江苏教育出版社.

钱玉莲(2006), 现代汉语词汇讲义, 北京: 北京大学出版社.

裘锡圭(1988), 文字学概要, 北京: 商务印书馆.

单国强(2008), 中国书法鉴赏图典, 上海: 上海辞书出版社.

邵敬敏(编)(2007), 现代汉语通论, 上海: 上海教育出版社.

沈家煊(1994), "语法化"研究综观, 外语教学与研究(第4期).

石安石(1993/2005), 语义论, 北京: 商务印书馆。

石毓智、李讷(2001), 汉语语法化的历程, 北京: 北京大学出版社.

史有为(2004), 外来词——异文化的使者, 上海: 上海辞书出版社.

侍少华(2008), 中国书刻艺术, 北京: 荣宝斋出版社.

苏培成(2001), 现代汉字学纲要(增订本), 北京: 北京大学出版社.

唐兰(1979), 中国文字学, 上海: 上海古籍出版社.

唐兰(1981), 古文字学导论(增订本), 济南: 济鲁书社.

唐作藩(2007), 中国语言文字学大辞典, 北京: 中国大百科全书出版社.

田惠刚(1994), 海外华语与现代汉语的异同, 湖北大学学报(第4期).

王理嘉(2003), 汉语拼音运动与汉民族标准语, 北京: 语文出版社.

王力(1988), 汉语史稿(王力文集 第9卷), 济南: 山东教育出版社.

王力(1988), 中国语言学史(王力文集 第12卷), 济南: 山东教育出版社. 〔이종진 · 이홍진 역
　　(1991), 중국언어학사, 대구: 계명대학교출판사〕

王若江(2005), 汉语正音教程, 北京: 北京大学出版社.

王献唐(1970), 释每美, 中国文字(第35册), 台湾大学文学院中国文学系.

吴洁敏、朱宏达(2001), 汉语节律学, 北京: 语文出版社.

吴桥(2005), 新编国家通用语言文字简明教程, 上海: 上海人民出版社.

吴宗济(1992), 现代汉语语音概要, 北京: 华语教学出版社.

徐烈迥(1990), 语义学, 北京: 语文出版社.

徐世荣(1999), 普通话语音常识, 北京: 语文出版社.

徐通锵(1991), 历史语言学, 北京: 商务印书馆.

许宝华(2006), 现代汉语导论, 上海: 复旦大学出版社.

扬本祥(编)(2008), 汉语成语俗语对照词典, 南京: 南京大学出版社。

扬伯峻(1980), 论语译注(第2版), 北京: 中华书局.

扬庆蕙等(编)(1995), 现代汉语离合词用法词典, 北京: 北京师范大学出版社.

殷寄明、汪如东(2007), 现代汉语文字学, 上海: 复旦大学出版社.

游汝杰(2003), 中国文化语言学引论, 上海: 上海辞书出版社.

游汝杰(2004), 汉语方言学教程, 上海: 上海教育出版社.

游汝杰、邹嘉彦(2004), 社会语言学教程, 上海: 复旦大学出版社. 〔변지원 역(2008), 언어로
　　본 중국사회, 서울: 차이나하우스〕

于省吾(1963), 释羌、笱、敬、美, 吉林大学学报(第1期).

袁家骅(1989), 汉语方言概要(第2版), 北京: 文字改革出版社.

张斌(编)(2002), 新编现代汉语, 上海: 复旦大学出版社.

张书岩等(1997), 简化字溯源, 北京: 语文出版社.

张政烺(1980), 试释周初青铜器铭文中的易卦, 考古学报(第4期).

郑锦全(1988), 汉语方言亲疏关系的计量研究, 中国语文(第2期)

赵元任(1959/1980), 语言问题, 北京: 商务印书馆.

中国语言文字工作委员会(2010), 中国语言生活状况报告(上,下)(2009), 北京: 商务印书馆.

中国语言文字使用情况调查领导小组办公室(2006), 中国语言文字使用情况调查资料, 北京:

語文出版社。

周紹珩(1985), 前提和语义, 语言论文集, 北京市语言学会.

周勇翔等(2009), 现代汉语同音词词典, 北京：商务印书馆国际有限公司.

周振鹤、游汝杰(1986), 方言与中国文化, 上海：上海人民出版社.〔전광진·이연주 역
(2005), 방언과 중국문화, 대구: 영남대학교출판부〕

朱德熙(1982), 语法讲义, 北京：商务印书馆.〔허성도 역(1997), 현대중국어어법론, 서울: 사
람과책〕

祝遂之(2003), 中国篆刻通议, 上海：上海书店出版社.

邹嘉彦、游汝杰(2001), 汉语与华人社会, 上海：复旦大学出版社.

邹嘉彦、游汝杰(2010), 全球华语新词语词典, 北京：商务印书馆.

:: 영문자료 (알파벳순)

Asher, R. E.(1994), *The Encyclopedia of Language and Linguistics*, Oxford: Pergamon
Press.

Baker, Mark C. (2001), *The Atoms of Language*, New York: Basic Books.

Brown, E. K.(2005), *The Encyclopedia of Language and Linguistics*(Second Edition),
Amsterdam: Elsevier.

Chao, Yuen Ren(1968), *A Grammar of Spoken Chinese*, Berkeley: University of California
Press.

Chao, Yuen Ren(1968), *Language and symbolic systems*, Cambridge : Cambridge
University Press.

Cheng, Chin-chuan(1973), *A Synchronic Phonology of Mandarin Chinese*, The Hague:
Mouton.〔엄익상 역(2001), 현대북경어 생생음운론, 서울: 학고방〕

Chou, Fa Kao(1986), *Papers in Chinese Linguistics and Epigraphy*, Hong Kong: The
Chinese University Press.

Crystal, D.(1997), *The Cambridge Encyclopedia of Language*(Second Edition), Cambridge:
Cambridge University Press.

De Francis, John(1950), *Nationalism and Language Reform in China*, Princeton:
Cambridge University Press.

Duanmu, San(2005), *The Phonology of Standard Chinese*(Second Edition), Oxford: Oxford University Press. 〔엄익상 · 양세욱 · 정현정 · 강희조 역(2005), 표준중국어음운론, 서울: 한국문화사〕

Fromkin, Victoria · Rodman, Robert · Hyams, Nina(2011), *An Introduction to Language* (9th edition), Boston: Wadsworth.

Huang, C.-T. James & Li, Y.-H. Audrey(eds)(1996), *New Horizons in Chinese Linguistics*, The Netherlands: Kluwer Academic Publishers.

Li, Charles N.(ed)(1976), *Subject and Topic*, New york: Academic Press.

Li, Charles N. and Thompson, Sandra A.(1981), *Mandarin Chinese: A Fuctional Reference Grammar*, University of California Press. 〔박정구 · 박종한 · 백은희 · 오문의 · 최영하 역 (1989/2011), 표준중국어문법, 서울: 한울.〕

Lin, Yen-hwei(2007), *The Sounds of Chinese*, Cambridge : Cambridge University Press. 〔엄익상 · 이옥주 · 손남호 · 이미경(2010), 중국어 말소리, 서울: 역락〕

Lyons, (1977), *Semantics*, Cambridge: Cambridge University Press.

Masini, Federico(1993), *The Formation of Modern Chinese and Its Evolution toward a National Language*, JCL Monograph 6. 〔이정재 역(2005), 근대 중국의 언어와 역사, 서울: 소명〕

Moore, Oliver(2000), *Reading The Past* : Chinese, University of California Press.

Norman, Jerry(1988), *Chinese*, Cambridge : Cambridge University Press. 〔전광진 역(1996), 중국언어학총론, 서울: 동문선〕

Paul J. Hopper & Elizabeth Closs Traugott(1993), *Grammaticalization*, Cambridge: Cambridge University Press. 〔김은일 · 박기성 · 채영희 역(1999), 문법화. 서울: 한신문화 사〕

Pulleyblank, E. G.(1995), *Outline of Classical Chinese Grammar*, Vancouver: UBC Press. 〔양세욱 역(2005), 고전중국어문법강의, 서울: 궁리〕

Ramsey, Robert(1987), *The Languages of China*, Princeton: Princeton University Press.

Sun, Chaofen(2006), *Chinese: A Linguistic Introduction*, Cambridge : Cambridge University Press..

Tai, J. Hao-yi(戴浩一)(1985), Temporal Sequence and Chinese Word Order, in Typological Studies, *Language*, Volume 6.

Wang, William S-Y(王士元) & Li, Kung-pu(李公普)(1967), Tone 3 in Pekinese, *Journal of Speech and Hearing Research 10.* 629–636.

Wurm, Stephen Adolphe; Li, Rong; Baumann, Theo; Lee, Mei W.(1987), *Language Atlas of China*(中國語言地圖集), Hong Kong: Longman Group.

:: 일문 자료

武田雅哉(1998), 蒼頡たちの宴, 東京: 筑摩書房. 〔서은숙 역(2004), 창힐의 향연, 서울: 이산〕.

丸山眞男·加藤周一(1998), 飜譯の思想, 東京: 岩波書店. 〔임성모 역(2000), 번역과 일본의 근대, 서울: 이산〕

:: 웹사이트

CIA–The World Factbook (https://www.cia.gov/library/publications/the-world-factbook/)

Ethnologue: Languages of the World (http://www.ethnologue.com)

Shao Center Distibution of the Ethnic Chinese Population around The World (http://cic-databank.library.ohiou.edu/opac/population_map.php)

世界海外華人研究与文献收藏机构联合会 (http://www.overseaschineseconfederation.org)

中华人民共和国家统计局 (http://www.stats.gov.cn)

찾아보기

• 저자 소개 •

• 박종한(朴鍾漢)

현재 가톨릭대학교 중국언어문화전공 교수이다. 서울대 중문과를 졸업하고 같은 대학의 대학원에서 박사학위를 받았다. 중한 번역과 관련하여 출판한 책으로 『중국어 번역 테크닉』(2000)이 있고, 통사와 의미론 관점에서 쓴 논문들을 모아 『한국어의 관점에서 중국어 바라보기』(2001)를 펴낸 바 있으며, 그 후 연구의 범위를 확대하여 사회언어학 관점에서 중국의 광고 언어를 분석한 논문들을 모아 『광고 속의 중국어 연구』(2009)를 출판하였다. 그 사이에 잠깐 시간을 내어 연세대학교 경영대학원에서 MBA 학위를 취득했고(2005), 중국에 진출하는 한국 기업에 대해 중문 브랜드 개발 자문을 하면서 『중국시장 브랜드 전략』(2008, 공저)을 펴내기도 하였다. 그의 지속적인 관심은 인류의 언어, 사회, 문화에 대한 우주적 통찰에 있다.

• 양세욱(梁世旭)

현재 인제대 중국학부 교수이다. 서울대 중문과를 졸업하고 같은 대학의 대학원에서 박사학위를 받았다. 연강재단 중국학연구원으로 베이징대에서 수학하였고, 이화여대 연구원, 한양대 연구교수를 역임했다. '제1회 간행물윤리위원회 우수저작공모전' 당선작인 『짜장면뎐』(2009)과 『中國北方方言與文化』(2008) · 『한국문화는 중국문화의 아류인가』(2010, 학술원 우수도서) · 『文化面面觀(고등학교 중국문화교과서)』(2010, 이상 공저) 등을 썼고, 『표준중국어음운론』(2005, 공역, 학술원 우수도서) · 『고전중국어문법강의』(2005)를 번역하였으며, 고전중국어의 어휘와 통사, 중국의 언어정책 등에 관해 다수의 논문을 썼다. 『근대 중국의 언어개혁운동』 · 『중국의 한자개혁운동사』 등의 저서를 준비 중이며, '중국을 방법으로, 세계를 목표로' 삼아 언어와 문화에 관한 글을 읽고 쓸 예정이다.

• 김석영(金錫永)

현재 서울대 언어교육원 연구원으로 일하고 있다. 전남대 중문과를 졸업하고 서울대 석 · 박사과정을 수료했으며, 방문학자로 중국사회과학원에서 수학한 후, 중국 상하이 푸단(復旦)대에서 『현대중국어 외래어의 사회언어학적 연구』(2011)로 박사학위를 받았다. 『교원임용시험 전공중국어(어학개론)』(2006, 공저) 등의 예비교사용 참고서와 『중학교 생활중국어』(교육부검정교과서, 2010, 공저)를 썼고, 일찍이 서울대와 가톨릭대 등에서 관련 강의를 하면서 종합적인 중국어 개론의 필요성을 절감했다. 중국어 성조변화와 경성, 차용어 체계, 외래어에 대한 언어태도 등의 주제로 논문을 썼고, 『현대중국어 어휘체계론』을 집필 중이며, 외래어 DB 구축, 언어접촉과 코드전환에 대한 연구, 사회언어학적 관점의 중국어 교육에 대한 연구 등을 진행 중이다.